고득점 합격의 지름길

사회

검정고시 합격이라는 관문을 통과하려고 밤낮을 가리지 않고 애쓰는 수험생 여러분들을 응원합니다. 소중한 시간을 투자하여 의미 있는 성과를 이루어 내려면 그만큼 치밀한 작전이 필요합니다. 이 책은 여러분에게 단시간 내 미션을 완수할 수 있도록 지름길로 안내하는 길잡이가 될 것입니다.

중졸 검정고시 사회는 공부량이 방대한 편입니다. 정치, 법, 경제, 사회 · 문화, 지리, 국사 등 다양한 영역으로 구성되어 있어 각각의 영역별 특징을 파악하고 접근한다면, 반드시 고득점으로 합격할 수 있습니다. 난이도는 다행히 높은 편이 아니기 때문에 무엇보다도 기본적인 개념에 충실한 것이 가장 중요합니다.

따라서 사회 과목은 전반적인 내용 이해와 꼼꼼한 암기를 바탕으로 방대한 양을 효율적으로 나누어서 한쪽으로 치우치지 않도록 균형 있게 학습하는 것이 중요합니다. 또한 단원별로 기출문제를 분석하여 자주 출제되는 문제의 유형 및 개념을 파악하여 보다 효과적으로 학습해야 합니다.

이 책의 특징은 다음과 같습니다.

첫째, 새롭게 개정된 교육과정을 반영하고, 교과 내용을 빈틈없이 분석하여 구성한 최신간입니다.

둘째, 사회 과목을 과목별로 사회1, 사회2, 역사로 나누어 정리하였습니다.

셋째, 단원마다 중요 개념과 원리를 쉽고 정확하게 이해할 수 있도록 교과 내용을 체계적이고 논리적으로 정리하였습니다.

넷째, 학습 내용을 바로 확인할 수 있도록 바로체크 문제를 배치하였고, 심화 내용에는 더욱 상세한 설명을 덧붙였습니다.

다섯째, 기출문제를 분석하여 자주 출제되는 유형을 체크하고 문제마다 구체적이고 분명한 해설을 붙였습니다. 그리고 문제 해결력과 응용력을 길러 주는 단원 마무리 문제를 제시하였습니다.

간절한 열망이 꿈을 이루게 하고, 긍정적인 자기 암시가 결국 좋은 결과를 가져옵니다. 수험생 여러분 간절히 희망하길 바랍니다. 그리고 부단히 노력하십시오. 여러분의 꿈이 이루어지는 그날까지 수험생 여러분의 좋은 친구가 되어 그 길을 함께 걸어가겠습니다.

– 편저자 이재운

1 시험 과목 및 합격 결정

구분		내용
시험 과목 (6과목)	필수	국어, 수학, 영어, 사회, 과학(5과목)
	선택	도덕, 기술 · 가정, 체육, 음악, 미술 과목 중 1과목
배점 및 문항	문항 수	과목별 25문항(단, 수학 20문항)
	배점	문항당 4점(단, 수학 5점)
합격 결정	고시합격	각 과목을 100점 만점으로 하여 평균 60점(소수점 셋째 자리에서 절사) 이상을 취득한 자를 합격자로 결정(단, 평균이 60점 이상이라 하더라도 결시과목이 있을 경우에는 불합격 처리)
	과목합격	고시성적 60점 이상인 과목에 대하여는 과목합격을 인정하고, 원에 의하여 차회 이후의 고시에 있어서 당해 과목의 고시를 면제하며, 그 면제되는 과목의 성적은 이를 고시성적에 합산함 ※ 과목합격자에게는 신청에 의하여 과목합격증명서 교부

2 응시 자격

① 초등학교 졸업자 및 이와 동등 이상의 학력이 있는 자
② 3년제 고등공민학교 졸업자 및 졸업예정자
③ 초 · 중등교육법 시행령 제29조의 규정에 의하여 학적이 정원외로 관리되는 자
④ 중학교에 준하는 각종 학교의 졸업자 또는 졸업예정자
⑤ 보호소년 등의 처우에 관한 법률 시행령 제69조 제2호에 해당하는 자

※ 졸업예정자라 함은 최종 학년에 재학 중인 자를 말함

응시자격 제한

1. 중학교 또는 초 • 중등교육법시행령 제97조 제1항 제2호의 학교를 졸업한 자 또는 재학 중인 자
   ※ 응시자격은 시험시행일까지 유지하여야 함(공고일 현재 재학 중이 아닌 자여서 적법하게 응시원서를 접수하였다 하더라도, 그 이후 시험일까지 편입학 등으로 재학생의 신분을 획득한 경우에는 응시자격을 박탈함)
2. 공고일 이후 초등학교 졸업자
3. 응시원서 접수마감 익일 이후 제1의 학교에 재학 중 학적이 정원외로 관리되는 자
4. 공고일 기준으로 고시에 관하여 부정행위를 한 자로서 처분일로부터 응시자격 제한 기간이 경과되지 아니한 자

3 제출서류(현장접수)

① 응시원서(소정서식) 1부[접수처에서 교부]

② 동일한 사진(탈모 상반신 3.5cm×4.5cm, 3개월 이내 촬영) 2매

③ 본인의 해당 최종학력증명서 1부

- 졸업(졸업예정)증명서(소정서식)

※ 상급학교 진학여부가 표시된 검정고시용에 한함. 졸업 후 배정받은 상급학교에 진학하지 아니한 자는 미진학사실확인서 추가 제출

- 중학교 재학 중 중퇴자는 제적증명서
- 초등학교 및 중학교 의무교육 대상자 중 정원외 관리대상자는 정원외 관리증명서
- 초등학교 및 중학교 의무교육 대상자 중 면제자는 면제증명서(소정서식)
- 초졸검정고시 합격자는 합격증서 사본(원본지참) 또는 합격증명서
- 평생교육법 제40조에 따른 학력인정 대상자는 학력인정서
- 초 · 중등교육법 시행령 제96조 제1항 제2호 및 제97조 제1항 제3호에 따른 학력인정 대상자는 학력인정증명서
- 합격과목의 시험 면제를 원하는 자는 과목합격증명서 또는 성적증명서

※ 과목합격자가 응시하는 경우, 학력이 직전 응시원서에 기재된 것과 같은 때에는 과목합격증명서의 제출로써 본인의 해당 최종학력증명서를 갈음함

- 3년제 고등공민학교, 중 · 고등학교에 준하는 각종학교의 졸업(예정)자는 졸업(예정)증명서
- 3년제 기술학교, 고등기술학교 졸업(예정)자, 3년제 직업훈련원의 수료자는 직전학교 졸업증명서

④ 신분증 : 주민등록증, 외국인등록증, 운전면허증, 대한민국 여권, 청소년증 중 하나

※ 온라인 접수 : 사진 1매, 본인의 해당 최종학력증명서 1부(현장접수와 동일)

시험에 관한 자세한 사항은 한국교육과정평가원 홈페이지(http://www.kice.re.kr)
또는 ARS(043-931-0603) 및 각 시 · 도 교육청 홈페이지에서 확인하시기 바랍니다.

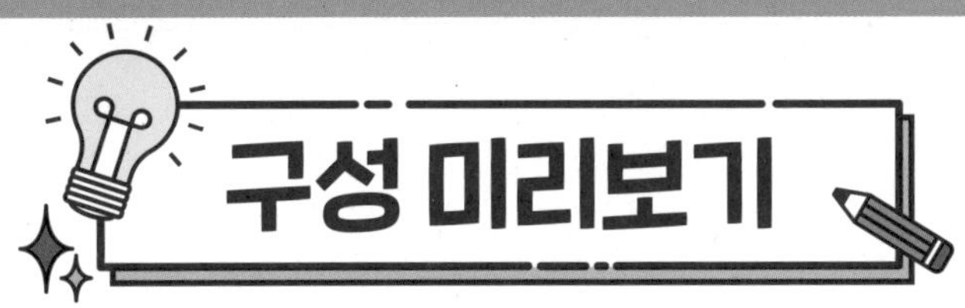

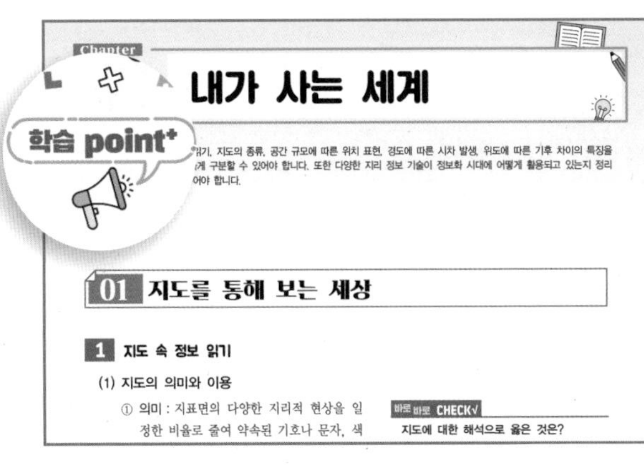

학습 point+

단원별로 학습 point를 분석하여 좀 더 쉽고 효율적으로 학습할 수 있는 방법을 제시하였어요.

검색

어렵고 익숙하지 않은 용어는 따로 찾을 필요 없이 바로 확인할 수 있도록 설명했어요.

바로 바로 CHECK

핵심 내용을 얼마나 정확히 이해하였는지 스스로 점검해 보며 실력을 확인하는 시간을 가져 보세요.

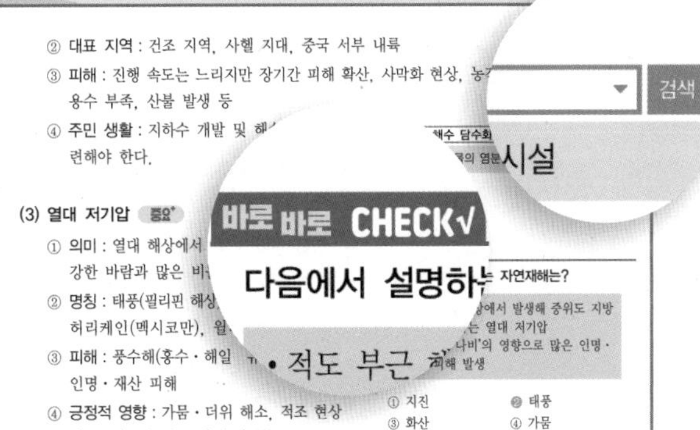

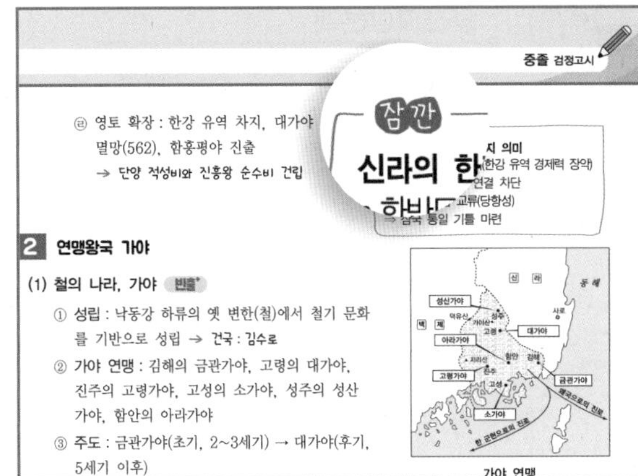

잠깐

기본 이론과 관련된 보충 설명을 통해 심층적으로 학습하는 시간을 가져 보세요.

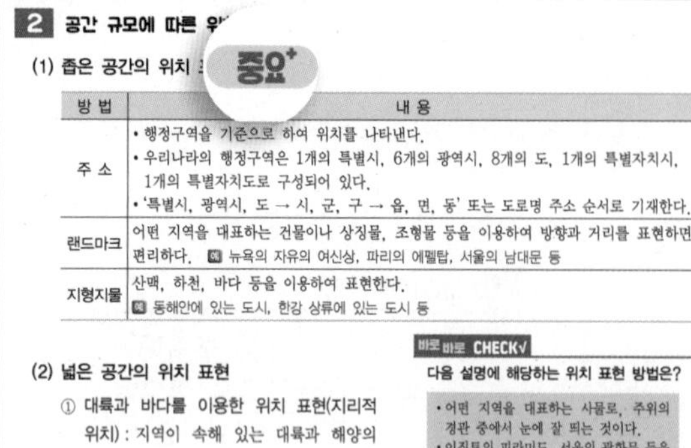

중요

기출문제를 바탕으로 교과 내용을 분석하여 자주 출제된 부분에는 중요 표시를 하였어요.

심화학습

시험에 나올 수 있는 중요 이론과 보충 내용을 통해 이해의 깊이를 높일 수 있도록 하였어요.

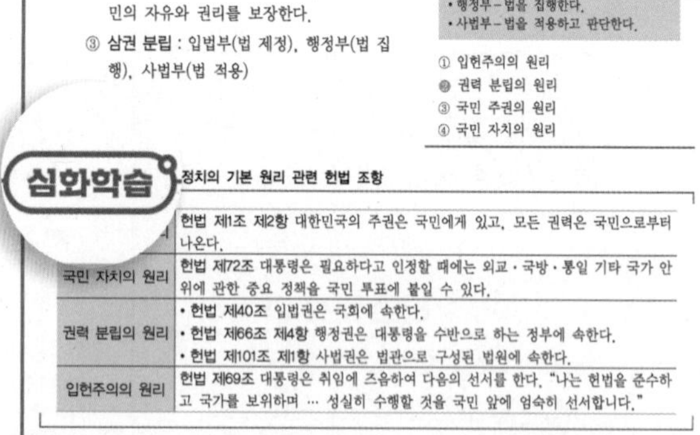

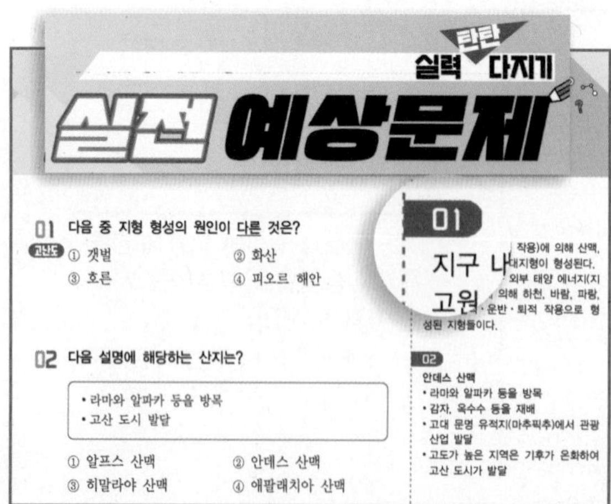

실전예상문제

실제 출제된 기출문제와 적중률이 높은 예상문제를 통해 실력을 점검해 보세요.

정답 및 해설

'왜 정답이 아닌지' 상세하게 설명한 해설을 통해 이론 학습에서 놓친 부분을 한 번 더 살펴 보세요.

PART I 사회 I

PART II 사회 II

PART Ⅲ 역 사

PART I

사 회 I

Chapter

01 내가 사는 세계

지도 읽기, 지도의 종류, 공간 규모에 따른 위치 표현, 경도에 따른 시차 발생, 위도에 따른 기후 차이의 특징을 정확하게 구분할 수 있어야 합니다. 또한 다양한 지리 정보 기술이 정보화 시대에 어떻게 활용되고 있는지 정리해 두어야 합니다.

01 지도를 통해 보는 세상

1 지도 속 정보 읽기

(1) 지도의 의미와 이용

① 의미 : 지표면의 다양한 지리적 현상을 일정한 비율로 줄여 약속된 기호나 문자, 색 등으로 평면에 나타낸 것을 말한다.

② 이용 : 여러 현상의 위치와 분포를 한눈에 파악할 수 있는 가장 기본적인 도구이다.

(2) 지도의 구성 요소

① 방위 : 동서남북의 방향을 의미한다.

→ 방위 표시가 없으면 위쪽이 북쪽

② 기호 : 지표면의 여러 현상들을 일정한 약속에 의해 나타낸 것이다.

③ 축척 : 지표상의 실제 거리를 지도상에 줄여서 나타낸 비율이다.

바로바로 CHECK√

지도에 대한 해석으로 옳은 것은?

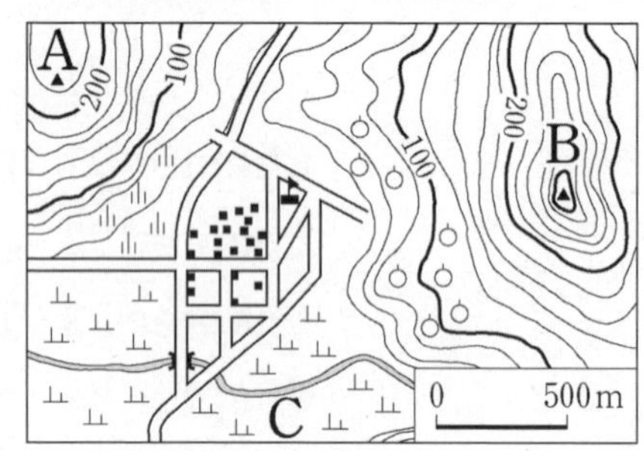

① 축척은 1 : 25,000이다.
❷ B산이 A산보다 높다.
③ 지도의 위쪽은 남쪽이다.
④ C지역은 과수원으로 이용된다.

1 : 50000 (비례식)	1/50000 (분수식)

④ **등고선** : 평균 해수면을 기준으로 높이가 같은 지점들을 연결한 선을 말한다.

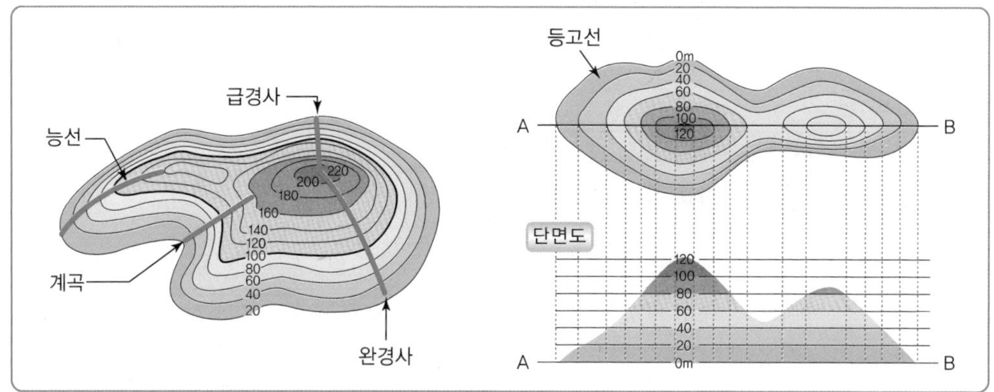

(3) 지도의 종류

사용 목적에 따른 구분	• 일반도 : 지역의 자연환경과 인문 환경을 나타낸 지도 예 지형도, 세계 전도 등 • 주제도 : 사용 목적에 따라 필요한 내용만 상세하게 나타낸 지도 예 인구 분포도, 관광 지도, 지하철 노선도 등
축척에 따른 구분	• 소축척 지도 : 넓은 지역을 간략히 보여 주는 지도 예 세계 전도, 우리나라 전도 • 대축척 지도 : 좁은 지역을 자세히 보여 주는 지도 예 지형도

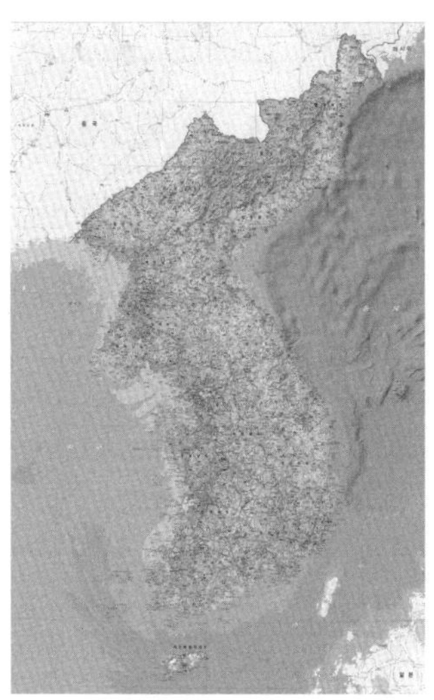

소축척 지도

대축척 지도

2 공간 규모에 따른 위치 표현

(1) 좁은 공간의 위치 표현 중요+

방 법	내 용
주 소	• 행정구역을 기준으로 하여 위치를 나타낸다. • 우리나라의 행정구역은 1개의 특별시, 6개의 광역시, 8개의 도, 1개의 특별자치시, 1개의 특별자치도로 구성되어 있다. • '특별시, 광역시, 도 → 시, 군, 구 → 읍, 면, 동' 또는 도로명 주소 순서로 기재한다.
랜드마크	어떤 지역을 대표하는 건물이나 상징물, 조형물 등을 이용하여 방향과 거리를 표현하면 편리하다. 예 뉴욕의 자유의 여신상, 파리의 에펠탑, 서울의 남대문 등
지형지물	산맥, 하천, 바다 등을 이용하여 표현한다. 예 동해안에 있는 도시, 한강 상류에 있는 도시 등

(2) 넓은 공간의 위치 표현

① 대륙과 바다를 이용한 위치 표현(지리적 위치) : 지역이 속해 있는 대륙과 해양의 분포로 대략적인 위치를 표현한다.

바로바로 CHECK√

다음 설명에 해당하는 위치 표현 방법은?

• 어떤 지역을 대표하는 사물로, 주위의 경관 중에서 눈에 잘 띄는 것이다.
• 이집트의 피라미드, 서울의 광화문 등을 예로 들 수 있다.

① 위도 ② 경도
❸ 랜드마크 ④ 행정 구역

대 륙	해 양
• 지표 면적의 약 30% 차지 • 아시아, 유럽, 아프리카, 북아메리카, 남아메리카, 오세아니아 등	• 지표 면적의 약 70% 차지 • 태평양, 대서양, 인도양, 북극해, 남극해 등

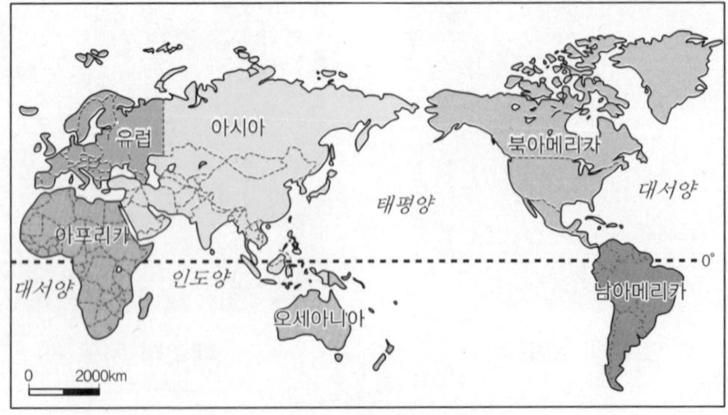

주요 대륙과 해양

② 경도와 위도를 이용한 위치 표현(수리적 위치) : 특정 국가의 정확한 위치를 표현한다.

위 도	경 도
• 적도(위도 0°)를 기준으로 북위(N)와 남위(S), 각각 0°~90°로 표현 • 같은 위도의 지점을 연결한 가로선 : 위선 • 기후대를 결정하는 기준	• 본초 자오선(경도 0°)을 기준으로 동경(E)과 서경(W), 각각 0°~180°로 표현 • 같은 경도의 지점을 연결한 세로선 : 경선 • 시간을 결정하는 기준

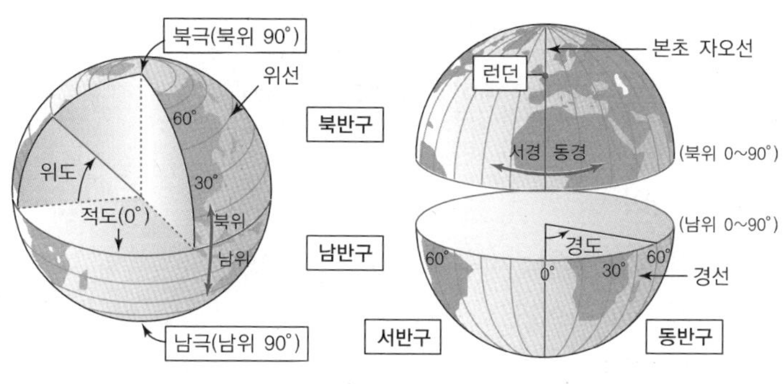

위도와 경도

③ 주변 국가를 이용한 위치 표현(관계적 위치) : 주변 국가와의 관계와 상호 연관성을 파악하기 좋다.

④ 우리나라의 위치

㉠ 지리적 위치 : 유라시아 대륙의 동쪽의 반도국으로 태평양의 북서쪽에 위치한다.
→ 대륙과 해양 진출에 유리함

㉡ 수리적 위치 : 북위 33°~43°(북반구 중위도 위치), 동경 124°~132°

㉢ 관계적 위치 : 서쪽으로는 중국, 동쪽으로는 일본 사이에 있으며 북쪽에는 러시아와 이웃해 있다.

바로바로 CHECK√

A~D 국가가 위치한 대륙을 바르게 연결한 것은?

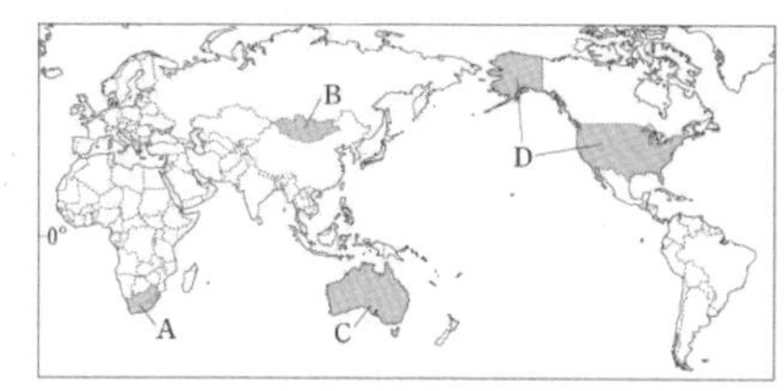

① A－유럽 ② B－아프리카
③ C－남아메리카 ❹ D－북아메리카

02 위치에 따른 주민 생활

1 위도에 따른 기후 차이

(1) 위 도

① **의미** : 적도와 평행하게 그린 가로줄인 위선으로 표현되는 각도

② **표시** : 북위 0°~90°(북반구), 남위 0°~90°(남반구)

→ 저위도(0°~30°), 중위도(30°~60°), 고위도(60°~90°)

(2) 위도에 따른 기온 차이

① **기온 차이가 발생하는 원인** : 지구는 둥글기 때문에 위도에 따라 일사량의 차이가 다르게 나타난다.

② **위치에 따른 기온 분포**

㉠ 저위도(적도) : 태양이 수직으로 비추어 좁은 지역에 열이 집중되어 기온이 높다.

㉡ 중위도 : 비교적 온화한 기후가 나타난다.

㉢ 고위도(극) : 태양이 비스듬히 비추어 넓은 지역에 열이 분산되어 기온이 낮다.

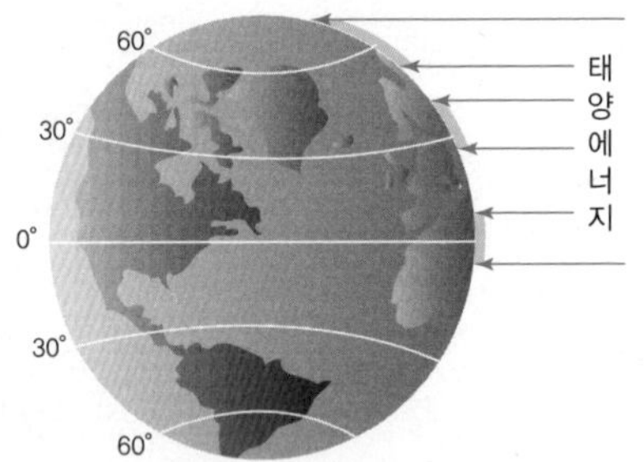

위도와 일사량의 차이

㉣ 저위도에서 고위도로 갈수록 기온이 낮아진다.

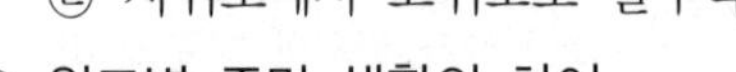

③ **위도별 주민 생활의 차이**

㉠ 저위도(열대 기후) : 얇고 간편한 옷을 입고 통풍이 잘 되는 가옥이 발달하였으며, 다양한 농작물을 재배한다.

㉡ 중위도(냉온대 기후) : 사계절의 변화가 뚜렷하여 다양한 의식주 문화가 발달하였다.

㉢ 고위도(한대 기후) : 두꺼운 옷을 입고 난방 시설을 갖춘 가옥이 발달하였으며, 농업 발달에 불리하다.

(3) 위도에 따른 계절 차이 중요+

① 계절 차이가 발생하는 원인 : 지구 자전축이 23.5° 기울어진 상태에서 공전하기 때문에 발생한다.

② 위도에 따른 계절 차이 : 남반구와 북반구는 계절이 반대로 나타난다.

바로바로 CHECK√

우리나라가 여름일 때, 겨울인 지역을 지도에서 고른 것은?

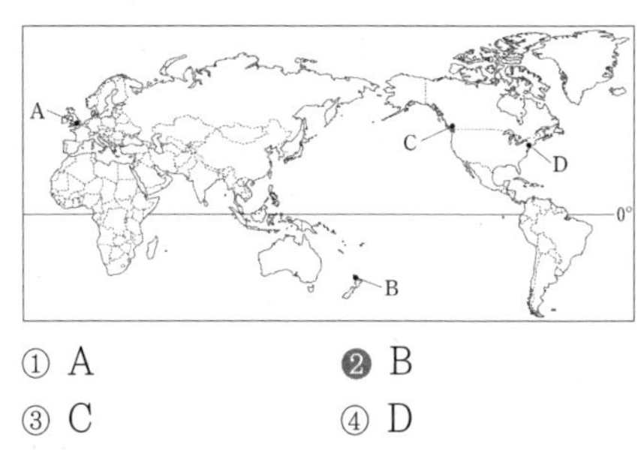

① A ❷ B
③ C ④ D

중위도	• 북반구가 여름(6~8월)일 때, 남반구는 겨울이다. • 북반구가 겨울(12~2월)일 때, 남반구는 여름이다.
저위도 (적도)	일 년 내내 태양과의 거리 차가 작기 때문에 연중 여름철과 같은 높은 기온을 유지한다.
고위도 (극지방)	• 일 년 내내 태양과의 거리 차가 크기 때문에 연중 겨울철과 같은 낮은 기온을 유지한다. • 일 년 중 반은 여름철에 해가 지지 않고 낮만 지속되는 백야 현상과 겨울철에 해가 뜨지 않고 밤만 지속되는 극야 현상이 발생한다.

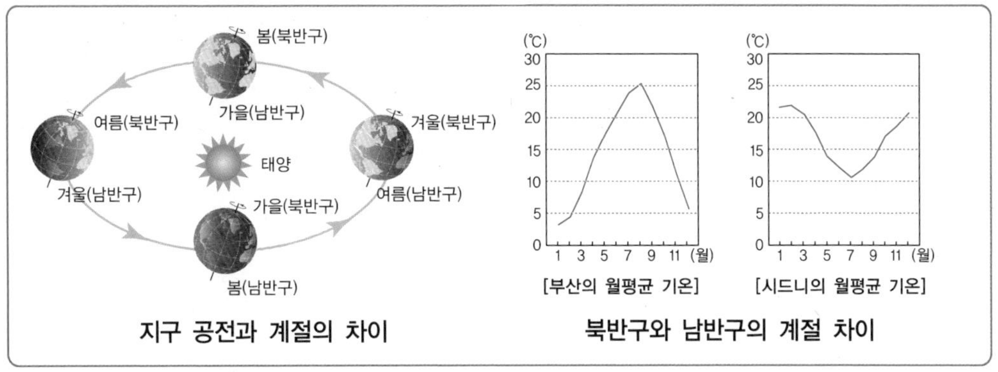

지구 공전과 계절의 차이

북반구와 남반구의 계절 차이

③ 계절 차이와 주민 생활

농작물 교류	북반구가 겨울일 때 남반구는 여름이기 때문에 북반구로 밀, 과일 등을 수출한다.
관광 산업	북반구가 겨울일 때 남반구로의 여행객이 증가한다.
가 옥	북반구에서는 남향집, 남반구에서는 북향집을 선호한다.

④ 비 교

구 분	수륙 분포	인구 분포	계절의 차이		특 징
북반구	육지가 많음 (전체의 67%)	인구가 많음 (전체 90%)	여름	겨울	•남향집 선호 •한겨울의 크리스마스
남반구	해양이 많음	인구가 적음 (전체 10%)	겨울	여름	•북향집 선호 •한여름의 크리스마스

2 경도에 따른 시간 차이

(1) 경 도

① **의미** : 본초 자오선을 기준으로 북극과 남극을 연결하는 세로줄인 경선으로 표현되는 각도

② **표시** : 동경 0°~180°, 서경 0°~180°

> **본초 자오선** 검색
> 영국의 그리니치 천문대(GMT)를 지나는 경도 0°선

③ 특 징

㉠ 시간을 결정하는 기준으로, 시간의 차이(시차)가 발생한다.

㉡ 우리나라 : 동경 124°~132° → 영국(세계 표준시)보다 9시간 빠름

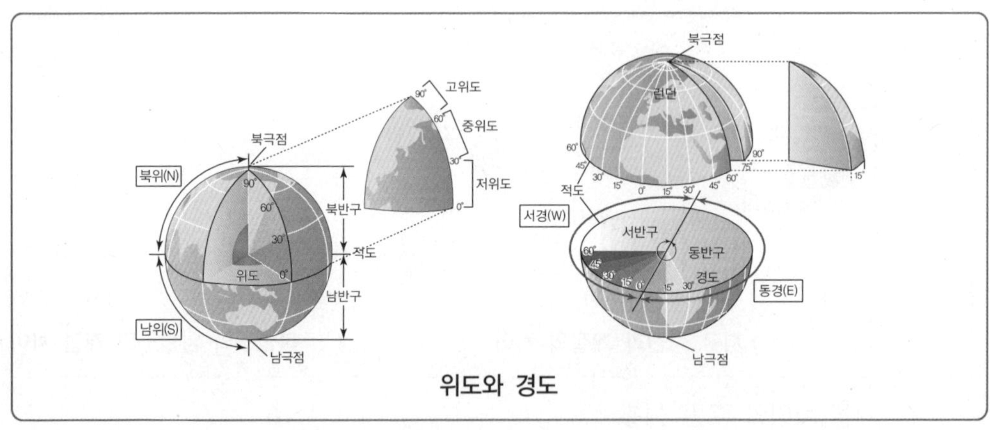

위도와 경도

(2) 시 차 중요+

① **원인** : 지구가 하루(24시간)에 한 바퀴(360°)씩 자전하여 경도 15°마다 1시간의 차이가 발생한다.

② **표준시** : 각 나라에서 표준이 되는 시간 → 우리나라 동경 135°

㉠ 중국 120°E, 일본 135°E : 우리나라가 중국보다 1시간 빠르고, 일본과 시간이 같다.

㉡ 국토가 넓어 여러 개의 표준시 사용 : 러시아, 캐나다, 미국, 오스트레일리아 등

㉢ 국토가 넓지만 단일 표준시 사용 : 중국(베이징 기준)

㉣ 표준시를 변경한 국가 : 키리바시는 표준시를 변경한 이후 세계에서 가장 먼저 해가 뜨는 국가가 되었다.

③ 날짜 변경선

㉠ 의미 : 날짜를 바꾸기 위해 그어 놓은 선을 말한다.

㉡ 위치 : 동경 180°와 서경 180°가 만나는 지점

㉢ 본초 자오선과의 관계 : 12시간 시차가 발생한다.

㉣ 특 징

ⓐ 한 국가 안의 날짜가 달라지는 상황을 막기 위해 키리바시에서는 구부러진 형태로 나타난다.

ⓑ 날짜 변경선의 동쪽에서 서쪽으로 이동할 때 하루를 더하고, 서쪽에서 동쪽으로 이동할 때 하루를 뺀다.

바로바로 CHECK√

다음 내용에 공통적으로 영향을 주는 요인은?

• 세계 표준시　　• 날짜 변경선

① 위도　　❷ 경도
③ 기후　　④ 언어

④ 시차와 인간 생활 : 운동선수의 시차 적응 훈련, 국제 스포츠 대회의 생중계 등과 연관, 시차를 이용한 국가 간 업무 협력 등

03 지리 정보와 지리 정보 기술

1 지리 정보의 의미와 중요성

(1) 지리 정보의 의미

① 의미 : 지역 및 공간과 관련된 자연·인문적인 모든 정보를 말한다.

② 구 성

공간 정보	지리 현상이 발생하는 위치 정보
관계 정보	다른 지리 현상과의 관계에 대한 정보
속성 정보	지리 현상의 특징에 관한 정보

③ **수집 방법** : 과거에는 주로 종이 지도를 통해 수집하였으나, 현재는 인터넷 전자 지도와 항공 사진, 위성 사진 등 다양한 도구를 통해 수집이 가능해졌다.

④ **중요성** : 교통 및 통신 발달로 일상생활에서의 지리 정보의 필요성이 높아졌다.

⑤ **활용** : 합리적인 공간적 의사 결정이 가능해졌다.

(2) 지리 정보가 포함된 각종 도구

구 분	전자 지도(인터넷 지도)	위성 사진
의 미	종이 지도를 컴퓨터 등에서 이용할 수 있도록 디지털 정보로 표현한 것	인공위성에서 실제 지구의 모습을 촬영한 사진
장 점	• 시간과 비용을 절약할 수 있음 • 확대와 축소 용이 • 최단 거리 검색 가능	• 직접 가 보기 어려운 곳의 정보를 알 수 있음 • 사실적 · 입체적으로 표현

2 다양한 지리 정보 기술과 활용

(1) 지리 정보 기술

① **의미** : 다양한 지리 정보를 수집하고 이용하는 기술을 말한다.

② **종 류**

구분	내용
지리 정보 체계 (GIS)	• 의미 : 컴퓨터를 이용하여 다양한 지리 정보를 입력 · 저장하고 분석 · 종합 · 출력하여 사용자에게 제공하는 시스템(GIS, Geographic Information System) • 장점 : 한번 구축한 자료는 언제든지 사용 가능하고, 지리 정보의 효율적 관리 및 다양한 공간 분석이 가능하다.
위성 위치 확인 시스템	• 의미 : 인공위성을 활용하여 사용자의 위치를 경위도 좌표로 알려주는 시스템 • 장점 : 세계 어느 곳이든지 위치를 정확히 알아낼 수 있다.
원격 탐사	• 의미 : 인공위성, 항공기 등을 이용하여 멀리 떨어진 곳의 정보를 수집하는 기술 • 장점 : 직접 접촉하지 않고도 멀리 떨어진 곳의 정보를 획득할 수 있다.

(2) 지리 정보 기술의 활용

① **공공 분야** : 도시 계획 수립, 교통 관리, 각종 시설 입지 선정, 환경오염의 예방 및 관리, 자연재해 예방 및 복구, 선거와 사회복지 분야에 활용된다.

② **일상생활** : 내비게이션, 스마트폰 애플리케이션을 이용한 지도 서비스, 대중교통 경로 및 도착 시간 안내, 장소 검색, 개인 사업체의 입지 선정 시에 활용된다.

01 다음 내용에 해당하는 지도의 요소는?

지표상의 실제 거리를 지도상에 줄여서 나타낸 비율

① 방위 ② 축척
③ 기호 ④ 등고선

01
축척이란 실제 거리를 지도상에서 줄여서 나타낸 비율을 말한다.

02 다음 내용에 해당하는 지도의 요소는?

• 지형의 높낮이를 표현함
• 같은 높이의 지점들을 연결함

① 기호 ② 방위
③ 축척 ④ 등고선

02
등고선은 평균 해수면을 기준으로 높이가 같은 지점들을 이어 놓은 선이다.

03 다음 중 지도의 종류가 <u>다른</u> 하나는?

① 지형도 ② 관광 지도
③ 인구 분포도 ④ 지하철 노선도

03
지형도는 일반도이며, ②·③·④는 주제도에 속한다.

04 좁은 지역의 위치를 표현할 때 사용하는 것은 무엇인가?

① 랜드마크 이용 ② 주변 국가 이용
③ 대륙과 해양 이용 ④ 위도와 경도 이용

04
랜드마크란 어떤 지역을 대표하는 건물이나 상징물, 조형물 등을 말한다.
②·③·④는 넓은 지역의 위치를 표현할 때 사용한다.

ANSWER
01. ② 02. ④ 03. ① 04. ①

05 우리나라가 속한 대륙과 주변 대양을 바르게 짝지은 것은?

① 유럽, 대서양　　② 유럽, 태평양
③ 아시아, 태평양　　④ 아시아, 대서양

05
우리나라는 아시아 대륙의 동쪽 끝에 위치한 반도 국가로, 태평양과 접하고 있다.

06 다음 빈칸에 들어갈 용어는?

> (　　　)에 따라 기온 차이가 발생한다.

① 경도　　② 위도
③ 식생　　④ 지형

06
지구는 둥글기 때문에 위도에 따라 일사량의 차이가 다르게 나타나서 기온 차이가 발생한다.

07 다음과 같은 원인으로 발생하는 현상은?

고난도

> 지구는 자전축이 23.5° 기울어진 상태에서 태양의 둘레를 공전한다.

① 계절의 차이　　② 낮과 밤의 변화
③ 지역 간 시간의 차이　　④ 국가 간 산업의 차이

07
지구의 자전축이 23.5° 기울어진 상태에서 태양의 둘레를 공전하기 때문에 계절의 변화와 남반구·북반구의 계절 차이가 발생한다.

√ 낮과 밤의 변화나 지역 간의 시간 차이는 지구의 자전 때문에 발생한다.

08 북반구와 계절이 반대인 점을 활용하여 남반구 국가에서 발달한 분야는?

① 공업　　② 어업
③ 첨단 산업　　④ 관광 산업

08
남반구는 북반구와 계절이 반대이고 농작물의 수확 시기가 다르므로, 인구가 많은 북반구를 상대로 농업과 관광 산업 분야에서 매우 유리하다.

ANSWER
05. ③　06. ②　07. ①　08. ④

09 다음 빈칸에 들어갈 용어는?

> 지구가 하루에 한 바퀴씩 (㉠)하여 (㉡) 15°마다 1시간의 차이가 발생한다.

	㉠	㉡
①	자전	경도
②	자전	위도
③	공전	위도
④	공전	경도

09
지구가 하루(24시간)에 한 바퀴(360°)씩 자전하여 경도 15°마다 1시간의 차이가 발생한다.

10 날짜 변경선에 대한 설명으로 옳지 않은 것은?

고난도

① 직선으로 나타난다.
② 경도 180°선과 일치한다.
③ 본초 자오선의 정반대에 위치한다.
④ 태평양 한가운데를 지나는 선이다.

10
날짜 변경선은 한 국가 안의 날짜가 달라지는 상황을 막기 위해서 육지를 피해 구부러진 형태로 나타난다.

11 다음에서 설명하는 것은?

> 컴퓨터를 이용하여 다양한 지리 정보를 입력·저장하고 분석·종합·출력하여 사용자에게 제공하는 시스템

① GIS ② GPS
③ 전자 지도 ④ 원격 탐사

11
GIS(지리 정보 시스템)에 대한 설명이다.

12 전자 지도의 장점으로 옳지 않은 것은?

① 확대와 축소가 쉽다.
② 최단 거리 검색이 가능하다.
③ 사실적·입체적으로 표현한다.
④ 시간과 비용을 절약할 수 있다.

12
위성 사진은 인공위성에서 실제 지구의 모습을 촬영한 사진으로 지역의 모습을 사실적·입체적으로 표현한다.

ANSWER
09. ① 10. ① 11. ① 12. ③

Chapter

02 우리와 다른 기후, 다른 생활

학습 point+

세계의 다양한 기후 지역의 의식주를 비롯한 주민 생활에 대해 출제될 가능성이 매우 높은 단원입니다. 특히 열대 우림 기후, 온대 기후(서안 해양성·지중해성·온대 계절풍 기후), 건조 및 툰드라 기후 지역의 기온 및 강수량의 특징, 의식주 생활에 대해 꼼꼼하게 정리한 후 학습해야 합니다.

01 세계의 기후 지역

1 세계의 기후

(1) 기 후

① **기후** : 일정한 지역에서 장기간에 걸쳐 나타나는 대기의 평균 상태를 말한다.

② **기후 요소** : 기후를 구성하는 요소 예 기온, 강수, 바람 등

③ **기후 요인** : 기후 요소에 영향을 주는 요인 예 위도, 육지와 바다 분포, 지형, 해류, 지형 등

④ **날씨** : 짧은 기간 동안 나타나는 대기의 상태

(2) 세계의 기온과 강수량 분포

① 기온 분포 차이

㉠ 위도 차이 : 저위도에서 고위도로 갈수록 기온이 낮아진다.

㉡ 대륙과 해양 분포 차이 : 같은 위도라도 해양이 대륙보다 연교차가 작다.

㉢ 대륙의 동안과 서안 차이 : 대륙의 서안이 대륙의 동안보다 연교차가 작다.

> **연교차** 검색
> 일 년 중 가장 더운 달의 평균 기온과 가장 추운 달의 평균 기온의 차이

② 강수량 분포 차이

㉠ 위도 차이 : 적도 부근에 강수량이 많고, 위도 20°~30°의 회귀선 부근과 극지방은 강수량이 적다.

㉡ 대륙과 해양 분포 차이 : 해안 지역이 내륙 지역보다 강수량이 많다.

㉢ 해류 차이 : 같은 해안이라도 난류 지역이 한류 지역보다 강수량이 많다.

㉣ 지형 차이 : 바람받이 지역이 바람 그늘 지역보다 강수량이 많다.

(3) 세계의 다양한 기후

기온과 강수량의 차이를 기준으로 구분

기후 구분		특 징	식 생
열대 기후	우 림	연중 고온다습, 스콜, 적도 부근	열대 우림(밀림)
	사바나	건기·우기 뚜렷, 야생 동물의 낙원	열대 초원
건조 기후	스 텝	연 강수량 250~500mm, 반건조 기후	건조 초원
	사 막	연 강수량 0~250mm, 일교차 큼	사막
온대 기후	계절풍	여름 고온다습, 겨울 한랭건조, 연교차 큼, 벼농사	대륙 동안
	해양성	연중 온난습윤, 연교차 작음, 북서부 유럽	대륙 서안
	지중해성	여름 고온건조, 겨울 온난습윤, 남부 유럽, 수목 농업	지중해 연안
냉대 기후		겨울이 길고 추움, 연교차 큼, 세계적 임업 지역	침엽수림(타이가)
한대 기후		남극과 북극 주변	이끼류(툰드라)
고산 기후		연중 봄과 같이 온화한 기후(상춘 기후), 고산 지대(고산 도시 발달)	

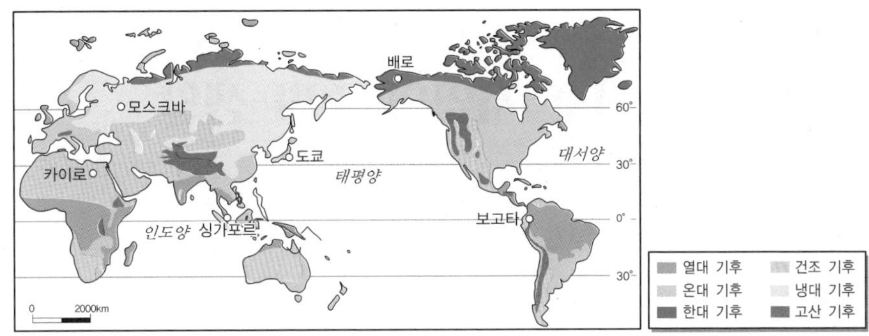

세계의 기후

2 인간의 거주와 기후

(1) 인간의 거주에 영향을 주는 요인

① 자연 환경 : 문명이 발생한 시기부터 거주 지역 선정에 큰 영향을 주었다.

예 기후, 지형, 토양, 식생 등

② 인문 환경 : 산업화와 도시화, 과학 기술의 발달로 중요성이 커지고 있다.

예 정치, 경제, 사회, 문화 등

③ 최근에는 산업화와 도시화로 인해 인간 거주에 미치는 자연환경의 영향력이 줄어들고 있으며, 불리한 기후 조건을 극복하기도 한다.

(2) 인간의 거주에 유리한 기후

① 냉·온대 기후 : 사계절이 뚜렷하고 강수량이 풍부하여 농업에 유리하다.

② 고산 기후 : 적도 부근의 해발 고도가 높은 지역은 일 년 내내 온화하다.

(3) 인간의 거주에 불리한 기후

① 열대 기후 : 덥고 습하기 때문에 거주에 불리하다.

② 건조 기후 : 연 강수량이 매우 적기 때문에 농업에 불리하다.

③ 한대 기후 : 기온이 매우 낮아 농업에 불리하다.

바로바로 CHECK√

다음 설명에 해당하는 기후는?

> 적도 부근의 해발 고도가 높은 산지에는 일 년 내내 봄과 같은 온화한 날씨가 나타난다.

❶ 고산 기후　② 건조 기후
③ 한대 기후　④ 툰드라 기후

02 열대 우림 기후 지역의 주민 생활

1 열대 우림 기후의 특징과 분포

(1) 열대 우림 지역의 의미와 분포

① 의미 : 비가 많이 내려 다양한 식생이 우거진 열대의 밀림 지역을 말한다.

② 분포 : 적도 부근의 저위도 지역 예 아마존 강 유역, 인도네시아를 비롯한 동남아시아 일대의 여러 섬, 아프리카의 적도 부근 콩고 분지 등

(2) 열대 우림 지역의 자연환경

① 특 징

㉠ 기온이 가장 낮은 달의 평균 기온이 18℃ 이상으로, 연중 기온이 높고 강수량이 많으며 일교차가 연교차보다 크게 나타난다.

㉡ 한낮에 규칙적으로 스콜(대류성 강수)이 내린다.

② 식생 : 높은 기온과 많은 강수량의 영향으로 다양한 크기의 상록 활엽수림이 분포한다.

→ 지표가 태양열에 의해 데워지는 것을 막아 주고 지구의 허파 역할을 함

예 아마존 강 유역의 셀바스

③ **토양** : 나뭇잎들이 비와 열기로 쉽게 분해되거나 비에 씻겨 나가 영양분이 빈약한 편이다.

④ **생물종** : 전체 지구에 서식하는 동식물종의 절반 이상이 분포한다.

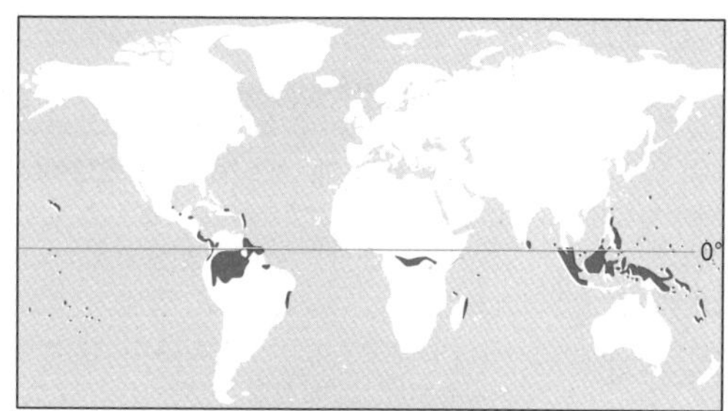

열대 우림 지역의 분포

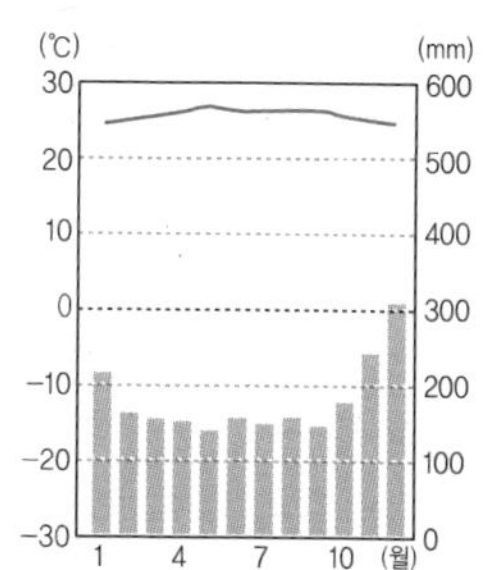

열대 우림 지역의 기후 그래프

2 열대 우림 기후 지역 주민 생활 중요

(1) 의식주 생활

의생활	• 단순한 형태의 얇고 간편한 옷차림을 한다. • 주변에서 구하기 쉬운 재료를 이용한다.
식생활	• 소화가 잘 되면서 열량이 높은 음식을 즐겨 먹는다. → 더위를 견디기 위해서 많은 에너지가 필요 • 음식이 상하는 것을 방지하기 위해 튀겨 먹거나 향신료를 많이 사용한다. • 다양한 열대 과일을 즐겨 먹는다.
주생활	• 개방적인 가옥 구조 : 벽이 얇고 큰 문과 창문을 두어 통풍이 잘 된다. • 지붕의 경사가 급하다. → 풍부한 강수량 때문 • 수상 가옥 : 물 위에 지은 집 • 고상 가옥 : 열기와 습기, 해충을 피하기 위해 지표에서 약간 띄워 지은 집

(2) 농 업

① 벼농사

㉠ 벼농사에 적합한 동남아시아의 계절풍 기후이다. → 높은 기온과 많은 강수량

㉡ 1년에 2번 이상 벼농사가 가능하다.

바로바로 CHECK√

다음에서 설명하는 기후는?

• 가장 추운 달의 평균 기온이 18℃ 이상이고 연중 강수량이 많은 기후이다.
• 이 기후가 나타나는 지역에서는 지표면의 열기와 습기를 피하기 위해 지면에서 높이 띄운 가옥을 볼 수 있다.

① 고산 기후 ② 스텝 기후
③ 지중해성 기후 ❹ 열대 우림 기후

② 이동식 화전 농업

㉠ 방식 : 토양이 척박한 지역이기 때문에 한 곳에서 오랫동안 농사짓기가 어려움 → 숲에 불을 질러 밭 조성 후 농사 → 토양이 척박해지면 다른 지역으로 이동

㉡ 작물 : 카사바, 얌, 옥수수 등을 재배한다.

③ 플랜테이션

㉠ 시작 : 과거 유럽의 식민 지배 이후에 행해졌다.

㉡ 방식 : 유럽의 자본과 기술 + 열대 우림 지역의 유리한 기후 + 원주민의 노동력

㉢ 작물 : 커피, 고무, 카카오, 바나나와 같은 상품 작물이나 기호 작물을 대규모로 재배한다.

㉣ 변화 : 다양한 작물을 재배하며, 현지 주민의 경영으로 바뀌고 있다.

바로 바로 CHECK√

다음 설명에 해당하는 농업은?

> 선진국의 자본과 원주민의 노동력을 결합한 농업 방식으로 열대 기후 지역에서는 카카오, 천연고무 등의 상품 작물을 대규모로 재배한다.

① 낙농업　② 혼합 농업
③ 수목 농업　❹ 플랜테이션

(3) 열대 우림 기후 지역의 변화

① **열대 우림 파괴** : 자원 개발, 도시 개발, 농경지 확대 등으로 인해 원주민의 생활 터전과 동식물의 서식지가 파괴되고, 지구 온난화가 심화되고 있다.

② **관광 산업 발달** : 다양한 관광 상품을 개발하였다.

③ **무역 및 도시 발달** : 싱가포르 등 교통이 편리한 해안 지역에 일찍부터 무역이 이루어져 도시가 발달하였다.

03 온대 기후 지역의 주민 생활

1 온대 기후의 특징과 분포

(1) 계절에 따른 기온 차이가 크며 가장 추운 달의 평균 기온이 −3~18℃이고, 강수량이 적당한 편이다.

(2) 인간이 거주하기에 유리하여 세계적인 인구 밀집 지역이다.

(3) 중위도 지역을 중심으로 분포하고 있다.

2 다양한 온대 기후

(1) 온대 계절풍 기후

계절풍

계절에 따라 방향이 바뀌는 바람으로 여름에는 바다에서 대륙으로, 겨울에는 대륙에서 바다로 불어옴

① 특 징

㉠ 대륙의 동쪽에서 나타난다.

㉡ 계절풍의 영향으로 여름에 고온 다습하고 겨울에 한랭 건조하다. → **사계절이 뚜렷함**

㉢ 기온의 연교차가 매우 크다.

② **분포** : 유라시아 대륙의 동안과 북아메리카 대륙의 동안

(2) 서안 해양성 기후

① 특 징

㉠ 대륙의 서쪽에서 나타난다.

㉡ 북대서양 해류인 난류의 영향으로 기온이 온화하고, 편서풍의 영향으로 연중 강수량이 고르다.

편서풍	일 년 내내 바다로부터 불어오는 습윤한 바람 → **연중 고른 강수량**
난 류	멕시코만 쪽에서 북상하는 북대서양 해류 → **겨울철 기온이 온난함**

㉢ 여름에는 서늘하고 겨울에는 온화하여 기온의 연교차가 작다.

② **분포** : 유라시아 대륙의 서쪽에 있으며 대서양과 접해 있는 북서부 유럽, 북아메리카의 북서 해안 등

③ **해당 국가** : 영국, 프랑스, 스위스, 독일, 오스트리아, 벨기에, 네덜란드 등

④ 런던과 서울의 기후 비교

㉠ 대륙의 서안 : 런던은 편서풍과 난류의 영향으로 연교차가 작은 해양성 기후이다.

㉡ 대륙의 동안 : 서울은 계절풍의 영향으로 연교차가 큰 대륙성 기후이다.

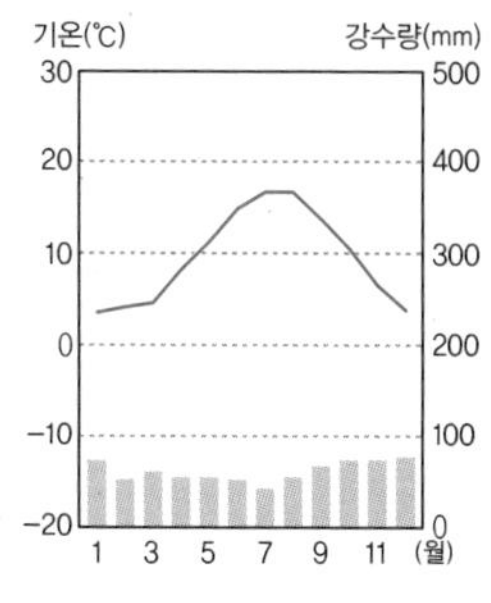

런던의 기후 그래프

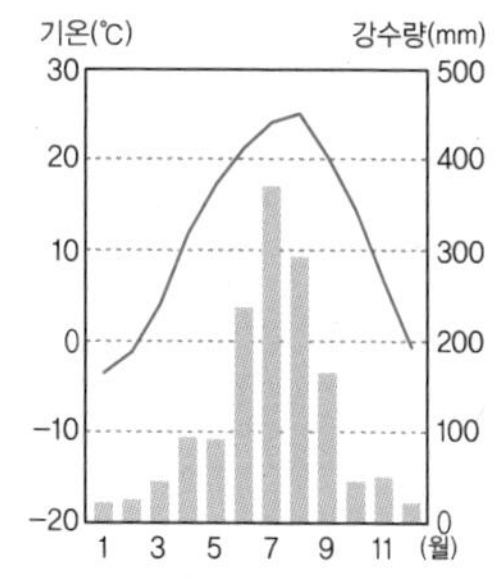

서울의 기후 그래프

(3) 지중해성 기후

① 특 징

㉠ 여름 : 기온이 높고 강수량이 적다. → **고온 건조**

㉡ 겨울 : 따뜻하고 강수량이 많다. → **온난 습윤**

② **분포** : 남부 유럽의 지중해 일대, 미국 캘리포니아 태평양 연안, 아프리카 남부

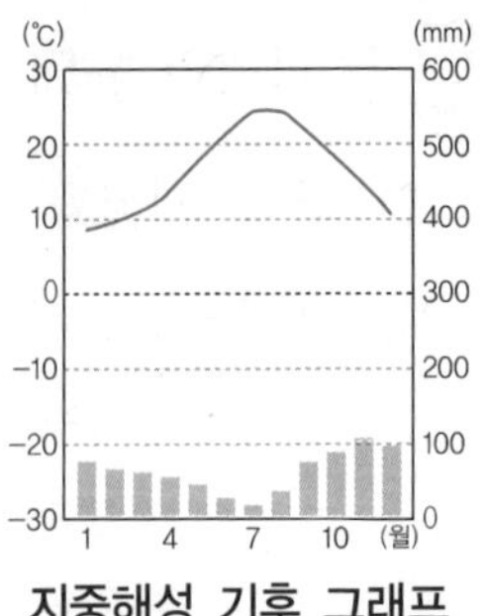

지중해성 기후 그래프

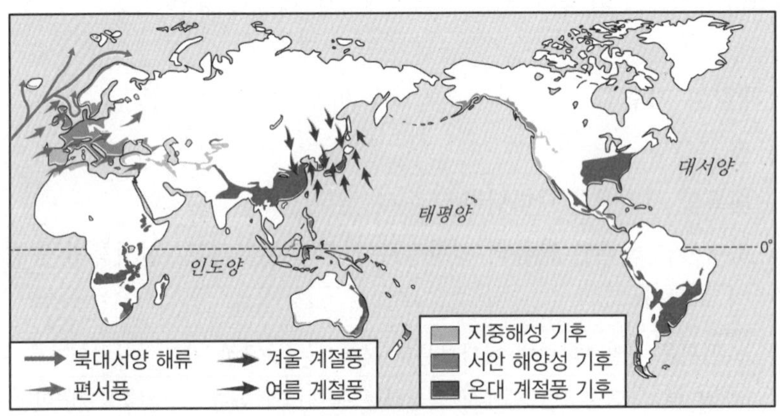

다양한 온대 기후의 분포

3 온대 기후 지역 주민 생활 중요⁺

(1) 온대 계절풍 기후

① 경 관

㉠ 사계절이 뚜렷하기 때문에 추위와 더위에 대비한 시설이 발달하였다.

㉡ 우리나라 : 여름철에는 대청마루, 겨울철에는 온돌방이 발달하였다.

② **농업** : 여름철의 계절풍으로 인해 기온이 높고 강수량이 많아 벼농사가 발달하였고, 동남아시아는 벼의 2기작(1년에 2번 재배하는 방식)이 이루어진다.

(2) 서안 해양성 기후

① 경 관

㉠ 흐리고 비가 내리는 날이 많아 맑은 날이면 일광욕을 즐긴다.

㉡ 영국은 비가 자주 내려 비옷, 우산을 가지고 다닌다.

② 농 업

바로바로 CHECK√

서부 유럽 지역에서 발달한 농업 유형을 〈보기〉에서 모두 고른 것은?

보기
ㄱ. 낙농업　ㄴ. 혼합 농업
ㄷ. 플랜테이션　ㄹ. 오아시스 농업

❶ ㄱ, ㄴ　② ㄱ, ㄷ
③ ㄴ, ㄹ　④ ㄷ, ㄹ

혼합 농업	발달 원인	연중 강수량이 고르고 겨울철 기온이 온난하여 목초지가 잘 자람
	특 징	전통적으로 발달한 농업
	방 식	식량 작물 + 사료 작물 + 가축 사육 밀, 보리 / 목초, 옥수수, 사탕무 / 소, 돼지
낙농업·원예 농업		• 오늘날에 대도시나 교통이 편리한 곳을 중심으로 발달한 상업적 농업 • 우유, 버터, 치즈 생산 • 판매를 목적으로 채소, 화초, 과일 재배

(3) 지중해성 기후

① 경 관

㉠ 여름철의 맑고 쾌청한 날씨와 풍부한 일사량으로 일광욕을 즐긴다.

㉡ 집의 외부를 흰색으로 칠해 햇볕이 흡수되는 것을 막는다.

㉢ 풍부한 문화 유적이 있기 때문에 세계적인 관광지이다.

② 농 업

㉠ 여름철 고온 건조한 기후에 잘 견디는 수목 농업이 발달하였다.

예 포도, 올리브, 오렌지, 코르크 등

㉡ 겨울철은 온난 다습하기 때문에 밀, 보리 등의 곡물 재배가 이루어진다.

바로바로 CHECK√

다음에 해당하는 기후는?

• 여름철은 덥고 건조하며, 겨울철은 비교적 따뜻하고 비가 자주 내림
• 올리브, 포도 등의 작물을 재배하는 수목 농업 발달

① 냉대 기후　② 툰드라 기후
❸ 지중해성 기후　④ 열대 우림 기후

04 건조 기후와 툰드라 기후 지역의 주민 생활

1 건조 기후의 특징과 분포

(1) 건조 기후 지역의 의미와 분포

① 의미 : 강수량보다 증발량이 많아 연중 물 부족 현상이 나타나는 건조한 지역이다.

② 구분 : 강수량에 따라 사막 기후와 스텝 기후로 구분한다.

③ 사막 기후 지역의 분포

남·북회귀선 부근	위도 20°~30° 부근으로, 적도에서 상승한 공기가 하강하여 강수량이 적다. 예 아프리카의 사하라 사막
대륙의 내부	바다에서 멀리 떨어져 있어 수분 공급량이 적다. 예 중국의 고비 사막, 타클라마칸 사막
한류 연안	주변 지역보다 차가워 대기가 안정되어 구름이 형성되기 어렵다. 예 칠레의 아타카마 사막, 나미브 사막

④ 스텝 기후 지역의 분포 : 사막을 둘러싼 주변 지역

(2) 건조 기후의 특징

① 사막 기후 지역

㉠ 연 강수량이 250mm 미만이다.

㉡ 식생 발달이 어렵고 비가 올 때만 하천이 일시적으로 흐른다. → 건천

㉢ 오아시스 주변에 마을이 발달하였다.

㉣ 전 세계 사막 중 암석 사막이 모래 주변의 사막보다 많으며 약 80%를 차지한다.

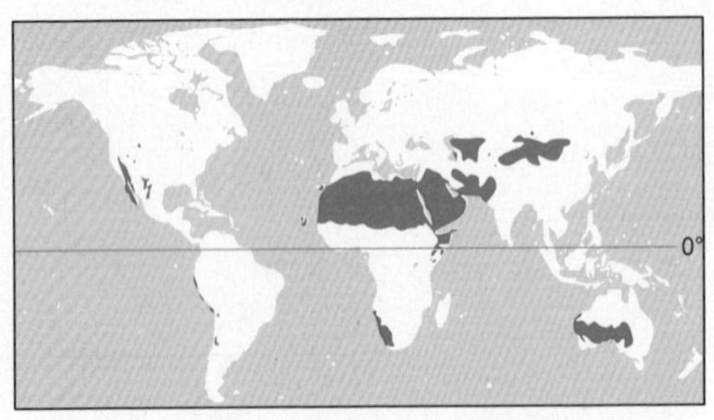

사막 기후 지역의 분포

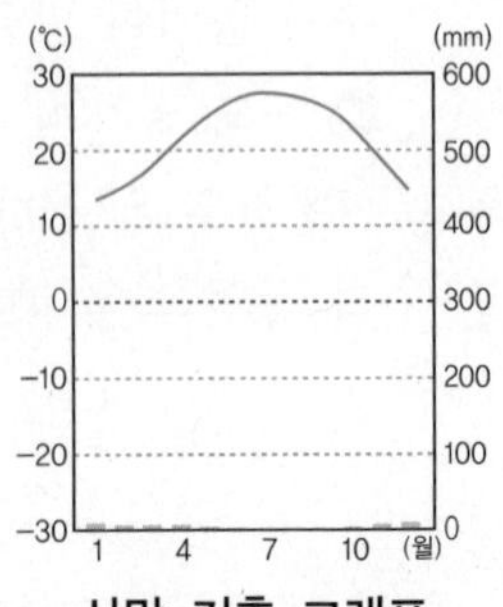

사막 기후 그래프

② 스텝 기후 지역

㉠ 연 강수량이 250~500mm이고 짧은 우기가 있다.

㉡ 우기 동안 짧은 풀이 자라는 초원을 이루며, 건기가 되면 사막처럼 황량해진다.

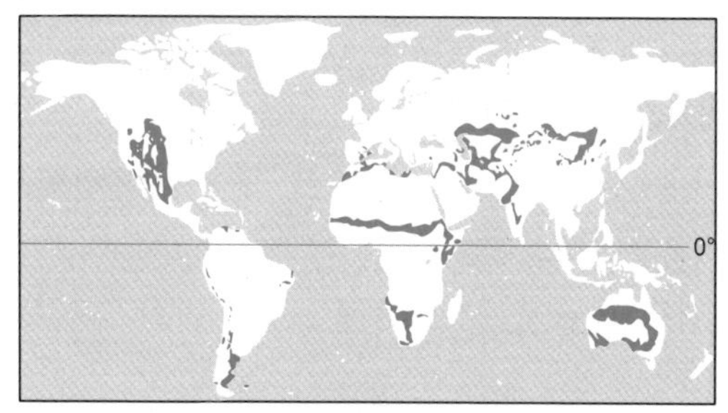

스텝 기후 지역의 분포

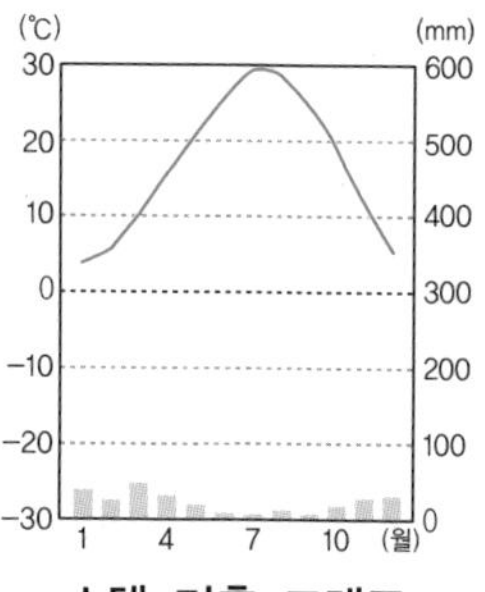

스텝 기후 그래프

2 건조 기후 지역 주민 생활

(1) 사막 기후 지역 중요⁺

① 의생활과 주생활

의생활	전신을 여러 겹 감싸는 옷을 입는다. → 강한 햇빛과 모래바람을 막고 인체의 수분 증발 방지
주생활	• 흙집(구하기 쉬운 재료), 평평한 지붕(강수량이 적기 때문) • 폐쇄적 가옥 구조 : 두꺼운 벽, 작은 창문 → 일교차를 조절하고 뜨거운 바람을 막기 위함 • 건물 사이의 간격이 좁다. → 그늘이 생기도록 하기 위함

② 농 업

㉠ 오아시스 농업 : 물을 구하기 쉬운 오아시스 주변에서 밀이나 대추야자를 재배한다.

㉡ 관개 농업 : 수분 증발 방지를 위해 지하 관개 수로를 통하여 물을 공급한다.
→ 목화, 밀 등을 재배하거나 생활용수로 사용

바로바로 CHECK√

사막 기후 지역의 생활 모습으로 가장 적절한 것은?

❶ 오아시스 주변에서 대추야자와 밀 등을 재배한다.
② 순록이나 개가 끄는 썰매를 교통수단으로 이용한다.
③ 열기와 습기를 피하기 위해 고상가옥을 짓고 생활한다.
④ 여름철 고온 다습한 기후를 이용하여 벼농사가 발달하였다.

(2) 스텝 기후 지역

① **의생활** : 중위도 사막 지역의 경우 가축의 가죽으로 만든 옷을 입는다.

② **주생활** : 초원을 따라 이동하는 유목 생활에 편리한 천막집을 짓는다.

③ **구대륙의 생활 모습**

㉠ 해당 지역 : 아시아, 아프리카의 스텝 지역

㉡ 유목 : 낙타, 양, 염소 등의 가축을 몰아 물과 풀을 찾아 이동하며 가축을 기르고, 양, 염소 등의 고기나 유제품을 주식으로 한다.

㉢ 밀 재배 : 우크라이나와 러시아 남부의 흑토 지대

④ **신대륙의 생활 모습**

㉠ 해당 지역 : 북아메리카의 대평원, 오스트레일리아의 대찬정 분지, 아르헨티나의 팜파스

㉡ 대규모 목축업 : 관개 시설을 확보하여 기업적 곡물 재배와 목축업을 한다.

(3) 건조 지역의 변화

① **석유 개발** : 급속한 산업화, 유목민들의 이동 감소, 정착 생활 주민의 증가, 현대적 도시 발달 예 아랍 에미리트 두바이

② **사막화 현상** : 초원 지대가 오랜 가뭄과 농경지의 확대 등으로 사막으로 변화하였다.
→ 물과 식량을 구하기 어려움 예 아프리카 사하라 사막 남부의 사헬 지대

③ **대규모 관개 농업** : 인공 수로의 건설, 해수 담수화 시설 등을 건설하여 불리한 자연 환경을 극복하기도 한다.

3 툰드라 기후 지역의 분포와 자연 환경

(1) 툰드라 기후 지역의 의미와 분포

① **의미** : 한대 기후 중 짧은 여름철만 나타나는 지역을 말한다.

② **분포** : 북극해 중심으로 그린란드, 유라시아 대륙 북부, 북아메리카 대륙 북부

(2) 툰드라 기후 지역의 자연환경

① **기후** : 한대 기후 중 가장 따뜻한 달의 평균 기온이 0~10℃ 미만이고, 강수량이 적은 편이다.

㉠ 툰드라 기후 : 짧은 여름에만 0℃ 이상이다.

㉡ 빙설 기후 : 가장 따뜻한 달의 평균 기온이 0℃ 미만이다.

예 남극 대륙, 그린란드 내륙 지역

② 특 징

여름철	• 1년 중 2~3개월 정도로 짧다. • 영구 동토층 위의 땅이 녹는 시기로 이끼와 식물들이 자랄 수 있다. • 수많은 동물들이 번식을 위해 모여든다. • 백야 현상이 발생한다. • 초지를 이용하여 순록 유목 생활을 한다.
겨울철	• 1년 중 대부분을 차지하며 매우 춥다. • 극야 현상이 발생한다.

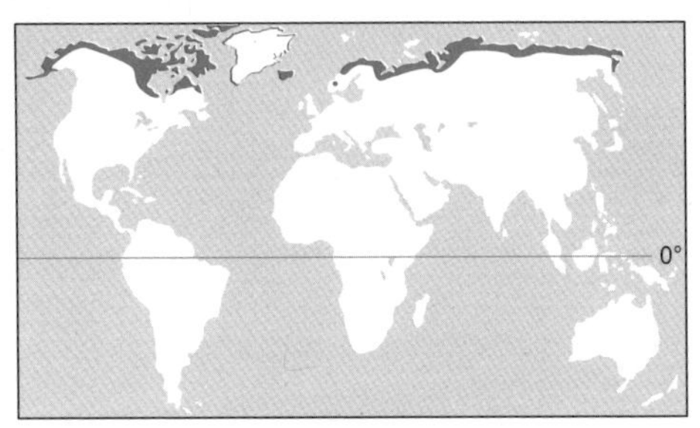

툰드라 지역의 분포

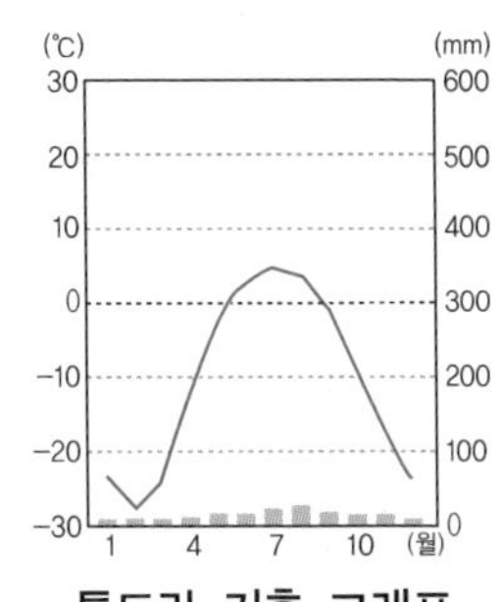

툰드라 기후 그래프

4 툰드라 지역 주민 생활

(1) 의식주 생활과 농업

의생활	동물 털과 가죽을 이용하여 두꺼운 옷과 신발을 착용한다.
식생활	• 육류 중심(날고기)의 식생활을 한다. → 지방과 비타민 섭취를 위함 • 냉동이나 훈제, 염장, 건조법이 발달하였다. → 식량 부족 시 대비하기 위함
주생활	• 폐쇄적 가옥 구조 → 추위를 막기 위함 • 고상 가옥 → 지표가 녹거나 건물 열기로 인해 붕괴되는 것 방지 • 이글루 : 임시 형태의 가옥
농 업	농작물의 재배가 어렵기 때문에 사냥, 고기잡이, 순록 유목 등을 한다.

(2) 툰드라 지역의 변화

① **지하 자원 개발** : 석유, 천연가스 매장으로 개발이 진행 중이며, 도시가 발달하였다.

② **관광 자원 개발** : 백야 현상, 빙하 체험 등 기후 조건을 이용한 관광 상품이 등장하였다.

③ **교통의 요지** : 북극을 지나는 항공 교통과 해상 교통이 발달하였다.

④ **환경 문제 발생** : 지구 온난화로 여름철에 땅이 녹아 원주민의 생활 터전이 파괴되고, 이끼류가 훼손되는 등의 환경 문제가 발생하였다.

바로 바로 CHECK√

다음에 해당하는 지역의 기후는?

- 일 년 중 대부분의 기간이 눈과 얼음으로 덮여 있음
- 짧은 여름 동안 이끼류 등이 자람
- 전통적으로 순록 유목이 이루어짐

① 사막 기후
❷ 툰드라 기후
③ 사바나 기후
④ 열대 우림 기후

탄탄 실력 다지기 실전 예상문제

01 다음 빈칸에 들어갈 말로 알맞은 것은?

> 세계의 기후는 기온과 (　　)의 차이를 기준으로 구분한다.

① 바람　　② 해양
③ 육지　　④ 강수량

02 인간의 거주에 영향을 주는 자연 환경에 속하지 않는 것은?

① 경제　　② 기후
③ 식생　　④ 지형

03 인간이 거주하는데 불리한 지역이 아닌 것은?

① 열대 기후 지역
② 한대 기후 지역
③ 고산 기후 지역
④ 건조 기후 지역

04 열대 우림 기후의 특징으로 옳지 않은 것은?

① 스콜이 내린다.
② 연교차가 크다.
③ 강수량이 많다.
④ 연중 기온이 높다.

01
세계의 다양한 기후는 기온과 강수량의 차이를 기준으로 열대 기후, 건조 기후, 온대 기후, 냉대 기후, 한대 기후로 구분할 수 있다.

02
인간의 거주에 영향을 미치는 인문 환경으로는 정치, 경제, 사회, 문화 등이 있다.

03
고산 기후는 적도 부근의 해발 고도가 높은 지역에서 나타나는 기후로 일 년 내내 온화하여 인간 거주에 유리하다.

04
열대 우림 기후는 연중 기온이 높기 때문에 연교차는 작고, 일교차가 연교차에 비해 큰 편이다.

ANSWER
01. ④　02. ①　03. ③　04. ②

05 다음에서 설명하는 농업 방식은?

> 숲에 불을 질러 밭을 조성한 후에 카사바, 얌 등을 재배하고, 이후 토양이 척박해지면 다른 지역으로 이동하는 농업 방식

① 혼합 농업　② 수목 농업
③ 플랜테이션　④ 이동식 화전 농업

06 다음과 같은 특징이 나타나는 기후는?

> • 수목 농업 발달
> • 맑고 쾌청한 날씨와 풍부한 문화 유적을 활용한 관광업 발달

① 지중해성 기후　② 서안 해양성 기후
③ 온대 계절풍 기후　④ 열대 사바나 기후

07 다음 빈칸에 들어갈 용어로 옳은 것은?

고난도

> 서안 해양성 기후는 북대서양 해류인 (㉠)의 영향으로 기온이 온화하고 (㉡)의 영향으로 연중 강수량이 고르다.

	㉠	㉡
①	난류	편서풍
②	난류	계절풍
③	한류	편서풍
④	한류	계절풍

08 온대 계절풍 기후에서 볼 수 있는 농업 형태는?

① 벼농사　② 낙농업
③ 원예 농업　④ 오아시스 농업

05
열대 우림 지역은 토양이 척박하기 때문에 한곳에서 오랫동안 농사짓기가 어려워 숲에 불을 질러 밭을 조성한 후에 카사바, 얌, 옥수수 등을 재배한다. 이후 토양이 척박해지면 다른 지역으로 이동한다.

06
지중해성 기후
• 고온 건조한 여름에도 잘 견디는 올리브, 포도 등을 재배하는 수목 농업이 발달하였다.
• 맑고 쾌청한 날씨와 그리스·로마 문화 유적지가 많기 때문에 관광업이 발달하였다.

07

구분	내용
편서풍	일 년 내내 바다로부터 불어오는 습윤한 바람 → 연중 고른 강수량
난 류	북대서양 해류 → 겨울철 기온이 온난함

08
여름철의 계절풍으로 인해 기온이 높고 강수량이 많아 벼농사가 발달하였다.

ANSWER
05. ④　06. ①　07. ①　08. ①

09 건조 지역의 가옥 특징이 아닌 것은?

① 경사가 급한 지붕
② 두꺼운 벽과 작은 창문
③ 구하기 쉬운 흙을 사용
④ 건물 사이의 좁은 간격

10 다음 내용에 해당하는 기후는?

• 기온이 가장 높은 달의 평균 기온이 0~10℃ 미만
• 짧은 여름철에 이끼류가 자람

① 스텝 기후 ② 냉대 기후
③ 툰드라 기후 ④ 사바나 기후

11 툰드라 지역에서 고상 가옥을 짓는 이유는?

① 해충과 열기를 막기 위해
② 홍수의 피해를 줄이기 위해
③ 통풍이 잘 되도록 하기 위해
④ 여름철에 땅이 녹아 집이 붕괴되는 것을 막기 위해

12 건조 기후 지역에 대한 설명으로 옳은 것은?

고난도
① 일교차가 작은 편이다.
② 증발량이 강수량보다 많다.
③ 모래사막이 80%를 차지한다.
④ 나무가 많이 자라는 곳은 밀림을 이룬다.

09
건조 지역은 강수량이 적기 때문에 지붕이 평평하다.

10
툰드라 기후는 기온이 가장 높은 달의 평균 기온이 0~10℃ 미만으로, 여름철에 지표면이 녹아 이끼류가 자란다.

11
툰드라 지역은 여름철에 영상으로 기온이 올라가 지표면이 녹을 수 있기 때문에 집이 붕괴되는 것을 막기 위해 고상 가옥을 짓는다.
✓ 열대 우림 기후에서는 해충과 열기를 막기 위해 고상 가옥을 짓는다.

12
일교차가 매우 큰 편이며 강수량보다 증발량이 많기 때문에 식생 발달이 어렵고 나무가 거의 자라지 못한다. 사막은 모래사막과 암석 사막 중 암석 사막이 80%를 차지한다.

ANSWER
09. ① 10. ③ 11. ④ 12. ②

Chapter 03 자연으로 떠나는 여행

학습 point⁺

세계의 다양한 산지 및 해안 지형의 종류와 형성 과정, 그리고 해당 지역의 주민 생활의 모습을 이해하는 것이 중요한 단원입니다. 우리나라의 산지·해안·하천·화산·카르스트 지형의 특징을 우리나라의 지도를 중심으로 정리하는 것이 학습에 도움이 됩니다.

01 산지 지형으로 떠나는 여행

1 지형의 형성 원인

지형은 지구 내부의 힘과 지구 외부의 힘의 상호 작용으로 형성된다.

구 분	내적 작용(내인적 작용)	외적 작용(외인적 작용)
형성 원인	• 지구 내부 에너지(지구 내부의 힘) → 지각판과 지각판의 충돌(경계) 지점 • 지각 변동(융기, 침강, 습곡, 단층) 및 화산 활동	• 지구 외부 태양 에너지(지구 외부의 힘) • 하천, 바람, 파랑, 빙하의 침식·운반·퇴적 작용, 풍화(암석의 변형) 작용
주요 지형	• 규모가 큰 지형(대지형) • 지표면의 기복을 만드는 작용	• 규모가 작은 지형(소지형) • 지표면을 평탄화시키는 작용
예	큰 산맥(산지), 고원, 화산 등	선상지, 범람원, 삼각주, 호른, 피오르, 모래 언덕, 갯벌, 모래 해안, 석회 동굴 등

2 세계의 산지 지형

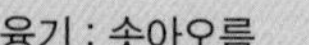

지각 변동

• 융기 : 솟아오름
• 침강 : 내려앉음
• 습곡 : 구부러짐
• 단층 : 어긋남

(1) 산지 지형의 종류

① 산 맥 중요⁺

㉠ 고기 습곡 산지

ⓐ 오래전 고생대에 형성되었다. → 장기간 침식

ⓑ 해발 고도가 낮고 산지가 완만하다.

ⓒ 판의 가운데 위치한다. → 안정적

ⓓ 대표 산맥 : 우랄 산맥, 스칸디나비아 산맥, 애팔래치아 산맥, 그레이트디바이딩 산맥

㉡ 신기 습곡 산지

ⓐ 최근 신생대에 형성되었다. → **침식 작용 적음**

ⓑ 해발 고도가 높고 산지가 험하다(4,000m 이상).

ⓒ 판과 판의 경계(조산대)에 위치한다. → **불안정(화산, 지진)**

ⓓ 대표 산맥 : 알프스·히말라야 조산대(알프스 산맥, 히말라야 산맥), 환태평양 조산대(로키 산맥, 안데스 산맥)

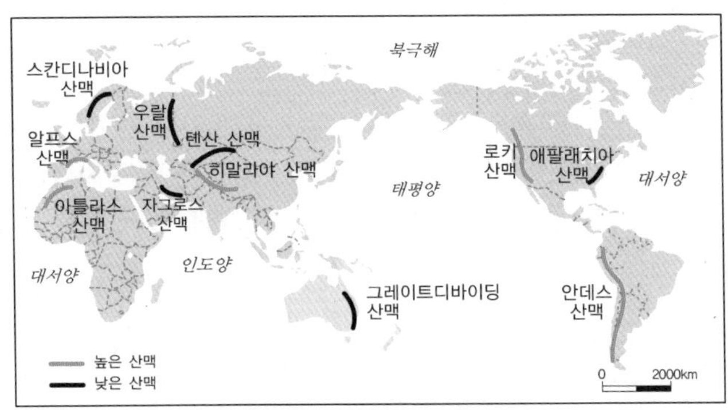

세계의 대산맥

② **고 원**

㉠ 의미 : 해발 고도가 높은 곳에 있으나 평탄한 곳을 말한다.

㉡ 형성 원인 : 낮고 평탄했던 곳이 융기하거나 용암이 흘러나와 쌓이면서 형성되었다.

㉢ 세계적 지형 : 티베트 고원, 브라질 고원 등

③ **화산 지형**

㉠ 형성 원인 : 땅 속 깊은 곳의 뜨거운 마그마가 땅 위로 솟아오르는 과정에서 형성되었다.

㉡ 세계적 지형 : 일본의 아소산, 미국의 하와이 등

④ **독특한 산지 지형**

㉠ 스위스의 마테호른 : 빙하가 침식되어 뾰족해진 산의 정상부를 볼 수 있다.

㉡ 미국의 그랜드 캐니언 : 융기로 인해 형성된 고원이 하천의 침식으로 형성된 협곡이다.

(2) 산지 지역의 주민 생활

① **산지 지역의 특징**

㉠ 단점 : 고도가 높고 경사가 급하기 때문에 농업에 불리하다.

㉡ 장점 : 서늘한 기후를 이용하여 고랭지 농업과 목축업, 관광 산업, 광업 등이 발달하였다.

② 주민 생활

알프스 산지	• 이목 : 여름에는 산지로 겨울에는 평지로 이동하며 소, 염소 등을 기르는 방식 • 관광 산업 발달
히말라야 산지	• 방목 : 양이나 야크 등을 목초지에 풀어놓고 기르는 방식 • 관광 산업의 발달로 셰르파(길을 안내하는 직업)에 종사하는 사람이 증가함
안데스 산지	• 라마와 알파카 등을 방목 • 감자, 옥수수 등을 재배 • 고대 문명 유적지(마추픽추)에서 관광 산업 발달 • 고산 도시 발달 : 적도 부근의 해발 고도가 낮은 지역은 무덥지만, 고도가 높은 지역은 기후가 온화하여 키토, 보고타와 같은 도시가 발달함

02 해안 지형으로 떠나는 여행

1 다양한 해안 지형

(1) 해안 지형의 형성 원인

① 해안 : 바다와 육지가 만나는 곳을 말한다.

곶	해안선이 바다 쪽으로 돌출된 곳으로 침식 작용이 활발하다.
만	해안선이 육지 쪽으로 들어간 곳으로 퇴적 작용이 활발하다.

② 형성 원인 : 파랑과 조류에 의해 형성되었다. **중요+**

파 랑	침식 작용 (침식해안)	주로 곶에서 나타나는 지형이다. 예 해식애(해안 절벽), 해식 동굴, 시 스택(돌기둥), 시 아치
	퇴적 작용 (모래해안)	주로 만에서 나타나는 지형이다. 예 모래사장(사빈), 석호(모래가 퇴적되면서 만든 호수)
조 류	퇴적 작용 (갯벌해안)	밀물과 썰물의 차이가 큰 바닷가에서 형성된다. → 조석 간만의 차가 큼 예 양식장 이용, 생태계의 보고, 오염 물질 정화, 자연재해 감소 등
바 람	퇴적 작용	해안 사구(모래 언덕) : 모래사장의 모래가 바람에 의해 날아와 형성된 모래 언덕

침식 해안

바로 바로 CHECK√

다음 지형 형성에 가장 크게 영향을 준 요인은?

해안 절벽, 시 스택, 시 아치, 해식 동굴

① 하천에 의한 퇴적
② 빙하에 의한 퇴적
③ 바람에 의한 침식
❹ 파랑에 의한 침식

(2) 독특한 해안 지형

① **리아스 해안** : 하천의 침식 작용으로 만들어진 골짜기에 바닷물이 들어와 형성된 해안이다.

② **피오르 해안** : 빙하의 침식 작용으로 만들어진 U자곡에 바닷물이 들어와 형성된 좁고 긴 만이다.

③ **산호초 해안** : 열대 기후 지역의 수심이 얕은 바다에서 산호가 자라 형성되었다.

④ **맹그로브 숲** : 열대 기후 지역의 해안에 나무들이 많이 자라서 이룬 숲이다.

2 해안 지역의 주민 생활

(1) 해안 지역의 특징과 주민 생활

① 해안 지역의 특징

㉠ 다른 지역과 교류하기에 유리하다.

㉡ 전 세계 인구의 40%가 해안 지역에 거주하고 있다.

② 해안 지역의 주민 생활

㉠ 과거에는 주로 어업이나 양식업에 종사하였다.

㉡ 최근에는 관광 산업 종사자가 증가하였다.

㉢ 간척 사업이나 각종 오염 물질로 인해 생태계가 파괴되기도 한다.

(2) 해안 관광지 개발의 영향

① 세계적인 해안 관광지

㉠ 오스트레일리아 : 골드 코스트(사빈), 그레이트 오션 로드, 12사도 바위(해안 절벽, 시 스택)

㉡ 기타 : 독일(바덴만의 갯벌), 몰디브(산호초 해안), 노르웨이(송네 피오르) 등

② 관광지 개발이 해안 지역에 미친 영향

장 점	일자리가 증가하고 주민들의 수익이 증가하여 삶의 질이 향상되었다.
단 점	• 갯벌 등 해안 생태계가 파괴되고, 환경 오염이 증가하였다. • 지역 주민과 관광객의 문화적 갈등이 일어나기도 한다.
해결 방안	• 지속 가능한 관광 : 미래 세대의 필요를 훼손하지 않되, 현 세대의 욕구를 충족시키는 관광을 말한다. • 생태 관광 : 환경 피해를 최소화하면서 해안 생태계를 즐기는 여행 방식을 말한다. • 자연환경을 보호한다. • 개발로 인해 얻어지는 수익이 주민에게 돌아가도록 한다.

03 우리나라의 자연 경관

1 산지 지형과 하천 지형

(1) 산지 지형

① 특징 : 국토의 70% 이상을 차지하며, 오랜 침식으로 해발 고도가 낮고 경사가 완만한 편이다.

② 분포 : 동고서저의 형태(태백산맥이 동쪽에 치우쳐 있어 동쪽이 높고 서쪽으로 갈수록 낮아진다) → 북동부는 산지가 많고 남서부는 평야가 분포

③ 고원(고위평탄면)

㉠ 원인 : 태백산맥이 융기하는 과정에서 평탄했던 지형이 솟아올랐다.

㉡ 분포 : 대관령 일대의 고원

④ 돌 산

㉠ 원인 : 땅속 깊은 곳의 화강암이 오랜 기간 동안 침식을 받아 드러났다.

㉡ 경관 : 바위 봉우리, 능선, 절벽 등 경관이 수려하다.

㉢ 관광지 : 암벽 등반, 등산

㉣ 분포 : 북한산, 관악산, 설악산, 금강산, 월출산 등

⑤ 흙 산

㉠ 원인 : 편마암이 오랜 기간 동안 풍화를 받아 식생이 풍부하다.

㉡ 경관 : 바위 위에 두꺼운 흙이 덮여 있어 돌산에 비해 부드럽다.

㉢ 분포 : 지리산, 덕유산, 오대산 등

(2) 하천 지형 : 동고서저의 지형으로 인해 대부분의 큰 하천은 황해나 남해로 흐른다.

황·남해로 유입하는 하천	동해로 유입하는 하천
• 유로가 길고, 유량이 풍부한 편이다. • 경사가 완만하여 유속이 느린 편이다. • 평야가 많다.	• 유로가 짧고(두만강 예외), 유량이 적은 편이다. • 경사가 급해 유속이 빠른 편이다. • 평야가 적다.

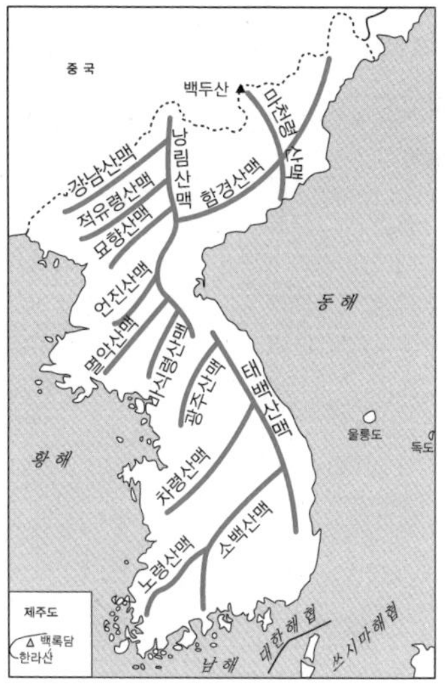

우리나라의 주요 산맥

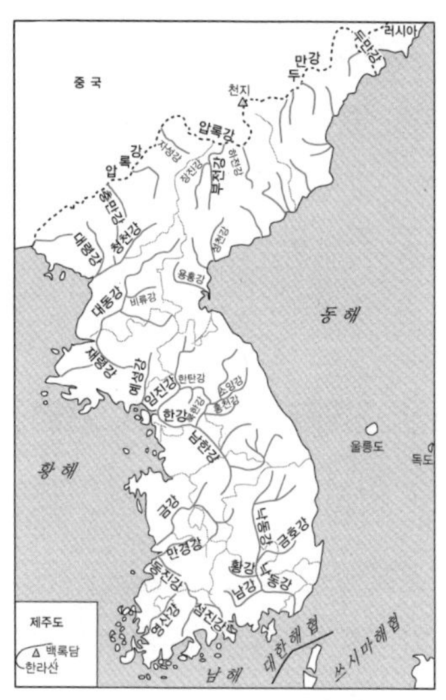

우리나라의 주요 하천

2 해안 지형 중요⁺

(1) 동해안

① **특징 :** 해안선이 단조롭고 수심이 깊으며 조석 간만의 차가 작다. 그리고 파랑의 작용이 활발하다.

② **사빈 :** 하천에서 공급된 모래가 파랑에 의하여 퇴적한 해안 지형이다.

→ 해수욕장으로 이용

③ **석호 :** 파랑이 모래를 운반하면서 만의 입구를 막아 형성된 호수이다.

→ 관광지로 이용 예 경포호

④ **해식애, 시 스택 :** 암석 해안으로 파랑의 침식에 의해 발달하였다.

(2) 서 · 남해안

① **특징** : 해안선이 복잡하고 수심이 얕으며 조석 간만의 차가 크다. 그리고 조류의 작용이 활발하다.

② **리아스 해안과 다도해** : 빙하기 이후 해수면 상승으로 바닷물이 육지로 들어오면서 골짜기는 만이 되고 산봉우리는 섬으로 변하였다. → 경관이 수려하여 해상 국립공원으로 지정

예 한려 해상 · 변산반도 국립공원

③ **갯벌(간석지)** : 밀물과 썰물의 반복된 흐름으로 하천 운반 물질이 쌓여 형성되었다.

→ 생태계의 보고, 오염 물질 정화 기능, 양식장 · 염전 · 머드 축제 등 관광 자원, 간척 사업을 통해 농경지나 공업 단지로 이용되나 생태계가 파괴될 수 있음

바로바로 CHECK√

다음에서 설명하는 지형은?

- 밀물 때 바닷물에 잠기고 썰물 때 드러남
- 머드 축제 등 관광 자원으로도 이용함

❶ 갯벌 ② 고원
③ 피오르 ④ 용암 동굴

3 화산 지형과 카르스트 지형

(1) 화산 지형

① **분포** : 제주도, 울릉도, 독도 등

② **제주도의 화산 지형(화산 지형의 박물관)** 중요+

㉠ 한라산 : 유동성이 큰 용암이 분출하여 만들어진 순상 화산으로, 화구호인 백록담이 있다.

㉡ 오름 : 기생 화산으로 한라산 기슭에서 소규모로 분출되어 형성되었다. 예 성산 일출봉

㉢ 용암 동굴 : 용암이 흐를 때 표면이 먼저 굳어지고 속에서는 계속 흘러 형성된 동굴이다. 예 만장굴, 김녕굴 등

㉣ 주상절리 : 용암이 식는 과정에서 수분이 빠져나가 다각형의 기둥 모양으로 쪼개져서 형성되었다.

㉤ 관광 산업 발달 : 올레길 걷기 등 체험 관광이 발달하였다.

바로바로 CHECK√

㉠에 들어갈 용어는?

제주도에는 (㉠)이/가 식는 과정에서 다각형의 기둥 모양으로 쪼개진 주상 절리가 있다.

① 모래 ② 빙하
❸ 용암 ④ 석회암

ⓑ 세계적인 자연 유산

- 생물권 보전 지역(2002) : 곶자왈, 내륙 습지, 오름 등
- 세계 자연 유산(2007) : 한라산, 성산 일출봉 등
- 세계 지질 공원(2010) : 한라산, 주상 절리, 천지연 폭포, 만장굴 등

③ **울릉도, 독도** : 유동성이 적은 용암이 분출하여 형성된 종상 화산이다.

(2) 카르스트 지형

① **형성 원인** : 석회암이 강물이나 지하수, 빗물의 용식 작용으로 형성되었다.

② **지형의 종류**

㉠ 돌리네 : 석회암이 녹아서 내려앉은 웅덩이로 주변보다 낮게 형성된 지형이다.

㉡ 석회 동굴 : 석회암이 녹아 형성된 동굴(종유석, 석순, 석주)이다.

③ **이용** : 밭농사(비옥한 붉은색 토양, 투수성 큼), 관광 산업(석회 동굴), 시멘트 공업(석회석)

④ **분포** : 강원도 남부와 충청북도 북부 일대의 석회암 지대

⑤ **관광 자원** : 충청북도 단양의 고수 동굴, 강원도 삼척의 환선굴, 영월의 고씨 동굴 등

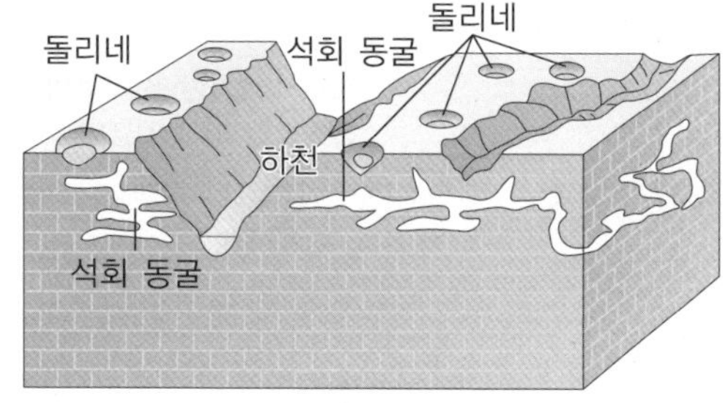

카르스트 지형

바로바로 CHECK√

다음 내용이 설명하는 지형은?

- 석회암이 빗물이나 지하수에 의하여 녹으면서 형성된 지형
- 대표적으로 중국의 구이린, 베트남의 하롱베이 등에서 나타남

① 화산 지형　② 빙하 지형
③ 건조 지형　❹ 카르스트 지형

실력 탄탄 다지기

실전 예상문제

01 다음 중 지형 형성의 원인이 다른 것은?

고난도

① 갯벌　② 화산
③ 호른　④ 피오르 해안

02 다음 설명에 해당하는 산지는?

> • 라마와 알파카 등을 방목
> • 고산 도시 발달

① 알프스 산맥　② 안데스 산맥
③ 히말라야 산맥　④ 애팔래치아 산맥

03 해안 지형 중 침식 지형에 속하지 않는 것은?

① 해식애　② 시 스택
③ 시 아치　④ 모래사장

04 다음 설명에 해당하는 해안 지형은?

> 하천의 침식 작용으로 만들어진 골짜기에 바닷물이 들어와 형성된 해안

① 리아스 해안　② 피오르 해안
③ 산호초 해안　④ 해안 사구 해안

01

지구 내부의 힘(내적 작용)에 의해 산맥, 고원, 화산과 같은 대지형이 형성된다. ①·③·④는 지구 외부 태양 에너지(지구 외부의 힘)에 의해 하천, 바람, 파랑, 빙하의 침식·운반·퇴적 작용으로 형성된 지형들이다.

02

안데스 산맥
- 라마와 알파카 등을 방목
- 감자, 옥수수 등을 재배
- 고대 문명 유적지(마추픽추)에서 관광 산업 발달
- 고도가 높은 지역은 기후가 온화하여 고산 도시가 발달

03

모래사장(사빈)은 파랑의 퇴적 작용으로 만들어진 해안 지형이다.

04

리아스 해안은 하천의 침식 작용으로 만들어진 골짜기에 바닷물이 들어와 형성된 해안으로 복잡한 해안선과 많은 섬을 볼 수 있다.

ANSWER

01. ②　02. ②　03. ④　04. ①

05 해안 지형에 대한 설명으로 옳지 않은 것은?

고난도

① 해식애 – 파랑에 의해 암석이 깎여서 만들어진 절벽
② 사빈 – 파랑의 침식 작용에 의해 만들어진 모래사장
③ 석호 – 모래가 쌓여 바다의 일부가 막혀 형성된 호수
④ 갯벌 – 밀물 때는 바닷물에 잠겼다가 썰물 때는 드러나는 지형

05
사빈은 파도의 퇴적 작용에 의해 만들어진 해안으로, 운반된 모래가 쌓여 만들어진 모래사장이다.

06 다음에서 설명하는 것은?

> 노르웨이 해안에 나타나는 지형으로, 빙하에 의해 형성된 U자곡에 바닷물이 들어와 만들어진 좁고 긴 만

① 갯벌 ② 삼각주
③ 피오르 ④ 툰드라

06
노르웨이의 피오르 해안은 스칸디나비아 반도의 서쪽 해안을 따라 빙하의 침식으로 형성되었다. 경치가 아름다워 관광지로 이용되고 있다.

07 해안 지역의 주민 생활에 대한 설명으로 옳지 않은 것은?

① 과거에는 주로 어업에 종사하였다.
② 바다와 육지 모두를 이용할 수 있다.
③ 최근에는 관광 산업 종사자가 증가하고 있다.
④ 간척 사업으로 인해 생태계가 보호되고 있다.

07
간척 사업으로 인해 갯벌 등 해안 생태계가 파괴되고, 환경오염이 증가하고 있다.

08 다음 빈칸에 들어갈 산맥은?

> 우리나라는 (   )이 동해안에 가깝게 분포하여 동쪽은 높고 서쪽은 낮은 동고서저의 지형적 특징을 가지고 있다.

① 소백산맥 ② 태백산맥
③ 차령산맥 ④ 낭림산맥

08
태백산맥은 우리나라의 등줄기 산맥이라고도 불린다. 태백산맥으로 인해 동고서저의 지형적 특징을 가지며, 우리나라의 하천이 대부분 황해와 남해로 흐른다.

ANSWER
05. ② 06. ③ 07. ④ 08. ②

09 우리나라의 해안 지형에 대한 설명으로 옳지 않은 것은?

① 동해안에 석호가 발달되어 있다.
② 동해안에서는 양식장을 볼 수 있다.
③ 서해안은 얕은 수심과 복잡한 해안선이다.
④ 남해안에서는 다도해 해상 국립 공원을 볼 수 있다.

09
② 서·남해안에서는 양식장을 볼 수 있다.

10 다음 지역의 공통점은?

> 독도, 울릉도, 제주도

① 화산 지형 ② 분지 지형
③ 고위평탄면 ④ 석회암 지대

10
② 분지 지형 : 낙동강 중·상류 지역(대구, 안동)
③ 고위평탄면 : 대관령, 평창군 일대
④ 석회암 지대 : 태백, 정선 일대

11 기출 다음 경관을 모두 볼 수 있는 지역을 지도에서 고른 것은?

> 백록담, 만장굴, 주상 절리, 성산 일출봉

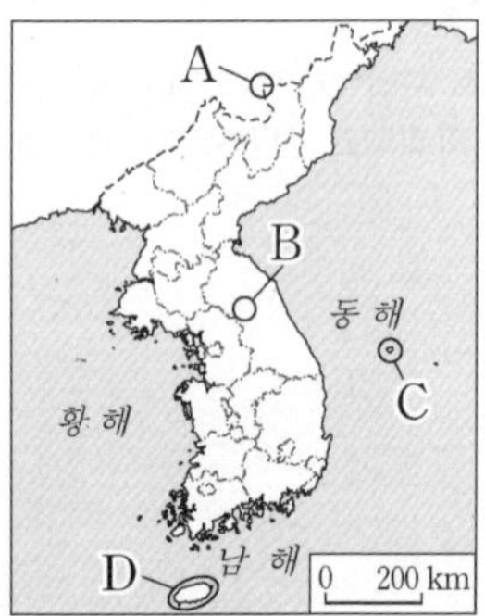

① A
② B
③ C
④ D

11
제주도는 화산 지형으로 한라산, 화구호(백록담), 기생 화산(오름), 용암 동굴(만장굴), 주상절리, 성산 일출봉 등 뛰어난 관광 자원을 바탕으로 2006년 제주특별자치도로 출범되었다. 해안에서 샘물이 솟아오르는 용천대를 중심으로 해안가에 취락이 발달하였으며, 서귀포 일대를 중심으로 한 최대의 감귤 생산지이다. 일부 지역이 유네스코 세계 자연 유산, 세계 지질 공원, 생물권 보전 지역으로 지정되었다.

12 다음과 관련있는 지형은?

> 돌리네, 석회 동굴

① 화산 지형 ② 빙하 지형
③ 퇴적 지형 ④ 카르스트 지형

12
카르스트 지형은 석회암이 강물이나 지하수, 빗물의 용식 작용으로 형성된 지형으로 돌리네, 석회 동굴 등을 볼 수 있다.

ANSWER
09. ② 10. ① 11. ④ 12. ④

Chapter

04 다양한 세계, 다양한 문화

문화권 형성에 영향을 주는 자연·인문 환경을 구분할 수 있어야 하며, 특히 세계 문화권의 위치를 지도를 통해 숙지하고, 각각의 특징은 매우 중요하므로 반드시 정리해 두어야 합니다. 문화 접변에 따른 다양한 양상(문화 동화·공존·융합)은 개념 위주로 정리한 뒤에 사례별로 알아 두면 학습에 도움이 됩니다. 마지막으로 문화 공존 및 갈등 사례를 묻는 문제가 자주 나온다는 점에 유념하여 학습하기 바랍니다.

01 세계의 다양한 문화 지역

1 다양한 문화 지역

(1) 문화와 문화 경관

① 의미 : 인간과 환경이 상호 작용하는 과정에서 만들어진 종교, 언어, 의식주, 관습 등의 생활 양식을 말한다.

② 문화 경관 : 사람들이 오랜 기간 생활하면서 만들어 놓은 생활 모습을 의미한다.

예 종교 경관, 도시 경관 등

② 다양성 : 인문 환경(인간의 활동으로 만들어짐)과 자연환경(기후, 지형, 토양) 등에 따라 다양한 문화가 형성되었다.

(2) 세계의 다양한 문화권

① 문화권 : 언어, 민족, 종교 등이 공통적으로 분포하는 범위를 가리킨다.

→ 국가의 경계와 문화권이 반드시 일치하지 않음

② 구분 기준 : 민족, 종교, 언어, 의식주 등

③ 각 문화권의 특징 중요+

문화권	특징
동아시아 문화권	• 황인종, 한자, 불교, 유교, 젓가락 사용 • 계절풍 지대로 벼농사 발달
동남아시아 문화권	• 교통의 요지로 불교, 이슬람, 중국, 인도, 유럽 등 다양한 문화가 공존 • 벼농사 발달
인도 문화권	• 불교와 힌두교의 발상지 • 카스트제의 영향을 여전히 받고 있음 • 복잡한 언어와 인종

이슬람 문화권 (건조/아랍 문화권)	• 이슬람교, 아랍어, 아랍인 • 석유 개발 • 사막과 초원이 나타나는 건조 기후로, 유목과 오아시스 농업 생활
아프리카 문화권	• 흑인종, 원시 종교 • 과거 유럽의 식민지 • 원시적 농업 • 부족 중심의 공동체 생활
유럽 문화권	• 백인종, 크리스트교 • 일찍 산업화, 전 세계에 유럽 문화를 전파
앵글로아메리카 문화권	• 유럽의 앵글로·색슨족이 국가 건설 • 다양한 인종 구성, 개신교(크리스트교), 영어
라틴아메리카 문화권	• 과거 포르투갈과 에스파냐의 식민지 • 다양한 혼혈족, 가톨릭교(크리스트교), 대부분 에스파냐어, 포르투갈어(브라질)
오세아니아 문화권	• 유럽인이 개척, 영어, 마오리족·애버리지니 • 기업적 농목업 발달

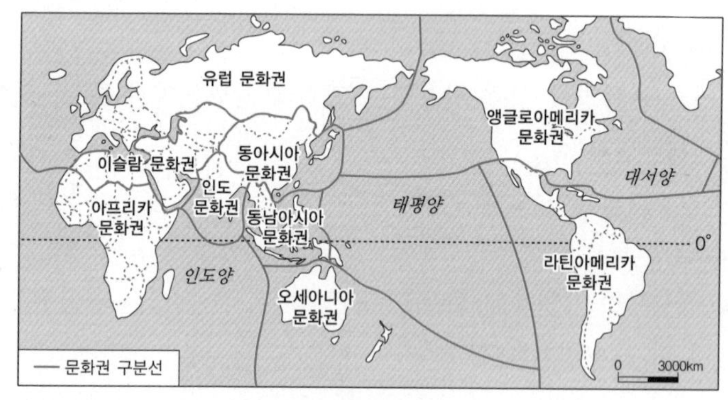

문화권의 구분

2 문화의 지역 차이

(1) 사회·경제적 환경에 따른 문화의 지역 차이

① 원인 : 종교, 전통, 언어, 관습, 산업 등이 지역마다 다르기 때문에 나타난다.

② 종교에 따른 차이

㉠ 불교 : 불상, 사찰, 탑, 연등, 승려, 석가탄신일, 채식 생활 등

㉡ 크리스트교 : 교회와 성당, 교회에서의 결혼식, 성탄절 등

㉢ 이슬람교 : 모스크 양식, 돼지고기 금지, 히잡 착용, 코란의 의무 실천

㉣ 힌두교 : 다신교, 소 신성시, 갠지스 강의 종교 의식

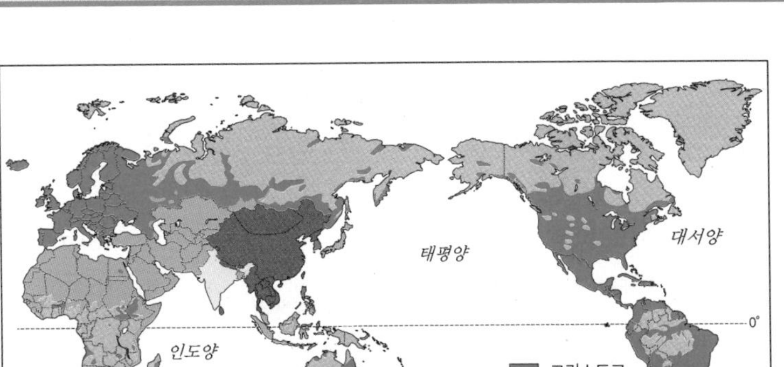

세계의 종교 분포

③ 산업 발달·경제 수준에 따른 차이

㉠ 산업이 발달한 지역 : 높은 건물, 넓은 도로, 현대적인 의식주 생활 모습을 하고 있다.

㉡ 산업이 낙후된 지역 : 원래의 자연환경과 전통적인 생활 양식을 유지한다.

(2) 자연환경에 따른 문화의 지역 차이

지형, 기후, 식생, 토양 등에 적응하는 방법이 지역마다 다르기 때문에 지역마다 농업, 의식주, 생활 등의 차이가 있다.

구 분	의복 문화	음식 문화	가옥 문화
더운 지역	가볍고 짧고 시원한 옷차림 → 통풍	• 카사바, 열대 과일, 쌀 등 • 향신료 강함	• 고상 가옥, 수상 가옥 • 지붕의 경사가 급하고 개방적인 구조
건조 지역	온몸을 감싸는 헐렁한 옷 → 터번, 차도르	대추야자, 밀, 목축업	• 이동식 가옥 → 게르(몽골) • 흙집(작은 창문, 평평한 지붕)
추운 지역	털가죽, 두꺼운 옷 → 보온	생선, 날고기	• 통나무집(핀란드, 캐나다) • 얼음집(이글루)

02 세계화에 따른 문화 변화

1 세계화와 문화 변용

(1) 문화 전파와 문화 접촉

① 문화 전파 : 한 지역의 문화가 다른 지역으로 이동하거나 주변으로 퍼져 나가는 현상을 말한다.

② 문화 접촉 : 서로 다른 문화가 지속적으로 접촉하는 현상을 말한다.

③ 등장 배경 : 교통 및 통신의 발달에 따른 지역 간 교류 확대로 점점 증가하고 있다.

(2) 문화 전파에 의한 문화 변용

① 문화 변용 : 서로 다른 문화를 가진 집단 사이에 문화 접촉과 문화 전파가 일어나면서 한쪽 또는 양쪽의 고유한 문화가 변화하는 현상을 말한다.

② 문화 변용의 종류 중요+

문화 공존	• 서로 다른 문화가 함께 존재하는 것 • 우리나라의 불교, 유교, 크리스트교 등이 공존
문화 동화	• 하나의 문화가 남고, 다른 하나의 문화가 사라지는 것 • 가로쓰기 방식이 들어와서 세로쓰기가 사라짐
문화 융합	• 두 문화가 만나 새로운 문화가 만들어지는 것 • 우리나라의 온돌 문화와 서양의 침대 문화가 합쳐진 돌침대

③ 문화 변용의 사례

㉠ 종교 경관 : 멕시코의 과달루페 성모상(갈색 피부의 성모상), 건조 기후 지역에서 진흙을 이용한 모스크, 한복을 입은 성모상 등

㉡ 음식 문화 : 지역마다 다른 햄버거, 떡 케이크 등

2 세계화에 따른 문화 변용

(1) 세계화

① 의미 : 정치, 경제, 문화 등의 분야에서 국가 간 교류 상호 작용이 증가하면서 세계가 하나로 통합되는 현상을 말한다.

② 배경 : 인터넷, SNS를 통해 다양한 문화와 쉽게 접촉할 수 있게 되었다.

③ 문화의 세계화 : 세계화로 각 지역의 문화가 점차 유사해지는 현상을 말한다.

(2) 세계화에 따른 문화의 동질화(=획일화)

① 의미 : 한 지역의 문화적 특성이 다른 지역에서도 같거나 유사하게 나타나는 현상을 말한다. 예 햄버거, 커피, 청바지, 양복, 미국 할리우드 영화, 팝 음악

② 특징 : 서구 문화로 획일화되는 경향이 강하다.

③ 부정적 영향 : 국가의 고유한 문화적 특성이 약화되고, 국가 간 불평등이 심화되었다.

(3) 세계화로 인한 문화 갈등

① 의미 : 문화가 전파되는 과정 속에서 서로 다른 언어와 종교, 민족이 충돌하여 갈등이 일어나는 현상을 말한다. 예 이슬람 국가에서 돼지 캐릭터 만화 방영 금지

② 특징 : 문화의 급격한 서구화로 세대 간 문화 격차 및 갈등이 커진다.

(4) 문화의 창조를 위한 노력

① 전통문화를 위한 축제를 개최하거나 유네스코 세계 문화유산 지정을 위한 노력 등을 통해 전통문화의 가치를 재발견하고 보존한다.

② 외부 문화를 지역 문화에 맞게 창조적으로 발전시킨다.

03 문화의 공존과 갈등

1 문화 공존

(1) 문화 공존의 의미

세계 각 지역에서 서로 다른 문화를 가진 사람들이 모여 사는 현상을 말한다. → 다문화 현상

(2) 문화 공존의 사례

① 스위스 : 독일어, 프랑스어, 이탈리아어, 레토로망스어 4개의 공용어를 사용한다.

② 싱가포르

㉠ 인도양과 태평양을 잇는 해상 교통의 요지이다.

㉡ 불교, 이슬람교, 힌두교, 크리스트교 등 다양한 종교가 공존하며, 여러 종교의 기념일을 법정 공휴일로 지정하였다.

③ 말레이시아

㉠ 해상 교통의 요지이다.

㉡ 말레이어가 공용어이나 중국어, 타밀어, 영어 등을 함께 사용한다.

㉢ 국교는 이슬람교이지만 불교, 힌두교, 크리스트교 등 다양한 종교가 공존한다.

④ 미국 : 원주민, 백인, 흑인, 아시아인 등 다양한 인종이 공존한다.

⑤ 브라질

㉠ 원주민, 유럽계 백인, 아프리카계 흑인이 공존한다.

㉡ 혼혈 인종의 비중이 높기 때문에 인종 갈등이 적은 편이다.

⑥ 우리나라 : 유교, 불교, 크리스트교, 민간 신앙 등 다양한 종교가 공존한다.

⑦ 인도 : 각 주에서 사용하는 15개의 언어가 지폐에 표기되어 있다.

⑧ 터키 : 이슬람, 크리스트교가 공존한다.

2 문화 갈등 중요+

(1) 문화 갈등의 의미

서로 다른 특성을 가진 문화끼리 충돌하거나 서로 적대시하는 현상을 말한다.

(2) 문화 갈등의 원인

① 자신만의 문화를 고집하거나 강요하는 경우(자문화 중심주의)

② 종교・민족・언어와 국경선이 불일치하는 경우

→ 한 지역의 문화를 결정짓는 가장 큰 요소인 언어와 종교가 갈등의 주된 원인

(3) 언어로 인한 갈등 사례

슬로바키아	약 10%의 헝가리인이 거주하고 있으며, 반드시 슬로바키아어를 사용하는 언어법을 실시하였다. → 이로 인한 슬로바키아 정부와 헝가리인들 간의 갈등
벨기에	북부의 네덜란드어권과 남부의 프랑스어권 간의 갈등
미국 남서부	에스파냐어를 사용하는 히스패닉계 인구 증가에 따른 갈등
에스파냐 동북부 지역의 카탈루냐	에스파냐어와 카탈루냐어 사용을 둘러싼 갈등

(4) 종교로 인한 갈등 사례

팔레스타인	이스라엘이 건국된 이후 유대교도와 이슬람교도 간의 종교 갈등
나이지리아	북부(이슬람교)와 남부(크리스트교) 간의 갈등
카슈미르	이슬람교도가 많은 카슈미르 지역이 인도(힌두교)에 속하면서 발생한 갈등
수 단	북부 수단(이슬람교)과 남부 수단(크리스트교, 전통 종교) 간의 갈등
스리랑카	불교를 믿는 싱할라족과 힌두교를 믿는 타밀족 간의 갈등
북아일랜드	신교와 구교의 갈등
필리핀	이슬람교와 카톨릭교 간의 갈등, 주민의 대다수가 이슬람교도인 민다나오 섬의 폭탄 테러

(5) 문화 갈등의 극복 방안

① 다양한 문화를 인정하고 고유한 삶의 방식을 존중하는 문화 상대주의적 태도와 다문화주의의 태도를 지닌다.

② 다양한 민족으로 구성된 국가는 여러 개의 공용어를 지정하고 종교의 자유를 법으로 보장한다.

③ 국가 간 스포츠나 각종 민간 교류 등을 통해 문화 갈등을 해소하고자 하는 노력을 기울인다.

실력 탄탄 다지기 실전 예상문제

01 다음에서 설명하는 것은?

> 인간과 환경이 상호 작용하는 과정에서 만들어진 언어, 종교, 의식주, 풍습 등의 인간의 생활 양식

① 법 ② 관습
③ 전통 ④ 문화

01
인간과 환경이 상호 작용하는 과정에서 만들어진 언어, 종교, 의식주, 풍습 등의 생활 양식을 문화라고 한다.

02 동아시아 문화권의 요소에 해당되지 <u>않는</u> 것은?

① 한자 ② 유교
③ 불교 ④ 밀농사

02
동아시아 문화권은 계절풍 지대로 벼농사에 유리한 지역이다.

03 다음과 같은 특징을 가진 문화권은?

> 유목, 오아시스 농업, 석유 개발, 돼지고기 금지

① 유럽 문화권 ② 이슬람 문화권
③ 아프리카 문화권 ④ 오세아니아 문화권

03
유목, 오아시스 농업, 석유 개발, 돼지고기 금지는 이슬람(아랍, 건조) 문화권의 특징들이다.

04 다음과 같은 경관을 보여 주는 종교는?

> 다신교, 소 신성시, 갠지스강의 종교 의식

① 불교 ② 힌두교
③ 이슬람교 ④ 크리스트교

04
① 불교 : 불상, 사찰, 탑, 연등, 승려, 석가탄신일
③ 이슬람교 : 모스크 양식, 돼지고기 금지, 히잡, 쿠란
④ 크리스트교 : 교회·성당, 교회에서의 결혼식, 성탄절

ANSWER
01. ④ 02. ④ 03. ② 04. ②

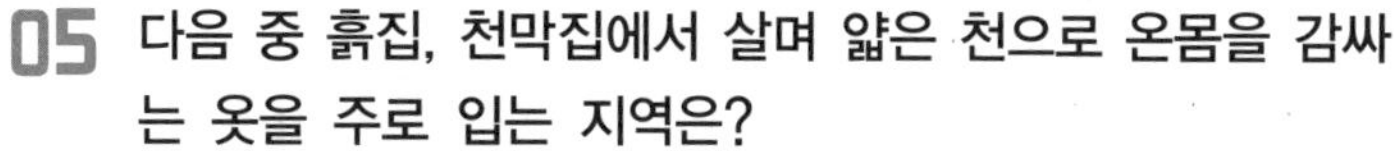

05 다음 중 흙집, 천막집에서 살며 얇은 천으로 온몸을 감싸는 옷을 주로 입는 지역은?

① 열대 기후 지역　② 온대 기후 지역
③ 건조 기후 지역　④ 냉대 기후 지역

06 다음 설명에 해당하는 문화 변용의 유형은? 고난도

> 가로쓰기 방식이 들어와서 한글의 세로쓰기가 거의 사라졌다.

① 문화 동화　② 문화 공존
③ 문화 융합　④ 문화 갈등

07 다음 내용에 해당하는 것은?

> 요즘은 세계 대부분의 지역에서 커피를 마시고 있는 사람들을 쉽게 볼 수 있다.

① 문화 갈등　② 문화 융합
③ 문화 동질화　④ 문화 이질화

08 다음 사례에 해당하는 현상은?

> 각종 퓨전 음식인 불고기 피자, 김치 스파게티

① 문화 확산　② 문화 이식
③ 문화 융합　④ 문화 갈등

05
건조 기후 지역에서는 강한 바람과 햇빛 차단을 위해 온몸을 헐렁하게 감싸는 옷과 얼굴을 가리는 천을 착용한다.

06
문화 동화란 하나의 문화가 남고, 다른 하나의 문화가 사라지는 것을 말한다.

07
문화 동질화는 지역의 문화적 특성이 다른 지역에서도 같거나 유사하게 나타나는 현상을 말한다. 대표적 사례로는 전 세계에서 볼 수 있는 청바지와 커피 등이 있다.

08
문화 융합이란 두 개의 문화가 합쳐져 어느 문화에도 속하지 않는 새로운 문화가 나타나는 현상을 말한다.

ANSWER
05. ③　06. ①　07. ③　08. ③

09 다음 설명에 해당하는 곳은?

독일어, 프랑스어, 이탈리아어 등 다양한 언어가 공존하는 지역

① 벨기에 ② 스위스
③ 카슈미르 ④ 말레이시아

09
스위스는 4개의 공용어가 공존하는 문화 공존 지역이다.
①·③·④는 문화 갈등 지역에 속한다.

10 다음 설명에 해당하는 곳은?

힌두교와 이슬람교 간의 갈등 지역

① 수단 ② 카슈미르
③ 팔레스타인 ④ 북아일랜드

10
카슈미르 지역은 힌두교(인도)와 이슬람교(파키스탄) 간의 종교 갈등 지역이다.

11 벨기에와 관련된 내용으로 옳은 것은?

고난도

① 15개의 언어가 지폐에 표기되어 있다.
② 유대교도와 이슬람교도 간의 갈등 지역이다.
③ 네덜란드어권과 프랑스어권 간의 갈등 지역이다.
④ 슬로바키아어를 사용해야 하는 언어법을 실시하고 있다.

11
① 인도
② 팔레스타인
④ 슬로바키아

12 문화 갈등을 해결하기 위한 노력으로 옳지 <u>않은</u> 것은?

① 여러 개의 공용어를 지정한다.
② 헌법으로 하나의 종교를 지정한다.
③ 다양한 문화를 인정하고 이해하는 태도를 가진다.
④ 축제 등 다양한 문화를 접할 수 있는 기회를 갖는다.

12
문화 갈등을 해결하기 위해서는 종교의 자유를 법으로 인정해야 한다.

ANSWER
09. ② 10. ② 11. ③ 12. ②

Chapter 05 지구 곳곳에서 일어나는 자연재해

학습 point⁺

기상 현상에 의한 재해와 지각 운동에 의한 자연재해의 종류를 구분하여 정리하고, 이러한 자연재해가 발생하는 지역의 주민 생활의 모습을 이해할 수 있어야 합니다. 특히 홍수나 사막화를 더욱 증가시키는 인간의 활동과 자연재해 대응 방안은 앞으로 출제 가능성이 높습니다.

01 자연재해와 주민 생활

1 자연재해

(1) 자연재해의 의미

인간과 인간 생활에 피해를 입히는 자연 현상을 말한다.

(2) 자연재해의 종류

① 지질 재해 : 지각 변동에 의한 자연재해 예 지진, 지진 해일, 화산 활동, 산사태 등

② 기후 재해 : 기상 현상에 의한 자연재해 예 홍수, 가뭄, 태풍, 폭설, 우박, 한파 등

2 지각 변동에 의한 자연재해

(1) 화산 활동과 지진이 자주 일어나는 지역 중요⁺

① 형성 요인

구 분	화 산	지 진
의 미	지하의 마그마가 지각의 갈라진 틈새를 뚫고 나와 분출하는 현상 예 이탈리아(에트나 산), 미국(세인트헬렌스 산), 필리핀(피나투보 산)	지구 내부의 힘이 지표면에 전달되면서 땅이 흔들리거나 갈라지는 현상 예 일본 고베 지진, 중국 쓰촨성 지진, 인도 지진, 아이티 지진, 칠레 지진
피 해	• 촌락 · 농경지 파괴, 인명 · 재산 피해 • 구조물 매몰 • 화산재가 상공을 덮어 항공기 운항이 중단되기도 함 • 대기로 올라간 미세 먼지 → 햇빛 차단 → 기온 내려감	• 가장 짧은 시간에 넓은 지역에 큰 피해를 입힘 • 건물 붕괴, 도로 · 교량 파괴, 교통 · 통신망 단절, 화재, 가스 누출 • 산사태, 홍수, 지진 해일(쓰나미) 등

② 발생 지역

㉠ 알프스·히말라야 조산대 : 유라시아 판과 아프리카 판 및 인도·오스트레일리아 판의 경계면 → 알프스산맥 ~ 이란 ~ 히말라야산맥 ~ 인도네시아

㉡ 환태평양 조산대 : 태평양 판과 주변 판과의 경계면으로 '불의 고리'라고도 불린다.
→ 뉴질랜드 ~ 동남아시아 ~ 일본 ~ 로키산맥(미국) ~ 안데스산맥(칠레)

③ 지진 해일(쓰나미)

㉠ 의미 : 지진이나 화산 활동이 바다 밑에서 일어나 해수면이 급격히 상승하여 바닷물이 육지까지 밀려오는 현상을 말한다.

㉡ 특징 : 속도가 매우 빠르기 때문에 발생 지점으로부터 수천 km 떨어진 곳까지 피해를 준다.

바로 바로 CHECK√

㉠에 들어갈 자연재해는?

> 2011년 ○○월 ○○일
> (㉠)이/가 남기고 간 상처
> 2011년 3월 일본 동북부 지역 앞 바다에서 강진이 발생하여 10m가 넘는 거대한 파도가 해안 지역을 덮쳤다. 이로 인해 막대한 인명, 재산 피해를 입었다.

① 가뭄 ② 폭설
③ 산성비 ❹ 지진 해일

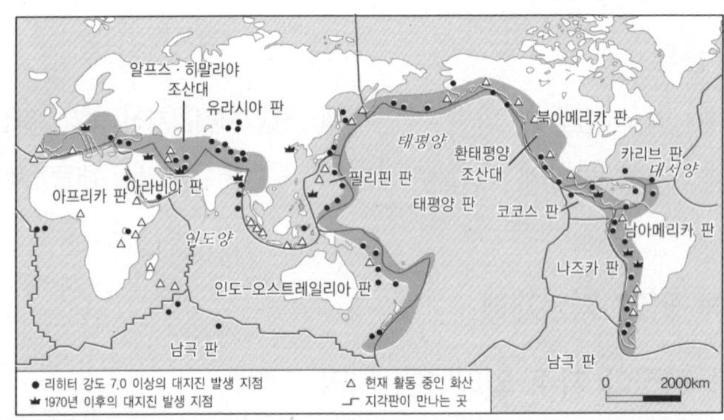

조산대

(2) 화산 활동과 지진이 자주 일어나는 지역의 주민 생활

① 화산 발생 지역의 주민 생활

㉠ 농업 : 화산재로 인해 토양이 비옥하여 벼농사나 커피, 포도 등을 재배한다.

㉡ 관광 자원 : 독특한 경관, 온천(예 일본), 간헐천(예 미국 옐로스톤 국립공원, 뉴질랜드)

㉢ 지열 : 지하의 뜨거운 수증기·물을 난방 및 온수, 도로 제설 작업, 화초 재배, 지열 발전소(예 아이슬란드)에 이용한다.

㉣ 광업 : 광물 자원을 생산한다. 예 구리·주석(칠레, 볼리비아), 유황(인도네시아)

② 지진에 대비한 주민 생활

㉠ 정확한 지진 예측이 필요하고 신속한 대피(비상시 행동 대피 요령 숙지)를 위한 대피소를 설치한다.

㉡ 지진에 견딜 수 있게 구조물을 건축·설계해야 한다.

예 일본의 내진 설계 및 목조 가옥

㉢ 가스관, 원자력 발전소는 주거지와 되도록 멀리 건설한다.

바로바로 CHECK√

㉠에 들어갈 자연재해는?

건물을 지을 때 내진 설계를 하는 것은 (㉠)을/를 대비하기 위해서야.

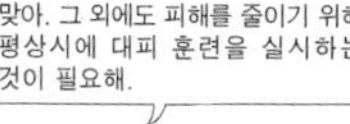

❶ 지진 ② 가뭄
③ 폭설 ④ 황사

3 기상 현상에 의한 자연재해

(1) 홍 수

① **의미** : 집중 호우 등으로 인해 하천이나 호수가 흘러넘치는 현상을 말한다.

② **발생 지역** : 대하천의 하류, 열대 저기압이나 고온 다습한 계절풍의 영향을 받아 집중 호우가 내리는 지역

③ **피해** : 농작물 피해, 재산·인명 피해, 전염병 발생 등

④ **긍정적 영향** : 토양이 비옥해지기도 하고 가뭄이 해결된다.

⑤ **주민 생활** : 비옥한 토양으로 농사를 짓고, 집이 물에 잠기는 것을 방지하게 위해 터를 높게 하여 집을 짓는다. → **터돋움집**

바로바로 CHECK√

다음 내용에 해당하는 자연재해는?

- 최근 도시화로 저지대에 대규모 피해 발생
- 여름철에 주로 나타나며, 장마나 태풍에 의한 집중 호우의 영향으로 발생

① 화산 ② 한파
❸ 홍수 ④ 지진

(2) 가 뭄

① 원 인

㉠ 오랜 기간 비가 오지 않아 땅이 메말랐다.

㉡ 인간의 무분별한 개발로 삼림이 파괴되었다.

바로바로 CHECK√

다음과 같은 특성이 나타나는 자연재해는?

- 농작물이 말라죽는 피해가 발생한다.
- 식수 및 농업용수 부족 현상이 나타난다.
- 봄철에 공기가 건조하여 산불의 발생 빈도가 높아진다.

① 태풍 ② 지진
❸ 가뭄 ④ 산사태

② **대표 지역** : 건조 지역, 사헬 지대, 중국 서부 내륙

③ **피해** : 진행 속도는 느리지만 장기간 피해 확산, 사막화 현상, 농작물 수확량 감소, 각종 용수 부족, 산불 발생 등

④ **주민 생활** : 지하수 개발 및 해수 담수화 시설을 마련해야 한다.

해수 담수화 시설 검색
바닷물의 염분을 제거하는 시설

(3) 열대 저기압 중요⁺

① **의미** : 열대 해상에서 발생하는 저기압으로 강한 바람과 많은 비를 동반한다.

② **명칭** : 태풍(필리핀 해상), 사이클론(인도양), 허리케인(멕시코만), 윌리윌리(남태평양)

③ **피해** : 풍수해(홍수 · 해일 유발), 막대한 인명 · 재산 피해

④ **긍정적 영향** : 가뭄 · 더위 해소, 적조 현상 해소, 지구의 열 균형 유지 등

바로바로 CHECK√

다음에서 설명하는 자연재해는?

- 적도 부근 해상에서 발생해 중위도 지방으로 이동하는 열대 저기압
- 2005년 '나비'의 영향으로 많은 인명 · 재산 피해 발생

① 지진　❷ 태풍
③ 화산　④ 가뭄

⑤ **주민 생활** : 내륙 지역으로 대피하거나 야외 활동을 자제한다.

(4) 폭 설

① **의미** : 짧은 기간 동안 많은 양의 눈이 내리는 현상을 말한다.

② **피해 지역** : 겨울철에 습한 공기가 많이 유입되는 지역

③ **피해** : 도로 교통마비, 건축물 붕괴 등

④ **주민 생활**

㉠ 지붕의 경사를 급하게 만들거나 고립에 대비하여 생활 공간을 확보한다.

㉡ 겨울 스포츠 등을 관광 자원으로 활용한다.

(5) 우리나라의 자연재해

① 봄에는 가뭄, 겨울에는 폭설, 여름에는 홍수나 태풍의 피해가 심하다.

② 여름철 집중 호우에 의한 피해가 가장 크다.

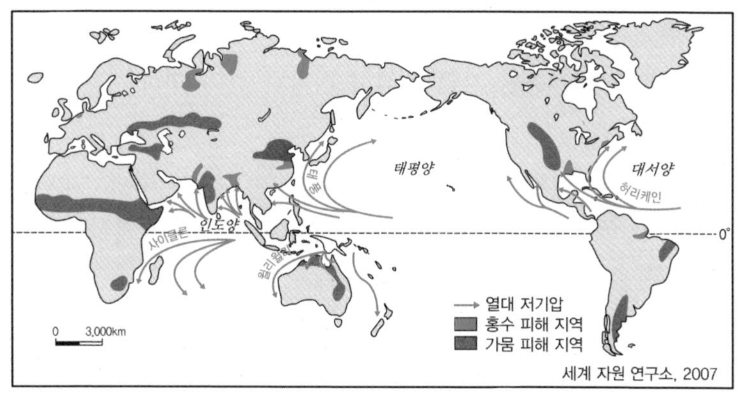

홍수 · 가뭄 · 열대 저기압 발생 지역

02 자연재해를 줄이기 위한 노력

1 인간 활동에 의해 증가하는 자연재해

(1) 자연재해의 피해를 증가시키는 원인

① 산업화와 도시화

② 무분별한 자원 개발과 지역 개발 등

(2) 홍 수

① 원 인

㉠ 무분별한 도시 개발 : 저지대 주택 건설, 하천변에 도로나 주차장 건설, 아스팔트 포장도로 증가 등으로 인해 녹지 면적이 감소하였다.

㉡ 하천의 직강화, 산지 개발로 인해 삼림이 황폐화되었다. → **홍수 조절 기능 상실**

㉢ 산업화에 따른 온실가스의 증가로 지구 온난화가 심화되었다. → **해수면 상승**

② 홍수 피해를 줄이기 위한 대책 : 무분별한 개발 제한, 도시의 녹지 면적 확대 · 조림 사업 · 늪지 보전, 저수지 건설, 하수도 정비, 배수 시설 보완, 온실가스의 배출 감축

(3) 사막화 중요+

① **의미** : 사막 주변의 초원 지역이 점차 사막과 같이 변하는 현상을 말한다.

② **원 인**

㉠ 자연적 원인 : 오래된 가뭄

㉡ 인위적 원인 : 인구 증가, 농경지 조성, 과도한 농경지 개간과 방목, 무분별한 삼림 벌채 등

③ **발생 지역** : 아프리카의 사헬 지대, 중국 북서부 지역, 호주의 서부 지역, 아메리카의 서부 지역, 아랄해 주변, 차드호 주변

④ **피해** : 식량 부족 문제, 황사의 심화 등

⑤ **사막화 피해를 줄이기 위한 대책** : 무분별한 방목 금지, 물 자원과 삼림 자원의 체계적인 관리, 사막화 방지 협약(1992) 체결, 조림 사업을 통한 녹지 면적을 확보한다.

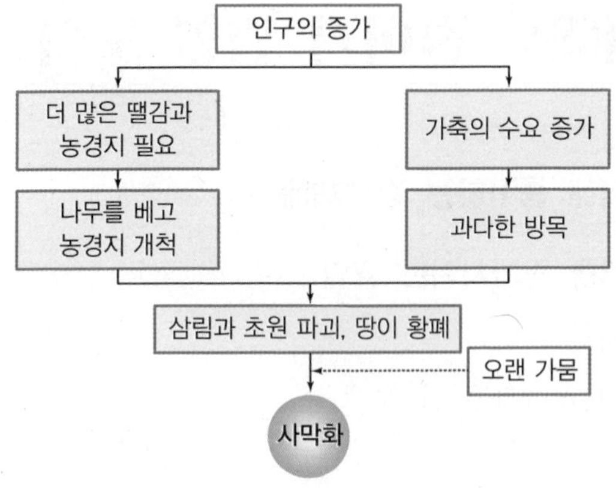

사막화의 진행 과정

2 자연재해 대응 방안

(1) 홍 수

① 다목적 댐・저수지・제방을 건설하고, 하천 주변에 유수지를 마련한다.

② 삼림 녹화 사업 등 녹색 댐 기능을 강화한다.

③ 하수도와 배수 시설을 만들고 기상 예보 시스템을 마련한다.

(2) 가 뭄

① 다목적 댐이나 저수지를 건설한다.

② 삼림 녹화 사업 등 녹색 댐 기능을 강화한다.

③ 지하수를 개발하고 관개 수로 및 빗물 저장 시설을 설치한다.

④ 물 절약을 생활화하고 인공 강우를 사용한다.

(3) 열대 저기압

① 정확한 예보 체계를 구축한다.

② 발생 시 대피 훈련을 마련한다.

③ 축대나 담장을 보수하고 배수 시설을 점검한다.

④ 해안과 육지를 보호할 수 있도록 갯벌을 보전한다.

(4) 폭 설

① 기상 예보 시스템을 구축한다.

② 최대 적설량을 고려하여 건축물을 설계한다.

③ 신속한 제설 작업을 준비한다.

(5) 지 진

① 예보 체계를 구축하고, 지진 대비 훈련을 실시한다.

② 내진 설계를 의무화한다.

(6) 화 산

① 예보 체계를 구축한다.

② 인공 벽이나 인공 하천을 건설한다.

(7) 사회 · 경제적 상황에 따른 자연재해 대응 방안

① **선진국** : 철저한 대비 훈련과 피해 발생 방지에 대규모로 투자해 피해가 적은 편이다.

② **개발 도상국** : 대비 체계가 미흡하여 피해가 큰 편이다.

탄탄 실력 다지기

실전 예상문제

01 기후 재해와 관련이 없는 것은?

① 홍수 ② 가뭄
③ 지진 ④ 열대 저기압

01
지진, 지진 해일, 화산 활동, 산사태 등은 지형과 관련된 지질 재해이다.

02 화산과 지진이 발생하는 지역이 아닌 것은?

고난도

① 환태평양 조산대
② 지각이 안정된 곳
③ 알프스－히말라야 조산대
④ 판과 판이 만나는 경계 부근

02
판과 판이 만나는 경계인 조산대는 지각이 불안정하여 화산과 지진 활동이 활발하다.

03 화산의 이용과 대비책이 아닌 것은?

① 지열 발전을 한다.
② 온천을 이용한 관광 산업을 한다.
③ 비옥한 토양을 이용하여 농업을 한다.
④ 화산 폭발에 대비하여 내진 설계를 한다.

03
내진 설계는 지진을 대비하기 위한 대비책이다.

04 다음 설명에 공통적으로 해당하는 자연재해는?

기출

- 해저 지진의 결과로 발생한다.
- 엄청난 양의 바닷물로 인해 발생하는 압력과 높은 파도로 인명 피해, 항만 시설과 제방 파괴 등의 피해가 있다.

① 태풍 ② 홍수
③ 산사태 ④ 지진 해일

04
지진 해일은 바다 밑에서 일어나는 지진이나 화산 폭발 등 급격한 지각 변동으로 인해 수면에 웨이브가 생기는 현상으로 쓰나미라고도 한다.

ANSWER
01. ③ 02. ② 03. ④ 04. ④

05 다음과 같은 피해를 발생시키는 자연재해는?

- 농작물 수확량 감소로 인한 식량 부족
- 각종 용수 부족
- 산불 위험 발생

① 홍수　② 가뭄
③ 태풍　④ 폭설

05
가뭄은 오랜 기간 비가 오지 않아 땅이 메마르고 물이 부족해지는 현상으로, 농작물 수확량 감소로 인한 식량 부족, 각종 용수 부족, 국제 물 분쟁 증가, 산불 위험 발생 등을 일으킨다.

06 홍수의 영향으로 옳은 것은?

① 식량과 물이 부족해진다.
② 토양에 영양분을 공급한다.
③ 선박, 양식장 등이 파괴된다.
④ 바닷물을 뒤섞어 적조 현상을 완화한다.

06
①은 가뭄, ③·④는 열대 저기압의 영향에 해당된다.
√ 토양에 영양분을 공급하여 땅이 비옥하기 때문에 농사에 유리하다.

07 다음 중 열대 저기압이 아닌 것은?

① 사이클론　② 토네이도
③ 윌리윌리　④ 허리케인

07
열대 저기압은 발생 장소에 따라 태풍, 허리케인, 사이클론 등으로 부르는 이름이 다르다. 토네이도는 미국 중남부 지역에서 자주 발생하는 깔때기 모양의 강한 회오리바람이다.

08 열대 저기압의 영향으로 옳은 것은?

① 가뭄 악화
② 식수 부족
③ 적조 현상 심화
④ 지구의 열 균형 유지

08
열대 저기압은 홍수·해일을 유발하나 가뭄·더위 해소, 적조 현상 해소, 지구의 열 균형 유지 등의 긍정적인 영향을 준다.

ANSWER
05. ②　06. ②　07. ②　08. ④

09 다음 설명에 해당하는 자연재해는?

- 겨울철에 습한 공기가 많이 유입되는 지역에서 발생한다.
- 도로 교통이 마비되거나 건축물이 붕괴된다.

① 홍수 ② 폭설
③ 지진 ④ 화산

09

폭설이란 짧은 기간 동안 많은 양의 눈이 내리는 현상으로 겨울철에 습한 공기가 많이 유입되는 지역에서 발생하며, 도로 교통마비, 건축물 붕괴 등의 피해를 입힌다.

10 인간 활동에 의해 증가하는 홍수 피해를 막기 위한 대책으로 옳은 것은?

① 산지를 개발한다.
② 하천을 직강화한다.
③ 포장도로를 넓힌다.
④ 삼림 녹화 사업을 한다.

10

①·②·③은 홍수 조절 기능을 상실하게 만드는 요인이다.

√ 삼림 녹화 사업 등 녹색 댐 기능 강화, 다목적 댐·저수지·제방 건설 등은 홍수를 막기 위한 대책이다.

11 사막화의 원인이 아닌 것은?

① 오래된 가뭄 ② 과도한 방목
③ 하천의 범람 ④ 무분별한 벌목

11

하천의 범람은 홍수로 인해 발생한다.

√ 사막화의 원인 : 오래된 가뭄, 인구 증가, 농경지 조성, 과도한 농경지 개간과 방목, 무분별한 삼림 벌채 등

12 자연재해와 대응 방안이 적절하지 않은 것은?

고난도

	자연재해	대응 방안
①	열대 저기압	예보 체계 구축
②	지진	내진 설계 의무화
③	폭설	제설 작업 준비
④	가뭄	인공 벽 설치

12

가뭄은 다목적 댐·저수지 건설을 통해 대응해야 한다. 인공 벽 설치는 화산에 대한 대응 방안이다.

ANSWER

09. ② 10. ④ 11. ③ 12. ④

Chapter

06 자원을 둘러싼 경쟁과 갈등

학습 point+

식량 자원에서는 세계 3대 작물인 쌀, 밀, 옥수수가, 에너지 자원에서는 석탄과 석유가 매번 번갈아 가면서 출제되므로 자원별 이동 지도를 참고해서 학습해야 하고, 신재생 에너지도 출제 가능성이 매우 높은 편입니다. 자원 개발을 둘러싼 갈등 및 경쟁이 발생하고 있는 지역과 자원 개발과 관련된 국가들을 사례별로 정리해 두어야 합니다.

01 자원 분포와 자원을 둘러싼 갈등

1 자원의 의미와 특성

(1) 자원의 의미

① 일반적 의미 : 인간 생활에 유용하게 이용될 수 있는 모든 것을 의미한다.

→ 인간의 기술로 개발과 이용이 가능하고, 경제적인 가치가 있어야 함

② 좁은 의미 : 석탄, 석유, 철광석, 동식물, 토양 등의 천연자원

③ 넓은 의미 : 천연자원 + 인적 자원 + 문화적 자원
(인적 자원: 노동력, 기술, 창의성 / 문화적 자원: 유적지, 제도, 전통 등)

(2) 자원의 특성 중요+

① 유한성 : 자원의 매장량이 한정되어 있어 사용하면 고갈되는 특성으로 가채 연수가 짧다.

② 가변성 : 자원의 가치가 경제 상황, 기술 발달 수준, 사회·문화적 환경의 차이 등에 의해 달라진다는 특성을 말한다.

③ 편재성 : 자원은 특정 지역에 모여 있다는 특성을 말한다.

> **가채 연수** 검색
> 어떤 자원의 확인된 매장량을 현재와 같은 수준으로 채굴할 경우 앞으로 몇 년이나 더 채굴할 수 있는가를 나타내는 지표

2 에너지 자원의 종류와 이용

(1) 에너지 자원의 종류

① 재생 에너지 자원(재생 가능한 자원) : 계속 사용할 수 있는 순환 자원
예 태양열, 조력, 수력, 풍력 등

② 비재생 에너지 자원(재생 불가능한 자원) : 사용하다 보면 그 양이 점점 줄어드는 고갈 자원 예 석탄, 석유, 철광석 등

바로바로 CHECK√

에너지 자원 중 석탄에 대한 설명으로 옳은 것은?

❶ 화력 발전소의 연료로 사용된다.
② 고갈 위험이 없는 무한한 자원이다.
③ 오염 물질 배출이 없는 친환경 에너지이다.
④ 발전 과정에서 발생한 방사성 폐기물 처리 비용이 많이 든다.

(2) 에너지 자원의 분포와 소비 중요+

석 탄	• 산업 혁명 이후의 중요한 원동력이다. → 화석 에너지 중 매장량이 가장 많음 • 과거에는 난방 연료로 많이 사용되었으나, 현재는 제철소와 화력 발전소의 연료로 주로 사용된다. • 채굴 및 수송이 불편하다. • 전 세계에 비교적 고르게 분포하여 국제적 이동량이 적다.
석 유	• 열효율이 높고 사용이 편리하다. → 20세기 이후 현대의 매우 중요한 에너지 자원 • 운송 수단의 연료, 전력 생산, 각종 생활용품의 원료로 사용된다. • 전 세계 매장량의 60% 정도가 페르시아만 중심의 서남아시아 지역에 집중되어 국제적 이동량이 많다.
천연가스	• 석유에 비해 공해 물질 배출이 적은 청정에너지 자원이다. • 석유와 분포 지역이 비슷하다. • 냉동 액화 기술의 발달로 수송이 용이하다. • 열효율이 높고 도시가스로 공급되어 일반 가정에서 난방 연료로 사용된다.

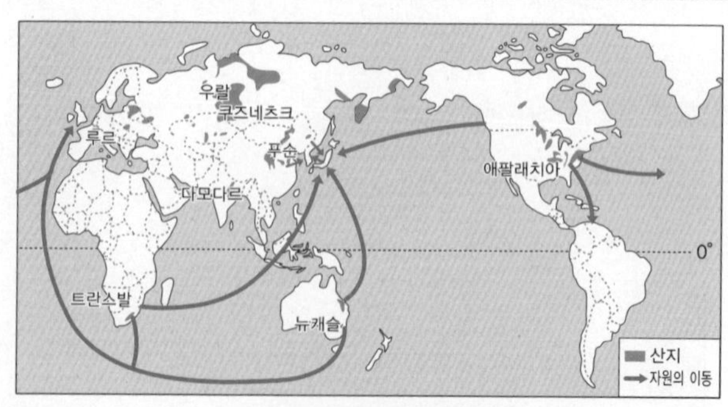

석탄의 분포와 이동

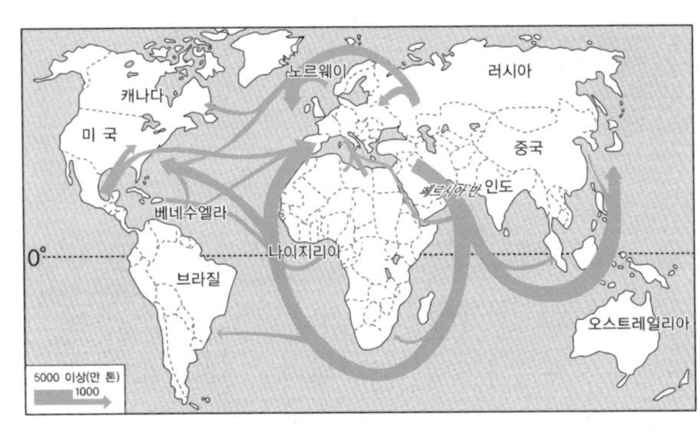

석유의 분포와 이동

에너지 자원의 분포와 이동

(3) 물자원의 분포와 소비

① 분포 : 강수량과 증발량의 영향을 크게 받기 때문에 지역적으로 불균등하게 분포한다.

② 이용 : 생활 · 농업 · 공업용수 및 수력 발전에 이용된다.

③ 소비 : 인구 증가, 수질 오염 등으로 인해 1인당 사용 가능한 물의 양이 감소하고 있다.

(4) 식량 자원의 분포와 소비

쌀	• 여름철이 고온 다습한 아시아 계절풍 지대에서 주로 재배된다. • 생산지에서 대부분 소비하기 때문에 국제적 이동량이 적다.
밀	• 쌀에 비해 서늘하고 건조한 지역에서도 재배가 가능하여 전 세계적으로 재배 면적이 넓다. • 소비지가 널리 분포하여 국제적 이동량이 많다.
옥수수	• 주로 아메리카 대륙에서 재배되어 수출된다. • 가축 사료와 바이오 에너지 원료 등으로 사용된다.

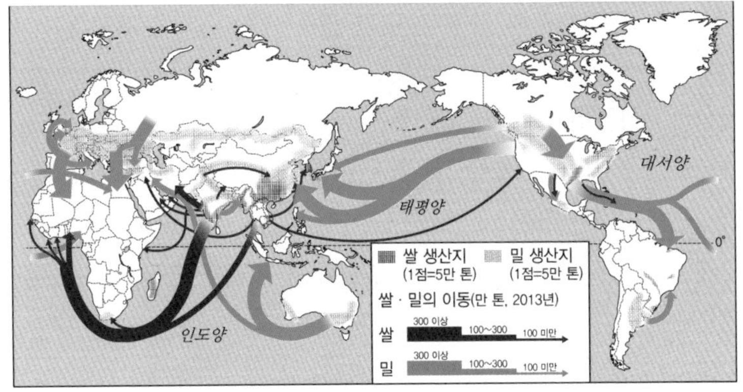

식량 자원의 분포와 이동

3 자원을 둘러싼 경쟁과 갈등

(1) 석유 자원을 둘러싼 갈등

① 갈등 원인

㉠ 인구 증가, 산업 발달, 생활 수준의 향상으로 석유 수요가 증가하였다.

㉡ 자원의 유한성 : 대부분 재생 불가능하고 가채 연수가 짧아 자원 고갈 문제가 발생한다.

㉢ 자원의 편재성 : 자원이 모든 지역에 분포하지 않고 특정 지역에 집중 분포한다.

㉣ 자원 민족주의의 등장 : 자원을 보유하고 있는 국가가 자원을 무기로 삼아서 자국의 이익을 취하려는 태도(자원의 무기화)

→ 석유 수출국 기구(OPEC)를 결성하여 석유 생산량과 가격을 조절하여 국제적 영향력 행사

② 결 과

㉠ 자원 보유권을 두고 갈등이 증가하였다.

㉡ 자원 생산국과 수입국 간의 갈등이 증가하였다. 예 석유 파동

㉢ 자원의 해외 의존도가 높은 국가들이 자원을 안정적으로 확보하기가 어려워졌다.

③ 대표적인 갈등 지역 중요+

㉠ 페르시아만 : 유전이 두 국가의 국경에 걸쳐 있고, 강대국들이 유전 영유권 갈등에 개입하여 전쟁이 발발하였다.

㉡ 남중국해 : 중국, 타이완, 필리핀, 브루나이, 말레이시아 등이 석유 및 천연가스를 두고 영유권 분쟁을 하였으며, 최근 중국이 인공섬 등을 건설하면서 갈등이 심화되었다.

㉢ 카스피해 : 러시아, 카자흐스탄, 아제르바이잔, 투르크메니스탄, 이란이 유전 지대의 영유권을 두고 분쟁하였다.

㉣ 북극해 : 지구 온난화로 석유나 천연가스의 개발 가능성이 증가하여 러시아, 캐나다, 미국, 노르웨이 등이 유전 지대의 영유권을 두고 분쟁하였다.

㉤ 동중국해 : 중국, 일본 간에 가스전 분쟁이 일어났다.

㉥ 기니만 : 아프리카 국가들이 유전 지대의 영유권을 두고 분쟁하였다.

㉦ 오리노코강 : 베네수엘라, 볼리바르 등이 유전 지대를 두고 분쟁하였다.

④ 석유 확보를 위한 노력

㉠ 자원 외교 : 안정적으로 자원을 공급받기 위해 자원 생산 국가와 외교적 협력 관계를 강화한다.

㉡ 자원 수입국을 다변화한다.

㉢ 해외 유전 개발 등 공동 개발 사업을 진행하거나, 직접 개발한다.

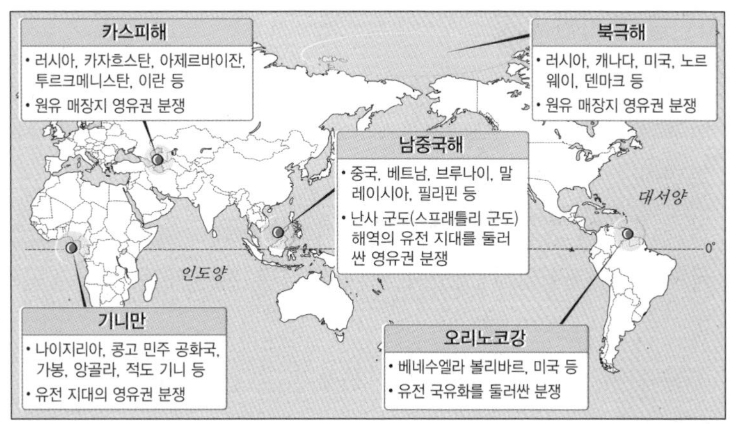

에너지 자원 분쟁 지역

(2) 물 자원을 둘러싼 갈등

① 갈등 원인

㉠ 도시화, 산업화, 인구 증가와 농업 확대에 따른 물 소비량이 증가하였다.

㉡ 기후 변화 및 물 자원의 불균등한 분포가 이루어졌다.

② **대표적인 갈등 지역** : 국제 하천 주변과 건조 지역 → 사막화 확대

㉠ 메콩강 : 상류에 중국이 댐을 건설하면서 유량이 줄어들어 하류에 위치한 타이, 베트남, 라오스 등이 농업용수 확보에 어려움을 겪고 있다.

㉡ 나일강 : 이집트는 상류에 위치한 수단으로, 에티오피아 등의 국가와 마찰을 빚고 있다.

㉢ 티그리스・유프라테스강 : 상류에 위치한 터키가 하천에 댐을 건설하고 많은 물을 저장하자 하류에 위치한 시리아와 이라크는 강의 사용권을 주장하고 있다.

㉣ 그 외 지역 : 요르단강, 갠지스강 등

③ **물 자원 확보를 위한 노력** : 댐 건설, 해수 담수화 시설 개발 등

바로바로 CHECK√

지도에 표시된 지역의 공통적인 분쟁 원인은?

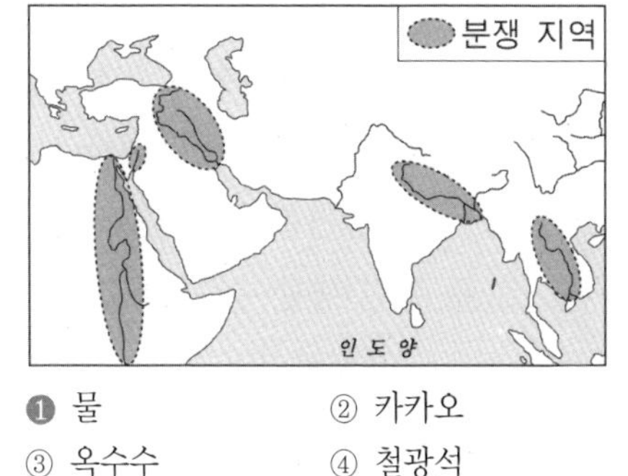

❶ 물 ② 카카오
③ 옥수수 ④ 철광석

(3) 식량 자원을 둘러싼 갈등

① 갈등 원인

㉠ 인구 증가로 식량 수요가 증가하고, 육류 소비 증가에 따른 사료용 곡물 수요도 증가하였다.

㉡ 기후 변화에 따른 생산량 감소가 일어났다.

㉢ 국제 곡물 대기업의 영향력 확대로 식량 자원의 분배가 불균형하게 일어났다.

② 결 과

㉠ 곡물 가격 상승 및 식량 부족 문제가 등장하였다.

㉡ 에그플레이션 발생 : 곡물 가격 상승이 식료품비 등 경제 전반의 물가 상승으로 이어지는 현상

③ **식량 자원 확보를 위한 노력** : 식량의 안정적 확보를 위해 해외 농장을 임대하거나 개발해야 한다.

02 자원 개발과 주민 생활의 변화

1 자원 개발에 따른 주민 생활

(1) 풍부한 자원을 바탕으로 경제가 성장한 국가

① 자원 개발의 긍정적 영향

㉠ 경제 성장 : 자원 개발 관련 산업의 발달로 일자리가 증가하고 자원 수출로 국가 이익이 증가한다.

㉡ 주민 생활 수준 향상 : 자원 수출 이익으로 도로, 항만 등의 사회 기반 시설이 확충되고, 교육 및 의료 시설에 투자된다.

② 해당 국가

㉠ 오스트레일리아 : 세계적 광물 수출지(석탄, 철광석, 금, 다이아몬드 등), 풍부한 식량 자원(소고기, 양, 밀 등), 자원 개발로 얻은 이익은 복지 정책에 투자

㉡ 노르웨이 : 수산 자원, 석유, 천연가스 풍부

㉢ 미국, 캐나다 : 풍부한 자원, 발달된 기술로 경제 성장

㉣ 사우디아라비아, 아랍 에미리트 : 석유 개발 및 수출을 통해 경제 성장

(2) 자원이 풍부하지만 어려움을 겪는 국가

① 원인 : 자원에 대한 낮은 인식, 자원 개발 기술 및 자본 부족 등

② 자원 개발의 부정적 영향

㉠ 환경 오염 : 무리한 자원 개발로 수질 및 토양 오염이 발생한다.

㉡ 빈부 격차 심화 : 자원 개발에 따른 이익이 특정 계층에 집중된다.

㉢ 높은 수출 의존도 : 해당 자원 고갈 시 주민 생활이 힘들어진다.

㉣ 높은 기술 의존도 : 자원 개발 기술이 낮아 다른 나라 기술에 의존하여 자원 개발 이익이 다른 나라로 유출된다.

③ 해당 국가 중요+

㉠ 시에라리온 : 다이아몬드 등 광물 자원이 풍부하나 자원을 둘러싼 내전이 발생하였다.

㉡ 나이지리아 : 석유와 천연가스 등이 풍부하나, 자원 개발로 인한 환경 오염 발생 및 주민 건강 악화, 빈부 격차가 심화되었다.

㉢ 콩고 민주 공화국 : 콜탄을 둘러싼 내전이 발생하였다.

㉣ 나우루 : 비료의 원료인 인광석 수출로 부유했으나, 현재 고갈되어 주민들의 삶의 질이 악화되었다.

(3) 자원은 부족하나 부유한 국가들

① 해당 국가 : 우리나라, 일본, 싱가포르, 스위스, 핀란드 등

② 원인 : 발달된 기술과 풍부한 인적 자원을 바탕으로 경제 성장을 추구하였다.

2 자원과 우리의 삶

(1) 자원과 연결된 삶

① 자원의 이용 및 이동을 매개로 국가 간, 지역 간 상호 연결성이 강화되었다.

② 자원이 생산되고 소비되는 과정에서 우리와 다른 지역의 삶이 연결된다.

(2) 윤리적 소비

① 의미 : 생산 과정에 의미를 두는 소비를 말한다.

② 필요성 : 소비 행위가 다른 지역의 삶에 미칠 영향을 고려하여 바람직한 방향으로 소비하는 것이기 때문에 현재에 필요한 소비 운동이다.

03 지속 가능한 자원 개발

1 지속 가능한 자원의 개발

(1) 지속 가능한 자원

① **의미** : 고갈 염려가 없고 오염 배출이 적어 환경에 부담되지 않는 자원을 말한다.

② **중요성** : 자원 고갈 및 환경 문제 해결, 자원의 지속 가능한 사용 등을 위해 필요하다.

(2) 자원의 지속 가능한 활용 방안

① **자원 절약 정책** : 에너지 소비 효율 등급 표시제, 탄소 포인트제 등

② **일상생활 속에서 자원 절약** : 대중교통 이용하기, 냉난방 절약하기 등

③ **신・재생 에너지 개발 및 이용**

2 신・재생 에너지

(1) 신・재생 에너지의 의미와 특징

① **의미** : 기존의 화석 연료를 재활용하여 이용하거나 태양, 바람, 물 등 재생 가능한 에너지를 변환시켜 이용하는 에너지를 말한다.

㉠ 신에너지 : 석탄 액화 가스화, 수소 에너지, 연료 전지 등

㉡ 재생 에너지 : 태양광, 풍력, 지열, 수력, 조력, 폐기물, 바이오 에너지 등

② **장점** : 환경 문제 발생이 없고, 고갈되지 않으며, 지구상에 비교적 고르게 분포한다.

③ **단점** : 초기 개발 비용이 많이 들고, 경제성이 낮으며, 자연환경의 영향을 많이 받는다.

(2) 신・재생 에너지의 종류

① **태양 에너지** : 일사량이 풍부하고 건조한 지역에서 태양열과 태양광을 이용한다.
예 사우디아라비아

② **풍력 에너지** : 바람이 강한 산지나 해안 지역에서 활용한다. 예 덴마크

바로바로 CHECK√

다음에서 설명하는 것은?

- 빛을 전기 에너지로 변환한다.
- 일사량이 풍부한 지역이 발전에 유리하다.

① 화력 발전 ② 수력 발전
❸ 태양광 발전 ④ 원자력 발전

③ **조력 에너지** : 조석 간만의 차이를 이용한다.

④ **조류 에너지** : 바닷물의 유속이 빠른 지역에서 활용한다.

⑤ **지열 에너지** : 지하의 고온 증기를 이용한다. 예 아이슬란드, 뉴질랜드

⑥ **바이오 에너지** : 동물의 배설물이나 옥수수 등의 식물을 분해해서 얻는 에너지이다. 예 독일 윤데 마을

바로 바로 CHECK√

다음 설명에 해당하는 신 · 재생 에너지는?

- 아이슬란드, 뉴질랜드 등 화산 지대에서 많이 활용된다.
- 땅속의 열과 뜨거운 물을 이용하여 난방을 하거나 전력을 생산한다.

① 조력 에너지 ❷ 지열 에너지
③ 풍력 에너지 ④ 바이오 에너지

(3) 우리나라의 신 · 재생 에너지 개발

① **양상** : 우리나라는 화석 연료 고갈 및 환경 문제를 해결하기 위해 다양한 신 · 재생 에너지를 개발하고 있다.

② **입 지**

종 류	유리한 입지 조건	발달 지역
태양광	일사량이 풍부한 지역	광주 등 호남 지방, 남해안, 영남 북부 지방
풍 력	바람이 강하고 지속적으로 부는 산지 정상, 해안, 섬	제주도, 강원도(대관령), 영덕
조 력	밀물과 썰물의 차(조석 간만의 차)가 큰 지역	서해안(안산 시화호, 가로림만 등)
폐기물 에너지	쓰레기를 소각 · 매립하여 전력이 발생하기 때문에 매립지 가스라고 불림	대도시 및 공업 단지 인근
바이오 에너지	숲이 많고 생명 유기체를 확보할 수 있는 곳	농촌

3 지속 가능한 자원 개발의 효과

(1) 긍정적 효과

① 자원 관련 산업과 친환경 에너지 관련 일자리가 창출되어 소득이 증대된다.

② 화석 연료 의존도가 감소되었다.

③ 오염 물질 배출이 적어 주민들에게 쾌적한 환경을 제공한다.

④ 에너지 관련 시설을 관광 산업에 활용할 수 있다.

(2) 부정적 효과

① **풍력 에너지** : 산지에 건설하면 삼림 파괴 문제가 발생한다.

② **조력 에너지** : 바닷물의 흐름이 단절되어 갯벌 및 해안 생태계가 파괴되고, 어획량이 감소한다.

③ **바이오 에너지** : 연료용 작물의 재배 면적의 증가가 식량 생산량 감소로 이어져 식량 부족 문제가 발생한다.

④ **수력 에너지** : 댐 건설로 상류 지역에 수몰 지역이 발생한다.

바로바로 CHECK√

다음 내용에 해당하는 발전 방법은?

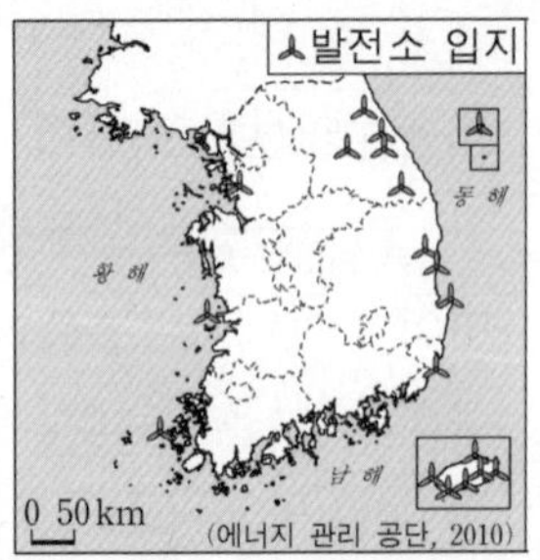

- 산지나 해안 등 바람이 강하고 자주 부는 지역이 입지에 유리하다.
- 제주도, 대관령 등의 지역에 발전 단지가 조성되어 있다.

① 조력 발전 ② 지열 발전
③ 수력 발전 ❹ 풍력 발전

실력 탄탄 다지기

실전 예상문제

01 (가)에 해당하는 자원으로 옳은 것을 고르면?

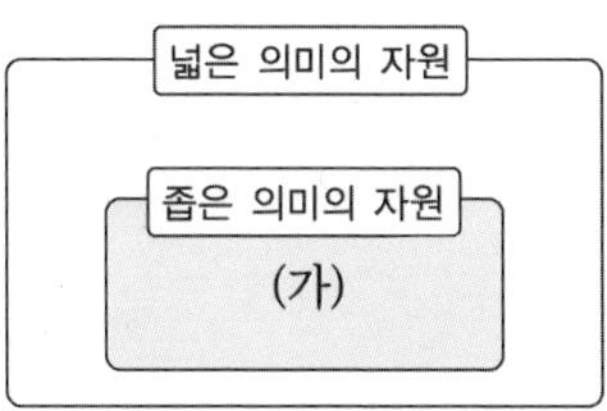

보기
㉠ 광물 자원
㉡ 문화 자원
㉢ 삼림 자원
㉣ 인적 자원

① ㉠, ㉡　　② ㉠, ㉢
③ ㉡, ㉣　　④ ㉢, ㉣

01
- 좁은 의미의 자원 : 천연자원(석탄 · 석유 · 철광석 · 동식물 · 토양 등의 광물 자원, 삼림 자원, 식량 자원 등)
- 넓은 의미의 자원 : 천연자원 + 인적 자원 + 문화적 자원

02 다음 설명에 해당하는 자원은?

> 페르시아만 주변 지역이 주산지이며, 생산국들이 OPEC를 결성하여 자국의 이익을 극대화하고 있다.

① 석탄　　② 석유
③ 구리　　④ 철광석

02
석유는 사우디아라비아, 이라크, 쿠웨이트 등에 많이 매장되어 있으며, 생산국들은 OPEC(석유 수출국 기구)를 결성하여 석유를 이용해 경제적 이익을 극대화하고 있다.

03 에너지 자원 중 석탄에 대한 설명으로 옳지 <u>않은</u> 것은?

기출

① 산업 혁명의 원동력이 된 자원이다.
② 제철소와 화력 발전소의 연료로 주로 사용된다.
③ 사용 과정에서 방사성 물질의 누출 위험이 있다.
④ 과거 우리나라의 겨울철 난방 연료로 널리 사용되었다.

03
석탄은 매장량이 풍부하고 채굴 가능한 기간도 길어, 산업 혁명의 바탕이 된 에너지 자원이지만 환경 문제를 발생시킨다.

04 다음에서 설명하는 자원으로 옳은 것은?

> - 청정 연료로 알려져 최근 사용이 증가하고 있다.
> - 냉동 액화 기술 발달로 수송이 용이하다.

① 석유　　② 구리
③ 석탄　　④ 천연가스

04
천연가스는 청정에너지로 알려져 있고, 액화 저장 및 수송 기술의 발달로 소비가 급증하고 있으며, 주로 러시아, 노르웨이, 알제리 등에 분포되어 있다.

ANSWER
01. ②　02. ②　03. ③　04. ④

05 식량 자원인 쌀에 대한 설명으로 옳지 않은 것은?

고난도

① 국제적 이동량이 적다.
② 고온 다습한 기후에서 재배된다.
③ 바이오 에너지의 원료로 사용된다.
④ 아시아 계절풍 지대에서 주로 재배된다.

05

가축 사료와 바이오 에너지 원료 등으로 사용되는 작물은 옥수수이다.

06 다음 자료를 통해 알 수 있는 사실로 옳은 것은?

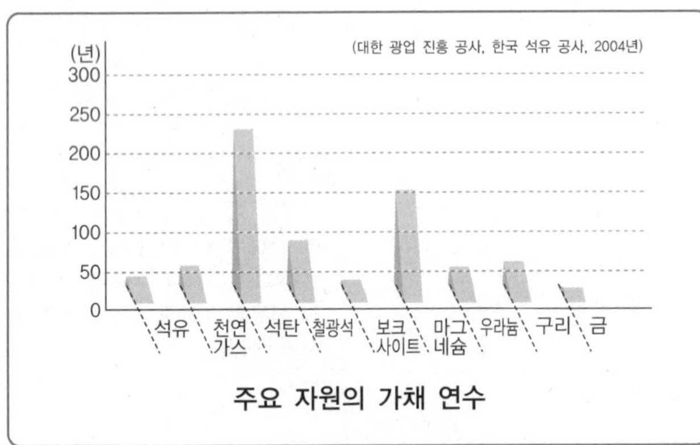

주요 자원의 가채 연수

① 자원은 지역에 따라 편재되어 있다.
② 대부분의 자원은 재생이 불가능하다.
③ 자원의 이용은 환경 문제를 유발한다.
④ 우리나라는 자원의 해외 의존도가 높다.

06

제시된 자료를 통해 대부분의 자원은 가채 연수가 짧다는 것을 알 수 있다. 즉, 대부분의 자원은 재생 불가능하고 자원의 매장량은 한정되어 있다.

07 다음 지역에 해당하는 곳은?

> 러시아, 카자흐스탄, 아제르바이잔, 투르크메니스탄, 이란이 유전 지대의 영유권을 두고 분쟁

① 북극해 ② 기니만
③ 남중국해 ④ 카스피해

07

① 북극해 : 러시아, 캐나다, 미국, 노르웨이 등이 유전 지대를 두고 분쟁
② 기니만 : 아프리카 국가들이 유전 지대를 두고 분쟁
③ 남중국해 : 중국, 타이완, 필리핀, 브루나이, 말레이시아 등이 석유 및 천연가스를 두고 분쟁

ANSWER

05. ③ 06. ② 07. ④

08 물자원을 둘러싼 자원 분쟁 지역이 아닌 것은?

① 메콩강 ② 나일강
③ 오리노코강 ④ 유프라테스강

09 자원이 풍부하지만 어려움을 겪는 국가는?

① 캐나다 ② 노르웨이
③ 시에라리온 ④ 사우디아라비아

10 다음과 같은 상황을 해결하기 위한 방안은?

> • 환경 오염 • 자원 매장량 감소

① 도시화 추진 ② 산업 활동 증가
③ 자원 소비 증가 ④ 친환경 에너지 개발

11 지속 가능한 자원 개발의 효과로 옳지 않은 것은?

① 오염 물질 배출이 적어진다.
② 화석 연료 의존도가 증가한다.
③ 친환경 에너지 관련 일자리가 증가한다.
④ 에너지 관련 시설을 관광 산업에 활용할 수 있다.

12 신·재생 에너지의 부정적 효과로 옳은 것은?

고난도

① 조력 에너지 : 삼림 파괴 문제 발생
② 수력 에너지 : 댐 건설로 상류 지역에 수몰 지역 발생
③ 바이오 에너지 : 바닷물의 흐름이 단절되어 어획량 감소
④ 풍력 에너지 : 연료용 작물의 재배 증가로 식량 생산량 감소

08
오리노코강 지역은 베네수엘라, 볼리바르 등이 석유 자원을 둘러싼 갈등 지역이다.

09
시에라리온은 다이아몬드 등 광물 자원이 풍부하나 자원을 둘러싼 내전이 발생하고 있는 국가이다.

10
환경 오염이 증가하고 자원 매장량이 감소하면서 대체 가능한 친환경 에너지와 자원을 개발하는 현상이 발생한다.

11
지속 가능한 자원은 고갈 염려가 없고, 오염 배출이 적어 환경에 부담되지 않는 자원으로 화석 연료를 대체할 수 있다.

12
① 풍력 에너지
③ 조력 에너지
④ 바이오 에너지

ANSWER
08. ③ 09. ③ 10. ④ 11. ② 12. ②

Chapter 07 개인과 사회생활

학습 point⁺

사회화의 의미, 청소년기의 특징, 사회화 기관과 사회 집단의 유형, 사회적 지위의 종류와 의미, 역할과 역할 갈등을 개념 위주로 정리한 뒤에 학습하는 것이 중요합니다. 그리고 차이와 차별의 의미를 구분할 수 있어야 합니다.

01 사회화와 청소년기

1 인간의 사회화

(1) 사회화

① 사회적 존재로서의 인간 : 인간은 태어나면서부터 죽을 때까지 다른 사람과 관계를 맺으며 살아가는 사회적 존재이다.

② 사회화의 의미 : 인간이 자라면서 자신이 속한 사회의 삶의 방식을 배우는 과정으로, 평생에 걸쳐 이루어진다.

③ 사회화의 기능

㉠ 개인적 측면 : 각자 독특한 자아를 형성하도록 도와주고 자신이 속한 사회 구성원으로 성장하도록 한다. → 자아 정체성 형성

㉡ 사회적 측면 : 문화를 다음 세대에 전달하여 사회를 유지·발전시킨다. → 사회의 존속

④ 사회화의 특징

㉠ 사회마다 시대마다 사회화의 내용이나 방법은 다를 수 있다.

㉡ 사회화는 태어나는 순간부터 평생에 걸쳐 이루어진다.

(2) 사회화 기관 중요⁺

① 1차적 사회화 기관 : 자연 발생적·비형식적·인격적 만남

㉠ 가정 : 가장 기초적인 사회화 기관으로 기본적인 인격 형성에 영향을 준다.

㉡ 또래 집단 : 규칙과 질서를 배우고, 청소년기에 영향력이 크다.

② 2차적 사회화 기관 : 인위적·형식적·공식적·비인격적 만남

㉠ 학교 : 지속적·체계적·공식적 사회화를 위한 기관으로 사회생활에 필요한 내용들을 체계적으로 알려준다.

㉡ 대중 매체 : 많은 사람에게 대량으로 정보를 전달하는 기관으로 현대 사회에서 영향력이 크다.

㉢ 회사 : 수직적 인간관계가 나타나며 업무에 필요한 기능이나 조직의 규범을 익힌다.

(3) 사회화 과정

① 특징 : 생애 각 시기별로 사회화의 내용이 다르고, 영향을 받는 사회화 기관도 다르다.

② 내 용

유아기	가정에서 기초적인 습관이나 언어를 배운다.
아동기	또래 집단의 놀이를 통해 집단생활의 규범을 배운다.
청소년기	학교에서 공동체 생활에 필요한 지식과 규범을 체계적으로 배운다.
성인기	직장에서 일과 관련된 지식이나 행동을 배운다.
노년기	노인 학교나 대중 매체를 통해 자기 계발을 위한 새로운 지식이나 행동을 배운다.

③ 재사회화

㉠ 의미 : 사회 변화에 적응하기 위하여 새로운 지식, 행동 양식, 규범을 학습하는 과정을 말한다.

㉡ 중요성 : 현대 사회의 급속한 변화 속에서 적응하기 위해 필요하다.

㉢ 사례 : 직장인의 외국어 학습, 노인의 디지털 매체 교육, 교도소에서의 교정 교육, 군대에서의 교육 등

바로 바로 CHECK√

다음 내용이 의미하는 것은?

- 급속히 변화하는 환경에 적응하기 위해 새로운 생활 양식을 다시 배우는 과정
- 정보 사회로의 변화에 따른 노인의 컴퓨터 활용 교육

① 산업화　② 세계화
③ 도시화　❹ 재사회화

2 청소년기의 사회화

(1) 청소년기의 특징

① 2차 성징 등 신체적 · 심리적 변화가 급격하게 이루어지는 시기이다.

② 유년기에서 성인기에 이르는 중간 단계로 감정의 기복이 심하고 충동적으로 행동하는 시기이다.

③ 추상적이고 논리적인 사고가 가능하며 부모로부터 정신적으로 독립하려고 하고, 또래 집단에게 소속감을 느낀다.

④ **청소년기를 표현하는 용어** : 주변인의 시기, 이유 없는 반항기, 질풍노도의 시기, 심리적인 이유기

(2) 자아 정체성 확립

① **자아 정체성의 의미** : '나는 누구인가?'에 대한 주체적인 인식으로 다른 사람과 구별되는 자신만의 특성을 깨닫고 자신에 대해 명확하게 이해하는 것이다.

② **청소년기의 자아 정체성** : 성인기에 필요한 여러 가지 능력과 태도를 배우는 시기로 자아 정체성 형성에 매우 중요한 시기이며, 자아 정체성의 형성은 인생 전반에 영향을 미친다.

③ **기 능**

㉠ 개인적 측면 : 자아 실현에 도움이 된다.

㉡ 사회적 측면 : 정체성의 혼란으로 발생하는 사회적 갈등을 예방하여 사회 질서 유지에 이바지한다.

④ **올바른 자아 정체성 형성을 위한 노력**

㉠ 자신의 존재를 소중히 여기고, 자기 자신을 인식하기 위해 노력해야 한다.

㉡ 자신이 원하는 미래의 모습을 계획해야 한다.

㉢ 사회화 과정에서 바람직한 행동과 생각을 학습해야 한다.

02 사회적 지위와 역할

1 사회적 지위

(1) 지위의 의미와 특징

① **의미** : 한 개인이 사회 집단 내 차지하고 있는 위치를 말한다.

② **특징** : 개인은 동시에 여러 가지 지위를 가진다.

(2) 지위의 종류 중요+

① **귀속 지위** : 태어나면서 가지게 되는 선천적 지위로 전통 사회에서 중시된다.

예 남자와 여자, 양반과 상민

② 성취 지위 : 능력과 노력에 의해 가지게 되는 후천적 지위로 현대 사회에서 중시된다.

예 교사, 의사, 아버지

바로 바로 CHECK√

(가)에 속하지 않는 것은?

사회적 지위는 태어나면서부터 갖게 되는 (가)와 자신이 노력하여 그 결과로 얻게 되는 성취 지위로 나눌 수 있다.

① 여자 ② 인종
❸ 의사 ④ 남자

2 역 할

(1) 역할과 역할 행동

① 역할의 의미 : 사회적 지위에 따라 기대되는 행동 양식을 말한다.

예 학생의 지위에서는 열심히 공부해야 한다고 요구됨

② 역할 행동 : 역할을 수행하는 구체적인 행동을 말한다.

③ 역할 행동의 특징

㉠ 동일한 역할이라도 개인마다 역할을 수행하는 모습이 다를 수 있다.

㉡ 역할을 수행하면 보상을 받지만, 잘못 수행하면 제재를 받는다.

(2) 역할 갈등

① 의미 : 한 개인이 동시에 여러 가지 역할을 수행하게 되는 과정에서 역할 간에 갈등이 일어나는 현상을 말한다. 예 한 남자가 아버지, 남편, 회사원의 역할을 동시에 수행해야 하는 경우

② 특징 : 현대 사회가 복잡해지면서 역할 갈등도 증가하였다.

③ 발생 원인 : 여러 지위에 따른 역할이 충돌하거나, 하나의 지위에 대해 기대되는 역할이 대립할 때 발생할 수 있다.

④ 해결 방안

㉠ 개인적 방안 : 우선 순위를 정한 후 중요한 것부터 수행하거나, 상황에 따라 특정 역할을 포기하고 가장 중요한 역할 하나만 선택한다.

㉡ 사회적 방안 : 역할 갈등 상황을 감소시키거나 방지할 수 있는 제도를 마련한다.

03 사회 집단과 차별

1 사회 집단 중요+

(1) 의미와 종류

의 미			두 사람 이상이 소속감과 공동체 의식을 가지고 지속적으로 사회 상호 작용을 하는 사람들의 집합체를 말한다.
종 류	소속감	내집단	자신이 속한 집단으로 소속감과 공동체 의식을 가짐 예 우리 학교
		외집단	자신이 속하지 않은 집단으로 소속감이 없고 이질감·적대감을 가짐 예 그들 학교
	결합 의지	공동사회	선천적·자연 발생적으로 구성된 집단 예 가정, 민족
		이익사회	특정 목적을 위해 후천적·의도적으로 구성된 집단 예 회사, 정당
	접촉 방식	1차 집단	구성원 간에 얼굴을 마주치며 친밀감을 느끼는 집단 예 가정
		2차 집단	목적 달성을 위한 수단적인 만남을 바탕으로 결합된 집단 예 회사, 학교

(2) 준거 집단

① **의미** : 개인이 어떤 행동이나 판단을 할 때 기준으로 삼는 집단을 말한다.

② **특징** : 준거 집단에 소속된 경우 만족감이 크지만, 그렇지 않은 경우에는 불만을 느낀다.

(3) 개인과 사회 집단의 관계

① 사회 집단은 개인에게 안정감과 소속감을 준다.

② 사회 집단은 개인과 사회를 연결시켜 주기 때문에 사회 유지와 발전에 이바지한다.

③ 개인의 노력으로 사회 집단이 변화할 수 있다.

2 사회 집단 내의 차이와 차별

(1) 차 이

① **의미** : 서로 다르거나 동일하지 않음을 의미한다.

예 남녀 차이, 세대 차이, 문화 차이

② 차이는 자연스러운 현상이므로 존중의 대상이 되어야 한다.

(2) 차 별

① **의미** : 단순한 차이를 이유로 부당하게 대우하는 것을 말한다.

예 장애 차별, 학력 차별, 성 차별, 인종 차별, 소득 차별 등

② **원인** : 다양성을 인정하지 않는 잘못된 편견, 고정 관념, 사회 제도 등

③ **문제점** : 차별은 사회 통합을 방해하고 인간의 존엄성을 훼손하기 때문에 없애야 할 대상이다.

(3) 차별의 해결 방안

① **개인적 차원** : 차이를 인정하고 존중하며 차별하는 사람이 잘못되었음을 인식해야 한다.

② **사회적 차원** : 차별을 금지하는 법을 마련하고, 차별받는 사람에 대한 적극적 우대 조치가 필요하다.

실력 탄탄 다지기

실전 예상문제

01 다음 내용을 통해 알 수 있는 것은?

> 동화 「정글북」의 주인공 모글리는 갓난아이 때부터 늑대에 의해 키워져 야수처럼 사냥하고, 물고기를 잡아먹고, 인간의 언어는 한마디도 알아듣지 못한다. 반면, 어떤 원숭이는 태어날 때부터 인간에 의해 키워져 인간처럼 옷을 입고, 식사 예절도 지키고, 어린이 수준의 언어도 알아듣는다.

① 사회화 ② 사회 조직
③ 역할 갈등 ④ 지위와 역할

02 다음 내용이 설명하는 사회화 기관은?

> • 가장 중요한 사회화 기관
> • 언어, 예절 등 기본적인 생활 방법 습득

① 가정 ② 학교
③ 직장 ④ 회사

03 2차적 사회화 기관이 아닌 것은?

① 직장 ② 학교
③ 대중 매체 ④ 또래 집단

04 사회화 기관 중 대중 매체에 대한 설명으로 옳은 것은?

① 비형식적이다.
② 자연 발생적이다.
③ 1차적 사회화 기관이다.
④ 현대 사회에서 영향력이 크다.

01
사회화란 소속 집단의 행동 양식과 규범, 문화를 학습하고 개성을 형성해 나가는 것을 말한다.

02
가정은 가장 중요한 1차적 사회화 기관으로, 인간은 가정에서 언어, 예절 등의 기본적인 생활 방법을 습득하게 된다.

03
2차적 사회화 기관이란 형식적이며 의도적으로 형성된 기관으로 학교, 직장, 대중 매체 등이 있다.
④는 1차적 사회화 기관에 해당된다.

04
대중 매체는 많은 사람에게 대량으로 정보를 전달하는 2차적 사회화 기관으로, 현대 사회에서 영향력이 커지고 있다.

ANSWER
01. ① 02. ① 03. ④ 04. ④

05 다음에서 설명하는 것은?

직장인의 외국어 학습, 노인의 디지털 매체 교육

① 사회화　　② 재사회화
③ 역할 갈등　　④ 역할 행동

05
재사회화란 사회 변화에 적응하기 위하여 새로운 지식, 행동 양식, 규범을 학습하는 과정을 말한다.

06 다음과 같은 사회화의 과정이 이루어지는 시기는?

공식적인 사회화 기관에서 공동체 생활에 필요한 지식과 규범을 체계적으로 배우는 시기이다.

① 아동기　　② 노년기
③ 성인기　　④ 청소년기

06
청소년기에는 학교와 같은 공식적 사회화 기관에서 사회생활에 필요한 내용들을 체계적으로 배운다.

07 다음에서 설명하는 것은?

다른 사람과 구별되는 자기만의 고유한 특성으로, 청소년기에 형성된다.

① 사회화　　② 재사회화
③ 역할 갈등　　④ 자아 정체성

07
자아 정체성이란 다른 사람과 구별되는 자신의 존재에 대한 주체적 인식으로, 주로 청소년기에 형성된다.

08 귀속 지위에 해당하지 않는 것은?

① 장남　　② 양반
③ 백인　　④ 부모

08
귀속 지위란 태어날 때부터 갖게 되는 지위이다. 부모는 노력에 의해 주어지는 성취 지위이다.

ANSWER
05. ② 06. ④ 07. ④ 08. ④

09 다음 글에 나열된 사회적 지위 중 성격이 다른 것은?

기출

> 나는 ㉠ 큰아들로 태어나 … ㉡ 학생회장으로서 리더십을 발휘하였고 … ㉢ 사회 교사로 근무하다가 현재는 ㉣ 대학교수로 활동하고 있습니다.

① ㉠ ② ㉡
③ ㉢ ④ ㉣

09
지위는 한 개인이 사회 집단 내 차지하고 있는 위치를 말한다.
㉠은 귀속 지위, ㉡·㉢·㉣은 성취 지위에 해당한다.

10 다음의 상황을 무엇이라 하는가?

고난도

> 모 회사의 영업부 과장인 이재은 씨는 다음 주 중요한 해외 출장이 잡혀 있다. 맏며느리인 그는 시아버지의 칠순 잔치에 참여할 수 없게 되어 마음이 불편하다.

① 사회 조직 ② 역할 갈등
③ 세대 차이 ④ 역할 행동

10
한 개인이 동시에 여러 가지 역할을 수행하게 되는 과정에서 역할 간에 갈등이 일어나는 현상을 '역할 갈등'이라 한다.

11 사회 집단을 내집단과 외집단으로 분류할 때의 기준은?

고난도

① 소속감 ② 접촉 방식
③ 결합 의지 ④ 형성 과정

11
소속감을 기준으로 자신이 속한 내집단과 자신이 속하지 않은 외집단으로 분류할 수 있다.

12 다음 내용이 설명하는 사회 집단은?

> 개인이 어떤 행동이나 판단을 할 때 기준으로 삼는 집단

① 공동 사회 ② 이익 사회
③ 준거 집단 ④ 2차 집단

12
준거 집단이란 개인이 어떤 행동이나 판단을 할 때 기준으로 삼는 집단을 말한다. 준거 집단에 소속된 경우 만족감이 크지만, 그렇지 않은 경우에는 불만을 느낀다.

ANSWER
09. ① 10. ② 11. ① 12. ③

Chapter

08 문화의 이해

학습 point+

문화의 의미와 속성(공유성, 학습성, 축적성, 변동성, 전체성)의 개념을 이해한 뒤에 사례 위주로 학습해야 합니다. 문화를 이해하는 태도인 자문화 중심주의, 문화 사대주의, 문화 상대주의는 사례와 함께 꾸준히 출제되는 주제이므로 꼼꼼하게 숙지해야 합니다. 마지막으로 대중 매체의 종류와 대중문화의 영향에 대해서도 정리해 둘 필요가 있습니다.

01 문화의 의미와 특징

1 문화의 의미와 구성 요소

(1) 문화의 의미

① 좁은 의미 : 세련된 모습, 교양, 발전된 것, 예술 활동 등을 의미한다.

예 문화인, 문화생활

② 넓은 의미 : 인간이 환경에 적응·극복하면서 만들어 낸 생활 양식의 총체를 의미한다.

예 청소년 문화, 한국 문화, 인터넷 문화

③ 문화인 것 : 후천적으로 학습된 행동으로서 사회 구성원들의 지속된 생활 양식을 가리킨다.

④ 문화가 아닌 것 : 본능에 따른 행동은 후천적으로 학습된 행동이 아니기 때문에 문화가 아니며, 자연 현상이나 개인의 습관도 문화가 아니다.

바로바로 CHECK√

다음에 해당하는 사례로 적절하지 않은 것은?

> 인간이 환경에 적응하면서 만들어 온 공통된 생활 양식을 문화라고 한다.

① 친구와 악수를 한다.
② 젓가락으로 음식을 먹는다.
③ 횡단보도에서 우측통행을 한다.
❹ 매운 냄새를 맡으면 재채기가 나온다.

(2) 문화의 구성 요소

① 물질문화

㉠ 생활에 필요한 재화와 그러한 재화를 만들고 사용하는 기술을 말한다.

예 옷, 음식, 주택, 자동차 등

㉡ 인간이 환경에 적응하고 극복하기 위한 물질적 수단을 제공한다.

② 비물질문화

제도문화	사회 구성원들의 관계를 정하고 행위를 규율하는 규범을 말한다. 예 정치 제도, 경제 제도, 혼인 제도, 가족 제도, 예절 등
관념문화	인간이 나아가야 할 삶의 방향과 행위를 제시하는 신념을 말한다. 예 전설, 철학, 예술, 종교 등

2 문화의 속성과 특징

(1) 문화의 속성 중요+

① **학습성** : 문화는 유전, 본능이 아닌 후천적으로 배워서 습득한 것이다.

② **축적성** : 문화는 언어나 문자를 통해 다음 세대로 전달된다.

예 휴대 전화 기술이 축적되고 새로운 기술이 추가됨

③ **변동성** : 문화는 시간의 흐름에 따라 끊임없이 변화한다. 예 편지 대신 이메일을 이용함

④ **공유성** : 문화는 특정 사회나 집단에서 공유하는 생활 양식이기 때문에 다음 행동을 예측할 수 있고 다른 문화와 구분이 가능하다.

⑤ **전체성(총체성)** : 문화의 개개 구성 요소들이 연결되어 전체 문화를 이룬다.

예 정보 통신 기술의 발달이 사회 전반에 영향을 줌

바로바로 CHECK√

다음 내용에 해당하는 문화의 속성은?

- 문화는 고정된 것이 아니라 시간의 흐름에 따라 그 모습이 달라진다.
- 옛날에는 한복을 주로 입었지만 요즘은 양복을 주로 입는다.

① 학습성　② 보편성
❸ 변동성　④ 공유성

(2) 문화의 특징

① **보편성** : 어느 사회나 공통적으로 나타나는 문화 요소가 있다.

→ 어느 사회나 종교나 장례 문화가 있음

② **특수성** : 각 사회의 문화가 자연적·사회적·역사적 환경 등에 따라 서로 다른 모습을 띤다. → 나라마다 의식주의 모습이 다름

③ **다양성** : 각 사회의 자연환경과 사회적 환경이 다르므로 각 사회의 문화는 다양하다.

바로바로 CHECK√

다음에서 공통적으로 알 수 있는 문화의 특징은?

- 미국에서는 악수로 인사하고, 태국에서는 손을 모으고 목례로 인사한다.
- 한국은 중간 길이의 쇠젓가락을 사용하고, 일본은 짧고 끝이 뾰족한 나무젓가락을 사용한다.

① 절대성　② 형평성
❸ 다양성　④ 강제성

④ **상대성** : 각 사회의 문화는 그 사회의 상황 등을 고려하여 나름대로 가치 있는 것으로 인정된다.

02 문화를 바라보는 태도

1 문화를 보는 관점

총체론적 관점	어떤 문화 현상을 그 사회의 전체적인 맥락에서 파악하려는 태도
비교론적 관점	한 사회의 문화가 지닌 보편성과 특수성을 다른 사회의 문화와 비교하여 파악하려는 태도
상대론적 관점	어떤 사회의 문화를 그 사회의 독특한 자연환경과 사회적 상황, 역사적 맥락 등을 고려하여 이해하고 해석하려는 태도

2 문화를 이해하는 태도 중요+

구 분		의 미	장 점	단 점
문화에 우열이 있다고 보는 태도	자문화 중심주의	자신들의 문화를 가장 우수한 것으로 생각하고 다른 나라의 문화를 자신들의 잣대로 무시하는 태도 예 히틀러의 나치즘, 중국의 중화사상	• 집단 내의 일체감 강화 • 사회 통합에 기여 • 자기 문화에 대한 자긍심을 높임	• 국제적 고립 초래 • 타문화 수용 늦음 • 문화 제국주의
	문화 사대주의	다른 사회의 문화를 더 좋은 것으로 생각하여 자신의 문화를 지나치게 과소평가하거나 무시하는 태도 예 무분별한 영어 표현, 조선의 천하도	타문화 수용 용이	• 문화의 주체성 상실 • 문화의 다양성 약화
바람직한 문화 이해의 태도	문화 상대주의	한 사회의 문화를 그 사회 입장에서 객관적으로 이해하려는 태도 예 각 사회의 문화는 그 사회에서만 가치를 가지므로 문화의 우열을 가릴 수 없음	• 문화의 우열을 평가하지 않고 다른 사회의 문화를 올바르게 이해 • 국제적인 상호 이해와 교류 추진	극단적 상대주의에 빠질 경우 인류의 보편적 가치 침해 → 인간의 존엄성, 생명 등 예 중국의 전족, 명예살인 등

심화학습 극단적 문화 상대주의

문화 상대주의가 극단적으로 사용될 경우 순장이나 식인 문화 등과 같이 인류의 보편적 가치를 침해하는 행위에 대해서도 문화 상대주의라는 이름으로 마치 하나의 문화로서 이해하고 존중해 주어야 하는 것을 말한다. 예 일부 이슬람의 명예 살인(순결을 잃은 여성 또는 행실이 부정한 여인이 가족의 명예를 더럽혔다는 이유로 가족들에게 살해당하는 관습), 일부 아프리카 여성들의 할례(성인식 의례로 여성의 외부 생식기를 잘라내는 관습), 인도의 사티 관습(남편이 죽으면 아내를 산 채로 화장하는 관습)

03 대중 매체와 대중문화

1 대중 매체

(1) 대중 매체의 의미

대량의 정보를 불특정 다수에게 동시에 전달하는 시청각 매체를 말한다.

(2) 대중 매체의 종류 중요+

기존 대중 매체	새로운 대중 매체(뉴 미디어)
• 획일적, 일방적, 수동적 전달 • 일방향 통신 : 매체 → 대중 예 신문, 잡지, 라디오, 텔레비전, 영화 등	• 쌍방향 소통 • 정보의 능동적 활용 • 시간과 공간의 제약 없이 정보가 대량으로 확산 • 대중이 문화 생산자 역할 수행 가능 • 쌍방향 통신 : 매체 ⇆ 대중 예 인터넷, 스마트폰, SNS, 위성 방송 등

2 대중문화

(1) 대중문화의 의미와 특징

① 의미 : 대중 매체를 통해 형성되고 제공되어 사회 구성원이 함께 쉽게 누리는 문화를 말한다.

② 형성 배경

㉠ 정치적 요인 : 보통 선거의 실시

→ 대중의 정치 참여 폭 확대

㉡ 경제적 요인 : 대량 생산 체제 등장

→ 대량 소비, 소비의 대중화

㉢ 사회적 요인 : 의무 교육 확대, 대중 매체 발달

→ 대중문화 향유 능력, 교양 수준 향상

③ 특 징

㉠ 대량으로 생산되고 소비된다.

㉡ 대중의 정서를 반영하고, 최근에는 뉴 미디어의 발달로 문화의 형태가 더욱 다양해졌다.

바로 바로 CHECK√

다음에 나타난 매체의 특징으로 옳은 것은?

- 인터넷상에서 UCC(사용자 제작 콘텐츠)를 제작하여 전 세계 사람들과 공유한다.
- SNS(소셜 네트워크 서비스)를 이용하여 정보를 만들고 유통한다.

❶ 쌍방향 의사소통이 가능하다.
② 시간과 공간의 제약을 크게 받는다.
③ 인쇄 매체에 비해 정보의 전달 속도가 늦다.
④ 대중문화의 형성과 발달에 미치는 영향이 적다.

④ 영 향

㉠ 긍정적 영향 : 사회 민주화, 고급문화의 대중화, 여가와 오락 등의 휴식 제공

㉡ 부정적 영향 : 상업성으로 문화의 질 저하, 획일성, 수동적 존재로 전락, 여론 조작

(2) 대중문화를 바라보는 바람직한 태도

① **비판적 수용** : 대중문화를 비판적 · 선별적으로 받아들이는 태도가 필요하다.

② **적극적 · 능동적 참여** : 대중문화의 생산자와 소비자로서 문제점이나 의견을 제시하고 대중문화 창조에 적극적으로 참여한다.

실력 탄탄 다지기 실전 예상문제

01 다음 중 문화로 볼 수 있는 것은?

① 졸려서 잠을 잔다.
② 하품을 하니 눈물이 난다.
③ 목이 말라서 물을 마신다.
④ 밥을 먹을 때 수저를 사용한다.

01
한 사회의 성원들이 사회생활을 통하여 만들어 낸 공통의 생활 방식을 '문화'라고 한다. 학습된 행위나 반복적·계속적 생활 양식 등은 문화에 속하지만, 체질적 특성, 본능, 우발적 행동 등은 비문화적인 것이다.

02 다음에서 설명하는 문화의 속성은?

고난도

> 한 사람이 자기 나름의 독특한 인사 방식을 만들어 낸 것은 문화라고 보기 어렵지만, 한국인들이 반찬으로 김치를 만들어 먹는 것은 문화이다.

① 학습성 ② 축적성
③ 공유성 ④ 상대성

02
한국인들이 김치를 먹는 것은 한국 사회의 구성원들이 공유하고 있는 것이므로 문화의 공유성에 해당한다.

03 문화의 속성에 대한 설명으로 옳지 <u>않은</u> 것은?

① 문화는 후천적으로 습득된다.
② 한번 형성된 문화는 변하지 않는다.
③ 다음 세대로 전승되면서 점차 풍부해지고 발전한다.
④ 문화의 요소들은 서로 밀접한 관련을 맺으면서 전체를 이룬다.

03
문화는 시대의 흐름에 따라 새로운 문화가 추가되거나 사라지는 등 끊임없이 변화한다.
① 학습성, ③ 축적성, ④ 전체성

04 다음에서 설명하는 문화의 특징은?

> 한국인은 수저를 사용하여 식사를 하는 데 비해, 미국인은 포크와 나이프를 이용해서 식사를 한다.

① 다양성 ② 보편성
③ 우열성 ④ 타당성

04
자연환경과 사회적 환경이 다르므로 각 사회의 문화는 다양하게 나타나는데, 이를 '문화의 다양성'이라고 한다.

ANSWER
01. ④ 02. ③ 03. ② 04. ①

05 다음 내용에 해당하는 문화 이해의 관점으로 가장 적절한 것은?

고난도

> 어떤 문화 현상을 그 사회의 전체적인 맥락에서 파악하려는 태도

① 절대론적 관점 ② 상대론적 관점
③ 총체론적 관점 ④ 비교론적 관점

06 다음 사례와 관련된 문화를 바라보는 태도는?

> • 히틀러의 나치즘 • 중국의 중화사상

① 문화 상대주의 ② 문화 사대주의
③ 자문화 중심주의 ④ 극단적 문화 상대주의

07 다음 두 사람이 문화를 이해하는 태도는?

① 문화 국수주의 ② 문화 사대주의
③ 문화 상대주의 ④ 자문화 중심주의

08 문화 상대주의에 대한 설명으로 옳지 않은 것은?

① 문화의 우열을 평가하지 않는다.
② 세계화 시대에 필요한 태도이다.
③ 다른 문화를 올바르게 이해할 수 있다.
④ 자기 문화의 주체성을 상실할 수 있다.

05
총체론적 관점은 문화를 사회의 여러 부분과 연관 지어 전체적으로 바라보는 태도이다.

06
자문화 중심주의란 자신들의 문화를 가장 우수한 것으로 생각하고 다른 나라의 문화를 자신들의 잣대로 무시하는 태도를 말한다.

07
문화 사대주의란 다른 문화를 더 좋은 것으로 생각하여 자신의 문화를 무시하는 태도를 말한다.

08
다른 사회의 문화를 더 좋은 것으로 생각하여 자기 문화의 주체성을 상실할 수 있는 태도는 문화 사대주의의 태도이다.

ANSWER
05. ③ 06. ③ 07. ② 08. ④

09 다음 사례를 가장 적절하게 평가한 내용은?

> 이란은 돌팔매 처형을 시행해 왔다. 여성은 어깨까지, 남성은 허리까지 땅에 묻힌 채 돌팔매질을 당해야 하는데 목숨이 끊어지기 전에 흙더미에서 빠져나오면 용서를 받았다.

① 역사적 맥락에서 이해해야 한다.
② 새로운 문화를 만들어 내야 한다.
③ 문화는 나름의 존재 이유와 가치를 가진다.
④ 인류의 보편적 가치를 침해하는 문화는 인정할 수 없다.

09 제시문은 극단적 문화 상대주의의 사례이다. 인류의 보편적 가치를 침해하는 풍습까지 문화 상대주의의 관점으로 바라봐서는 안 된다.

10 다음과 같은 문화가 형성된 배경으로 옳지 않은 것은?

고난도

> 오늘날 사회의 대부분을 차지하는 다수의 사람들이 즐기는 문화이다.

① 1차 산업의 발달 ② 대중 매체의 발달
③ 의무 교육의 확대 ④ 보통 선거의 실시

10 대중문화는 대량 생산 체제의 확립, 보통 선거의 실시, 의무 교육의 확대, 대중매체의 발달 등으로 인하여 형성되었다.

11 다음 글의 밑줄 친 대중 매체에 해당하는 것은?

> 최근에 정보 통신 기술의 발달로 <u>뉴 미디어</u>가 등장하였다.

① 신문 ② 라디오
③ 텔레비전 ④ 스마트폰

11 인터넷, 스마트폰, SNS와 같은 뉴 미디어는 시간과 공간의 제약 없이 정보가 대량으로 확산되고 쌍방향 소통이 가능한 대중 매체이다.

12 대중문화의 특징으로 옳지 않은 것은?

① 대량으로 생산되고 소비된다.
② 상업성으로 문화의 질을 저하시키기도 한다.
③ 많은 사람들이 문화적 혜택을 누릴 수 있게 한다.
④ 대중문화를 즐기기 위해서 많은 비용이 필요하다.

12 대중문화란 대중 매체를 통해 형성되고 제공되어 사회 구성원이 함께 쉽게 누리는 문화를 말한다.

ANSWER
09. ④ 10. ① 11. ④ 12. ④

Chapter

09 정치 생활과 민주주의

대한민국은 인간의 존엄성을 근본이념으로 하는 민주주의의 국가로 출제 비중이 높은 중요한 단원입니다. 민주주의의 발전 과정을 시대별로 정리해야 하며, 우리나라 헌법에서 보장하고 있는 민주주의의 기본 원리를 반드시 숙지해야 합니다. 마지막으로 대통령제와 의원 내각제의 특징 및 장단점을 정확히 구분하고, 어려운 내용인 만큼 많은 문제를 풀어보는 것이 학습에 도움이 됩니다.

01 정치의 의미와 정치 발전

1 정치의 의미와 기능

(1) 의 미

① 좁은 의미 : 정치인들이 권력을 획득하고 유지하는 활동을 가리킨다.

예 대통령, 국회의원 등의 정치 활동

② 넓은 의미 : 자신이 속한 집단이나 일상생활에서 발생하는 문제를 해결하는 모든 활동을 의미한다. 예 학급 회의, 가족 회의, 동네 반상회와 같은 주민 회의 등

(2) 기 능

① 사회 질서를 유지하고 사회를 통합한다.

② 사회 구성원 간의 대립과 갈등을 조정한다.

③ 사회가 나아가야 할 방향을 제시한다.

(3) 국가와 시민의 역할

① 국 가

㉠ 시민의 동의와 지지를 바탕으로 정당하게 권력을 행사하고 사회적 갈등을 민주적으로 조정해야 한다.

㉡ 시민의 복리 증진을 위해 노력해야 한다.

㉢ 국민의 다양한 이해관계를 반영한 정책을 결정하고 집행해야 한다.

② 시 민

㉠ 적극적으로 정치에 참여해야 한다.

㉡ 정치권력을 감시하고 견제해야 한다.

㉢ 공익과 조화를 이루면서 자신의 권리를 추구해야 한다.

③ 국가와 시민의 관계 : 국가 권력과 시민의 권리가 조화롭게 균형을 이룰 수 있도록 해야 한다.

2 민주 정치의 발전 과정

(1) 고대 아테네의 민주 정치

① 특 징

㉠ 직접 민주 정치 : 시민들이 모두 민회에 직접 참여하여 정책을 결정한다.

→ 적은 인구, 작은 영토, 노예가 생산 활동을 담당하였기 때문에 가능

㉡ 제한적 민주 정치(한계) : 자유민인 성인 남자만 정치에 참여한다.

→ 여자, 노예, 외국인은 시민에서 제외(아테네 민주 정치의 한계)

② 아테네의 정치 기구와 제도

구분	내용
민 회	모든 시민들이 참여하여 정책을 직접 결정하는 최고 기관
평의회	추첨 등으로 선출된 공직자(임기 1년) 500명으로 구성된 행정 업무담당 기관
재판소(법원)	시민 중 추첨으로 선출된 배심원이 판결하는 법원
공직자	재산·나이와 관계없이 시민일 경우 투표나 추첨에 따라 1년의 임기 동안 공직자에 오를 수 있었음 → 추첨제(추첨으로 공직자 선출), 윤번제(돌아가며 차례로 하는 방식)
도편 추방제	독재자의 출현을 방지하기 위해 국가에 해를 끼치거나 시민의 자유를 위협하는 사람의 이름을 도자기 조각에 적어 투표로 결정해 10년 동안 국외로 추방한 제도

(2) 근대 민주 정치

① 시민 혁명의 사상적 배경과 의의

㉠ 의미 : 시민 계급의 주도로 봉건 제도와 절대 군주 제도를 타파하고, 입헌주의와 근대 민주 국가를 수립하는 계기가 된 사건이다.

㉡ 사상적 배경

천부 인권 사상 (자연권 사상)	모든 인간은 태어날 때부터 자유롭고 평등하게 태어났다는 사상
계몽사상	인간의 무지와 잘못된 관습, 미신을 타파하고 이성을 중시하는 사상
사회 계약설	• 자연 상태에서 모든 인간은 생명, 자유, 재산 등에 대한 권리를 보장받기 위해 계약을 통해 국가(정부)를 조직한다. • 정부가 시민의 자유와 권리를 보장하지 않을 경우 시민은 저항권을 행사할 수 있다.

㉢ 역사적 의의

ⓐ 절대 왕정의 전제 정치를 타파하였다.

ⓑ 의회 중심의 대의 민주 정치를 확립하였다.

ⓒ 입헌주의와 국민 주권주의를 확립하였다.

㉣ 한계 : 부르주아에게만 차등적으로 선거권을 부여하였다(경제적 부에 따라 참정권 제한).

→ 노동자, 농민, 여성, 빈민은 참정권 제외

② 대표적인 시민 혁명

구 분	영국 명예혁명(1688)	미국 독립혁명(1776)	프랑스 혁명(1789)
발생 원인	제임스 2세의 전제 정치	영국의 식민 지배	봉건적 신분 제도로 인한 불평등한 사회 구조(구제도의 모순)
결 과	최초의 입헌 군주제 확립, 권리 장전 발표	미국의 독립, 미국 독립 선언 발표	전제 정치 타도, 인권 선언 발표
의 의	입헌주의 및 의회 정치의 확립	저항권 행사, 최초의 민주 공화정의 수립	자유 · 평등 · 국민 주권의 확립

(3) 현대 민주 정치 중요+

① 배경 : 선거권 확대 운동

㉠ 영국의 차티스트 운동(1838) : 노동자의 선거권 확대 운동(인민헌장 제출)

㉡ 여성과 흑인의 참정권 운동

② 특 징

㉠ 보통 선거 제도의 확립 : 20세기 중반 이후 대부분의 국가에서 성별 · 신분 · 재산에 관계없이 일정 연령 이상의 남녀에게 선거권을 부여하였다.

㉡ 대중 민주주의 : 보통 선거로 인해 모든 사회 구성원이 정치에 참여할 수 있다.

㉢ 대의 민주 정치 : 시민이 직접 선출한 대표자가 정치를 대신하는 방식으로, 오늘날 대부분의 국가에서 채택하고 있다.

㉣ 대의 민주 정치의 한계 보완 : 시민들의 직접 참여를 보장하기 위해 국민 투표, 국민 발안, 지방 자치 등과 같은 직접 민주 정치의 요소를 도입하고 있다.

국민 투표	헌법 개정이나 국가의 중대한 정책 결정 시 국민 투표로 결정
국민 발안	국민이 직접 법안의 제정이나 개정을 제안할 수 있는 제도
국민 소환	국민이 선거에 의해 선출된 대표를 그 자리에서 물러나게 하는 제도
전자 민주주의	인터넷 등을 이용해 국민이 직접 자신의 정치적 의사 표현을 자유롭게 하는 민주주의

③ 현대 민주 정치의 발전 과제

㉠ 정치적 무관심 극복 : 시민의 정치 참여를 유도하고, 능동적이고 적극적인 참여 의식을 함양한다.

㉡ 평등한 정치 참여 보장 : 실질적 측면의 제도를 마련한다.

예 이동이 불편한 노약자의 선거 참여 보장

02 민주주의의 이념과 기본 원리

1 민주주의의 의미

정치 형태로서의 민주주의	다수의 민중이 지배하는 정치 형태
생활 양식으로서의 민주주의	일상생활을 해 나가는 데 필요한 사상, 생활 태도, 행동 양식 예 비판과 관용의 자세, 양보와 타협, 대화와 토론, 다수결의 원리, 소수 의견 존중 등

2 민주주의의 근본이념

(1) 인간의 존엄성 실현(인간 존중) 중요+

인간이라면 누구나 소중하고 그 자체로 존중받을 만한 가치가 있다.

(2) 실현 방법

자유와 평등은 인간의 존엄성을 실현하기 위한 민주주의의 두 요소로, 서로 조화와 균형을 이루어야 한다.

자 유	• 외부로부터 구속받지 않고 자신이 스스로 선택할 수 있는 권리 • 소극적 자유 : 국가의 간섭을 받지 않을 자유 → 자유권으로 실현 • 적극적 자유 : 국가 운영에 적극적으로 참여할 수 있는 자유 → 참정권으로 실현
평 등	• 성별, 종교, 사회적 신분 등 부당한 이유로 인해 차별받지 않을 권리 • 형식적 평등(절대적 평등) : 모두에게 균등한 기회를 부여하고 똑같이 대우하는 것 → 근대 사회에서 강조, 법 앞에 평등 • 실질적 평등(비례적 평등) : 선천적 · 후천적인 개인의 차이를 인정하는 것(사회적 약자에 대한 배려) → 현대 사회에서 강조, 각종 사회 복지 제도, 장애인 의무 고용 제도 등

3 민주 정치의 기본 원리 중요⁺

(1) 국민 주권의 원리

① 의미 : 나라를 다스리는 최고의 권력인 주권이 국민에게 있다는 원리이다.

② 정치 권력은 국민의 동의와 지지를 바탕으로 형성되고 행사되어야 한다.

(2) 국민 자치의 원리

① 의미 : 주권을 가진 국민 스스로 나라를 다스려야 한다는 원리를 말한다.

② 형 태

㉠ 직접 민주 정치 : 국민이 직접 주권을 행사하는 정치 형태이다.

㉡ 간접 민주 정치(대의 민주 정치) : 국민이 선출한 대표자를 통하여 주권을 간접적으로 행사하는 정치 형태이다.

③ 실현 방법 : 국민 투표, 주민 투표 등

바로바로 CHECK√

다음에서 설명하는 민주 정치의 기본 원리는?

> • 대한민국의 주권은 국민에게 있고, 모든 권력은 국민으로부터 나온다. (헌법 제1조 제2항)
> • 정치권력은 국민의 동의와 지지를 바탕으로 형성되고 행사되어야 한다.

① 법치주의 ② 입헌주의
❸ 국민 주권 ④ 권력 분립

(3) 입헌주의의 원리

① 의미 : 국민의 기본권을 보장하는 헌법을 만들고, 그 헌법에 따라 나라가 다스려지며 국민의 자유와 권리가 보장되어야 한다는 원리이다.

② 법치주의

㉠ 형식적 법치주의 : 합법성(형식, 절차)만 강조한다.

㉡ 실질적 법치주의 : 합법성과 정당성을 모두 갖춘다.

(4) 권력 분립의 원리

① 의미 : 나라를 다스리는 권한을 나누어 서로 견제하고 균형을 이루어야 한다는 원리를 말한다.

② 목적 : 권력의 집중과 남용 방지를 통해 국민의 자유와 권리를 보장한다.

③ 삼권 분립 : 입법부(법 제정), 행정부(법 집행), 사법부(법 적용)

바로 바로 CHECK√

다음 내용을 가장 잘 설명하는 민주 정치의 기본 원리는?

- 입법부 – 법을 제정한다.
- 행정부 – 법을 집행한다.
- 사법부 – 법을 적용하고 판단한다.

① 입헌주의의 원리
❷ 권력 분립의 원리
③ 국민 주권의 원리
④ 국민 자치의 원리

심화학습 민주 정치의 기본 원리 관련 헌법 조항

국민 주권의 원리	헌법 제1조 제2항 대한민국의 주권은 국민에게 있고, 모든 권력은 국민으로부터 나온다.
국민 자치의 원리	헌법 제72조 대통령은 필요하다고 인정할 때에는 외교·국방·통일 기타 국가 안위에 관한 중요 정책을 국민 투표에 붙일 수 있다.
권력 분립의 원리	• 헌법 제40조 입법권은 국회에 속한다. • 헌법 제66조 제4항 행정권은 대통령을 수반으로 하는 정부에 속한다. • 헌법 제101조 제1항 사법권은 법관으로 구성된 법원에 속한다.
입헌주의의 원리	헌법 제69조 대통령은 취임에 즈음하여 다음의 선서를 한다. "나는 헌법을 준수하고 국가를 보위하며 … 성실히 수행할 것을 국민 앞에 엄숙히 선서합니다."

03 민주 정치와 정부 형태

1 대통령제와 의원 내각제 중요+

구 분	대통령제	의원 내각제
국 가	우리나라, 미국, 브라질, 러시아 등	영국, 일본, 독일, 네덜란드 등
형 태	엄격한 권력 분립형(삼권 분립)	권력 융합형(이권 분립)
입법부와 행정부의 관계	• 대통령 중심 → 국민이 직접 선출 • 국민이 의회 의원도 선거로 선출 • 입법부와 행정부의 엄격한 분리	• 수상(총리) 중심 → 의회에서 선출 • 국민이 의회 의원만 선거로 선출 • 입법부와 행정부의 긴밀한 협조
특 징	• 대통령은 법률안 거부권을, 의회는 탄핵 소추권을 가짐 • 행정부의 법률안 제출 불가능 • 의회 의원의 각료 겸직 금지	• 의회는 내각 불신임권을, 내각은 법률안 제안권과 의회 해산권을 가짐 • 의회 의원의 각료 겸직 가능
장 점	• 대통령 임기 동안 정국 안정 • 정책의 일관성·지속성 보장 • 다수당의 횡포 견제 → 소수파의 의견 보호	• 국민 요구에 민감 • 책임 있는 정치 실현 • 의회·내각 협력 → 능률적 국정 처리
단 점	• 대통령에 의한 독재 가능성 • 의회·정부 대립 시 조정이 힘듦	• 다수당의 횡포 우려 • 군소 정당 난립 시 국정 운영 불안
그 림	입법부(의회) / 행정부(대통령) 선거 / 선거 투표함 / 투표함 국민	입법부(의회) → 수상 선출 → 행정부(수상) 선거 투표함 국민

2 우리나라 정부의 형태

(1) 형 태

대통령제를 채택하고, 의원 내각제 요소를 부분적으로 수용한다.

(2) 대통령제 요소

① 국민이 선거를 통해 국회의원과 대통령을 각각 선출하고, 대통령이 국회를 해산할 수 없으며, 법률안 거부권을 가진다.

② 헌법 제66조 제4항 행정권은 대통령을 수반으로 하는 정부에 속한다.

바로바로 CHECK√

다음과 같은 특징이 나타나는 정부 형태는?

- 의회 다수당의 대표가 총리가 되어 행정부인 내각을 구성한다.
- 의회는 내각을 불신임하여 사퇴시킬 수 있고, 총리는 의회를 해산할 수 있다.

① 대통령제 ❷ 의원 내각제
③ 지방 자치제 ④ 귀족 정치제

(3) 의원 내각제 요소

① 국무총리 제도, 정부의 법률안 제출권, 국회의원의 장관 겸직 가능, 국회의 국무총리 및 국무 위원에 대한 해임 건의권 등

② 헌법 제52조 국회의원과 정부는 법률안을 제출할 수 있다.

탄탄 실력 다지기 실전 예상문제

01 좁은 의미의 정치에 해당하는 것은?

① 학급 회의 ② 동네 반상회
③ 남북 정상 회담 ④ 학교 운영 위원회

02 다음 내용과 관련이 깊은 정치 형태는?

> • 다수에 의한 지배
> • 고대 그리스 아테네에서 발달

① 귀족 정치 ② 민주 정치
③ 군주 정치 ④ 독재 정치

03 근대 시민 혁명의 사상적 배경이 아닌 것은?

① 계몽사상 ② 왕권신수설
③ 사회 계약설 ④ 천부 인권 사상

04 현대 민주주의의 특징으로 옳지 않은 것은?

① 전자 민주주의 ② 직접 민주주의
③ 대의 민주 정치 ④ 보통 선거 제도의 확립

01
좁은 의미의 정치란 대통령 및 국회의원 등의 정치인들이 권력을 획득하고 유지하는 활동을 말한다.
①·②·④는 넓은 의미의 정치에 해당된다.

02
고대 그리스 아테네에서는 다수(민중)에 의한 지배인 민주 정치가 발달하였다.

03
시민 혁명의 사상적 배경

천부 인권 사상	모든 인간은 태어날 때부터 자유롭고 평등하게 태어났다는 사상
계몽 사상	인간의 무지와 잘못된 관습, 미신을 타파하고 이성을 중시하는 사상
사회 계약설	자연 상태에서 모든 인간은 생명, 자유, 재산 등에 대한 권리를 보장받기 위해 계약을 통해 국가(정부)를 조직함

04
현대 민주주의는 시민이 직접 선출한 대표자가 정치를 대신하는 대의 민주주의(간접 민주주의)를 실시하고 있다. 직접 민주주의는 고대 그리스 아테네의 정치 형태이다.

ANSWER
01. ③ 02. ② 03. ② 04. ②

05 민주주의의 근본이념으로 옳은 것은?

① 인간의 존엄성　② 개인의 평등 보장
③ 개인의 자유 보장　④ 대의 민주주의 실현

05
인간의 존엄성이란 인간이라면 누구나 소중하고 그 자체로 존중받을 만한 가치가 있다는 것을 말한다.

06 다음 제도를 통해 실현하고자 하는 민주주의의 이념은?

고난도

> 사회적 약자에 대한 배려로 실시되는 장애인 의무 고용 제도

① 소극적 자유　② 적극적 자유
③ 형식적 평등　④ 실질적 평등

06
장애인 의무 고용 제도는 선천적·후천적인 개인의 차이를 고려하여 실질적 평등을 실현하기 위한 제도이다.

07 다음 헌법 조항에 나타난 민주 정치의 기본 원리는?

기출

> 제1조 제2항 대한민국의 주권은 국민에게 있고, 모든 권력은 국민으로부터 나온다.

① 법치주의　② 국민 주권
③ 국민 복지　④ 권력 분립

07
국민 주권의 원리는 나라를 다스리는 주권이 국민에게 있다는 원리이다.

08 다음 설명과 관련된 민주 정치의 기본 원리는?

> 헌법에 따라 나라가 다스려지는 것

① 입헌주의의 원리　② 국민 주권의 원리
③ 권력 분립의 원리　④ 국민 자치의 원리

08
입헌주의의 원리란 국민의 기본권을 보장하는 헌법을 만들고, 그 헌법에 따라 나라가 다스려지는 원리를 말한다.

ANSWER
05. ①　06. ④　07. ②　08. ①

09 기출 그림의 내용과 가장 관계 깊은 민주 정치의 기본 원리는?

입법부 / 법 제정
견제와 균형
행정부 / 법 집행
사법부 / 법 적용

① 입헌주의의 원리 ② 권력 분립의 원리
③ 국민 주권의 원리 ④ 국민 자치의 원리

10 고난도 의원 내각제의 특징이 아닌 것은?

① 다수당의 대표가 수상이 된다.
② 내각은 의회 해산권을 가진다.
③ 의회는 내각 불신임권을 가진다.
④ 의회 의원은 행정부의 각료를 겸직할 수 없다.

11 대통령제에 대한 특징으로 옳은 것은?

① 국민은 의회 의원만 선출한다.
② 대통령은 법률안 거부권을 가진다.
③ 대통령은 법률안을 제출할 수 있다.
④ 일본, 영국에서 발달한 정부 형태이다.

12 고난도 우리나라 정부 형태에 대한 설명으로 옳지 않은 것은?

① 대통령제를 채택하고 있다.
② 대통령이 국회를 해산할 수 있다.
③ 국회의원의 장관 겸직이 가능하다.
④ 의원 내각제 요소를 부분 수용하고 있다.

09
권력 분립의 원리는 나라를 다스리는 권한을 입법부, 행정부, 사법부로 나누어 서로 견제하고 균형을 이루어야 한다는 원리이다.

10
의원 내각제에서는 의회 의원이 행정부의 각료를 겸직할 수 있다.

11
대통령제에서는 대통령이 의회가 의결한 법률안에 대해 거부권을 행사할 수 있다.
①·③·④는 의원 내각제의 특징이다.

12
국민이 선거를 통해 국민 의원과 대통령을 각각 선출하며, 대통령이 국회를 해산할 수 없다.

ANSWER
09. ② 10. ④ 11. ② 12. ②

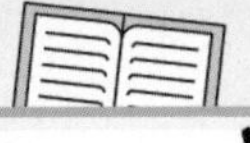

Chapter

10 정치 과정과 시민 참여

학습 point⁺

정치 과정이 어떻게 이루어지는지 이해할 수 있어야 하며, 정치 과정 단계별 참여 주체(정당·이익 집단·시민 단체·언론·개인)의 특징 및 역할을 꼼꼼하게 정리해 둘 필요가 있습니다. 선거 제도의 기능 및 4가지 원칙, 공정한 선거를 위한 제도는 그동안 많이 출제되었으며, 앞으로도 출제 가능성이 높습니다. 지방 자치 제도 구성 및 역할은 내용이 어려운 만큼 개념 위주로 정리한 뒤에 학습하시길 바랍니다.

01 정치 과정과 정치 주체

1 정치 과정의 의미와 단계

(1) 다원적 이익의 정치화

① 다양한 이익의 표출

㉠ 발생 배경

ⓐ 현대 사회에서 사회 구성원의 가치관과 이익이 다양해졌다.

ⓑ 민주주의의 발달로 시민의 자유와 권리를 적극적으로 표현할 수 있게 되었다.

㉡ 영향 : 다양한 이익 관계의 대립으로 사회적 갈등이 증가하고 갈등의 양상이 더욱 복잡해지고 있다.

② 사회적 갈등의 기능 : 갈등이 해결될 경우 구성원들 간의 결속력이 강화되고 사회 통합을 이룰 수 있으나, 사회적 갈등으로 인해 사회 혼란이 확산될 수 있다.

(2) 정치 과정

① 의미 : 사회의 다양한 의견들이 표출되고 집약되어 하나의 공공 정책으로 수렴되는 과정, 즉 갈등과 대립을 해소하고 사회 통합에 이르는 과정을 말한다.

② 정치 과정의 변화

구 분	전통적 정치 과정	현대 정치 과정
주 체	통치자, 국가 기관	국민(다양한 개인과 집단)
형 태	하향식 의사 결정	상향식 의사 결정

③ 정치 과정의 단계

㉠ 이익 표출 : 개인, 이익 집단 등이 각자 자신들의 이익을 표출한다.

㉡ 이익 집약(여론 수렴) : 언론, 정당을 통해 이익을 한곳으로 모은다.

㉢ 정책 결정 : 정부는 정책을, 국회는 법을 제정하며 다양한 입장을 고려하여 정책을 결정한다.

㉣ 정책 집행 : 결정된 정책을 정부가 집행한다.

㉤ 정책 평가(환류, feedback) : 정책에 대하여 시민들이 평가하면 수정되거나 정책에 반영한다.

④ 정치 과정의 기능

㉠ 시민의 요구가 표출되고 정책에 반영되는 기능을 한다.

㉡ 다양한 갈등과 사회 문제를 합리적으로 해결하여 사회 통합과 발전에 기여한다.

㉢ 정책은 사람들의 일상생활에 영향을 끼친다.

2 정치 과정 참여 주체

(1) 정치 주체

① 의미 : 정치적 의사 결정(정치 과정)에 영향력을 행사하는 개인이나 집단을 말한다.

② 종 류

㉠ 공식적 정치 주체 : 입법부(국회), 행정부(정부), 사법부(법원), 지방 자치 단체 등 국가 기관

㉡ 비공식적 정치 주체 : 정당, 시민 단체, 이익 집단, 언론, 전문가, 일반 시민 등

(2) 다양한 정치 주체 중요+

① 공식적 정치 주체(국가 기관)의 역할

㉠ 입법부(국회) : 법률의 제정과 개정, 국정 감사, 국정 조사, 예산 심의 등

㉡ 행정부(정부) : 법 집행, 정책 수립 및 시행, 공익 실현, 사회 문제 해결 주도

㉢ 사법부(법원) : 법률의 해석 및 적용, 재판의 진행, 국민의 권리가 침해되었는지 판단

② 비공식적 정치 주체의 역할

㉠ 언 론

ⓐ 의미 : 텔레비전, 라디오, 신문 등의 대중 매체를 통하여 여론을 형성한다.

ⓑ 기능 : 사건과 정보의 전달 및 해설과 비판을 제공하고, 국민의 의사를 정부에 전달한다.

ⓒ 언론의 책임 : 올바른 여론 형성을 위해 언론의 공정성, 투명성, 책임감이 필요하다.

→ **전제 조건 : 언론의 자유 보장**

㉡ 정 당

ⓐ 의미 : 정치적 뜻을 함께하는 사람들이 모인 단체를 말한다.

ⓑ 목적 : 정권을 획득한다.

ⓒ 역할 : 여론을 조직하고 체계화하여 정부에 전달하고, 선거에 후보자를 배출하며, 정부 정책에 대한 비판 또는 대안을 제시한다.

바로바로 CHECK√

다음 설명에 해당하는 정치 주체는?

> 정치적 견해를 같이하는 사람들이 정치권력의 획득을 목표로 결성한 조직이다. 선거에 후보자를 추천하고, 국민의 심판을 통해 정치적 책임을 진다.

① 언론 ❷ 정당
③ 이익 집단 ④ 시민 단체

바로바로 CHECK√

정당의 목적과 기능에 대한 설명으로 옳지 않은 것은?

① 선거에 후보자를 추천한다.
❷ 재판을 통해 분쟁을 해결한다.
③ 정부 정책에 대한 여론을 형성한다.
④ 정치권력을 획득하기 위해 노력한다.

㉢ 이익 집단

ⓐ 의미 : 이해관계를 같이하는 사람들의 집단을 말한다.

예 노동조합, 약사 협회, 변호사 협회 등

ⓑ 목적 : 자신들의 특수한 이익을 실현한다.

ⓒ 순기능 : 시민의 다양한 의견을 정치에 반영하고, 전문 지식을 정책에 반영한다.

ⓓ 역기능 : 공익과 충돌하거나 정치권력과의 결탁, 부정부패가 발생할 수 있다.

㉣ 시민 단체

ⓐ 의미 : 사회 전체의 이익을 위하여 시민들이 자발적으로 만든 단체를 말한다.

ⓑ 목적 : 공익을 실현한다.

ⓒ 역할 : 시민의 요구를 모아 정책 결정자에게 전달하고, 정치권력을 감시하고 비판하며, 다양한 분야에서 시민의 정치 참여를 유도한다.

심화학습 세계의 인구 분포

구 분	정 당	이익 집단	시민 단체
목 적	정권 획득	특정 집단의 이익 실현	공익 실현
관심 분야	사회 전 분야	특정한 이익	사회 전 분야
정치적 책임	있음	없음	없음

③ 개 인

㉠ 특징 : 가장 기본적이고 중요한 정치 참여 주체이다.

㉡ 필요성 : 정치에 참여하지 않을 경우 통치자에 의해 권력이 남용될 수 있고, 시민의 권리가 침해될 수 있다.

㉢ 참여 방법 : 선거나 투표 참여, 국민 청원, 민원, 언론 투고, 민원 제기, SNS를 통해 의견 제시, 서명 또는 캠페인 참여, 이익 집단이나 시민 단체에 가입 등

02 선거와 선거 제도

1 선 거

(1) 선거의 의미와 중요성

① **의미** : 국민을 대표하여 일할 대표자를 규칙에 따라 선출하는 과정을 말한다.

② **중요성** : 대의 민주주의에서 시민이 정치 과정에 참여하는 가장 기본적인 방법으로, 민주주주의 성패를 좌우하는 핵심적인 수단이며 '민주주의의 꽃'이라고 불린다.

(2) 선거의 기능

① **대표자 선출** : 국민의 의사에 따라 국정을 담당할 대표자를 선출한다.

② **정치권력에 정당성 부여** : 국민의 자발적인 동의와 지지로 뽑힌 대표자는 정당성을 가진다.

③ **대표자 통제** : 자신이 뽑은 대표자가 역할을 잘 수행하였는지 판단하여 다음 선거에서 대표자를 교체하거나 재신임할 수 있다.

④ **주권 행사 수단** : 국민이 주권자임을 확인하고 주권 의식을 높인다.
⑤ **여론 반영** : 선거를 통해 드러난 결과를 분석하여 국민의 의견을 반영한다.
⑥ **정책 평가** : 정부가 추진하고 있는 정책을 평가하는 계기가 마련된다.

(3) 선거의 기본 원칙(4원칙) 중요+

① **보통 선거** : 일정한 나이 이상의 국민이면 누구에게나 선거권을 부여한다. ↔ 제한 선거
② **평등 선거** : 투표권의 개수와 가치를 동등하게 부여한다. ↔ 차등 선거
③ **직접 선거** : 유권자가 대리인을 거치지 않고 직접 대표자를 선출한다. ↔ 대리 선거
④ **비밀 선거** : 투표 내용의 비밀을 보장한다. ↔ 공개 선거

2 공정한 선거를 위한 제도 중요+

(1) 선거 공영제

① **의미** : 국가나 지방 자치 단체가 선거 운동을 관리하여 선거 비용의 일부 또는 전부를 부담하는 제도를 말한다.
② **필요성** : 선거 운동의 기회를 균등하게 보장한다.

(2) 선거구 법정주의

① **의미** : 선거구를 법률에 의해 미리 확정하는 제도를 말한다.
② **필요성** : 후보자나 정당에 유리한 선거구가 만들어지는 행위(게리맨더링)를 방지한다.

바로바로 CHECK√

다음에 해당하는 민주 선거의 원칙은?

- 일정한 나이 이상의 국민이면 누구나 선거권을 갖는다.
- 우리나라에서는 만 18세 이상이면 누구나 투표할 수 있다.

❶ 보통 선거 ② 평등 선거
③ 직접 선거 ④ 비밀 선거

바로바로 CHECK√

민주 선거의 기본 원칙으로 옳지 않은 것은?

① 유권자가 행사하는 투표권의 가치는 같아야 한다.
② 일정 나이 이상의 전 국민에게 선거권을 부여한다.
❸ 모든 유권자는 필요한 경우 대리인을 통해 투표할 수 있다.
④ 유권자가 누구에게 투표했는지 다른 사람이 알지 못하도록 한다.

바로바로 CHECK√

다음의 제도들이 공통적으로 추구하는 목적은?

- 선거 공영제
- 선거구 법정주의
- 선거 관리 위원회

❶ 공정한 선거
② 인물 중심의 선거
③ 선거 절차의 간소화
④ 다원적 이익 표출의 제한

(3) 선거 관리 위원회

① 의미 : 선거와 국민 투표의 공정한 관리를 위해 설치된 독립적인 국가 기관으로 정당 및 정치 자금에 관한 사무 처리를 위해 설치된 국가 기관이다.

② 기능 : 선거 운동・투표・개표 등을 관리하고 선거 관련 정보를 제공하며 투표 참여를 독려한다.

03 지방 자치와 주민 참여

1 지방 자치 제도

(1) 지방 자치 제도의 의미와 의의

① 의미 : 일정한 지역을 기초로 하는 지방 자치 단체가 중앙 정부의 통제를 받지 않고, 그 지방의 행정 사무를 자율적으로 처리하는 제도를 말한다.

② 목적 : 지역 주민의 복리를 증진시킨다.

③ 특 징 중요+

㉠ 권력 분립의 원리를 실현한다. → 중앙의 권력 남용 방지

㉡ 지역 실정에 맞는 정치가 가능하다.

㉢ 주민 자치의 원리 실현 : 주민이 자발적으로 참여하여 자신이 사는 지역에서 민주주의를 실현한다. → '풀뿌리 민주주의'

㉣ 주민의 정치 참여 기회가 확대된다.
→ '민주주의 학교'

바로바로 CHECK√

다음에서 설명하는 제도는?

- 풀뿌리 민주주의의 초석
- 지역 주민이 자신들의 대표로 구성된 지방 정부를 통해 지역 문제를 자율적으로 처리하는 것

① 선거 공영제 ❷ 지방 자치제
③ 의원 내각제 ④ 입헌 군주제

(2) 지방 자치 단체의 종류와 구성

① 종 류

광역 자치 단체	특별시(서울시), 광역시(6개), 도(8개), 특별자치시(세종시), 특별자치도(제주도)
기초 자치 단체	시, 군, 구

② 구성 : 지역 주민이 선거를 통해 직접 선출한다.

지방 의회(의결 기관)	지방 자치 단체장(집행 기관)
• 지방 의원으로 구성 • 지역에 필요한 조례 제정 · 개정 • 지역 예산의 심의 · 의결 • 지방 자치 단체의 행정 사무 감사	• 지역에 필요한 규칙 제정 • 지방 자치 단체의 사무 관리 및 집행 • 지역의 재산 관리 및 예산 집행 • 지역 내의 대표 역할 수행

2 지방 자치와 주민 참여

(1) 주민 참여 방법

① 주민 참여의 중요성 : 사회 규모가 확대되면서 지역 사회의 문제도 증가하여 지역 주민의 참여가 중요해졌다.

② 주민 참여 과정 : 지역 사회의 문제 파악 → 주민들의 의견 수렴 후 정책 형성 → 수렴된 의견을 반영하여 정책 결정 → 정책 집행 → 정책 평가 → 새로운 정책 제시

(2) 주민 참여 제도 중요+

주민 소환제	선거로 선출된 공직자를 소환하여 주민 투표로 해임하는 제도
주민 발의제	주민이 지역에 필요한 조례안을 직접 지방 의회에 제안하는 제도
주민 소송제	잘못된 재정 활동에 대해 지방 자치 단체장에게 소송을 제기하는 제도
주민 투표제	지역 사회의 현안에 대해 주민이 직접 투표로 결정하는 제도
주민 참여 예산제	지방 자치 단체의 예산을 편성하는 과정에 주민이 직접 참여하는 제도
주민 감사 청구제	잘못된 행정으로 권리와 이익을 침해당한 주민이 직접 감사를 청구하는 제도
여론 형성	집회, 공청회 등에 참여

(3) 지방 자치의 성공 요건

① 지역 주민들의 주체적이고 자발적인 참여가 필요하다.

② 지방 정부의 자율성을 보장해야 한다.

바로바로 CHECK√

다음에서 설명하고 있는 것은?

• 지역 주민이 지방 정치 과정에 참여할 수 있는 제도이다.
• 지역 주민들이 새로운 조례의 제정이나 기존 조례의 변경 · 폐지를 요구하는 제도이다.

❶ 주민 발의 제도 ② 주민 투표 제도
③ 주민 소환 제도 ④ 주민 감사 청구 제도

실력 탄탄 다지기

실전 예상문제

01 다원화된 현대 사회에서 나타나는 현상이 <u>아닌</u> 것은?

고난도

① 사회적 갈등이 증가하고 있다.
② 사회 구성원의 가치관과 이익이 다양해졌다.
③ 정책 결정 및 집행 과정이 전보다 더욱 간단해졌다.
④ 자신의 이익을 실현하기 위해 국가 기관에 직접 영향력을 행사하기도 한다.

02 다음에서 설명하는 정치 과정의 단계는?

> 이 단계에서는 집행한 정책에 대해 평가를 하고, 잘못된 정책인 경우 이를 수정한다.

① 이익 집약　　② 정책 결정
③ 정책 집행　　④ 정책 평가

03 다음과 같은 정치 참여자들의 공통적인 역할로 옳은 것은?

고난도

> 정부, 국회, 법원

① 정권 획득이 목적이다.
② 국민들의 의사를 전달한다.
③ 여론을 수렴하는 기능을 한다.
④ 공식적으로 정책에 대한 판단을 한다.

04 다음에서 설명하는 정치 주체는?

> • 선거에 후보자 배출
> • 정부 정책에 대한 비판이나 대안 제시

① 정부　　② 언론
③ 정당　　④ 이익 집단

01
다양한 이해관계를 반영하려다 보니 정치 과정이 전보다 더 복잡해졌다.

02
정책 평가, 피드백에 대한 설명이다.

✓ 정치 과정
이익 표출 → 이익 집약 → 정책 결정 → 정책 집행 → 정책 평가

03
공식적 정치 주체 : 입법부(국회), 행정부(정부), 사법부(법원), 지방 자치 단체 등 국가 기관

04
정당은 정치적 뜻을 함께하는 사람들이 모인 단체로 정부와 국민, 정부와 국회를 연결한다.

ANSWER
01. ③ 02. ④ 03. ④ 04. ③

05 다음 사례와 관련된 정치 주체는?

노동조합, 약사 협회, 변호사 협회

① 정당　② 사법부
③ 이익 집단　④ 시민 단체

06 시민 단체에 대한 설명으로 옳은 것은?

① 정부 정책을 집행한다.
② 법률을 제정하는 역할을 한다.
③ 이윤 추구만을 목적으로 재화나 서비스를 생산한다.
④ 공익을 실현하기 위해 시민이 자발적으로 조직한다.

07 다음 설명에 해당하는 정치 과정의 참여 주체는?

- 정치적 견해를 함께하는 사람들이 결성한 집단
- 정부와 의회의 매개체 역할

① 정당　② 언론
③ 이익 집단　④ 시민 단체

08 다음 설명과 관련된 제도는?

정치 과정에 참여하는 가장 기본적인 방법으로 대표자를 선출하는 과정이다.

① 대통령제　② 선거 제도
③ 정당 제도　④ 지방 자치 제도

05
이익 집단은 이해관계를 같이하는 사람들이 자신들의 특수한 이익을 실현하기 위해 결성한 단체이다.

06
시민 단체는 사회 전체의 이익을 위하여 시민들이 자발적으로 만든 단체이다. 정치 권력을 감시하고 비판하는 역할을 한다.

07
정당은 정치적 견해를 함께하는 사람들이 정권 획득을 위해 결성한 집단을 말한다. 정부와 의회를 연결해 주는 매개체의 역할을 하며, 정부 각 부처의 활동을 조정한다.

08
선거 제도는 대의 정치하에 시민의 대표를 뽑는 가장 기본적인 정치 참여 방법이다.

ANSWER
05. ③　06. ④　07. ①　08. ②

09 다음 빈칸에 들어갈 말로 옳은 것은?

> 남자에게는 두 표, 여자에게는 한 표씩 선거권을 다르게 준다는 것은 (　　) 선거 원칙에 위배된다.

① 직접　　② 비밀
③ 평등　　④ 보통

10 공정한 선거를 위한 제도가 아닌 것은?

① 선거 공영제
② 선거구 법정주의
③ 선거 관리 위원회
④ 간접 선거의 원칙

11 지방 자치 제도에 대한 설명으로 옳지 않은 것은?

고난도
① 민주주의의 학교라고 불린다.
② 지역 주민의 복리 증진이 목적이다.
③ 지방 의회는 지역의 예산을 집행한다.
④ 광역시, 특별시, 도는 광역 자치 단체에 해당된다.

12 다음 빈칸에 들어갈 말은?

> 지방 자치 단체장은 (　　)을(를) 제정한다.

① 헌법　　② 법률
③ 조례　　④ 규칙

09
평등 선거란 투표권의 개수와 가치를 동등하게 부여하는 원칙으로서 제시된 사례에서는 평등 선거의 원칙을 위배하고 있다.

10
① 선거 공영제 : 국가가 선거 비용의 일부 또는 전부를 부담하는 제도
② 선거구 법정주의 : 선거구를 법률에 의해 미리 획정하는 제도
③ 선거 관리 위원회 : 선거와 국민 투표의 공정한 관리를 위해 설치된 국가기관

11
지방 의회는 지역에 필요한 조례를 제정하고, 지역 예산을 심의·의결하는 기관이다.

12
지방 자치 단체장은 규칙을 제정하고, 지방 자치 의원은 조례를 제정한다.

ANSWER
09. ③　10. ④　11. ③　12. ④

Chapter 11 일상생활과 법

학습 point⁺

우리는 살아가면서 일상생활에서 다양한 법을 접하게 됩니다. 법에 대해 가장 기초적인 내용을 다루는 단원으로 사법·공법·사회법의 의미와 종류를 사례별로 연결시켜 학습하는 것이 문제를 푸는데 도움이 됩니다. 특히 사회적 약자를 보호하기 위한 사회법의 다양한 종류는 반드시 숙지해야 합니다. 마지막으로 재판의 종류 및 공정한 재판을 위한 심급 제도, 사법권의 독립은 거의 매번 출제될 정도로 중요합니다.

01 법의 의미와 목적

1 법의 의미

(1) 사회 규범

① 의미 : 사회생활을 하면서 사람들이 서로를 위해 지켜야 할 행동의 법칙을 말한다.

② 종 류

㉠ 관습 규범 : 한 사회에서 오랜 세월 동안 반복해 지켜온 행동 양식 예 설날에 세배하기

㉡ 종교 규범 : 종교에서 지키도록 되어 있는 사람들의 행위 기준 예 우상을 섬기지 마라

㉢ 도덕 규범 : 양심에 따라 마땅히 지켜야 할 규범 예 부모님께 효도하기, 정직하게 생활하기

㉣ 법 규범 : 국가에 의해 강제로 지키도록 만들어진 규범

예 남을 폭행한 자는 징역이나 벌금에 처함

③ 법 규범의 특징 중요⁺

㉠ 강제성 : 법을 어겼을 때 국가로부터 일정한 제재를 받는다.

㉡ 명확성 : 다른 사회 규범에 비해 내용이 구체적으로 정해져 있다.

④ 일상생활과 법

㉠ 일상생활과 법은 밀접한 관련을 맺고 있으며, 사회가 복잡해지고 국가의 역할이 확대되면서 법의 중요성이 커지고 있다.

㉡ 종류 : 도로 교통법, 근로 기준법, 학교 급식법, 청소년 보호법 등

(2) 법과 도덕의 비교

구 분	목 적	규율 대상	준수 근거	위반 시
법	정의(正義)의 실현과 공공복리 증진	행위의 결과(외면성)	국가의 강제성	국가의 처벌
도 덕	선(善)의 실현	양심과 동기(내면성)	개인의 자율성	사회적 비난, 양심의 가책

2 법의 목적과 기능

(1) 법의 목적

① **정의 실현** : 사회 구성원 모두에게 각자의 정당한 몫을 나누어 준다.

예 노동 시간에 따라 임금을 분배하는 것

② **공공복리 증진** : 사회 구성원 다수의 이익이 실현되도록 한다.

(2) 법의 기능

① 사회 질서 유지 및 분쟁을 예방하고 해결한다.

② 국민의 권리와 인권을 보장한다.

(3) 법의 단계

상위법 ⬆	헌 법	국가의 최고법으로 모든 법의 기준이다.
	법 률	국민의 대표 기관인 국회에서 제정한다.
⬇	명 령	행정부가 만드는 것으로 법률 시행을 위해 세부 내용을 담는다.
하위법	자치 법규	지방 의회는 조례, 지방 자치 단체는 규칙을 제정한다.

02 다양한 생활 영역과 법

1 공법(公法)

(1) 의 미

개인과 국가 간, 국가 기관 간의 공적인 생활 관계를 규율한 법을 말한다.

(2) 종 류 중요+

헌 법	우리나라 최고법, 국민의 권리와 의무 및 국가의 통치 구조에 관해 규율한 법
형 법	범죄의 유무와 형벌의 정도에 대해 규율한 법
행정법	행정 기관의 조직과 작용에 대해 규정한 법
소송법	재판의 절차를 정해 놓은 법 → 민사소송법, 형사소송법
기 타	세법, 병역법, 선거법 등

2 사법(私法)

(1) 의 미

개인과 개인 간의 사적 생활을 규율한 법을 말한다.

(2) 종 류 중요+

민 법	가족 관계와 재산 관계 등의 사적인 일상생활을 규율한 법 → 출생 신고, 사망 신고, 상속 등을 규정
상 법	기업의 설립 및 운영, 상거래 등 개인의 경제생활을 규율한 법

바로바로 CHECK√

다음에서 설명하고 있는 법은?

- 주로 개인의 가족 관계나 재산 관계 등을 규율하는 법이다.
- 혼인과 이혼, 상속과 유언, 물건에 대한 소유권 등을 다룬다.

① 헌법 ② 형법
❸ 민법 ④ 사회법

3 사회법(社會法)

(1) 의 미

사회적 약자의 권리 보호 및 모든 국민의 인간다운 생활 보장을 위해 개인의 사적 생활 영역에 국가가 개입하여 권리와 의무를 규율한 법을 말한다. → 사법과 공법의 중간적 성격

(2) 등장 배경

근대 사회에서 자본주의의 발달로 빈부 격차 문제 등의 각종 사회 문제가 발생하였다.

→ 현대 사회에서 사회 문제를 해결하기 위해 국가가 사법 영역에 개입할 필요성이 증대되었다.

바로바로 CHECK√

다음 설명과 같은 배경으로 등장한 법은?

자본주의가 발달하면서 빈부 격차, 노사 갈등 등 사회 문제가 발생하자 개인 간의 생활 영역에 국가가 개입하여 사회적 약자를 보호할 필요성이 점차 커졌다.

① 형법 ② 사법
③ 행정법 ❹ 사회법

(3) 종 류 중요+

노동법	노사 관계의 합리적 조정, 노동자 권리 보호 예 근로 기준법, 최저 임금제, 노동 조합 및 노동관계 조정법 등
경제법	국민 경제의 발전 추구, 소비자의 권리 보호 예 독점 규제 및 공정 거래에 관한 법률, 소비자 보호법 등
사회 보장법	국민의 최소한의 안정된 생활 보장 • 사회 보험 관련법 예 국민연금법, 고용보호법, 산업재해보상법, 건강보험법 등 • 공공 부조 관련법 예 의료보호법, 생활보호법, 아동복지법 등

03 재판의 종류와 공정한 재판

1 재 판

(1) 재판의 의미와 종류

① 의미 : 사건과 관련된 법 조항을 해석 및 적용하여 옳고 그름을 판결하는 행위를 말한다.

② 역할 : 분쟁 예방 및 해결, 사회 질서 유지, 국민의 권리 보호 등

③ 종 류 중요+

㉠ 민사 재판 : 개인과 개인 간의 분쟁을 해결하기 위한 재판

㉡ 형사 재판 : 피의자의 범죄 유무와 형벌의 정도를 결정하는 재판

예 절도, 폭행, 살인 관련 재판

㉢ 행정 재판 : 행정 기관의 국민의 권리에 대한 침해 여부를 재판

㉣ 선거 재판 : 선거와 관련된 위법 사실에 대한 재판

㉤ 헌법 재판 : 법률의 헌법 위반 여부와 국민의 기본권 침해 여부를 재판

(2) 재판 절차

① 민사 재판 : 원고의 소송 제기 → 피고에게 소장 전달 → 피고의 답변서 제출 → 원고 변론 및 피고 변론 → 법관 판결 선고

민사 재판 참여자 검색

• 원고 : 소송을 제기한 사람
• 피고 : 소송을 당한 사람

② **형사 재판** : 고소, 고발 → 피의자 수사 → 검사의 기소(공소 제기) → 검사 구형 → 피고인 변론 → 법관 판결 선고

형사 재판 참여자

- 검사 : 공소를 제기한 사람
- 피고인 : 공소가 제기된 사람

바로 바로 CHECK√

다음과 같은 사건을 해결하는 재판은?

- 땅이나 집의 소유권에 대한 다툼
- 돈을 빌려 주고 빌리는 관계에서 일어난 다툼
- 개인 사이의 권리, 의무에 대한 분쟁

❶ 민사 재판 ② 선거 재판
③ 가사 재판 ④ 행정 재판

바로 바로 CHECK√

그림에 해당하는 재판의 종류는?

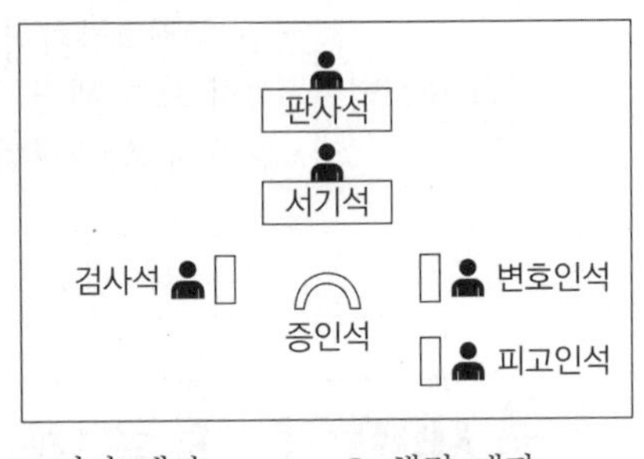

① 민사 재판 ② 행정 재판
③ 가사 재판 ❹ 형사 재판

(3) 국민 참여 재판

① **의미** : 일반 국민이 배심원 또는 예비 배심원으로 재판에 참여하는 제도를 말한다.

② **재판 대상** : 형사 재판 중 중죄 사건으로 피고인의 신청이 전제되어야 한다.

③ **특 징**

㉠ 배심원 : 피고인의 범죄 유무와 형벌의 정도를 제시한다.

㉡ 법관 : 배심원의 평결을 참고하여 법률과 양심에 따라 재판한다.

심화학습 **배심원의 자격과 주요 역할**

1) 만 20세 이상 대한민국 국민이면 누구나 배심원이 될 수 있고, 특별한 자격은 필요하지 않다.
2) 형사 재판에 배심원으로 선정된 국민은 피고인의 유무죄와 형벌의 정도 결정에 참여할 수 있다.
3) 배심원은 평의가 시작되기 전에 사건에 관해 자신의 의견을 밝히거나 의논을 해서는 안 된다. 또한 평의·평결 혹은 토의에 관해서 비밀을 누설하면 안 된다. → 반드시 따를 필요는 없음

2 공정한 재판을 위한 제도 중요+

(1) 사법권의 독립

① 의미 : 공정한 재판을 위해 사법권을 행사하는 법관의 재판상의 독립을 말한다.

② 실현 조건

㉠ 법원의 독립 : 법원의 조직이나 운영에 대해 외부의 간섭을 받지 않는다.

㉡ 법관의 신분 보장 : 법관의 임기를 법률로 보장하고, 법관은 헌법과 법률에 의하여 그 양심에 따라 재판한다.

(2) 심급 제도

① 의미 : 공정하고 정확한 재판을 위해 여러 번의 재판을 받을 수 있는 제도이다. → 원칙 : 3심제

② 목적 : 법관의 잘못된 판결을 최소화하여 국민의 자유와 권리를 보호한다.

③ 상소 제도 : 하급 법원의 판결에 불만이 있을 경우 상급 법원에 다시 재판을 청구하는 행위이다.

㉠ 항소 : 1심 판결에 불복하여 2심으로 상소하는 것

㉡ 상고 : 2심 판결에 불복하여 3심(대법원)으로 상소하는 것

심급 제도

(3) 공정한 재판을 위한 원칙

① 공개 재판주의

㉠ 의미 : 재판의 과정을 일반인이 방청할 수 있도록 공개해야 한다는 원칙이다.

㉡ 필요성 : 비공개로 진행될 경우 불공정한 재판이 될 수 있기 때문에 필요하다.

㉢ 예외 : 국가의 안전 보장 등 필요한 경우에는 비공개로 한다.

② 증거 재판주의

㉠ 의미 : 재판에서의 판결은 반드시 증거를 바탕으로 해야 한다는 원칙이다.

㉡ 운영 원리 : 다른 증거 없이 피고인의 자백만으로 유죄 판결을 내릴 수 없다.

3 일상생활 속 분쟁의 해결

(1) 재판을 통한 분쟁 해결 방안

① **장점** : 전문적이고 확실한 분쟁 해결 방법이다.

② **단점** : 시간과 비용이 많이 소요되며 절차가 복잡하다.

(2) 재판 이외의 분쟁 해결 방안

① **합의(협상)** : 분쟁 당사자 간에 직접 합의한다.

② **조정** : 제3자가 해결안을 제시하며 반드시 따를 필요는 없다.

③ **중재** : 제3자가 해결안을 제시하며 강제적으로 따라야 한다.

실력 탄탄 다지기

실전 예상문제

01 다음 중 사회 규범에 해당하지 않는 것은?

① 봄이 오면 꽃이 핀다.
② 부모님께 효도를 한다.
③ 웃어른을 만나면 인사를 한다.
④ 죄를 지으면 법의 처벌을 받는다.

01 사회 규범이란 사회생활을 하면서 사람들이 서로를 위해 지켜야 할 행동의 법칙을 말한다.

02 법 규범의 특징으로 옳은 것은?

① 선의 실현이 목적이다.
② 행위의 동기를 중요시한다.
③ 다른 규범에 비해 강제성을 띤다.
④ 위반할 경우 양심의 가책을 느낀다.

02 법 규범은 다른 사회 규범에 비해 강제성을 띠기 때문에 지키지 않을 경우 국가의 제재를 받는다.

03 국가의 최고법으로 국가의 조직과 운영 원리, 국가에 대한 시민의 권리를 규정한 법은?

① 헌법　② 형법
③ 민법　④ 행정법

03 헌법은 국가의 최고법으로서 국가의 조직과 운영 원리 및 국가에 대한 시민의 권리와 의무 관계를 규정한다.

04 공법에 해당하지 않는 것은?

① 형법　② 행정법
③ 소송법　④ 노동법

04 노동법은 사회적 약자를 보호하기 위한 사회법에 속한다.

ANSWER
01. ①　02. ③　03. ①　04. ④

05 다음 글에서 설명하는 법은?

> 개인과 개인 간의 사적 생활 관계를 규율하는 법으로, 혼인 신고나 재산 상속, 부동산 매매 등을 규율한다.

① 상법 ② 민법
③ 헌법 ④ 형법

05
개인의 재산 관계나 가족 관계는 사법의 영역 중 민법의 규율을 받는다. 대표적으로 출생 신고, 사망 신고, 혼인 신고와 관련된 법 등이 그 예이다.

06 사회 보장법에 해당하지 않는 것은?

① 의료보호법 ② 건강보험법
③ 국민 연금법 ④ 소비자 보호법

06
소비자 보호법은 사회법 중 경제법에 해당한다.

07 재판 관련 용어가 바르게 연결되지 않은 것은?

고난도

① 피고–소송 당한 사람
② 원고–소송 제기한 사람
③ 검사–재판에서 판결을 내리는 사람
④ 항소–1심에서 2심으로 재판을 청구하는 것

07
재판에서 판결을 내리는 사람은 판사이다.

08 밑줄 친 ㉠을 다루는 재판은?

기출

> A씨는 이웃집 개에게 다리를 물렸다. 병원에서 치료를 받은 후 개 주인에게 치료비를 요구하자 개 주인은 못 주겠다고 하였다. 이에 A씨는 법원에 개 주인을 상대로 ㉠ 손해 배상 청구 소송을 제기하였다.

① 민사 재판 ② 선거 재판
③ 가사 재판 ④ 행정 재판

08
민사 재판은 개인 간의 관계에서 발생한 분쟁을 해결하는 재판이다.

ANSWER
05. ② 06. ④ 07. ③ 08. ①

09 국민 참여 재판에 대한 설명으로 옳지 않은 것은?

고난도

① 국민들이 배심원으로 참여하는 형태이다.
② 형사 재판 중 중죄 사건을 대상으로 한다.
③ 법관은 배심원의 평결과 양형 의견을 반드시 따라야 한다.
④ 만 20세 이상의 국민이라면 누구나 배심원 후보로 선정될 수 있다.

09 법관은 배심원단의 의견을 판결에 참고할 뿐, 이를 반드시 따를 필요는 없다.

10 다음의 요청에 의해 시작되는 재판의 종류는?

기출

① 민사 재판
② 선거 재판
③ 형사 재판
④ 행정 재판

10 형사 재판은 강도, 절도, 폭행 등 범죄가 발생하였을 때 검사의 기소에 따라 법원이 범죄의 유무와 형벌의 양을 정하는 재판이다.

11 다음과 같은 제도를 실시하는 궁극적인 목적은?

고난도

- 심급 제도
- 법원의 독립
- 법관의 신분 보장

① 신속한 재판을 위해
② 공정한 재판을 위해
③ 법관의 지위를 보장하기 위해
④ 국민을 재판에 참여시키기 위해

11 제시된 제도는 공정한 재판이 이루어지도록 함으로써 국민의 자유와 권리를 보장하기 위한 제도이다.

12 다음과 같은 재판 이외의 분쟁 해결 방안으로 옳은 것은?

제3자가 해결안을 제시하면 강제적으로 따라야 한다.

① 합의
② 협상
③ 조정
④ 중재

12
①, ② 합의, 협상 : 분쟁 당사자 간에 직접 합의한다.
③ 조정 : 제3자가 해결안을 제시하며, 반드시 따를 필요는 없다.

ANSWER
09. ③ 10. ③ 11. ② 12. ④

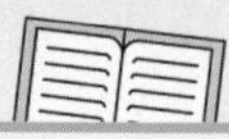

Chapter 12

사회 변동과 사회 문제

학습 point+

산업화에 따른 변화, 교통·통신 발달로 인해 등장한 세계화 및 정보화에 따른 변화의 모습을 구분하여 알아 두어야 합니다. 특히 산업화와 정보화에 따른 문제점은 출제 가능성이 높습니다. 마지막으로 한국 사회의 최근 변동 모습인 저출산·고령화 사회, 다문화 사회의 문제점에 대해서 정리해 둘 필요가 있습니다.

01 현대 사회 변동의 양상

1 현대 사회 변동의 특징

(1) 사회 변동의 의미와 요인

① **의미** : 시간의 흐름에 따라 정치, 경제, 사회 제도, 가치관 등 사회를 구성하는 요소가 부분적 또는 전체적으로 변화하는 현상을 말한다.

② **원인** : 자연환경과 인구의 변화, 전쟁과 교역에 의한 문화 전파, 과학 기술의 발달, 가치관·제도의 변화, 정부 정책 등

(2) 사회 변동의 특징

① **가속성** : 빠르게 기술이 변화하고, 변화에 따른 새로운 삶의 방식이 나타난다.

② **광범위성** : 물질적인 변화뿐만 아니라 생활 양식, 사고방식 등 사회 전반의 변동으로 이어진다.

③ **동시성** : 동시다발적으로 변동한다.

2 현대 사회의 변동 양상 중요+

구 분	산업화	정보화	세계화
의 미	생산 활동이 기계화·분업화되면서 전체 산업에서 광공업과 서비스업이 차지하는 비율이 높아지고 그에 따라 생활 양식이 변화하는 현상 → 18세기 산업 혁명을 통해 시작	정보 통신 기술의 발달을 매개로 지식과 정보가 중심이 되어 사회 변화를 이끌어 가는 현상	교통과 통신의 발달로 국경을 넘어 세계가 하나의 생활 단위로 통합되어 가는 현상 → 국경의 의미 약화

특 징	• 대량 생산과 대량 소비 • 생활 수준 향상 • 인구 증가 • 이촌향도 현상으로 인한 도시화 • 교육의 기회 확대 • 개인주의적 가치관과 개방적 사회 분위기 확산 • 직업의 분화 및 다양화	• 지식 · 정보 관련 산업 발달 • 전자 민주주의 확산 • 개인의 개성과 창의성 중시 • 다품종 소량 생산 • 시공간적 제약 극복 • 업무의 생산성 향상 • 수평적인 관계와 쌍방향적 의사소통 가능 • 새로운 유형의 매체 등장	• 소비자의 상품 선택의 폭 확대 • 자본주의 · 자유주의 · 민주주의 원리의 보편화 • 개인과 국가의 활동 영역 확대 • 국가 간 상호 의존 심화 • 사회 문제 해결을 위한 전 지구적 차원의 노력 • 정치 · 경제 · 문화 등 다양한 분야에서의 교류
문제점	빈부 격차, 도시와 농촌 간의 격차, 환경 오염, 노사 갈등, 인간 소외, 전통적 가치 약화	개인 정보 유출로 인한 사생활 침해, 정보 격차, 인터넷 중독, 사이버 범죄	문화의 획일화, 약소국의 문화 파괴, 국가 간 · 지역 간 빈부 격차 심화, 환경 오염

02 한국 사회 변동의 경향

1 한국 사회의 변동 과정

(1) 한국 사회의 변동 모습

① 경제적 변동 : 농업 사회 → 산업 사회 → 정보화 사회

㉠ 농업 사회 : 1960년 이전까지 농업 사회였다.

㉡ 산업 사회 : 1960년대 이후 정부 주도의 경제 성장 정책으로 빠르게 산업 사회로 진입하였다.

㉢ 정보화 사회 : 1990년대부터 진입하였다.

② 정치적 변동 : 권위주의적 사회 → 민주 사회(시민들의 저항을 통해 정착)

③ 사회 · 문화적 변동 : 닫힌 사회 → 열린 사회(개인 존중, 여성의 사회 참여 확대)

(2) 한국 사회의 변동 특성

① 단기간의 급격한 사회 변동

㉠ 원인 : 정부 주도의 경제 성장으로 국민의 생활 수준이 향상되었다.

㉡ 문제점 : 산업 구조의 부실화, 도시와 농촌 간의 격차와 빈부 격차 심화, 인구의 도시 집중, 환경 오염 발생

② 전통 사회와 현대 사회의 단절

㉠ 원인 : 개인의 능력과 창의성 중시, 여성의 참여 증가, 시민의 권리가 확대되었다.

㉡ 문제점 : 근대적 요소와 전통적 요소의 충돌, 세대 간 갈등, 가치관의 혼란이 나타난다.

2 저출산 · 고령화 사회

(1) 저출산 · 고령화의 원인

저출산	소자녀관 및 개인주의 가치관 확산, 여성의 사회 진출 증가, 초혼 연령 상승, 자녀 양육의 경제적 부담 증가, 독신 가구 증가 등
고령화	출산율 감소, 의학 기술 발달과 생활 수준 향상에 따른 평균 수명 연장 등

(2) 저출산 · 고령화의 문제점과 대응 방안 중요⁺

구 분	저출산	고령화
문제점	생산 가능 인구 감소로 인한 경제 성장 둔화, 국가 경쟁력 저해 등	노동력 부족으로 인한 경제 성장 둔화, 노후 생계 및 건강 유지 비용 증가, 노인 부양의 부담, 사회 활력 저하, 세대 간 갈등, 노인 빈곤과 소외 문제 등
대응 방안	• 제도적 차원 : 육아 휴직과 출산 보조금 등 출산 및 육아 관련 제도의 지원 확대, 공교육 확대로 사교육비 절감 • 의식적 차원 : 출산과 양육에 대한 가치관 변화 제고, 양성 평등 문화 확립, 출산과 육아를 국가가 책임진다는 인식 확대	• 제도적 차원 : 국민연금과 노인 장기 요양 보험 제도 등 노인 복지 정책 마련, 노년층 취업 및 사회 참여 기회 확대, 노인 편의시설 및 실버산업 마련 • 개인적 차원 : 철저한 노후 대비

심화학습 우리나라의 저출산 · 고령화

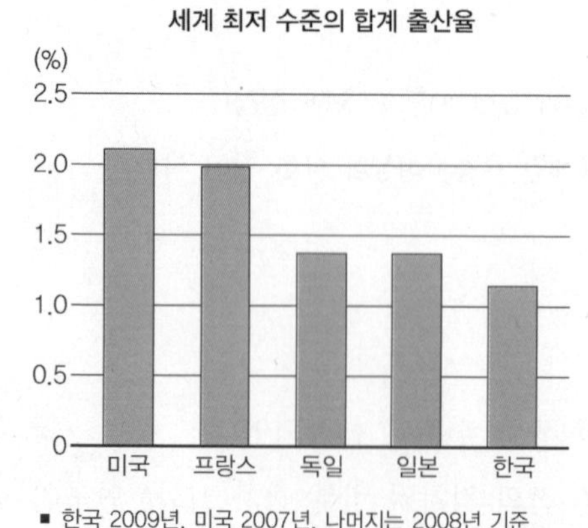

■ 한국 2009년, 미국 2007년, 나머지는 2008년 기준

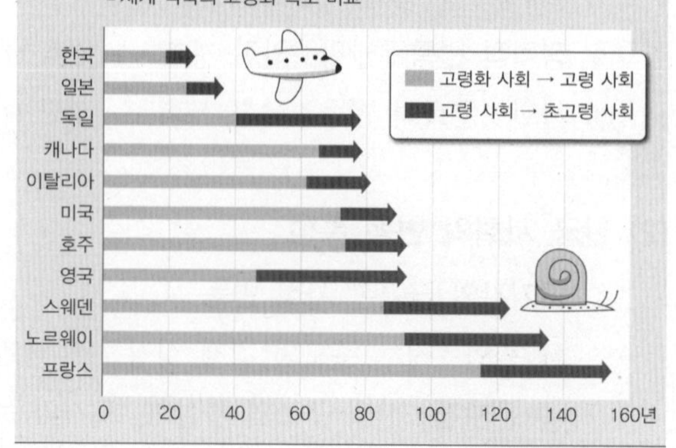

3 다문화 사회

(1) 다문화 사회의 의미와 형성 배경

① 의미 : 한 사회 안에서 인종, 민족, 종교, 문화적 배경이 다른 여러 가지 문화가 공존하는 사회를 말한다.

② 형성 배경 : 외국인 노동자, 국제결혼 이주자, 외국인 유학생, 북한 이탈 주민 등의 국내 유입 등

(2) 다문화 사회의 영향과 대응 방안 중요+

① 영 향

긍정적 영향	부정적 영향
• 다양한 문화 발전의 가능성이 증대되고 다양한 문화적 요구를 충족 • 외국인 근로자 유입으로 국내 3D 업종의 노동력 부족 문제가 해결되어 경제 발전에 기여 • 국제결혼 이주자 등으로 인해 농어촌 지역 사회에 활력 부여	• 가치관과 문화 차이로 인한 충돌, 이주민에 대한 편견과 사회적 차별, 외국인과 내국인 간의 일자리 경쟁으로 인한 갈등 • 이주민 대책 등에 필요한 사회적 비용 증가

② 대응 방안

제도적 차원	의식적 차원
외국인 노동자의 근로 환경 개선, 일반 시민을 대상으로 다문화 교육 실시, 학교에서 다문화 이해를 위한 교육, 이주민의 권리를 보장하는 법과 제도 마련	이주민을 동등한 사회 구성원으로 인정하는 태도, 문화적 차이를 존중하는 문화 상대주의적 태도 요구

03 현대의 사회 문제

1 사회 문제의 의미와 발생 원인

(1) 사회 문제의 의미와 요건

① 의미 : 사회 구성원 대다수가 해결해야 한다고 여기는 문제로서 바람직한 방향으로 개선되어야 한다고 생각하는 현상을 말한다.

② **요건** : 발생 원인이 사회 내부에 있으며, 인간의 노력으로 해결이 가능해야 한다.

③ **특징** : 사회 문제는 어느 사회에서나 존재하지만 시대나 장소에 따라 달라진다.

(2) 사회 문제의 발생 원인

① **사회 구조의 변화** : 산업화, 정보화 등으로 인해 사회 구조가 변화하였다.
예 빈부 격차, 정보 격차, 사이버 범죄 등

② **가치관의 변화** : 민주주의의 발달에 따라 의식이 성장하면서 사회적 약자에 대한 차별을 문제로 인식하게 되었다. 예 여성, 장애인, 저소득층에 대한 차별 문제 등

(3) 사회 문제의 영향

① **부정적 영향** : 사회 구성원들에게 고통을 주고 사회적 혼란을 가져온다.

② **긍정적 영향** : 사회의 잘못된 부분을 드러내고, 이를 해결하는 과정에서 사회 통합과 발전에 기여한다.

2 다양한 사회 문제 및 해결 방안

(1) 인구 문제 중요+

구 분	선진국	개발 도상국
문제점	저출산·고령화 현상 → 노동력 부족 문제 → 사회 보장 비용 증가(노인 부양 부담 등)	높은 출산율 → 폭발적인 인구 증가 → 빈곤 문제, 식량 및 자원 부족 문제, 환경 오염 문제
해결 방안	• 출산 장려 정책(양육비 지원, 출산 장려금 지급, 육아 휴직 제도 등) 시행 • 노인 일자리 창출 • 노인 복지 제도 마련(퇴직 연금 제도 개선)	• 가족계획 사업 등 출산 억제 정책 시행 • 식량 자원 개발 • 경제 성장을 통한 인구 부양력 증대 • 인구의 지방 분산 정책

(2) 노동 문제

① 유 형

㉠ 실업 문제 : 산업 구조의 변화, 경기 침체, 이직 등으로 인한 실업 문제

㉡ 노사 갈등 문제 : 근무 조건, 임금 인상에 대한 노사 간의 입장 차로 인한 문제

㉢ 임금 격차 문제 : 저임금, 성별·고용 형태별(정규직과 비정규직)·학력별 임금 격차 문제

㉣ 고용 불안 문제 : 비정규직 증가 문제

ⓜ 인간 소외 문제 : 기계화 · 표준화된 업무에 의해 노동자가 노동 과정에서 소외되는 문제

② 해결 방안

㉠ 실업 문제 : 기업의 투자 확대 및 일자리 창출, 정부의 실업 급여 지원 및 취업 정보를 제공한다.

㉡ 노사 갈등 문제

ⓐ 노동 3권 보장 : 단결권, 단체 교섭권, 단체 행동권을 보장한다.

ⓑ 근로 기준법 제정 : 노동자의 최저 근로 조건을 정하여 노동자를 보호하기 위한 법으로 근로자의 기본적인 생활을 보장한다.

ⓒ 노사정 위원회 운영 : 노동자와 사용자, 정부가 협의하는 기구를 운영한다.

ⓓ 노사 간 대화와 타협을 통해 동반자적 관계를 형성한다.

㉢ 임금 격차 문제

ⓐ 최저 임금제 실시 : 사용자가 노동자에게 일정 금액의 임금을 지급하도록 강제하는 제도를 실시한다.

ⓑ 임금 차별과 체불을 막기 위한 법과 제도를 정비한다.

ⓒ 업무 능력 및 성과에 따른 합당한 대우를 보장한다.

(3) 환경 문제

① 유 형

㉠ 자원과 에너지 고갈 문제 : 세계 인구 증가 및 산업화로 인한 화석 연료 사용이 증가하였다.

㉡ 지구 온난화 문제 : 무분별한 화석 연료의 사용으로 온실가스의 배출이 증가하여 지구의 온도가 상승하였다. → 이상 기후 현상이나 생태계 변화 문제 발생

㉢ 자연의 자정 능력 상실로 인한 대기 · 수질 · 토양 오염 문제가 발생하였다.

㉣ 벌목으로 인한 열대림 파괴 및 사막화 현상이 일어났다.

② 해결 방안

㉠ 개인 : 에너지 절약, 쓰레기 분리배출 등 친환경적 생활을 한다.

㉡ 기업 : 오염 정화 시설을 설치하고, 친환경 제품을 생산한다.

㉢ 정부 : 환경 문제 해결을 위한 법적 · 제도적 장치를 마련하고, 신 · 재생 에너지를 개발한다.

(4) 빈곤 문제

① 원인 : 기후 변화, 전쟁, 민족 갈등 등

② 해결 방안

㉠ 개인 : 자원봉사, 캠페인 활동 등에 적극적으로 참여한다.

㉡ 국제 사회 : 빈곤 국가의 발전을 위해 자금 및 기술 등을 지원한다.

실력 탄탄 다지기

실전 예상문제

01 다음에서 설명하는 사회 변동은?

> 교통과 통신의 발달로 국경을 넘어 세계가 하나의 생활 단위로 통합되어 가는 현상

① 세계화 ② 산업화
③ 정보화 ④ 도시화

02 다음 빈칸에 들어갈 알맞은 말은?

> (　　)를 통해 대량 생산과 대량 소비가 가능해지면서 생활 수준이 향상되고 도시화가 진행되었다.

① 정보화 ② 산업화
③ 세계화 ④ 도시화

03 정보화에 따른 문제점이 아닌 것은?

① 정보 격차 ② 노사 갈등
③ 사이버 범죄 ④ 사생활 침해

04 한국 사회의 변동 과정으로 옳지 않은 것은?

고난도

① 닫힌 사회 → 열린 사회
② 권위주의 사회 → 민주주의 사회
③ 농업 사회 → 산업 사회 → 정보 사회
④ 수평적 인간관계 → 수직적 인간관계

01
세계화는 교통과 통신의 발달로 국경을 넘어 세계가 하나의 생활 단위로 통합되어 국경의 의미가 약화되는 현상을 말한다.

02
산업화로 인해 생산 활동이 기계화됨에 따라 대량 생산이 가능해지면서 생활 수준이 향상되었고, 교육의 기회가 확대되었다.

03
정보화의 문제점 : 개인 정보 유출로 인한 사생활 침해, 정보 격차, 인터넷 중독, 사이버 범죄 등

04
- 과거의 닫힌 사회 : 남성 중심, 수직적 인간관계
- 현재의 열린 사회 : 양성평등, 수평적 인간관계

ANSWER
01. ① 02. ② 03. ② 04. ④

05 한국 사회의 저출산 원인으로 볼 수 없는 것은?

① 초혼 연령 상승
② 의료 기술 발달
③ 여성의 사회 진출 증가
④ 자녀 양육의 경제적 부담

06 한국 사회의 고령화 문제에 대한 대책으로 옳은 것은?

고난도

① 출산 장려 정책
② 양성평등 문화 확립
③ 육아 관련 제도 확대
④ 국민연금 등 보험 제도 마련

07 다문화 사회에 대한 설명으로 옳지 않은 것은?

① 노동력 부족 문제를 해결할 수 있다.
② 자문화 중심주의적 태도가 필요하다.
③ 문화의 차이로 인한 충돌이 발생할 수 있다.
④ 외국인 근로자의 유입과 국제결혼의 증가 등이 형성 배경이다.

08 사회 문제에 대한 설명으로 옳지 않은 것은?

① 발생 원인이 사회 내부에 있다.
② 인간의 노력으로 해결이 불가능하다.
③ 지역이나 시대마다 달라지는 특성을 가진다.
④ 사회 구성원 대다수가 해결해야 한다고 생각하는 문제이다.

05
의료 기술의 발달은 평균 수명을 연장하는 요인으로, 고령화의 원인에 해당한다.

06
①·②·③은 저출산에 대한 대책에 해당한다.

√ 고령화에 대한 대책 : 국민연금과 노인 장기 요양 보험 제도 구축, 노년층 취업 및 사회 참여 기회 확대, 노인 편의 시설 및 실버산업 마련 등

07
다문화 사회에서는 이주민을 동등한 사회 구성원으로 인정하는 태도와 문화적 차이를 존중하는 문화 상대주의적 태도가 요구된다.

08
사회 문제는 인간의 노력으로 해결이 가능하다.

ANSWER
05. ② 06. ④ 07. ② 08. ②

09 각종 노동 문제를 해결하기 위한 방안으로 옳지 <u>않은</u> 것은?

고난도

① 기업 – 일자리 창출
② 정부 – 노동 3권 보장
③ 정부 – 노사정 위원회 운영
④ 기업 – 비정규직으로의 전환

09
기업은 비정규직이 아닌 정규직을 마련하여 고용 불안을 해소해야 한다.

10 개발 도상국에서 일어나는 인구 문제에 해당하는 것은?

① 빈곤 문제
② 노동력 부족
③ 노인 인구 증가
④ 사회 보장 비용 증가

10
개발 도상국에서는 지나친 인구 증가로 인한 식량 부족 문제와 빈곤 문제 등이 발생하고 있다.

11 선진국에서 발생하는 인구 문제를 해결하기 위한 방안으로 옳지 <u>않은</u> 것은?

① 노인 일자리를 창출한다.
② 인구 부양력을 증대한다.
③ 노인 복지 제도를 마련한다.
④ 출산 장려 정책을 실시한다.

11
경제 성장을 통한 인구 부양력 증대는 개발 도상국의 높은 출산율로 인해 발생하는 문제를 해결하기 위한 방안이다.

12 다음과 관련된 환경 문제의 유형은?

> 무분별한 화석 연료의 사용으로 온실가스 배출이 증가하여 생태계 변화 문제가 발생하였다.

① 수질 오염　　② 토양 오염
③ 삼림 파괴　　④ 지구 온난화

12
지구 온난화란 무분별한 화석 연료의 사용으로 온실가스의 배출이 증가하여 지구의 온도가 상승되어 이상 기후 현상이나 생태계 변화 문제가 발생하는 것을 말한다.

ANSWER
09. ④ 10. ① 11. ② 12. ④

쑥쑥 실력 점검하기

단원 마무리문제

01 지도에 대한 설명으로 옳지 않은 것은?

① 인터넷 지도는 확대와 축소가 가능하다.
② 방위 표시가 없을 때는 지도의 위쪽이 남쪽이다.
③ 사용 목적에 따라 일반도와 주제도로 분류할 수 있다.
④ 축척은 실제 거리를 지도상에 줄여서 나타낸 비율이다.

02 표준시와 시차에 대한 설명으로 옳은 것은?

고난도

① 중국은 여러 개의 표준시를 사용한다.
② 위도 15°마다 1시간의 시차가 발생한다.
③ 시차 발생의 원인은 지구의 자전 때문이다.
④ 우리나라는 영국보다 표준시가 9시간 느리다.

03 다음 기후 그래프에 대한 설명으로 옳지 않은 것은?

고난도

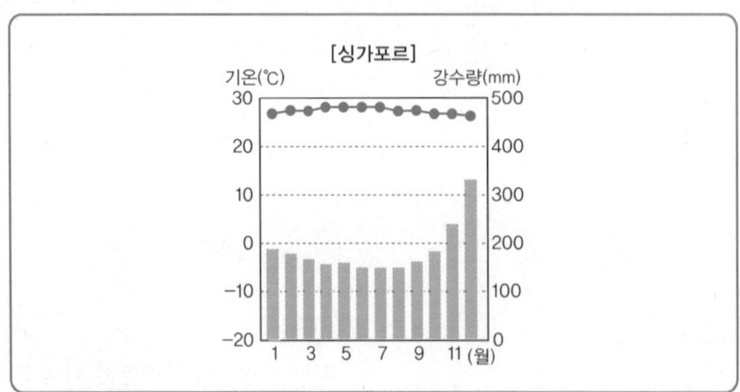

① 기온의 연교차가 매우 크다.
② 연중 더운 여름 날씨가 지속된다.
③ 한낮에 규칙적으로 스콜이 내린다.
④ 적도 부근에 위치한 지역일 것이다.

01
방위 표시가 없을 때는 지도의 위쪽이 북쪽이다.

02
지구가 하루(24시간)에 한 바퀴(360°)씩 자전하기 때문에 경도 15°마다 1시간의 차이가 발생한다. 중국은 하나의 표준시만을 사용하고, 우리나라는 영국보다 9시간 빠른 표준시를 사용하고 있다.

03
열대 기후 지역에 속하는 기후 그래프로, 막대그래프는 강수량, 꺾은선 그래프는 기온을 나타낸다. 그래프를 통해 연중 여름과 같이 더운 날씨가 지속되며 강수량도 풍부하다는 것을 알 수 있다.

ANSWER
01. ② 02. ③ 03. ①

04 사막 기후 지역의 가옥 형태는?

① 지붕의 경사가 급하다.
② 개방적인 가옥 구조이다.
③ 흙을 이용하여 집을 짓는다.
④ 통나무를 이용하여 집을 짓는다.

05 신기 습곡 산지에 대한 설명으로 옳지 않은 것은?

① 해발 고도가 높다.
② 지각이 불안정하다.
③ 조산대에 위치해 있다.
④ 우랄산맥이 대표적인 예이다.

06 다음과 같은 지형을 형성하는 데 영향을 미친 공통적인 요인은?

> 해식애, 해식 동굴, 시 스택

① 바람 ② 파랑
③ 하천 ④ 빙하

07 (가), (나)에 해당하는 종교를 바르게 묶은 것은?

> (가) 모스크 양식, 돼지고기 금지
> (나) 웅장한 사찰, 불상, 탑 등의 건축물

	(가)	(나)
①	불교	이슬람교
②	이슬람교	불교
③	힌두교	크리스트교
④	불교	힌두교

04
사막 기후에서는 구하기 쉬운 재료를 이용하여 흙집을 짓고, 강수량이 적기 때문에 지붕이 평평하다.

05
알프스산맥, 히말라야산맥, 로키산맥, 안데스산맥이 대표적인 신기 습곡 산지에 해당된다.

06
제시된 지형은 파랑의 침식 작용으로 형성된 해안 지형이다.

07
(가) 이슬람교 : 모스크 양식, 돼지고기 금지, 히잡, 쿠란
(나) 불교 : 불상, 사찰, 탑, 연등, 승려, 석가탄신일

ANSWER
04. ③ 05. ④ 06. ② 07. ②

08 다음 지역에서 갈등이 발생하는 이유는?

• 팔레스타인 지방	• 인도의 카슈미르 지방

① 자원　　② 언어
③ 종교　　④ 민족

09 지각 변동에 의한 자연재해와 관련이 있는 것은?

① 홍수　　② 가뭄
③ 폭설　　④ 지진 해일

10 다음과 같은 인간의 활동 때문에 증가하는 자연재해는?

과도한 농경지 개간과 방목, 무분별한 삼림 벌채

① 홍수　　② 폭설
③ 지진　　④ 사막화

11 다음 지도에서 이동하는 자원으로 옳은 것은?

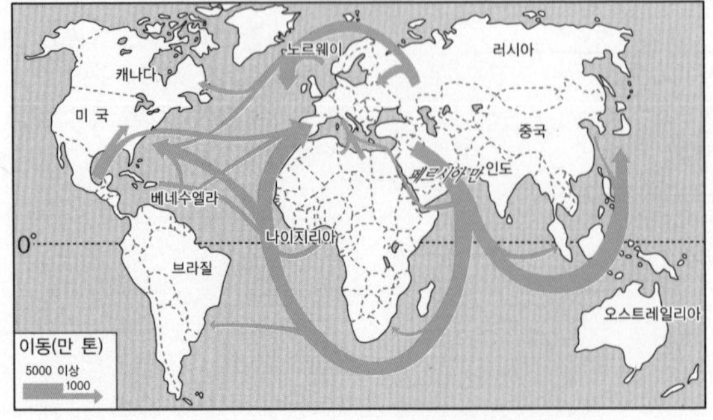

① 석탄　　② 석유
③ 철광석　　④ 천연가스

08
• 팔레스타인 지방 : 유대교도와 이슬람교도 간의 갈등
• 인도의 카슈미르 지방 : 이슬람교도와 힌두교도 간의 갈등

09
지진, 지진 해일, 화산 활동, 산사태 등은 지형과 관련된 지질 재해이다.

10
과도한 농경지 개간과 방목, 무분별한 삼림 벌채 등으로 인해 사막화 진행 속도가 더욱 빨라지고 있다.

11
서남아시아의 페르시아만에 주로 많이 분포하는 석유의 분포와 이동에 관한 지도이다.

ANSWER
08. ③ 09. ④ 10. ④ 11. ②

12 다음 자원에 대한 설명으로 옳은 것은?

고난도

> 풍력, 조력, 수력

① 화석 연료라고 불린다.
② 지구 온난화의 주범이다.
③ 가채 연수가 얼마 남지 않았다.
④ 환경 오염이 적어 환경친화적이다.

12 풍력, 조력, 수력과 같은 자원은 재생 가능한 자원으로, 환경 오염이 적어 환경 친화적이다.

13 인간이 자신이 속한 사회의 행동 양식과 규범 등의 문화를 학습하는 과정을 뜻하는 용어는?

① 집단화　② 개별화
③ 사회화　④ 대중화

13 사회화는 인간이 자라면서 자신이 속한 사회에서 필요한 언어, 행동 양식, 규범, 가치관 등을 배우는 과정을 말한다.

14 다음 중 성격이 다른 지위는?

① 학생　② 아들
③ 남편　④ 부모

14 학생, 부모, 남편은 성취 지위이고, 아들은 귀속 지위이다.

15 다음과 같은 문화 이해의 자세를 가질 때 나타나는 문제점은?

> 선진국이나 강대국의 문화는 무조건 좋은 것이라 믿고 자신의 문화를 과소평가하는 태도

① 빠른 사회 변동
② 새로운 문화 발생
③ 문화의 정체성 상실
④ 국제화 시대에 고립 초래

15 지문은 문화 사대주의의 태도로, 주체성 없이 일방적으로 외래문화를 받아들일 경우 우리 문화의 정체성을 상실할 우려가 있으므로 주체적이며 선별적인 문화 수용의 자세가 필요하다.

ANSWER
12. ④　13. ③　14. ②　15. ③

16 대중 매체의 순기능으로 적절하지 않은 것은?

① 정보와 지식을 제공한다.
② 교양, 오락 등을 제공한다.
③ 여론 형성에 영향을 미친다.
④ 대중의 개성과 창의성을 강화한다.

16
대중 매체는 비슷한 정보와 지식을 대중에게 일방적으로 제공하는 측면이 강하므로 대중의 개성과 창의성을 약화시킨다.

17 대통령제 정부 형태에 대한 설명으로 옳지 않은 것은?

① 의회와 정부가 대립할 때에 조정이 어렵다.
② 국민이 직접 선출한 대통령이 정부를 구성한다.
③ 대통령 임기 동안 안정적인 정책을 시행할 수 있다.
④ 다수당이 과반 의석을 확보할 시에 횡포가 우려된다.

17
정부와 의회의 긴밀한 관계로 다수당의 횡포가 우려되는 정부 형태는 의원 내각제이다.

18 다음 글에서 설명하는 것은?

- 권력을 획득하고 유지하는 활동
- 자신이 속한 집단이나 일상생활에서 발생하는 문제를 해결하는 모든 활동

① 정치 ② 사법
③ 행정 ④ 교육

18
정치의 의미
- 좁은 의미 : 권력을 획득하고 유지하는 활동
- 넓은 의미 : 일상생활에서 발생하는 문제를 해결하는 모든 활동

19 현대 민주 정치에 대한 설명으로 옳지 않은 것은?

고난도
① 대중이 정치의 주체로 등장하였다.
② 다양한 집단들이 정치 과정에 참여하고 있다.
③ 정보·통신 기술로 전자 민주주의도 가능하다.
④ 대표자가 국민의 의사를 결정하게 하는 직접 민주 정치가 보편화되었다.

19
넓은 영토와 많은 인구로 인해 현대에는 간접 민주 정치가 보편화되었다.

ANSWER
16. ④ 17. ④ 18. ① 19. ④

20 다음 ㉠~㉢에 해당하는 정치 과정으로 옳은 것은?

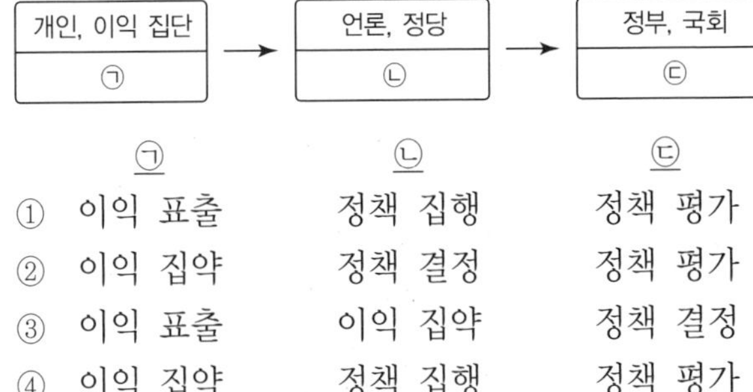

	㉠	㉡	㉢
①	이익 표출	정책 집행	정책 평가
②	이익 집약	정책 결정	정책 평가
③	이익 표출	이익 집약	정책 결정
④	이익 집약	정책 집행	정책 평가

21 정당과 이익 집단을 비교한 다음의 표에서 옳지 않은 것은?

	구 분	정 당	이익 집단
①	목 적	정권 획득	특정 집단의 이익 실현
②	관심 분야	특정한 이익	사회 전 분야
③	정치적 책임	있음	없음
④	사 례	○○당	약사회

22 다음 법들의 공통점으로 옳은 것은?

> 노동법, 경제법, 사회 보장법

① 국가의 역할 축소
② 복지 정책의 축소
③ 시장 경제의 강화
④ 인간다운 생활 보장

20

㉠ 이익 표출 : 개인, 이익 집단 등이 각자 자신들의 이익을 내세우는 것
㉡ 이익 집약 : 언론, 정당을 통해 이익을 한곳으로 모으는 것
㉢ 정책 결정 : 정부, 국회가 다양한 입장을 고려하여 정책을 결정하는 과정

21

정당은 사회 모든 문제에 관심이 있으며, 이익 집단은 특정한 이익에 관심이 있다.

22

제시된 법들은 사회법에 해당하는 것으로, 국가의 역할이 커지면서 국민의 인간다운 삶을 보장하기 위한 것이다.

ANSWER

20. ③ 21. ② 22. ④

23 법과 재판에 대한 설명으로 옳지 않은 것은?

고난도

① 민법과 상법은 사법에 속한다.
② 민사 재판에서 원고는 검사가 된다.
③ 헌법, 형법, 행정법은 공법에 속한다.
④ 1심에 불복하여 2심을 청구하는 것을 항소라고 한다.

23

형사 재판에서 원고는 검사가 된다.

24 현대 사회 변동의 특징으로 옳지 않은 것은?

① 가속성 ② 동시성
③ 일방향성 ④ 광범위성

24

현대 사회 변동의 특징

- 가속성 : 빠르게 기술이 변화하며, 변화에 따른 새로운 삶의 방식이 변화함
- 광범위성 : 물질적인 변화뿐만 아니라 사회 전반의 변동으로 이어짐
- 동시성 : 동시다발적으로 변동함

25 산업화에 대한 설명으로 옳은 것은?

① 각종 사이버 범죄가 발생한다.
② 지식과 정보가 중요한 자원이다.
③ 소비자의 선택의 폭이 넓어진다.
④ 대량 생산과 대량 소비가 가능하다.

25

산업화로 인해 기계가 등장하면서 대량 생산과 대량 소비가 가능해졌다.

ANSWER

23. ② 24. ③ 25. ④

PART

Ⅱ

사 회 Ⅱ

Chapter

01 인권과 헌법

학습 point⁺

인권의 의미 및 기본권의 종류(자유권, 평등권, 참정권, 사회권, 청구권)와 특징, 기본권의 제한 관련 내용은 출제 빈도가 높기 때문에 반드시 정리해 두어야 합니다. 인권 침해 시 구제 방안과 인권 보장을 위한 국가 기관의 역할을 구분할 수 있어야 하며, 이번 교육과정에서 새롭게 추가된 근로자의 권리 및 노동권 침해 시 구제 방안에 대해서도 알아 두어야 합니다.

01 인권 보장과 헌법

1 인권의 의미와 인권 보장의 중요성

(1) 인권의 의미와 특징 중요⁺

① 의미 : 인간으로서 당연히 누려야 할 기본적인 권리를 말한다.

② 특 징

㉠ 천부 인권 : 태어나면서부터 하늘이 부여해 준 권리이다.

㉡ 자연권 : 국가에서 법으로 보장하기 이전에 자연적으로 주어진 권리이다.

㉢ 보편적 권리 : 인종, 성별, 지위 등을 초월하여 모든 사람이 동등하게 누리는 권리이다.

㉣ 불가침의 권리 : 국가 권력 또는 다른 사람이 함부로 침해할 수 없는 권리이다.

> **바로 바로 CHECK√**
>
> 인권에 대한 설명으로 옳지 않은 것은?
>
> ① 자연권 또는 천부 인권이라고도 한다.
> ② 국가의 법으로 보장되기 이전부터 주어진 권리이다.
> ❸ 성인만 가질 수 있는 기본적이고 보편적인 권리이다.
> ④ 인간이라는 이유만으로 누구에게나 차별 없이 부여된다.

(2) 인권 보장의 중요성

① 인권은 오랜 기간 동안 많은 사람들의 희생을 바탕으로 제도적으로 보장되었다.

② 모든 인간이 인간의 존엄성을 지키고 최소한의 인간다운 삶을 살기 위해 인권을 보장해야 한다.

(3) 인권 보장의 발전

① 인권의 확대 과정 : 자유권 → 참정권 → 사회권 → 연대권(집단권)

② 근대 이전 : 고대의 노예나 중세의 농노 등은 차별받았다.

③ 근대 이후

1세대 인권 자유권	시 기	17~18세기 시민 혁명 당시
	내 용	국가의 간섭을 받지 않고 자유로운 삶을 살아갈 권리
	관련 문서	영국의 대헌장(1215, 국왕의 절대적 권한에 최초로 제한을 둠), 영국의 권리 장전(1689), 미국 독립 선언(1776), 프랑스 인권 선언(1789)
1세대 인권 참정권	시 기	19세기 시민 혁명 이후
	배 경	여전히 노동자, 농민, 여성 등은 참정권이 제한되어 있었음
	내 용	정치에 참여할 수 있는 권리
	관련 운동	노동자들의 차티스트 운동(1838~1848), 여성 참정권 운동(1910년대)
2세대 인권 사회권	시 기	20세기 초반 산업 혁명 이후
	배 경	빈부 격차 등의 사회 문제를 해결하고 모든 국민의 인간다운 삶을 보장하기 위해 등장함
	내 용	최소한의 인간다운 생활을 할 권리
	관련 문서	독일의 바이마르 헌법(1919)에 최초로 사회권을 명시함
세계 인권 선언 (1948)	배 경	제2차 세계 대전 이후 심각한 인권 침해에 대한 반성으로 UN에서 채택함
	내 용	인권 보장의 국제적 기준 제시
3세대 인권 연대권 (집단권)	시 기	20세기 중반
	배 경	아동, 난민, 여성, 장애인, 성적 소수자 등의 인권에 대한 관심이 확대됨
	내 용	국가와 민족을 초월하여 여러 집단과 국가들이 협력해야 보장받는 권리 예 자결권, 평화의 권리, 환경에 대한 권리, 재난으로부터 구제받을 권리 등

심화학습 인권 보장 관련 문서

프랑스 인권 선언, 1789

제1조 사람은 태어날 때부터 자유롭고 또한 권리에 있어서 평등하다.

제2조 모든 정치적 결합의 목적은 인간의 자연적이고 소멸할 수 없는 권리의 보전에 있다. 그 권리란 자유, 재산, 안전, 그리고 압제에 대한 저항이다.

제3조 모든 주권의 원리는 국민 속에 있다.

세계 인권 선언, 1948

제1조 모든 인간은 태어날 때부터 자유롭고 존엄성과 권리에 있어서 평등하다.

제2조 모든 사람은 인종, 피부색, 성, 언어, 종교 등 어떤 이유로도 차별받지 않으며, 이 선언에 나와 있는 모든 권리와 자유를 누릴 자격이 있다.

프랑스 인권 선언에는 인권이 자연권임이 명시되어 있으며, 시민의 권리로 자유권, 재산권, 저항권 등을 규정하고 있다. 1948년 국제 연합 총회에서 채택된 세계 인권 선언은 인권 보장의 국제 기준을 처음 제시한 것으로 인권 보장을 위한 국제적인 협력을 강조하고 있다.

2 헌법에 보장된 기본권

(1) 헌법과 인권의 관계

① **헌법의 의미** : 국가의 통치 조직 및 통치 작용의 기본 질서를 규정하고, 국민의 기본권을 보장하는 국가의 최고법이다.

② **인권과의 관계** : 대부분의 민주주의 국가에서는 인권의 실질적인 보장을 위해 헌법에 인권을 규정하고 있다.

(2) 인권 보장 장치로서의 헌법의 역할

① 추상적인 인권의 내용을 구체적인 내용인 국민의 기본권(자유권, 평등권, 참정권, 사회권, 청구권)으로 규정한다.

② 국가 권력에 의해 국민의 인권이 침해받지 않도록 여러 수단과 제도를 규정한다.

(3) 헌법에 기본권을 보장하는 이유

① 국가의 부당한 침해로부터 국민의 자유와 권리를 지키기 위함이다.

② 국가가 국민의 기본권을 보장할 의무가 있음을 명시하기 위함이다.

3 기본권의 의미와 종류 중요+

(1) 의 미

헌법이 보장하는 기본적인 인권을 말한다.

(2) 종 류

① **인간으로서의 존엄과 가치 및 행복 추구권** : 모든 기본권의 근본이념이자 근본 가치이다.

② **자유권**

㉠ 의미 : 국민이 국가 권력으로부터 간섭받지 않고 자신의 의지에 따라 행동할 수 있는 권리를 말한다.

ⓛ 종류 : 언론·출판·집회·결사의 자유, 신체의 자유, 양심의 자유, 종교의 자유, 사생활의 자유, 거주 이전의 자유 등

ⓒ 우리나라 관련 헌법 조항 : 제12조 제1항 모든 국민은 신체의 자유를 가진다.

③ **평등권**

㉠ 의미 : 국민이 사회생활에서 불평등한 대우를 받지 않을 권리를 말한다.

ⓛ 특징 : 다른 기본권 보장을 위한 전제 조건이다.

ⓒ 우리나라 관련 헌법 조항 : 제11조 제1항 모든 국민은 법 앞에 평등하며, 누구든지 성별·종교 또는 사회적 신분에 의하여 정치적·경제적·문화적 생활의 모든 영역에 있어서 차별을 받지 아니한다.

바로바로 CHECK√

두 사람이 공통적으로 침해를 당했다고 주장하는 기본권은?

○○미용 고등학교에서 신입생 지원 자격을 여학생만으로 제한하여 그 학교에 입학하지 못했어요.

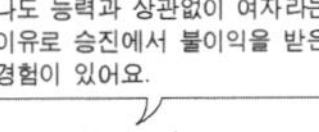

① 참정권 ❷ 평등권
③ 청구권 ④ 자유권

④ **참정권**

㉠ 의미 : 국민이 국가의 의사 결정 과정에 참여하여 국가를 통제할 수 있는 권리를 말한다.

ⓛ 종류 : 선거권, 국민 투표권, 공무 담임권 등

ⓒ 우리나라 관련 헌법 조항 : 제24조 모든 국민은 법률이 정하는 바에 의하여 선거권을 가진다.

⑤ **사회권**

㉠ 의미 : 모든 국민이 최소한의 인간다운 생활을 보장 받을 권리를 말한다.

ⓛ 특징 : 국가에 요구하는 적극적 권리이며, 복지 국가에서 강조하는 권리이다.

ⓒ 종류 : 인간다운 생활을 할 권리, 교육권, 환경권, 근로 3권 등

ⓡ 우리나라 관련 헌법 조항 : 제34조 제1항 모든 국민은 인간다운 생활을 할 권리를 가진다.

바로바로 CHECK√

다음 설명에 해당하는 국민의 기본권은?

- 국가로부터 인간다운 생활을 보장받을 수 있는 권리이다.
- 교육을 받을 권리, 근로의 권리, 쾌적한 환경에서 살 권리 등이 이에 속한다.

① 자유권 ② 평등권
③ 참정권 ❹ 사회권

⑥ **청구권**

㉠ 의미 : 국민이 국가에 대해 일정한 행위를 요구할 수 있는 권리를 말한다.

ⓛ 특징 : 다른 기본권 보장을 위한 수단적 권리의 성격을 지닌다.

ⓒ 종류 : 청원권, 재판 청구권, 형사 보상 청구권, 국가 배상 청구권 등

㉣ 우리나라 관련 헌법 조항 : 제26조 제1항 모든 국민은 법률이 정하는 바에 의하여 국가 기관에 문서로 청원할 권리를 가진다.

(3) 기본권의 제한

① **이유** : 국가 안전 보장, 질서 유지, 공공복리를 위하여 필요한 경우 제한한다.

② **전제 조건** : 반드시 국회가 제정한 법률로써 제한이 가능하다.

③ **한계** : 자유와 권리의 본질적인 내용은 침해할 수 없다.

④ **기본권 제한의 한계를 명시한 이유** : 국가 권력의 남용을 방지하여 국민의 자유와 권리를 최대한 보장하기 위함이다.

바로 바로 CHECK√

㉠에 들어갈 내용으로 옳지 않은 것은?

기본권의 제한과 한계

1. 기본권 제한의 요건 : (㉠)을/를 위해 필요한 경우
2. 기본권 제한의 한계 : 기본권의 본질적인 내용은 침해할 수 없다.

① 공공복리 ❷ 사적 이익
③ 질서 유지 ④ 국가 안전 보장

02 인권 침해와 구제

1 인권(기본권)의 침해

(1) 인권 침해의 문제

① **인권 침해의 의미** : 헌법에 보장된 기본권이 타인, 국가 기관에 의해 정당한 이유 없이 피해를 입는 것을 말한다.

② **인권 침해의 발생 원인** : 사람들의 고정 관념과 편견, 사회의 잘못된 관습이나 불합리한 법과 제도 등으로 인해 발생한다.

③ **인권 침해의 유형** : 국가 기관에 의한 침해, 개인이나 단체에 의한 침해

④ **인권 침해의 사례**

㉠ 인종 차별 : 미국의 흑인에 대한 차별 예 1960년대 이후 흑인 인권 운동 전개

㉡ 여성 차별 : 직장에서 여성에 대한 차별, 과거 여성 참정권 불인정

㉢ 사회적 약자의 인권 문제 : 교통 약자(장애인)의 이동권 문제, 다문화 구성원의 인권 문제 등

㉣ 정보화 사회에서의 인권 문제 : 본인의 동의 없이 개인 정보를 공개하는 문제

㉤ 기타 : 학교에서의 따돌림 문제, 가정에서 방치되는 노인 문제

(2) 인권 침해 시 구제 방법 중요+

분 류		구제 절차
개인에 의한 침해		• 법원을 통해 민사 소송 • 고소나 고발 • 국가 인권 위원회에 진정
국가 기관에 의한 침해	입법권에 의한 침해	• 헌법 재판소에 위헌 법률 심판, 헌법 소원 심판 청구 • 법원을 통해 행정 소송 제기 • 국가 기관에 청원 • 국가 인권 위원회에 진정 등
	행정권에 의한 침해	• 행정 심판 • 행정 소송
	사법권에 의한 침해	상소 제도

(3) 인권 침해에 대응하는 자세

① 인권 침해 시 구제 방법과 절차를 정확히 알고, 구제받기 위해 적극적으로 행동해야 한다.

② 나뿐만 아니라 타인의 인권도 중요시 여겨야 한다.

2 인권 보장을 위한 국가 기관

(1) 법 원

① **재판 담당** : 각종 소송에서 국민의 권리가 침해되었는지 확인하고, 그에 따른 적절한 구제와 처벌을 결정하는 가장 대표적인 수단이다.

② **위헌 법률 심판 제청** : 법률이 헌법에 위배되는지의 여부가 재판의 전제가 되었을 때 헌법 재판소에 신청한다.

(2) 헌법 재판소 중요+

① 최고법인 헌법을 기준으로 국민의 기본권을 보장하는 독립된 헌법 기관이다.

② **헌법 소원 심판** : 국가의 공권력이 국민의 기본권을 침해하였는지 판단한다.

③ **위헌 법률 심판** : 국회에서 만든 법률이 헌법에 위반되는지 심판한다.

(3) 국가 인권 위원회 중요+

① 입법·사법·행정 어디에도 속하지 않고 독립되어 인권 보호를 담당하는 국가 기관이다.

② 인권 침해의 소지가 있는 법령이나 제도의 문제점을 찾아내 개선할 것을 권고하거나 의견을 제시한다.

③ 국가 인권 위원회에 진정을 하면 인권 침해와 차별 행위가 발생하였는지 조사하여 구제한다.

(4) 국민 권익 위원회

① 공직 사회의 부패 예방 등을 통해 국민의 권리를 보호하고 불합리한 행정 제도를 개선하는 국가 기관이다.

② **고충 민원 조사** : 행정 기관의 잘못된 법 집행, 불합리한 제도 등으로 인해 권리를 침해당한 국민이 제기하면 고충 민원을 조사하여 개선되도록 한다.

③ **행정 심판 조사** : 행정 기관의 잘못된 행정 처분으로 인해 제기된 행정 심판을 조사하여 처분을 취소시키거나 무효화한다.

(5) 기타 기관

① **한국 소비자원** : 구입한 물건이나 서비스의 하자로 피해를 입었을 경우 상담이나 분쟁 조정 등의 도움을 준다.

② **언론 중재 위원회** : 언론 기관의 잘못된 보도로 권리를 침해당했을 경우 법률 상담과 피해 구제 등의 도움을 준다.

③ **대한 법률 구조 공단** : 법을 잘 모르거나 경제적으로 어려워 인권을 구제받기 힘들 경우 법률 상담 등의 도움을 준다.

03 노동권 침해와 구제

1 근로자의 권리

(1) 근로자의 의미

① 의미 : 임금을 받기 위해 사용자에게 노동을 제공하는 사람들을 말한다.

② 근로자에 포함되는 사람 : 공장에서 일하는 노동자, 공무원, 아르바이트 학생 등

③ 근로자에 포함되지 않는 사람 : 전업주부, 자영업자 등

(2) 헌법에 보장된 근로자의 권리 중요+

① 근로자를 보호해야 하는 이유 : 근로자는 사용자보다 경제적 · 사회적으로 약자이기 때문에 법으로 보호할 필요가 있다.

② 헌법에 보장된 근로자의 권리

㉠ 근로의 권리 : 일할 의사와 능력을 가진 사람이 일할 기회와 인간다운 생활의 보장을 요구할 권리

㉡ 최저 임금제 : 임금의 최저 수준을 법률로 정한다.

㉢ 근로 기준법 : 임금이나 근로자의 시간 같은 근로 조건의 기준을 법률로 정한다.

㉣ 노동 3권

단결권	노동조합을 결성할 수 있는 권리
단체 교섭권	노동조합이 근로 조건에 관하여 사용자와 협상을 할 수 있는 권리
단체 행동권	교섭이 원만하게 이루어지지 않을 때 투쟁의 행위를 할 수 있는 권리

2 노동권 침해

(1) 노동권 침해 사례

① 부당 해고 : 사용자가 정당한 이유 없이 근로자를 해고하는 행위를 말한다.

② 부당 노동 행위 : 노동 3권을 침해하는 행위로, 근로자가 노동조합에 가입했다는 이유로 불이익을 주는 행위를 말한다.

③ 기타 : 임금 체불 및 임금 삭감, 근로 계약서 미작성 등의 행위

(2) 노동권의 침해 시 구제 방법

① **사전 대응 방법** : 사용자와 근로자 모두 원만한 노사 관계를 위해 노력해야 한다.

② **임금 체불 시 구제 방법**

㉠ 고용 노동부에 신고한다.

㉡ 법원에 민사 소송을 제기한다.

③ **부당 해고 및 부당 노동 행위 시 구제 방법**

㉠ 노동 위원회에 구제 신청을 한다.

㉡ 노동 위원회의 결정에 불복할 경우 법원에 소송을 제기한다.

㉢ 노동 위원회의 구제 절차

> 피해 당사자(근로자, 노동조합)가 3개월 이내에 구제 신청 → 지방 노동 위원회에서 결정 → 불복 시 10일 이내에 중앙 노동 위원회에 재심 신청 → 불복 시 15일 이내에 행정 법원에 행정 소송 제기

노동 위원회 검색

노사 문제를 공정하고 신속하게 처리하고자 만든 곳으로, 관련 사실을 조사하여 근로자의 권리를 구제해 주는 국가 기관

실력 탄탄 다지기

실전 예상문제

01 인권의 특징으로 옳지 않은 것은?

① 자연권　　② 천부 인권
③ 상대적 권리　　④ 불가침의 권리

02 최초로 사회권을 명시한 문서는?

① 미국 독립 선언
② 세계 인권 선언
③ 영국의 권리 장전
④ 독일의 바이마르 헌법

03 국민의 기본권을 보장하는 국가의 최고법은?

① 헌법　　② 법률
③ 조례　　④ 규칙

04 다음은 어떠한 기본권을 침해한 사례인가?

> 몇 해 전 어느 기업에서 신입 사원을 뽑을 때 여성 응시자에게만 '키 ○○○cm 이상', '단정한 용모' 등의 규정을 적용하여 문제가 되었다.

① 평등권　　② 자유권
③ 사회권　　④ 참정권

01
인권은 상대적 권리가 아닌 인종, 성별, 지위 등을 초월하여 모든 사람이 동등하게 누리는 보편적 권리이다.

02
독일의 바이마르 헌법(1919)에 최초로 사회권을 명시하고 있다.

03
대부분의 민주주의 국가에서는 인권의 실질적인 보장을 위해 헌법에 인권을 규정하고 있다.

04
성별에 따른 차별은 평등권의 침해에 해당한다.

ANSWER
01. ③　02. ④　03. ①　04. ①

05 다음 내용에 해당하는 기본권은?

> 국가의 간섭을 받지 않고 자신의 의사에 따라 행동할 수 있다.

① 자유권 ② 평등권
③ 참정권 ④ 사회권

06 다음 중 사회권의 특징으로 옳은 것은?

① 수단적 권리 ② 소극적 권리
③ 적극적 권리 ④ 정치에 참여할 권리

07 우리나라 헌법에 다음과 같은 규정을 두고 있는 근본적인 목적으로 옳은 것은?
고난도

> 제37조 제2항 국민의 모든 자유와 권리는 국가 안전 보장・질서 유지 또는 공공복리를 위하여 필요한 경우에 한하여 법률로써 제한할 수 있으며 …….

① 국민 여론의 공정한 수렴을 위해
② 국회의 지위를 확고하게 하기 위해
③ 기본권의 부당한 침해를 막기 위해
④ 기본권의 본질적 내용을 제한하기 위해

08 다음 제도들의 공통적인 목적은?

> • 상소 제도 • 헌법 소원 • 행정 심판

① 기본권 침해를 구제한다.
② 국민의 여론을 반영한다.
③ 사법부의 독립을 보장한다.
④ 국민의 정치 참여를 보장한다.

05
② 평등권 : 신분이나 성별, 종교, 직업 등에 의하여 차별을 받지 않고, 사회생활의 모든 영역에서 공평하게 대우받을 권리
③ 참정권 : 법률이 정하는 바에 의하여 선거권을 가질 수 있는 권리
④ 사회권 : 인간다운 생활을 위해 국가에 요구할 수 있는 권리

06
사회권은 국가에 대해 인간다운 생활의 보장을 요구할 수 있는 적극적 권리이다. ①은 청구권, ②는 자유권, ④는 참정권에 대한 설명이다.

07
국민의 기본권 제한은 국민의 기본권 제한 자체에 목적이 있는 것이 아니라 기본권을 더 잘 보장하기 위해 존재한다.

08
국가 기관에 의해 침해된 기본권을 구제하는 제도들이다.

ANSWER
05. ① 06. ③ 07. ③ 08. ①

09 개인에 의한 인권 침해 시 구제 방법은?

① 헌법 소원 심판 청구
② 법원을 통해 민사 소송 제기
③ 헌법 재판소에 행정 소송 제기
④ 헌법 재판소에 위헌 법률 심판 청구

09
①·③·④는 국가 기관에 의한 침해 시 구제 방법이다.

10 다음에 해당하는 국가 기관은?

> 입법, 사법, 행정 어디에도 속하지 않고 독립되어 인권 보호를 담당하는 국가 기관

① 국가 인권 위원회
② 국민 권익 위원회
③ 언론 중재 위원회
④ 대한 법률 구조 공단

10
② 국민 권익 위원회 : 공권력의 부패 예방을 통해 국민의 권리를 보호하는 기관
③ 언론 중재 위원회 : 언론 기관의 잘못된 보도로 권리를 침해당했을 경우 구제하는 기관
④ 대한 법률 구조 공단 : 법률 상담 등의 도움을 주는 기관

11 다음 설명에 해당하는 근로자의 권리는?

> 노동조합을 결성할 수 있는 권리

① 참정권 ② 단결권
③ 단체 교섭권 ④ 단체 행동권

11
단결권, 단체 교섭권, 단체 행동권을 노동 3권이라 하는데, 그 중에서 단결권은 노동조합을 결성할 수 있는 권리이다.

12 침해된 노동권을 구제받기 위한 방법으로 옳지 <u>않은</u> 것은?

고난도
① 고용 노동부에 신고한다.
② 법원에 민사 소송을 제기한다.
③ 노동 위원회에 구제 신청을 한다.
④ 헌법 재판소에 헌법 소원 심판을 청구한다.

12
헌법 소원 심판이란 국가의 공권력이 국민의 권리를 침해하였을 때 국민이 직접 헌법 재판소에 청구하는 제도이다.

ANSWER
09. ② 10. ① 11. ② 12. ④

Chapter

02 헌법과 국가 기관

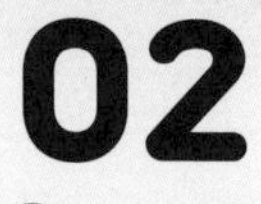

대한민국은 입법부, 사법부, 행정부, 즉 삼권이 분립된 국가입니다. 이번 단원에서는 입법부인 국회의 구성 및 역할, 행정부와 대통령의 구성 및 역할, 사법부인 법원의 구성 및 역할에 대해 구분할 수 있어야 합니다. 그리고 헌법 보장 기관인 헌법 재판소의 역할은 반드시 정리해 두어야 합니다.

01 국 회

1 국회의 성격과 조직

(1) 국회의 의미와 성격

① 국회의 의미 : 국민이 직접 뽑은 사람들로 구성된 국민의 대표 기관이다.

② 국회의 성격

㉠ 국민의 대표 기관 : 현대 국가는 많은 인구와 넓은 영토로 인해 모든 국민이 한자리에 모이기 어렵고, 정책이 전문화되어 있어 국민의 대표를 선출하여 의사 결정을 한다.
→ '대의 민주주의'의 성격

㉡ 입법 기관 : 법률을 제정하거나 개정·폐기하고, 헌법 개정안을 제안하고 의결한다.

㉢ 국가 권력 견제 기관 : 행정부와 사법부를 견제하고 비판하여 권력 남용을 방지한다.

(2) 국회의 조직과 구성 중요+

① 국회의 구성 방식 : 단원제(한 개의 합의체)

② 의장단 : 의장 1인, 부의장 2인

③ 국회의원의 임기 : 4년으로 중임 가능하다.

④ 국회의원의 구성

㉠ 지역구 국회의원 : 지역구(선거구)별로 국민의 직접 선거를 통해 다수의 득표를 얻어서 당선된 국회의원을 말한다.

㉡ 비례대표 국회의원 : 정당이 얻은 득표수에 비례하여 선출하는 국회의원을 말한다.

> **국회의원의 특권** 검색
>
> • 불체포 특권 : 현행범인 경우를 제외하고는 국회의 동의 없이 체포 또는 구금되지 않는다.
> • 면책 특권 : 국회에서 직무상 행한 발언에 대하여 국회 밖에서 책임을 지지 않는다.

⑤ **위원회** : 효율적인 진행을 위해 본회의에서 심의할 안건을 미리 조사하여 심의한다.

㉠ 상임 위원회 : 전문적인 지식을 가진 위원들이 본회의 전에 미리 관련 안건 및 법률 심사를 하기 위해 상설적으로 구성되어 있는 위원회이다.

㉡ 특별 위원회 : 특별한 안건을 처리하기 위해 일시적으로 구성되는 위원회이다.

⑥ **본회의** : 국회의원 전원이 참석하여 의사 결정이 이루어지는 회의를 말한다. → 공개가 원칙

㉠ 정기회(정기 국회) : 매년 9월에 1회 정기적으로 실시하는 회의 → 100일

㉡ 임시회(임시 국회) : 대통령이나 국회 재적 의원 1/4 이상의 요구가 있을 때 열리는 회의 → 30일

⑦ **교섭 단체**

㉠ 20인 이상의 국회의원이 속한 단체로 각 교섭 단체의 대표들이 모여 국회 내의 다양한 의사를 사전에 통합하고 조정한다.

㉡ 국회 운영이 신속하고 효율적으로 이루어지게 한다.

2 국회의 권한 중요+

(1) 입법에 관한 기능

① **법률의 제정 · 개정권** : 가장 대표적이고 본질적인 권한으로, 국가의 조직과 통치의 기초가 되는 법률을 제정하거나 기존의 법률을 고치는 권한을 갖는다.

② **헌법 개정안 발의 · 의결권** : 규정된 절차에 따라 국가의 최고법인 헌법 개정안을 제안하고 의결하는 권한을 갖는다.

③ **조약 체결 · 비준 동의권** : 대통령이 외국과 조약을 맺기 전 국회의 동의 절차를 거친다.

④ **국회의 입법 절차**

법률안 제출	정부가 법률안을 제출하거나 국회의원 10인 이상이 모여 법률안을 발의한다.
⇓	
상임 위원회의 심의	제안된 법률안의 대부분은 상임 위원회에 회부되어 전문적인 심의를 거친다.
⇓	
본회의 의결	본회의에서 재적 의원 과반수의 출석과 출석 의원 과반수의 찬성으로 법률안이 의결된다.
⇓	
대통령의 공포	대통령은 정부로 이송된 법률안에 이의가 없을 경우 15일 이내에 법률안을 공포한다.

(2) 재정에 관한 기능

① **예산안의 심의·확정권** : 나라 살림을 하는 행정부가 편성한 국가의 예산안을 심의하고, 우선순위와 내용을 확정하는 권한을 갖는다.

② **결산 심사권** : 정부가 1년 동안 세금을 합리적으로 집행하였는지 심사하는 권한을 갖는다.

(3) 국가 권력 견제 기능(국정 통제 기능)

① **국정 감사권** : 국가 정책의 집행을 살피기 위해 정기 국회 기간에 국정 전반에 대해 살펴보고 잘못된 부분은 바로잡는다.

② **국정 조사권** : 행정부의 감시와 통제를 위해 필요한 경우 특정 사안에 대해 조사한다.

③ **탄핵 소추권** : 대통령을 비롯한 고위 공직자가 헌법이나 법률을 위반한 경우 파면을 요구하는 탄핵 심판을 헌법 재판소에 요구한다.

④ **헌법 기관 구성 동의권** : 대통령이 대법원장, 헌법 재판소장, 감사원장 등을 임명할 때 국회가 청문회를 실시하고 동의권을 행사한다.

바로바로 CHECK√

우리나라 국회의 기능으로 옳지 않은 것은?

① 국정 감사를 실시한다.
② 법률을 제정하고 개정한다.
❸ 국군을 지휘하고 통솔한다.
④ 행정부가 제출한 예산안을 심의·확정한다.

02 행정부와 대통령

1 행정부의 역할과 구성

(1) 대통령

① **선출 방법 및 임기** : 국민의 직접 선거로 선출되며, 임기 5년에 독재 방지와 평화적인 정권 교체를 위해 중임이 불가능하다.

② **지 위**

㉠ 국가 최고 지도자인 국가 원수로서의 지위를 갖는다.

㉡ 행정부를 책임지고, 행정에 관한 최종적인 권한을 갖고 있는 행정부 수반으로서의 지위를 갖는다.

바로바로 CHECK√

다음에서 설명하는 국가 기관의 수반은?

- 법률을 집행하여, 국가의 목적이나 공익을 실현한다.
- 교육, 외교, 국방 등 분야별로 행정을 담당한다.

❶ 대통령 ② 대법원장
③ 국회 의장 ④ 헌법 재판소장

㉢ 우리나라 관련 헌법 조항

> 헌법 제66조 제1항 대통령은 국가의 원수이며, 외국에 대하여 국가를 대표한다.
> 제4항 행정권은 대통령을 수반으로 하는 정부에 속한다.

(2) 행정부

① **행정의 의미** : 국회에서 만든 법률을 집행하고, 공익을 위해 여러 가지 정책을 수립하여 실행하는 국가 작용을 의미한다.

② **정부의 의미**

㉠ 넓은 의미의 정부 : 입법부, 행정부, 사법부를 포괄하는 통치 기구

㉡ 좁은 의미의 정부 : 행정부

③ **행정부의 역할** : 국가의 행정 업무를 담당하는 기관으로, 최근에는 행정부의 역할이 강화되면서 업무가 점점 광범위해지고 전문화되었다.

(3) 행정부의 조직과 구성 중요+

대통령	국무회의의 의장이다.
국무총리	대통령의 명을 받아 행정 각부를 총괄하고 대통령을 보좌한다.
행정 각부	• 외교, 국방, 경제, 교육 등 각종 분야에서 국가의 중요 정책을 집행한다. • 구체적인 행정 사무를 처리하며 각부 장관의 지위를 받는다. • 행정 각부의 장관은 대통령이 임명한다.
국무 회의	• 행정부의 최고 심의 기관(중요 정책 심의)이다. • 구성 : 대통령(의장), 국무총리(부의장), 국무 위원
감사원	• 대통령 직속 행정부 최고 감사 기관으로 독립적인 지위를 갖는다. • 공무원 직무 감찰과 국가의 세입·세출 결산을 담당한다.

2 대통령의 권한 중요+

(1) 국가 원수(국가 대표)로서의 권한

→ 대외적으로 국가를 대표하고, 대내적으로 헌법 기관을 구성

① **국정 조정권** : 국민이 선출한 국가의 대표로서 국가 정치를 조정한다.

② **외국과의 조약 체결·비준권** : 우리나라를 대표하여 다른 나라와 조약을 체결한다.

③ **긴급 명령 및 계엄 선포권** : 국가에 위태로운 상황이 생겨 긴급 조치가 필요할 때 긴급 명령이나 계엄을 선포한다.

④ **헌법 기관의 구성권(국가 기관장 임명권)** : 국회의 동의를 얻어 헌법 재판소장 및 헌법 재판관, 대법원장 및 대법관, 감사원장 등 국가 기관의 장을 임명한다.

예 대통령이 국회의 동의를 얻어 헌법 재판소장 임명장을 수여하였다.

⑤ **국민 투표 제안권** : 헌법을 개정하거나 국가의 중요 정책을 결정할 때 국민 투표를 제안한다.

⑥ **기타** : 외교 사절 신임 · 접수 · 파견권, 외국 승인권

(2) 행정부 수반으로서의 권한 → 행정에 대한 최종적인 권한과 책임을 가짐

① **행정부 지휘 · 감독권** : 행정 작용의 최종적인 권한을 갖고 법률에 근거하여 행정부를 지휘 · 감독한다.

② **고위 공무원 임명권** : 국무총리, 각 부 장관 등 법률이 정하는 공무원을 임명 · 해임한다.

③ **대통령령 제정 · 발포권** : 법률을 집행하는 데 필요한 사항에 대하여 대통령령을 제정하여 알린다.

④ **국군 통수권** : 헌법과 법률이 정하는 바에 따라 국군을 통수 · 지휘한다.

⑤ **법률안 거부권** : 법률안에 이의가 있을 때 이를 거부하여 국회를 견제할 수 있다.

⑥ **국무 회의의 의장** : 행정부의 주요 업무를 심의하는 국무 회의의 의장이 된다.

바로바로 CHECK√

대한민국 대통령에 대한 설명으로 옳지 않은 것은?

① 행정부 수반이자 국가 원수로서의 지위를 가진다.
❷ 법을 해석하고 적용하여 최종적인 재판을 담당한다.
③ 국무 회의의 의장이 되어 국가 중요 정책을 심의한다.
④ 대한민국을 대표하여 외국과 조약을 체결할 권한을 가진다.

03 법원과 헌법 재판소

1 사법권의 독립과 법원의 조직

(1) 사법과 법원

사법 검색
법을 적용하여 판단하는 국가의 작용

① **사법** : 법의 의미를 해석하고 적용하는 국가 활동을 말한다.

② 법원 : 사법의 권한을 담당하는 국가 기관이다.

③ 법원의 역할 : 재판을 통해 개인 간의 다툼을 해결하고 사회 질서를 유지하며, 궁극적으로 국민의 권리를 보호한다.

(2) 사법권의 독립 중요+

① 의미 : 외부의 간섭을 받지 않고 재판이 독립적으로 이루어지는 것이다.

② 필요성 : 공정한 재판을 보장하기 위해 사법권의 독립이 필요하다.

③ 전제 조건

㉠ 법원의 독립 : 법원의 조직을 법률에 의해 독자적으로 구성하도록 보장하고 있다.

㉡ 법관의 신분 보장 : 법관의 임기와 신분은 헌법으로 보장한다.

④ 우리나라 관련 헌법 조항

> 헌법 제101조 제1항 사법권은 법관으로 구성된 법원에 속한다.
> 제3항 법관의 자격은 법률로 정한다.
> 헌법 제103조 법관은 헌법과 법률에 의하여 그 양심에 따라 독립하여 심판한다.

(3) 법원의 조직과 기능

① 법원의 조직 중요+

대법원	• 국가 최고의 법원으로, 대법원장(임기 6년)과 대법관(13인)으로 구성된다. • 대법원의 판결은 최종적인 효력을 가진다. • 최종 재판인 3심 사건(상고 사건)이나 특허 법원에서 올라온 항소 사건을 담당한다. • 대통령 및 국회의원 선거 소송 등을 담당한다.
고등 법원	• 2심 사건(항소 사건)을 담당한다. • 지방 의회 의원 및 지방 자치 단체장의 선거 소송을 담당한다.
지방 법원	• 주로 민사 또는 형사의 1심 사건을 재판한다. • 지방 법원 단독부 : 경미한 사건 • 지방 법원 합의부 : 무거운 사건
행정 법원	국가 기관의 잘못된 행정 작용에 대한 소송 사건을 재판한다.
가정 법원	가사 사건과 소년 보호 사건을 재판한다.
특허 법원	• 특허 업무와 관련된 사건을 재판한다. • 고등 법원과 동급으로 2심제로 진행된다.
군사 법원	군인의 형사 사건을 재판하는 특별 법원이다.

② 법원의 권한

㉠ 재판 기능(가장 핵심 권한) : 분쟁 해결 과정에서 추상적인 법을 해석하고 판단하여 구체적인 사건에 적용한다.

㉡ 위헌 법률 심판 청구권 : 법원은 재판 중인 사건에 적용할 법률이 헌법에 어긋나는지가 문제가 될 때 헌법 재판소에 위헌 법률 심판을 청구하여 입법부를 견제한다.

㉢ 기타 기능 : 등기나 가족 관계 등록, 판결을 제대로 이행하지 않을 시 강제 집행 등의 업무를 담당한다.

바로바로 CHECK√

다음 설명에 해당하는 법원은?

- 우리나라의 최고 법원이다.
- 주로 최종 재판인 3심 판결을 담당한다.

❶ 대법원 ② 가정 법원
③ 특허 법원 ④ 행정 법원

2 헌법 재판소의 조직과 권한

(1) 헌법 재판소의 의미와 조직

① 지 위

㉠ 국회에서 만든 법률 또는 행정부의 권력 행사가 국민의 기본권을 침해하는지 여부를 판단(헌법 재판)하여 국민의 기본권을 구제하는 기본권 보장 기관이다.

㉡ 헌법의 해석과 관련된 다툼을 다루는 헌법 재판을 통해 헌법을 수호하는 독립된 국가 기관이다.

② 조 직

㉠ 법관의 자격을 가진 9명의 재판관으로 구성되며, 임기는 6년으로 연임이 가능하다.

㉡ 9명 모두 대통령이 임명하되 3명은 국회에서 선출, 3명은 대법원장이 지명한다.

㉢ 헌법 재판소장은 대통령이 국회의 동의를 받아 임명한다.

(2) 헌법 재판소의 권한(헌법 재판) 중요+

① 헌법 소원 심판

㉠ 의미 : 법률이나 공권력에 의하여 국민의 기본권이 침해된 경우 이를 구제하기 위한 재판을 말한다.

㉡ 절차 : 국민이 직접 청구한다.

바로바로 CHECK√

다음의 역할을 담당하는 국가 기관은?

- 위헌 법률 심판
- 탄핵 심판
- 정당 해산 심판
- 권한 쟁의 심판

① 국회 ② 감사원
③ 대법원 ❹ 헌법 재판소

② 위헌 법률 심판

㉠ 의미 : 재판에 전제되는 법률이 헌법에 위배되는지를 심판한다.

㉡ 절차 : 법원이 제청한다.

㉢ 결과 : 헌법에 어긋난 법률로 판단되면, 그 법률은 법이 개정될 때까지만 효력을 유지한다.

③ 탄핵 심판

㉠ 의미 : 고위 공직자가 직무상 헌법이나 법률에 어긋나는 중대한 잘못을 했을 경우 파면 여부를 심판한다.

㉡ 절차 : 국회가 요청(탄핵 소추)한다.

④ 정당 해산 심판

㉠ 의미 : 정당의 목적이나 활동이 헌법에서 정하는 민주적 기본 질서를 위반하는 경우 정당의 해산 여부를 심판한다.

㉡ 절차 : 정부가 청구한다.

⑤ 권한 쟁의 심판

㉠ 의미 : 국가 기관 간, 국가 기관과 지방 자치 단체 간의 다툼이 발생했을 경우 이를 조정한다.

㉡ 절차 : 국가 기관이 청구한다.

바로 바로 CHECK√

다음 내용에 해당하는 헌법 재판소의 권한은?

- 국가 권력이 국민의 기본권을 침해하고 있는지 여부를 심판한다.
- 기본권을 침해당한 개인이 권리를 구제받기 위해 청구했을 때 심판한다.

① 탄핵 심판
❷ 헌법 소원 심판
③ 권한 쟁의 심판
④ 위헌 정당 해산 심판

3 국가 기관 간의 견제와 균형

(1) 목 적

국가 기관의 권력 남용을 방지하고 국민의 기본권을 보장하기 위함이다.

(2) 내 용

국가 권력을 나누어 서로 다른 기관이 담당하고 서로 견제할 수 있는 권한을 부여한다.

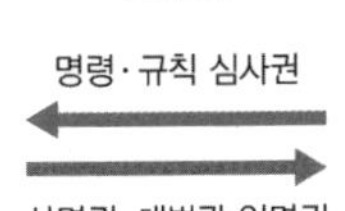

탄탄 실력 다지기

실전 예상문제

01 다음과 같은 권한을 행사하는 국가 기관은?
기출

- 법의 제정 및 개정
- 예산안 심의와 확정
- 국정 감사와 국정 조사

① 법원　② 국회
③ 행정부　④ 헌법 재판소

02 국회의 조직과 구성에 대한 설명으로 옳지 않은 것은?
고난도

① 국회의원의 임기는 4년이다.
② 국회의 구성 방식은 단원제이다.
③ 국무 회의에서 법률안을 최종적으로 의결한다.
④ 지역구 국회의원과 비례대표 국회의원으로 구성된다.

03 다음과 같은 국회의 권한은?

고위 공직자가 헌법이나 법률을 위반한 경우 헌법 재판소에 파면을 요구할 수 있는 권리

① 국정 감사권　② 국정 조사권
③ 탄핵 소추권　④ 결산 심사권

04 국회의 권한 중 재정에 관한 권한은?

① 국정 감사권
② 조약 체결 동의권
③ 헌법 기관 구성 동의권
④ 예산안의 심의·확정권

01
입법부(국회)는 현대 대의 민주주의의 핵심으로 국민이 선출한 대표로 구성된다. 법률 제정과 개정, 헌법 개정안 의결, 국정 감사 및 조사, 예산안 심의·확정, 행정 각부의 국정 감사 등을 담당하는 국민의 대표 기관이다.

02
상임 위원회에서 심사한 법률안을 최종적으로 의결하는 곳은 국회 본회의이다. 국무 회의는 행정부 소속이다.

03
탄핵 소추권은 대통령을 비롯한 고위 공직자가 헌법이나 법률을 위반한 경우 파면을 헌법 재판소에 요구할 수 있는 권리를 말한다.

04
국회의 재정에 관한 권한에는 예산안의 심의·확정권 및 결산 심사권이 있다. 국회는 정부가 마련한 국가의 예산안을 심의하고 확정한 뒤에, 사용한 예산을 평가하고 승인한다.

ANSWER
01. ②　02. ③　03. ③　04. ④

05 행정부의 조직에 속하지 않는 것은?

① 대통령　② 국무총리
③ 국회의원　④ 각부 장관

05 국회의원은 입법부에 속한다.

06 다음에 해당하는 국가 기관은?

• 공무원의 직무 감찰
• 국가의 세입과 세출의 결산 검사

① 국회　② 법원
③ 행정부　④ 감사원

06 감사원은 대통령에 소속된 행정부의 최고 감사 기관으로, 공무원의 직무 감찰과 국가의 세입·세출의 결산을 검사하는 업무를 담당한다.

07 기출 현행 우리나라 대통령에 대한 설명으로 옳지 않은 것은?

① 행정부의 수반이다.
② 국군을 지휘하고 통솔한다.
③ 국민의 대표 기관인 국회에서 선출한다.
④ 국가 원수로서 대외적으로 우리나라를 대표한다.

07 대통령은 행정부의 최고 책임자로서 국민의 직접 선거에 의해 선출된다. 대통령의 임기는 5년으로 중임할 수 없다. 국무 회의의 의장으로 행정부의 최종적인 권한과 책임을 가진다.

08 다음 중 대통령의 권한이 아닌 것은?

① 국정 감사권
② 국군 통수권
③ 국민 투표 제안권
④ 긴급 명령 및 계엄 선포권

08 국정 감사권은 국회(입법부)의 권한이다.

ANSWER
05. ③　06. ④　07. ③　08. ①

09 법을 적용하여 판단하는 국가의 작용을 일컫는 용어는?

① 입법 ② 행정
③ 사법 ④ 명령

09
입법은 법률을 제정하는 국가의 작용, 행정은 법률을 집행하고 실행하는 국가의 작용이다.

10 법원의 기능이 아닌 것은?

고난도

① 재판 담당
② 명령·규칙 심사권
③ 대법원장 임명 동의권
④ 위헌 법률 심판 제청권

10
대법원장 임명 동의권은 국회의 권한으로 입법부인 국회가 사법부인 법원을 견제하는 권한이다.

11 주로 2심 사건인 항소 사건을 담당하는 법원은?

① 대법원 ② 가정 법원
③ 특허 법원 ④ 고등 법원

11
1심 사건은 지방 법원에서, 3심 사건(상고 사건)은 대법원에서 담당한다.

12 다음과 같은 권한이 부여된 국가 기관은?

• 탄핵 심판 • 헌법 소원 심판
• 위헌 법률 심판

① 국회 ② 정부
③ 법원 ④ 헌법 재판소

12
헌법 재판소의 권한으로는 헌법 소원 심판, 탄핵 심판, 위헌 법률 심판, 위헌 정당 심판, 권한 쟁의 심판이 있다.

ANSWER
09. ③ 10. ③ 11. ④ 12. ④

Chapter

03 경제생활과 선택

학습 point⁺

기회비용과 자원의 희소성 및 합리적 선택의 의미에 대해 개념 위주로 정리해 두어야 하며, 시장 경제 체제와 계획 경제 체제의 장단점을 비교할 수 있어야 합니다. 그리고 이번 교육과정에 새롭게 추가된 기업의 사회적 책임에 대해 정리해 놓아야 합니다. 마지막으로 고령화 시대에 대비하고 안정적인 경제생활을 위한 자산 관리가 중요하게 다루어지고 있어 자산 관리의 원칙인 안정성, 수익성, 유동성(환금성)의 특징 및 자산의 종류를 구분할 수 있어야 합니다.

01 합리적 선택과 경제 체제

1 경제 활동

(1) 경제 활동의 대상과 의미

① 대 상

㉠ 재화 : 인간의 욕구를 충족시켜 주는 물건 예 옷, 집, 음식 등

㉡ 서비스(용역) : 인간의 욕구를 충족시켜 주는 사람의 행위

예 의사의 진료, 교사의 수업, 미용사의 머리 손질 등

② 경제 활동의 의미 : 사람의 필요와 욕구를 충족하기 위해 재화나 서비스를 생산・소비・분배하는 활동을 말한다. 중요⁺

생 산	사람들이 필요로 하는 재화나 서비스를 만드는 것 예 보관, 운송, 교육, 예술 등
분 배	생산 활동에 참여한 대가를 받는 것 예 노동을 하고 받는 임금, 돈을 빌려주고 받는 이자, 땅을 빌려주고 받는 지대 등
소 비	자신에게 필요한 재화와 서비스를 구매하거나 사용하는 것 예 외식, 영화 관람 등

(2) 경제 활동의 주체

① 가계(소비의 주체)

㉠ 활동 : 소비 활동에 필요한 소득을 얻기 위해 기업이나 정부에 생산 요소(노동, 자본, 토지)를 제공한다.

→ 임금, 이자, 지대 등의 소득을 얻음

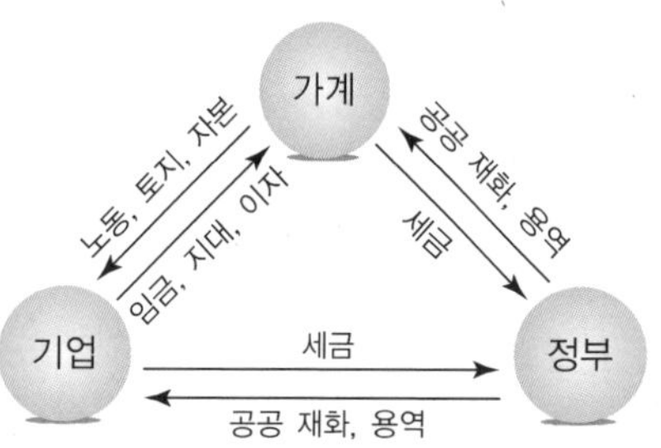

㉡ 저축 : 소득 중 소비하지 않고 남은 것을 저축한다. → 기업의 투자로 이어짐

② **기업(생산의 주체)** : 재화와 서비스를 공급(이윤 획득 목적)하고, 생산 요소를 구입한다.

③ **정부(재정의 주체)** : 가계와 기업이 낸 세금을 바탕으로 국민 생활에 필요한 재화와 서비스를 생산하고, 공공재를 생산(도로・국방・치안・교육・행정 등)하며, 공공 업무 수행에 필요한 재화와 서비스를 소비한다.

④ **외국(무역 활동의 주체)** : 오늘날 세계화・정보화로 비중이 점차 증가하고 있다.

바로바로 CHECK√

다음에 해당하는 경제 활동의 주체는?

> • 재화와 서비스를 소비하는 소비 활동의 주체이다.
> • 생산 요소를 제공한 대가로 임금, 지대, 이자 등을 받는다.

❶ 가계 ② 기업
③ 정부 ④ 외국

바로바로 CHECK√

다음 내용에 해당하는 경제 주체는?

> • 생산과 소비의 주체
> • 세금을 바탕으로 국방, 치안, 도로 등의 공공재 생산
> • 공공 업무 수행에 필요한 재화와 서비스를 소비

❶ 정부 ② 기업
③ 가계 ④ 외국

2 자원의 희소성과 합리적 선택

(1) 자원의 희소성 중요+

① **의미** : 인간의 욕구는 무한한 데 비해 그것을 충족시켜 줄 수 있는 자원은 상대적으로 한정되어 있는 것을 말한다.

② **특 징**

㉠ 희소성의 상대성 : 재화와 서비스의 절대적인 양이 아니라 인간의 필요와 욕구에 의해 달라지며, 시대와 장소에 따라 달라진다.

㉡ 선택 문제의 발생 원인 : 희소성 때문에 선택의 문제에 직면하게 된다.

바로바로 CHECK√

다음의 내용을 통해 알 수 있는 것은?

> 더위를 식혀 주는 에어컨의 경우, 한대 기후 지역에서는 희소성이 없으나 열대 기후 지역에서는 희소성이 있다.

① 한 번 희소한 자원은 영원히 희소하다.
❷ 지역에 따라 자원의 희소성이 달라질 수 있다.
③ 시대가 달라져도 자원의 희소성은 달라지지 않는다.
④ 자원의 희소성은 자원의 절대적인 양에 의해서만 결정된다.

(2) 경제적 선택과 기회비용

① **발생 원인** : 자원의 희소성, 즉 사람들이 원하는 양보다 자원이 적게 존재하므로 일상생활에서 다양한 선택의 문제가 발생한다.

② **기회비용** 중요+

㉠ 의미 : 하나의 선택으로 인하여 포기한 것의 가치 중 가장 큰 것을 말한다.

㉡ 구성 : 선택에 따른 활동을 하는 데 직접 지출되는 비용 + 선택으로 인해 포기한 것으로 얻을 수 있는 가치

㉢ 특징 : 사람마다 선택에 따른 만족이 다르기 때문에 기회비용은 사람마다 다를 수 있다.

바로 바로 CHECK√

(가)에 들어갈 경제 개념으로 적절한 것은?

(가)은 어떤 것을 선택함으로써 포기하는 가치 중에 가장 큰 것이다. 음식점에서 짜장면과 짬뽕 사이에서 고민하다가 짜장면을 선택했다면 짬뽕을 먹었을 때의 만족감이 그 예에 해당한다.

① 편익 ② 희소성
❸ 기회비용 ④ 매몰 비용

(3) 합리적 선택

① 의미 : 최소의 비용으로 최대의 편익을 얻으려는 원칙을 말한다.

② 합리적 선택을 위해 고려해야 할 점

㉠ 비용 : 어떤 선택을 위해 드는 금전이나 시간 등의 대가 → 기회비용도 포함

㉡ 편익 : 어떤 선택으로 인해 발생하는 만족감이나 경제적 이득

③ 경제 원칙

㉠ 편익 > 기회비용

㉡ 같은 비용이면 편익을 최대화, 같은 편익이면 비용을 최소화하는 선택을 한다.

④ 합리적 선택의 절차 : 문제 인식 → 자료 및 정보 수집 → 대안 탐색 → 대안 평가 → 대안 선택 및 실행 → 실행 평가의 반성

3 경제 문제와 경제 체제

(1) 경제 문제

① 기본적인 경제 문제 : 여러 경제 문제 중에서 모든 사회에서 공통적으로 해결해야 할 문제를 말한다.

② 발생 원인 : 자원의 희소성 때문에 경제 문제가 발생한다.

③ 경제 문제의 종류

기본적인 경제 문제	내 용
무엇을 얼마나 생산할 것인가?	생산물의 종류와 수량에 대한 문제
어떻게 생산할 것인가?	생산 방법의 문제
누구를 위하여 생산할 것인가? (누구에게 얼마만큼 분배할 것인가?)	생산 요소 제공에 대한 생산물의 분배 문제

(2) 시장 경제 체제 중요+

① **특징** : 경제 주체들의 자유로운 경제 활동과 사유 재산을 보장하고, 개인이 생산 수단을 소유한다.

② **경제 문제 해결** : 시장 가격을 통해 해결한다.

③ **장 점**

㉠ 개인의 능력과 창의성이 발휘된다.

㉡ 희소한 자원의 효율적 배분이 가능하다.

㉢ 사회 전체의 생산성이 향상된다.

④ **단점** : 빈부 격차가 심화되고, 공동체의 이익(공익)이 침해되며, 환경 오염 등이 발생한다.

(3) 계획 경제 체제 중요+

① **특징** : 국가가 경제 활동의 자유를 제한하고 생산 수단을 소유하며, 사회가 공동 목표를 추구한다.

② **경제 문제 해결** : 국가의 계획이나 명령에 의해 해결한다.

③ **장 점**

㉠ 소득 분배에서 형평성을 추구한다.

㉡ 국가가 채택한 주요 목적의 신속한 달성이 이루어진다.

④ **단 점**

㉠ 근로자의 근로 의욕이 저하된다.

㉡ 경제적 효율성과 생산성이 저하된다.

㉢ 국민의 다양한 욕구 파악이 어렵다.

(4) 혼합 경제 체제

① **의미** : 시장 경제 체제의 요소 + 계획 경제 체제의 요소

② **등장 배경** : 시장 경제 체제에서 시장 가격 기능으로 해결할 수 없는 문제가 발생하여 정부의 개입이 필요하게 되었다.

③ **특징** : 오늘날 대부분의 국가들은 혼합 경제 체제를 운영하고 있지만, 국가마다 혼합 정도가 다르다.

④ 형 태

㉠ 시장 경제 체제를 기본으로 하는 형태 : 시장 경제 체제의 단점을 개선하고, 복지 정책 등을 실시하기 위해 정부가 개입한다. → 우리나라가 해당됨

㉡ 계획 경제 체제를 기본으로 하는 형태 : 계획 경제 체제의 단점을 해결하고, 경제 성장을 위해 시장 경제 체제의 요소를 도입한다.

심화학습 우리나라의 경제 체제와 관련된 헌법 조항

우리나라 헌법 제119조

제1항 대한민국의 경제 질서는 개인과 기업의 경제상의 자유와 창의를 존중함을 기본으로 한다.

제2항 국가는 균형 있는 국민 경제의 성장 및 안정과 적정한 소득의 분배를 유지하고, 시장의 지배와 경제력의 남용을 방지하며, 경제 주체 간의 조화를 통한 경제의 민주화를 위하여 경제에 관한 규제와 조정을 할 수 있다.

02 기업의 역할과 사회적 책임

1 기업의 역할

(1) 기업의 의미와 특징

① **의미** : 생산 활동을 담당하는 경제 주체로 이윤의 극대화를 추구한다.

② **특징** : 더 많은 이윤을 얻고자 최소 비용으로 노동, 자본, 토지 등의 생산 요소를 투입하여 재화나 서비스를 만들고 판매한다.

(2) 기업의 역할

① **상품 생산** : 소비자는 다양하고 질 좋은 상품 소비가 가능해진다.

② **일자리와 소득 창출** : 근로자를 고용하여 가계에 일자리와 소득을 제공한다.

③ **국가 재정에 기여** : 세금을 납부하여 국가의 재정 활동에 기여한다.

④ **경제 성장 촉진** : 연구 개발 투자를 통해 경제 성장을 촉진한다.

바로바로 CHECK√

다음 내용에 해당하는 경제 활동의 주체는?

- 재화와 서비스를 생산하는 생산 활동의 주체
- 적은 비용으로 상품을 생산하여 최대의 이윤을 얻기 위해 노력함

① 가계 ❷ 기업
③ 정부 ④ 외국

2 기업의 사회적 책임

(1) 기업의 사업의 책임

① **의미** : 기업이 법을 준수하고, 소비자와 근로자 및 사회가 요구하는 방향으로 활동해야 한다는 윤리 의식을 말한다.

② **필요성** : 기업의 활동은 소비자 및 근로자와 밀접한 관계에 있으며, 국가 경제에 영향을 미치기 때문에 기업의 사회적 책임이 요구된다.

③ **내 용**

㉠ 이윤 추구 과정에서 법을 지키고 세금을 성실하게 납부하며 공정하게 경쟁해야 한다.

㉡ 사회 복지 사업 등 사회 공헌 활동에 참여해야 한다.

㉢ 소비자와 근로자의 권리를 보호해야 한다.

㉣ 환경 문제에 대한 책임을 가지고 환경 오염을 최소화해야 한다.

④ **사회적 기업** : 취약 계층에게 일자리를 제공하는 등 사회적 목적을 우선으로 추구하면서 이윤을 추구하는 기업을 말한다.

(2) 기업가 정신 중요+

① **의미** : 혁신적 사고와 창의성을 바탕으로 변화에 대응하고 위험을 무릅쓰며 도전하는 기업가의 정신을 말한다.

② **필요성** : 시장 경제 체제에서 기업이 이윤을 지속적으로 얻고 경쟁에서 살아남기 위해 반드시 필요하다.

③ **내용** : 새로운 시장 개척, 새로운 기술 및 상품 개발, 새로운 생산 방법 및 판매 도입

④ **영 향**

㉠ 기업의 이윤 증대 및 성장에 기여한다.

㉡ 새로운 가치 창출로 경제 발전에 이바지한다.

㉢ 소비자는 과거에 볼 수 없었던 편리한 상품을 접하면서 삶의 풍요로움이 증대된다.

03 경제생활과 금융 생활

1 생애 주기에 따른 경제생활

유소년기	• 부모의 소득에 의존하여 소비한다. • 바람직한 경제생활 태도를 형성해야 한다.
청년기	• 취업하여 소득이 발생하는 시기로, 무분별한 소비를 자제하고 신용 관리에 주의를 기울여야 한다. • 소득과 소비 둘 다 적기 때문에 저축을 하기 좋은 시기이다.
중 · 장년기	경제 활동이 왕성한 시기로 소득이 가장 높지만 주택 마련, 자녀 교육, 노후 대비 등으로 소비도 크게 증가한다.
노년기	은퇴로 인해 소득이 감소하거나 없기 때문에 소득보다 소비가 많은 시기이다.

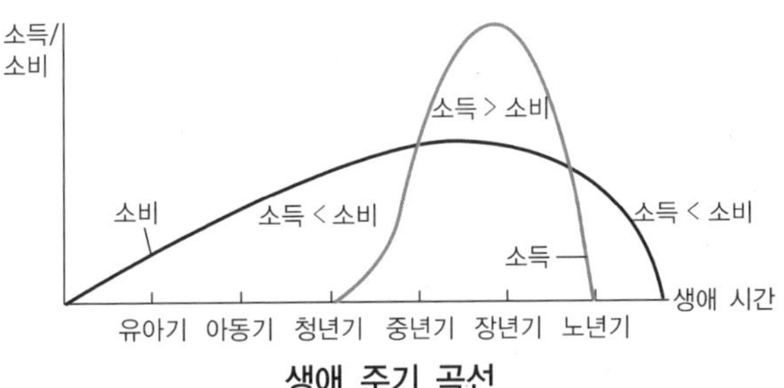

생애 주기 곡선

생애 주기 검색
시간의 흐름에 따라 개인의 삶과 가족의 모습이 변화하는 단계

2 자산 관리

(1) 자산의 의미와 종류

① 의미 : 개인이나 단체가 소유하고 있는 것 중에서 경제적 가치를 지닌 것을 말한다.

② 종 류

㉠ 금융 자산 : 현금, 예금, 주식, 채권, 각종 금융 상품

㉡ 실물 자산 : 집, 토지, 건물과 같은 부동산

(2) 자산 관리의 의미와 필요성

① 의미 : 자신의 소득과 소비를 고려하여 자산을 어떻게 사용할 것인지 계획하고 실천하는 일을 말한다.

② 필요성

㉠ 소비 생활은 평생 이루어지나, 소득을 얻는 시간은 한정되어 있기 때문이다.

㉡ 미래에 대비하기 위해 전 생애의 소득과 소비를 고려하여 자산을 확보하고 운영해야 한다. → 오늘날 인구의 고령화로 인해 중요성이 더욱 커짐

(3) 자산 관리의 방법 중요+

① 자산 관리 시 고려 요인

㉠ 안전성 : 투자한 원금이 손실되지 않고 보장되는 정도 예 예금↑, 채권↑, 주식↓

㉡ 유동성 : 필요할 때 쉽게 현금으로 바꿀 수 있는 정도 예 예금↑, 부동산↓

㉢ 수익성 : 투자를 통해 수익을 얻을 수 있는 정도 예 주식↑, 펀드↑

② 계획적인 소비 : 지출을 체계적으로 관리하고 불필요한 낭비를 줄인다.

③ 분산 투자 : 장기적 계획으로 다양한 자산에 적절히 분산하여 투자해야 한다.

→ '계란을 한 바구니에 담지 마라.'

(4) 금융 상품의 종류

① 예금 및 적금

㉠ 의미 : 정해진 이자를 기대하고 금융 기관에 돈을 맡기는 상품

㉡ 장점 : 원금 보전이 가능하기 때문에 안전성이 높다.

㉢ 단점 : 상대적으로 수익성이 낮다.

② 주 식

㉠ 의미 : 주식회사가 사업 자금을 조달하기 위해 투자자로부터 돈을 받고 발행하는 증서

㉡ 장점 : 기업의 실적에 따라 예금보다 높은 수익을 얻을 수 있다.

㉢ 단점 : 안정성이 낮다.

③ 채 권

㉠ 의미 : 정부, 공공 기관, 기업 등이 필요한 자금을 빌리면서 발행한 증서

㉡ 장점 : 주식에 비해 안정성이 높은 편이다.

㉢ 단점 : 예금과는 달리 원금 손실이 있을 수 있다.

④ 보험 : 매달 일정한 금액을 내면 필요시 경제적 도움을 받을 수 있는 상품

⑤ 연금 : 소득의 일부를 저축하여 노후에 일정액을 받는 상품

(5) 신용과 신용 관리

① 신용의 의미와 필요성

㉠ 신용의 의미 : 장래의 어느 시점에 갚을 것을 약속하고 상품이나 돈을 얻을 수 있는 능력으로서 지불 능력에 대한 사회적 평가를 말한다.

㉡ 신용 거래의 장점 : 현재 소득보다 더 많은 소비가 가능하며, 당장 현금이 없어도 소비가 가능하다.

㉢ 신용 거래의 단점 : 충동구매와 과소비가 우려되며, 미래의 원금 및 높은 이자 상환이 부담이 된다.

② 신용 관리의 필요성

㉠ 신용이 나쁠 경우 대출이 제한되거나 높은 이자를 지불해야 한다.

㉡ 취업, 비자 발급, 휴대 전화 가입, 카드 사용 발급 제한 등에 지장을 준다.

③ 올바른 신용 관리

㉠ 소득이나 지불 능력의 범위 내에서 소비하고 신용을 이용해야 한다.

㉡ 세금, 공과금 등을 연체하지 않아야 한다.

㉢ 대출 상환이나 상품 대금 지급의 지불 약속은 반드시 지켜야 한다.

실력 탄탄 다지기

실전 예상문제

01 다음 중 생산 활동에 해당하는 것은?

① 동현이는 친구들과 콘서트를 관람했다.
② 정은이는 돈을 빌려주고 이자를 받았다.
③ 재한이는 야구를 배우려고 야구 장갑을 샀다.
④ 수형이는 졸업식 날 꽃을 팔아 용돈을 벌었다.

01 ①·③은 소비, ②는 분배 활동에 해당한다.

02 그림이 의미하는 경제 개념으로 가장 적절한 것은? 기출

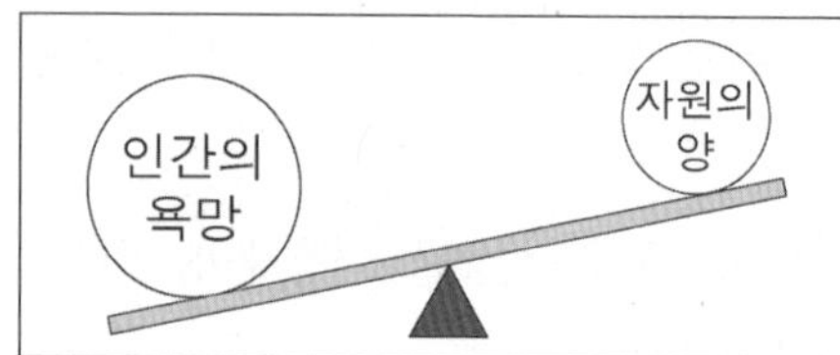

① 경제 성장 ② 국제 수지
③ 국내 총생산 ④ 자원의 희소성

02 인간의 욕구는 무한한 데 비해 그것을 충족시켜 줄 수 있는 자원은 상대적으로 부족한 것을 자원의 희소성이라고 한다.

03 합리적 선택에 해당하는 것은?

① 기회비용이 편익보다 큰 선택
② 편익이 같다면 비용을 최대화하는 선택
③ 비용이 같다면 편익을 최소화하는 선택
④ 최소의 비용으로 최대 편익을 얻는 선택

03
① 기회비용<편익
② 편익이 같다면 비용을 최소화
③ 비용이 같다면 편익을 최대화

04 시장 경제 체제에서 발생할 수 있는 문제점이 아닌 것은? 고난도

① 생산성 저하 ② 환경 오염 발생
③ 빈부 격차 심화 ④ 공동체 이익 침해

04 시장 경제 체제에서는 개인의 능력과 창의성이 발휘되기 때문에 사회 전체의 생산성이 향상된다.

ANSWER
01. ④ 02. ④ 03. ④ 04. ①

05 계획 경제 체제의 특징으로 옳은 것은?

고난도

① 개인의 사유 재산을 보장한다.
② 개인의 능력을 발휘할 수 있다.
③ 소득 분배의 형평성을 추구한다.
④ 경제 문제는 시장 가격을 통해 해결한다.

06 다음 설명에 해당하는 용어는?

> 혁신적 사고와 창의성을 바탕으로 변화에 대응하고 위험을 무릅쓰고 도전하는 자세

① 신용 관리　② 자산 관리
③ 기업가 정신　④ 기업의 사회적 책임

07 다음과 같은 경제 활동이 이루어지는 시기는?

> 소득이 가장 높지만 주택 마련, 노후 대비 등으로 소비도 크게 증가한다.

① 유년기　② 청년기
③ 장년기　④ 노년기

08 금융 자산에 해당하지 않는 것은?

① 예금　② 주식
③ 채권　④ 부동산

05
①·②·④는 시장 경제 체제의 특징이다.

06
혁신적 사고와 창의성을 바탕으로 변화에 대응하고 위험을 무릅쓰며 도전하는 자세를 기업가 정신이라고 한다.

07
중·장년기는 경제 활동이 왕성한 시기로 소득이 가장 높지만 주택 마련, 자녀 교육, 노후 대비 등으로 소비도 크게 증가하는 시기이다.

08
집, 토지, 건물과 같은 부동산은 실물 자산이다.

ANSWER
05. ③　06. ③　07. ③　08. ④

09 **수익성은 높지만 안전성이 낮은 금융 상품은?**

① 예금 ② 적금
③ 주식 ④ 연금

09
주식은 주식회사가 사업 자금을 조달하기 위해 투자자로부터 돈을 받고 발행하는 증서로 예금보다 높은 수익을 얻을 수 있지만 안정성이 낮다.

10 **다음 설명에 해당하는 금융 상품은?**

> 정부, 공공 기관 등이 필요한 자금을 빌리면서 발행한 증서

① 보험 ② 채권
③ 주식 ④ 연금

10
정부, 공공 기관, 기업 등이 필요한 자금을 빌리면서 발행한 증서는 채권으로, 주식에 비해 안정성이 높은 편이다.

11 **다음 글에서 설명하는 것은?**

> 미래의 어느 시점에 갚을 것을 약속하고 재화나 서비스를 제공받거나 빌릴 수 있는 능력

① 신용 ② 자산
③ 무역 ④ 재산

11
신용이란 장래의 어느 시점에 갚을 것을 약속하고 상품이나 돈을 얻을 수 있는 능력을 말한다.

12 **자산 관리가 필요한 이유로 옳은 것은?**

① 자산을 모으는 것이 소비보다 중요하기 때문이다.
② 자산이 많을수록 관리하는 데 비용이 늘어나기 때문이다.
③ 평균 수명이 연장되어 일생 동안의 소득이 이전보다 증가하였기 때문이다.
④ 소비는 평생 동안 계속하지만 소득을 얻는 기간은 한정되어 있기 때문이다.

12
생애 주기를 보면 소비는 평생 동안 계속한다. 노년기에는 은퇴로 인해 소득이 감소하거나 없기 때문에 소득보다 소비가 더 많다. 따라서 미래에 대비하기 위해서는 전 생애의 소득과 소비를 고려한 자산 관리가 필요하다.

ANSWER
09. ③ 10. ② 11. ① 12. ④

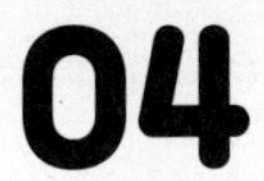

Chapter 04 시장 경제와 가격

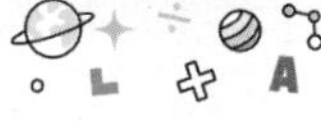

학습 point⁺

시장의 종류, 수요와 공급, 수요 법칙과 공급 법칙, 시장 가격의 의미에 대해 개념 위주로 정리한 뒤에 학습하는 것이 좋습니다. 특히 수요와 공급의 변동 요인을 구분할 수 있어야 하며, 시장 가격의 기능에 대해서도 정리해 둘 필요가 있습니다.

01 시장의 의미와 종류

1 시장의 의미와 기능

(1) 의미와 형성 과정

① 의미 : 상품을 사려고 하는 수요자와 팔려고 하는 공급자가 만나 거래를 하는 곳으로, 구체적인 장소만을 뜻하는 것이 아니라 수요자와 공급자 간의 거래 활동 자체를 의미한다.

② 시장의 형성 과정 : 자급자족(원시 사회) → 잉여 생산물의 발생(농경 사회) → 물물 교환의 발생 → 사회적 분업 발생과 교환의 효율성을 위해 시장 형성 → 화폐 사용으로 시장의 활성화

(2) 기 능

① 거래를 하는 비용과 시간을 절약한다.

② 상품과 관련된 정보를 제공한다.

③ 특화와 분업의 촉진을 통해 상품의 생산성을 증대시킨다.

2 시장의 종류 중요⁺

(1) 거래 형태에 따른 구분

① 눈에 보이는 시장 : 수요자와 공급자 간의 거래 모습이 눈에 보이는 시장

예 백화점, 농수산물 시장

② 눈에 보이지 않는 시장 : 거래 모습이 확실히 드러나지는 않지만 수요자와 공급자 간의 거래가 이루어지는 시장 예 외환 시장, 전자 상거래 등

③ 정보 통신 기술의 발달로 시간과 공간의 구애를 받지 않는 전자 상거래 시장은 매년 확대되고 있다.

(2) 거래 상품의 종류에 따른 구분

① **생산물 시장** : 재화나 서비스를 거래하는 시장 예 농수산물 시장, 백화점 등

② **생산 요소 시장** : 생산에 필요한 노동, 토지, 자본 등을 거래하는 시장 예 노동 시장

(3) 개설 주기에 따른 구분

① **상설 시장** : 매일 열리는 시장 예 남대문 시장 등

② **정기 시장** : 특정 날짜에만 열리는 시장 예 5일장, 3일장 등

(4) 판매 대상에 따른 구분

① **도매 시장** : 소매상을 대상으로 물건을 파는 시장

② **소매 시장** : 소비자를 대상으로 물건을 파는 시장

02 시장 가격의 결정

1 수요와 공급 원칙 중요+

(1) 수요와 수요량

① 의 미

㉠ 수요 : 주어진 가격에서 상품을 구입하려는 욕구를 말한다.

㉡ 수요량 : 일정 가격으로 소비자들이 상품을 구매하고자 하는 수량을 나타낸다.

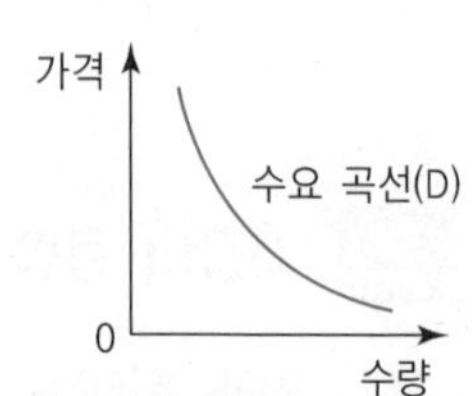

② 수요 법칙과 수요 곡선

㉠ 수요 법칙 : 가격이 하락하면 수요량은 증가하고, 가격이 상승하면 수요량은 감소한다.

㉡ 수요 곡선 : 수요 법칙을 그래프로 나타낸 것으로 가격과 수요량은 반비례 관계이다.

(2) 공급과 공급량

① 의 미

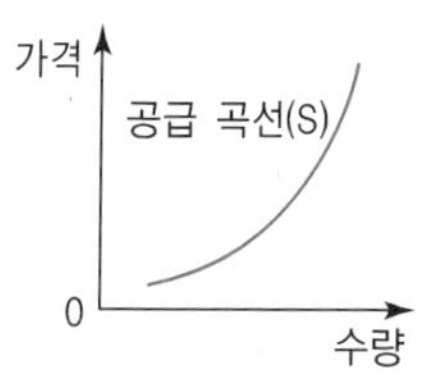

㉠ 공급 : 주어진 가격에서 상품을 판매하려는 욕구를 말한다.

㉡ 공급량 : 공급자가 상품을 판매하고자 하는 구체적인 수량을 나타낸다.

② 공급 법칙과 공급 곡선

㉠ 공급 법칙 : 가격이 하락하면 공급량은 감소하고, 가격이 상승하면 공급량은 증가한다.

㉡ 공급 곡선 : 공급 법칙을 그래프로 나타낸 것으로 가격과 공급량은 비례 관계이다.

2 시장 가격의 결정

(1) 시장 가격과 균형 거래량

① 시장 가격(균형 가격) : 수요량과 공급량이 일치하는 지점에서 균형을 이룬 가격을 말한다.

② 균형 거래량 : 수요량과 공급량이 일치하는 지점에서 균형을 이룬 거래량을 말한다.

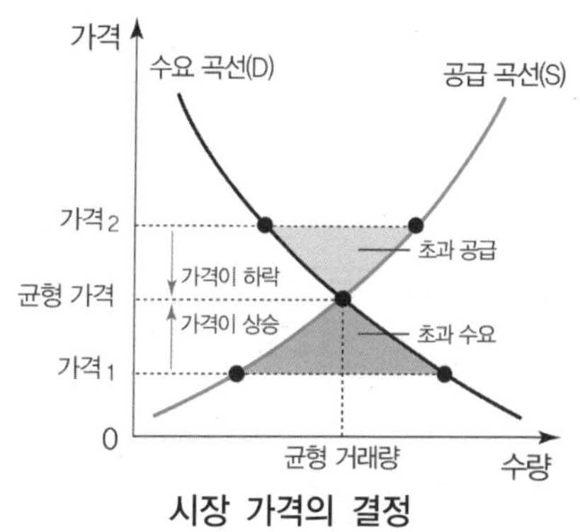

시장 가격의 결정

(2) 시장 가격의 결정 중요⁺

① 수요량 = 공급량 : 시장 가격(균형 가격), 균형 거래량 형성

② 수요량 > 공급량 : 초과 수요의 발생 → 수요자 간의 경쟁 발생 → 가격 상승

③ 공급량 > 수요량 : 초과 공급의 발생 → 공급자 간의 경쟁 발생 → 가격 하락

바로바로 CHECK√

표는 아이스크림의 수요량과 공급량을 나타낸 것이다. 아이스크림의 균형 가격은? (단, 다른 조건은 일정함)

가격(원)	수요량(개)	공급량(개)
800	500	100
900	400	200
1,000	300	300
1,100	200	400

① 800원 ② 900원
❸ 1,000원 ④ 1,100원

3 시장 가격의 기능

(1) 경제 활동의 신호등 역할

① 의미 : 소비자와 생산자에게 경제 활동을 어떻게 해야 할지 알려주는 경제적 의사 결정의 중요한 기준을 제공한다.

② 시장 가격 변화에 따른 소비자와 생산자의 경제 활동

구 분	생산자	소비자
가격 상승 시	공급을 늘림	수요를 줄임
가격 하락 시	공급을 줄임	수요를 늘림

(2) 자원의 효율적 배분

① 의미 : 희소한 자원이 꼭 필요로 하는 사람에게 배분되는 것을 말한다.

② 시장 가격 변화에 따른 자원 배분

㉠ 생산자는 가장 이윤이 많은 상품을 가장 효율적인 방식으로 생산하려고 한다.

㉡ 소비자는 가장 만족이 큰 상품을 가장 적은 비용으로 소비하려고 한다.

③ 의의 : 자원이 필요한 곳에 적절하게 사용되므로 자원의 낭비를 막을 수 있다.

03 시장 가격의 변동

1 수요의 변동

대체재와 보완재 검색

- 대체재 : 대신 소비해도 비슷한 만족감을 얻을 수 있는 재화 예 소고기와 돼지고기, 커피와 홍차, 쌀과 밀
- 보완재 : 함께 사용하면 더 큰 만족감을 얻을 수 있는 재화 예 자동차와 휘발유, 샤프와 샤프심

(1) 수요의 변동 요인

① 의미 : 해당 상품의 가격 변화 외의 수요를 변화시키는 모든 요인을 말한다.

② 변동 요인 중요+

가계의 소득 변화	• 소득이 증가하면 상품의 수요가 증가한다. • 소득이 감소하면 상품의 수요가 감소한다.
인구수의 변화	• 인구가 증가하면 수요자의 수가 늘어나 수요가 증가한다. • 인구가 감소하면 수요자의 수가 감소하여 수요가 감소한다.
대체재 가격의 변화	• 대체재 관계에 있는 상품 가격이 오르면 다른 상품의 수요가 증가한다. • 대체재 관계에 있는 상품 가격이 하락하면 다른 상품의 수요가 감소한다.
보완재 가격의 변화	• 보완재 관계에 있는 상품 가격이 오르면 다른 상품의 수요가 감소한다. • 보완재 관계에 있는 상품 가격이 하락하면 다른 상품의 수요가 증가한다.
미래 가격에 대한 예상	• 어떤 상품의 가격이 오를 것으로 예상되면 수요가 증가한다. • 새로운 제품이 출시될 것이라는 예상이 되면 기존 상품의 수요가 감소한다.
소비자의 기호 변화	• 어떤 상품에 대한 기호가 증가하면 수요가 증가한다. • 어떤 상품에 대한 기호가 감소하면 수요가 감소한다.

(2) 수요 변화에 따른 균형의 변동(단, 공급이 일정)

구 분	수요 증가	수요 감소
변동 요인	• 소득 증가 • 소비자 기호 증가 • 인구 증가 • 대체재 가격 상승 • 보완재 가격 하락 • 미래의 수요 증가나 가격 인상 예상	• 소득 감소 • 소비자 기호 감소 • 인구 감소 • 대체재 가격 하락 • 보완재 가격 상승 • 미래의 수요 감소나 가격 인하 예상
가격 변동	수요 곡선 오른쪽으로 이동 → 균형 가격 상승, 균형 거래량 증가	수요 곡선 왼쪽으로 이동 → 균형 가격 하락, 균형 거래량 감소
그래프	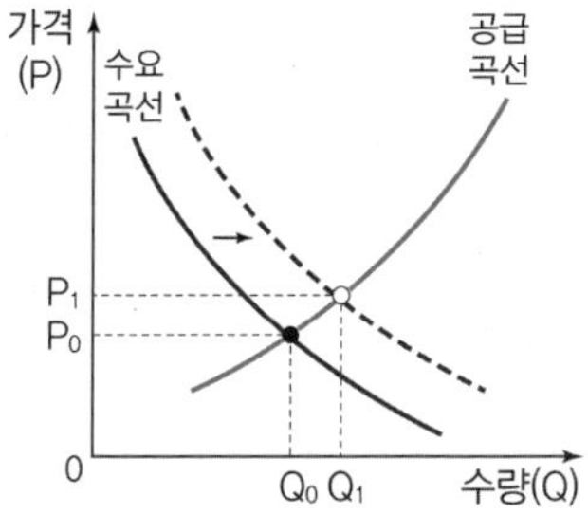 가격(P), 수요 곡선, 공급 곡선, P_1, P_0, 0, Q_0 Q_1, 수량(Q)	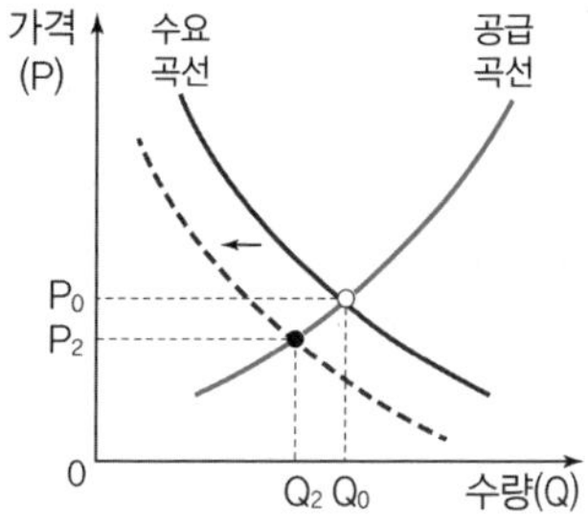 가격(P), 수요 곡선, 공급 곡선, P_0, P_2, 0, Q_2 Q_0, 수량(Q)

2 공급의 변동

(1) 공급의 변동 요인

① 의미 : 해당 상품의 가격 변화 외의 공급을 변화시키는 모든 요인을 말한다.

② 공급 변화의 요인 중요⁺

생산 기술의 발달	어떤 상품의 생산 기술이 발달하면 생산성이 높아지기 때문에 상품의 공급이 증가한다.
생산 요소 가격의 변화	• 생산 요소(임금, 이자 등)의 가격이 하락하면 공급이 늘어난다. • 생산 요소의 가격이 상승하면 공급이 줄어든다.
공급자의 수 변화	• 공급자(기업 수)가 늘어나면 공급이 증가한다. • 공급자의 수가 줄어들면 공급이 감소한다.
미래 가격에 대한 예상	• 어떤 상품 가격이 오를 것으로 예상되면 공급이 감소한다. • 어떤 상품 가격이 내릴 것으로 예상되면 공급이 증가한다.

(2) 공급 변화에 따른 균형의 변동(단, 수요는 일정)

구 분	공급 증가	공급 감소
변동 요인	• 생산 요소 비용 감소 : 임금 · 이자 · 토지 임대료 · 원료 가격 하락 • 공급자의 수 증가 • 미래 가격 인하 예상 • 생산 기술의 발달 : 생산성이 높아져 공급이 증가	• 생산 요소 비용 증가 : 임금, 이자, 토지 임대료, 원료 가격 상승 • 공급자의 수 감소 • 미래 가격 인상 예상
가격 변동	공급 곡선 오른쪽으로 이동 → 균형 가격 하락, 균형 거래량 증가	공급 곡선 왼쪽으로 이동 → 균형 가격 상승, 균형 거래량 감소
그래프	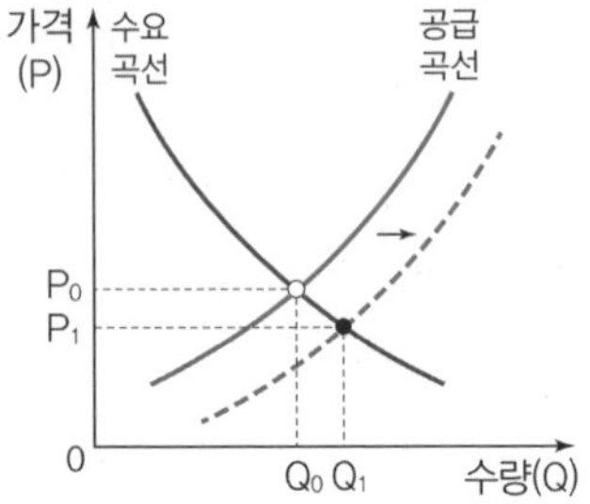 가격(P) / 수요 곡선 / 공급 곡선 / P_0 / P_1 / 0 / Q_0 Q_1 / 수량(Q)	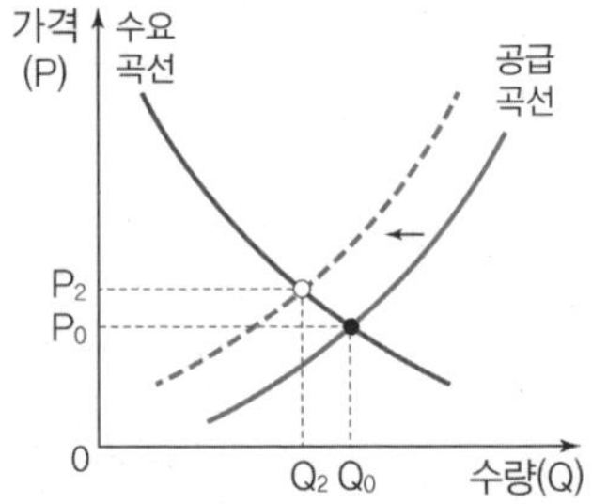 가격(P) / 수요 곡선 / 공급 곡선 / P_2 / P_0 / 0 / Q_2 Q_0 / 수량(Q)

01 눈에 보이지 않는 시장이 아닌 것은?

① 재래시장　　② 노동 시장
③ 외환 시장　　④ 전자 상거래

02 경제 용어에 대한 설명으로 옳은 것은?

① 수요 : 상품을 판매하려는 욕구
② 공급 : 상품을 구입하려는 욕구
③ 초과 공급 : 수요량이 공급량보다 많은 상태
④ 균형 가격 : 수요량과 공급량이 일치하는 지점의 가격

03 다음 빈칸에 들어갈 공통적인 용어는?

- (　　)이 상승하면 수요량은 감소하고 공급량은 증가한다.
- (　　)이 하락하면 수요량은 증가하고 공급량은 감소한다.

① 소득　　② 가격
③ 생산성　　④ 효율성

04 다음 중 수요와 공급의 법칙에 따른 시장 가격은?

가격(원)	100	200	300	400	500
수요량(개)	50	40	30	20	10
공급량(개)	10	20	30	40	50

① 100원　　② 200원
③ 300원　　④ 500원

01
재래시장은 눈에 보이는 시장이다.

02
균형 가격이란 수요량과 공급량이 일치하는 지점에서 균형을 이룬 가격을 말한다.

03
수요량과 공급량을 조절하는 것은 가격이다.

04
시장 가격의 결정은 수요량과 공급량이 일치하는 곳에서 결정되는데, 주어진 표에서 수요량과 공급량이 30개로 일치할 때의 시장 가격은 300원이다.

ANSWER
01. ①　02. ④　03. ②　04. ③

05 **다음 사례에서 나타난 수요의 변화 요인은?**

커피의 가격이 오르자 홍차의 수요가 증가하였다.

① 소득 변화 ② 인구수 변화
③ 대체재 가격의 변화 ④ 미래 가격에 대한 예상

06 **다음은 버터 시장의 그래프이다. 변화의 원인으로 적절한 것은?**

고난도

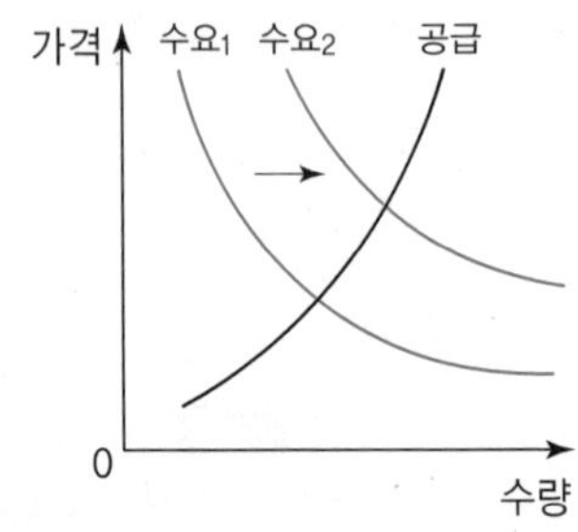

① 빵을 먹는 인구가 많아졌다.
② 대체재인 마가린의 가격이 하락했다.
③ 버터가 몸에 나쁘다는 기사가 발표되었다.
④ 앞으로 버터 가격이 내릴 것으로 예상되고 있다.

07 **다음과 같은 상황일 때 녹차의 균형 가격과 균형 거래량의 변화는?**

녹차가 건강에 좋다는 연구 결과가 발표되었다.

① 균형 가격 상승, 균형 거래량 증가
② 균형 가격 상승, 균형 거래량 감소
③ 균형 가격 하락, 균형 거래량 증가
④ 균형 가격 하락, 균형 거래량 감소

05
대체재란 서로 다른 재화에서 같은 만족감을 얻을 수 있는 재화를 말한다. 대체재 관계에 있는 커피의 가격이 오르면 상대적으로 홍차의 수요가 증가한다.

06
제시된 그래프는 수요 증가로 인해 균형 가격이 상승하였다. 빵을 먹는 인구가 많아지면 덩달아 보완재인 버터를 찾는 수요도 많아진다.
②·③·④의 경우 수요 곡선이 왼쪽으로 이동한다.

07
소비자의 기호가 증가하면 수요가 증가하여 균형 가격이 상승하고 균형 거래량이 증가한다.

ANSWER
05. ③ 06. ① 07. ①

08 다음과 같이 공급 곡선이 이동한 요인으로 옳은 것은?

고난도

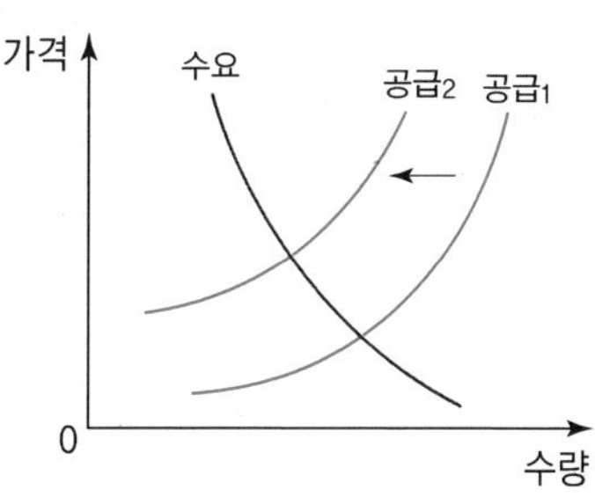

① 생산비가 증가하였다.
② 생산 기술이 발전하였다.
③ 공급자의 수가 증가하였다.
④ 생산 요소의 가격이 하락하였다.

08
제시된 그래프와 같이 공급 곡선이 왼쪽으로 이동한 것은 공급이 감소하였기 때문이다. 생산비가 증가하면 공급이 감소한다.
②·③·④는 공급을 증가시키는 요인으로, 공급 곡선이 오른쪽으로 이동한다.

09 공급의 감소 요인이 아닌 것은?

① 생산비 상승
② 생산 기술 발달
③ 생산자 수 감소
④ 미래 가격 상승 예상

09
생산 기술이 발달하면 생산비가 하락하기 때문에 공급이 증가한다.

10 다음 빈칸에 들어갈 말이 바르게 짝지어진 것은?

구 분	생산자	소비자
가격 상승 시	공급을 (㉠)	수요를 (㉡)

	㉠	㉡
①	늘린다	줄인다
②	줄인다	늘린다
③	줄인다	줄인다
④	늘린다	늘린다

10
시장 가격이 상승하면 생산자는 공급을 늘리고 소비자는 수요를 줄인다.

ANSWER
08. ① 09. ② 10. ①

Chapter

05 국민 경제와 국제 거래

학습 point+

국내 총생산의 의미, 물가 상승(인플레이션)의 요인 및 영향, 실업의 종류는 출제 가능성이 높은 내용으로 구체적 사례와 연결시켜 정리하는 것이 학습에 도움이 됩니다. 물가 안정과 고용 안정을 위한 정부의 대책에 대해 이해해야 합니다. 마지막으로 국제 거래의 특징 및 환율 상승 또는 하락에 따른 영향은 쉽지 않은 내용이므로 정확하게 숙지해 두어야 합니다.

01 국내 총생산과 국민 경제

1 국내 총생산(GDP)

(1) 의 미 중요+

일정 기간 동안 한 나라 안에서 새롭게 생산된 최종 생산물의 시장 가치를 모두 합한 것을 말한다. → 국경이 기준

① **일정 기간 동안** : 해당 기간 동안 새로 생산한 것만 포함한다. → 보통 1년 기준

② **한 나라 안에서** : 내국인과 외국인 구분 없이 그 나라의 국경 안에서 생산한 것을 모두 포함한다.

③ **최종** : 중간재의 가치는 포함하지 않는다.

④ **생산물** : 재화와 서비스를 의미한다.

⑤ **시장 가치** : 시장에서 거래되는 생산물의 가치만 포함한다.

> **국민 총생산(GNP)** 검색
>
> 일정 기간 동안 한 나라의 국민 전체가 생산한 최종 생산물의 시장 가치를 모두 합한 것 → 국민이 기준

(2) 측정 방법

① 최종 생산물의 시장 가치의 합

② 각 생산 단계에서 발생한 부가 가치의 합

> **바로바로 CHECK√**
>
> 다음에서 설명하는 경제 지표는?
>
> - 한 나라의 경제 규모와 생산 능력을 알려 주는 지표이다.
> - 한 나라의 국경 안에서 일정 기간(보통 1년) 동안 새롭게 생산된 최종 생산물의 시장 가치의 합을 말한다.
>
> ① 환율 ② 실업률
> ③ 물가 지수 ❹ 국내 총생산

(3) 의 의

① 한 나라의 경제 활동 수준, 즉 경제 규모를 파악하는 지표로 각국의 전체 경제 규모를 비교할 때 활용한다.

② 세계화 시대에 국가 간 이동이 활발해지면서 한 국가의 경제 규모를 파악하는 데 국민 총생산(GNP)보다는 국내 총생산이 더 유용하다.

(4) 1인당 국내 총생산

① **의미** : 한 나라의 국내 총생산을 그 나라의 인구수로 나눈 것이다.

② **활용** : 한 나라의 국민 개개인의 경제 수준과 평균적인 소득 수준을 파악하는 지표로 활용된다.

(5) 한계점

① 시장에서 거래되는 재화나 서비스의 가치만을 포함한다.

예 가사 노동, 봉사활동의 가치 등은 제외

② 국민의 복지 수준이나 삶의 질을 제대로 파악하지 못한다.

예 여가에 사용된 시간의 가치를 포함하지 않음, 삶의 질을 떨어뜨리는 상황을 해결하는 데 드는 비용이 포함되어 오히려 국내 총생산을 증가시킴

③ 한 나라의 소득 분배 상태나 빈부 격차를 반영할 수 없다.

2 경제 성장

(1) 경제 성장

① **경제 성장의 의미** : 한 국가의 경제 규모, 즉 국내 총생산이 증가하는 현상을 말한다.

② **중요성** : 물질적 풍요는 양적 · 질적 욕구 충족의 바탕이 된다.

③ **측정 방법** : 국내 총생산을 통해 파악할 수 있고 경제 성장률을 통해 나타난다.

④ **달성 방안**

㉠ 생산 요소의 투입 증가 : 생산에 필요한 노동, 자본, 자원 등의 투입을 증가시킨다.

㉡ 가계 : 합리적 소비와 저축을 한다.

㉢ 기업 : 기업가 정신을 토대로 기술의 혁신을 통해 생산성을 증가시킨다.

㉣ 노동자 : 성실한 근로 태도와 능력 개발을 통해 생산성을 증가시킨다.

㉤ 정부 : 사회 간접 자본을 확충하고, 합리적인 법과 제도를 마련하여 공정한 시장 경쟁 질서를 유지한다.

(2) 경제 성장의 영향 중요+

① 긍정적 영향

㉠ 물질적으로 풍요로운 생활이 가능해진다.

㉡ 일자리 및 국민 소득이 증가한다.

㉢ 의료 · 문화 · 교육 등의 분야에서 객관적인 삶의 질이 향상된다.

② 부정적 영향

㉠ 경제 성장 과정에서 환경 오염 · 자원 고갈 등의 문제가 발생한다.

㉡ 빈부 격차가 발생하고 사회 갈등이 유발된다.

심화학습 경제 성장률(%)

1) 의미 : 금년도 국내 총생산과 전년도 국내 총생산을 비교한 지표

2) 중요성 : 실질 국내 총생산의 증가율을 통해 경제 성장 속도를 판단

3) 측정 방법 :

$$\text{경제 성장률(\%)} = \frac{\text{금년도 실질 국내 총생산} - \text{전년도 실질 국내 총생산}}{\text{전년도 실질 국내 총생산}} \times 100$$

(3) 경기 변동

① 의미 : 한 나라의 경제 성장이 좋아졌다가(호황) 나빠지기를(불황) 반복하는 현상을 말한다.

② 특징 : 한 나라의 경제는 호황과 불황을 반복하면서 성장한다.

③ 국내 총생산과 경기 변동의 관계

㉠ 국민 소득 증가 → 소비와 생산 및 투자 활동 활발 → 국내 총생산 증가 → 경제 성장률 증가 → 호황

㉡ 국민 소득 감소 → 소비와 생산 및 투자 활동 위축 → 국내 총생산 감소→ 경제 성장률 감소 → 불황

02 물가 상승과 실업

1 물가와 인플레이션

(1) 물가와 물가 지수

① 물가 : 시장에서 거래되는 개별 상품의 가격을 종합적·평균적으로 본 가격 수준을 말한다.

② 물가 지수

㉠ 의미 : 물가의 움직임을 알아보기 쉽게 수치로 표현한 지표로, 기준 시점의 물가를 100으로 놓고 비교 시점의 물가 수준을 종합적으로 측정한 것이다.

㉡ 종류 : 소비자 물가 지수, 생산자 물가 지수, 수출입 물가 지수 등

(2) 인플레이션 중요+

① 의미 : 물가가 일정 기간 동안 지속적으로 상승하는 현상을 말한다.

② 원 인

㉠ 총수요가 총공급보다 많은 경우 : 가계의 소비, 기업의 투자, 정부의 지출이 증가하여 상품 수요 증가 → 물가 상승

㉡ 통화량이 증가하는 경우 : 사람들의 자금 사정이 넉넉해져 상품 수요 증가 → 물가 상승

㉢ 생산비가 증가하는 경우 : 생산에 필요한 생산 비용이 상승하면 총공급이 감소 → 물가 상승 예 근로자의 임금 상승, 원자재 가격의 상승, 건물 또는 토지 임대료의 인상 등

바로바로 CHECK√

다음에서 설명하는 경제 용어는?

- 물가가 지속적으로 오르는 현상
- 화폐 가치가 하락하여 경제생활에 영향을 줌

① 기회비용 ② 국제 수지
③ 수요 법칙 ❹ 인플레이션

③ 영 향

구매력 감소	화폐 가치의 하락으로 실물 구매 능력이 줄어들어 전반적으로 생활 수준 하락
소득과 부의 불공정한 분배	• 화폐 가치가 하락하고 실물 자산의 가치 상승 • 불리해지는 사람 : 화폐 소유자와 채권자(돈을 빌려준 사람), 수출업자 • 유리해지는 사람 : 실물 자산 소유자와 채무자(돈을 빌린 사람), 수입업자
경제 성장에 악영향	은행 이자율보다 물가 상승률이 높은 경우 사람들이 저축을 기피함 → 부동산 투기 등 불건전한 경제 활동 증가, 기업의 투자 자금 확보가 어려워짐 → 지속적인 경제 성장을 어렵게 함
국제 거래에 영향	외국 상품에 비해 상대적으로 국내 상품의 가격 상승 → 수출 감소, 수입 증가로 무역 적자 발생(무역 불균형)

2 물가 안정을 위한 방안

(1) 경제 정책

① 물가 안정의 필요성 : 물가의 급격한 상승(인플레이션 발생) → 정상적이고 건전한 경제 활동이 이루어지지 않음 → 각 경제 주체는 물가 안정을 위해 노력해야 함

② 경제 정책의 종류

㉠ 정부의 재정 정책 : 재정 지출 조절과 세율 조정을 통해 물가를 안정화한다.

㉡ 중앙은행의 통화 정책 : 통화량 조절과 이자율 조정을 통해 물가를 안정화한다.

바로 바로 CHECK√

신문에서 설명된 상황이 발생했을 때 가장 유리한 사람은? (단, 다른 조건은 일정하다고 가정한다.)

> **○○ 일보** ○○○○년 ○○월 ○○일
>
> 최근 우리나라 시장에서 물가가 매우 높은 수준으로 꾸준히 상승하였습니다.

① 은행에 예금한 사람
❷ 부동산이나 금과 같은 실물 자산 소유자
③ 1년 동안 고정된 액수를 월급으로 받는 직장인
④ 매달 고정적인 연금을 받아 생활하는 70대 노인

(2) 물가 안정을 위한 경제 주체별 노력

① 정 부

㉠ 정부의 재정 정책 : 과도한 재정 지출 축소, 세율 인상, 공공요금 인상 억제를 통해 물가 상승을 억제한다.

㉡ 중앙은행의 통화 정책 : 시중에 풀린 통화를 거두어들이고 이자율을 인상하여 저축을 늘리도록 유도한다.

② 기업가 : 효율적인 경영과 기술 혁신을 통해 생산 비용을 절감한다.

③ 근로자 : 생산성 향상을 위한 자기 개발 노력에 힘쓰며, 과도한 임금 인상 요구를 자제한다.

④ 소비자(가계) : 과소비 · 충동구매를 자제하며 저축을 생활화하고 건전한 투자를 한다.

3 실업의 의미와 영향

(1) 실업의 의미와 유형

① 실업의 의미 : 일할 능력과 의사가 있지만 일자리가 없는 상태를 말한다.

② 실업자 : 경제 활동 인구 중에서 일을 하지 않는 사람을 말한다.

③ **실업률** : 경제 활동 인구 중 실업자가 차지하는 비율을 말한다.

$$\text{실업률(\%)} = \frac{\text{실업자 수}}{\text{경제 활동 인구}} \times 100$$

④ **실업의 원인에 따른 유형** 중요⁺

㉠ 비자발적 실업

경기적 실업	경기 침체로 인해 기업이 구조 조정 등을 통해 고용을 줄이는 경우
구조적 실업	산업 구조의 변화로 기술이 필요 없어져 관련 직업이 사라지는 경우
계절적 실업	계절의 영향을 받아 실업이 나타나는 경우 예 농업, 관광업 등

㉡ 자발적 실업(마찰적 실업) : 더 나은 직장을 구하기 위해 일시적으로 현재의 직장을 그만두는 경우

실업과 관련된 개념 검색

- 노동 가능 인구 : 15세 이상 인구 = 경제 활동 인구 + 비경제 활동 인구
- 경제 활동 인구 : 노동 가능 인구 중 일할 능력과 의사가 있는 사람 = 취업자 + 실업자
- 비경제 활동 인구 : 노동 가능 인구 중 일할 능력과 의사가 없는 사람 예 가정주부, 학생, 어린이, 구직 단념자 등

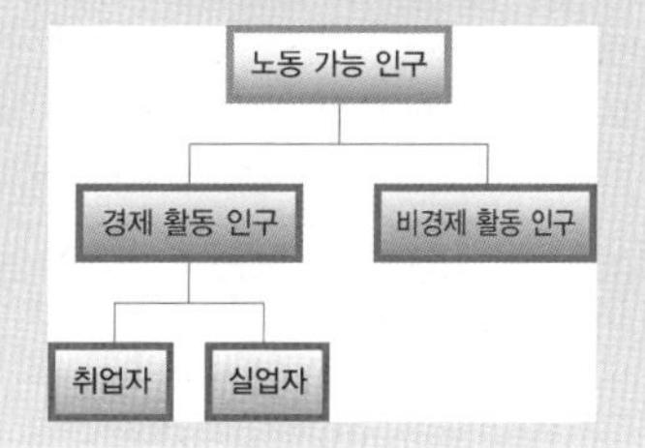

(2) 실업의 영향 중요⁺

① **개인적 측면**

㉠ 소득의 상실로 그에 따른 생계유지가 곤란해진다.

㉡ 자아실현의 기회 박탈로 무력감과 좌절감을 느끼게 한다.

㉢ 가족들에게까지 고통을 주어 안정적인 가정생활을 어렵게 한다.

② **사회적 측면**

㉠ 인적 자원의 낭비로 경제 성장을 저해한다.

㉡ 가족의 해체, 빈곤의 확산, 생계형 범죄 등 각종 사회 문제가 발생한다.

㉢ 가계의 소비 감소가 기업의 생산 위축으로 이어져 경기 침체가 초래된다.

㉣ 실업률의 증가는 사회 보장비 지출의 증가로 이어져 정부의 재정 부담이 증가한다.

바로바로 CHECK√

두 사람의 대화 내용에 해당하는 실업의 종류는?

① 계절적 실업 ② 구조적 실업
❸ 마찰적 실업 ④ 경기적 실업

4 고용 안정을 위한 노력

(1) 민간 차원의 노력

① **근로자** : 생산성과 업무 처리 능력을 향상하기 위해 노력해야 한다.

② **기업** : 일자리 창출을 위한 경영 방안을 모색하고 정규직 비율을 확대해야 한다.

③ **바람직한 노사 관계 유지** : 기업가와 근로자는 상호 공존하는 관계임을 인식하고 협력적이고 바람직한 노사 관계를 확립하도록 노력해야 한다.

바로바로 CHECK√

실업이 미치는 영향으로 가장 적절한 것은?

① 심리적으로 안정되고 자신감이 상승한다.
② 직업을 통한 자아실현의 기회가 확대된다.
❸ 소득이 줄어들어 경제적으로 어려워질 수 있다.
④ 소비가 증가하여 기업의 생산 활동이 활발해진다.

(2) 정부 차원의 노력

① **체계적인 직업 훈련과 직업 교육** : 실업자들이 새로운 일자리를 얻을 수 있도록 지원한다.

② **국내 사업 환경 개선** : 기업들이 고용을 늘릴 수 있도록 사업 환경을 개선한다.

③ **실업의 원인에 따른 다양한 정책**

경기적 실업	• 공공사업 등을 통한 정부 지출 확대로 새로운 일자리를 마련한다. • 세율 및 금리 인하, 보조금 지급 등 재정 지출을 통해 기업의 사업 투자 유인을 제공한다.
구조적 실업	새로운 분야로 재취업할 수 있도록 인력 개발 프로그램 · 직업 훈련 교육을 실시한다.
계절적 실업	계절적 실업이 발생하는 지역에 공공사업을 확대하여 다양한 수입원을 제공한다. 예 농어촌에 농공 단지 조성, 공공 근로 사업 확대
마찰적 실업	• 다양한 취업 정보 제공과 취업 박람회를 개최한다. • 실업자와 기업 간의 소통 매체 및 공간을 마련한다.

03 국제 거래와 환율

1 국제 거래

(1) 국제 거래의 의미와 배경

① **의미** : 국가 간의 국경을 초월하여 생산물이나 생산 요소(노동, 자본 등)가 거래되는 것을 말한다.

② **배경** : 교통 및 통신의 발달, 세계 무역 기구(WTO)의 영향으로 인한 자유 무역의 확대, 다국적 기업의 출현, 국가 간 무역 규제 완화

(2) 국제 거래의 특징 중요+

① **환율 문제 발생** : 각국이 서로 다른 화폐를 사용하는 경우가 많아, 자국 화폐와 외국 화폐의 교환 비율인 환율을 고려해야 한다.

② **무역 장벽 존재** : 재화와 서비스를 수출하거나 수입하는 과정에서 관세라는 세금이 부과되거나 통관 절차 등이 존재한다.

③ **거래 제약의 존재** : 국가마다 법과 제도가 달라서 국내에서 거래되는 재화와 서비스가 다른 나라에서 수입 금지되거나 제한되는 경우가 발생한다.

④ **국가 간 가격 차이 발생** : 자원, 기술 수준의 차이 등으로 생산 비용이 달라 같은 상품이라도 국가마다 가격이 다르다.

⑤ **시장 규모의 확대** : 국내뿐만 아니라 전 세계를 대상으로 하기 때문에 시장의 규모가 매우 크다.

(3) 국제 거래의 필요성

① **국가 간 생산비의 차이** : 국가 간 자연환경과 천연자원의 차이, 생산 요소의 질과 양의 차이, 기술 차이 → **생산에 유리한 상품을 특화함**

② **국제 거래를 통한 이익 발생**

㉠ 생산비가 많이 들거나 생산할 수 없는 상품도 국제 거래를 통해 더 싼 가격에 구할 수 있다.

㉡ 대규모로 생산하거나 선진국의 기술을 도입하면 생산 비용을 줄일 수 있다.

㉢ 비교 우위 제품을 특화하여 수출하고, 생산에 불리한 상품은 수입함으로써 국가 간에 서로 경제적 이익을 얻을 수 있다.

③ 국제 거래의 원리

구 분	절대 우위	비교 우위
의 미	상품을 다른 생산자에 비해 절대적으로 저렴한 비용으로 생산할 수 있는 능력	상품을 다른 생산자에 비해 상대적으로 저렴한 비용으로, 즉 효율적으로 생산할 수 있는 능력
특 징	• 각각 절대 우위가 있는 상품을 특화 생산하여 교역하면 양국 모두 이익을 얻을 수 있다. • 한 국가가 모든 상품에 절대 우위가 있을 경우 거래할 수 없다.	한 국가가 다른 국가에 비해 모든 상품에 대해 절대 우위가 있더라도 비교 우위에 있는 상품을 특화 생산하여 교역하면 양국 모두 이익을 얻을 수 있다.

(4) 국제 거래의 영향

① 긍정적 영향

㉠ 국내의 자원 및 생산 요소 부족 문제를 해결할 수 있다.

㉡ 소비자의 선택의 폭을 확대할 수 있다.

㉢ 상품을 팔 수 있는 넓은 시장을 확보할 수 있다.

㉣ 외국 기업과의 경쟁을 통해 국내 기업의 생산성과 품질을 향상시킬 수 있다.

② 부정적 영향

㉠ 외국에서 발생한 경제 문제가 국내 경제에 악영향을 미칠 수 있다.

㉡ 경쟁력이 약한 국내 기업은 큰 타격을 받을 수 있다.

㉢ 무역 마찰의 가능성이 있다.

(5) 세계화와 국제 거래

① 국제 거래의 양상

㉠ 세계화에 따라 국제 거래는 더욱 증가하고 있다.

㉡ 과거에는 상품 거래가 주를 이뤘다면, 오늘날에는 서비스와 생산 요소의 거래가 증가하는 등 국제 거래 품목이 다양화되고 그 규모가 커지고 있다.

㉢ 국가 간 경제 협력이 강화되면서 다양한 경제 협력체가 등장하였다.

② 세계 무역 기구(WTO)

목 표	자유 무역의 활성화를 최우선으로 한다.
역 할	관세 인하, 무역 장벽 제거, 자유 무역을 방해하는 각종 불공정 무역 행위 규제, 무역 분쟁 조정
영 향	자유 무역 확대, 상호 협력과 의존 관계 심화, 국내외에서 교역을 둘러싼 경쟁 심화

③ 지역 경제 협력체

㉠ 의미 : 지리적으로 가깝고 경제적 의존도가 높은 국가끼리 구성한 경제 협력체를 말한다. 예 유럽 연합(EU), 아시아·태평양 경제 협력체(APEC), 북미 자유 무역 협정(NAFTA), 동남아시아 국가 연합(ASEAN) 등

㉡ 경제 블록 : 회원국 간에는 무관세 등 경제적 혜택을 주고받지만 비회원국에 대해서는 차별 대우를 취하여 경제적 장벽을 형성한다.

→ 비회원국과 무역 갈등이 일어날 수 있음

④ 자유 무역 협정(FTA)

㉠ 의미 : 경제 통합의 한 형태로, 특정 지역 또는 국가 간의 무역 장벽을 제거하고 상호 시장을 개방하는 협정을 말한다.

㉡ 역할 : 체결 당사국 간 관세 및 비관세 장벽을 없애거나 완화하여 경제적 이득을 추구한다.

2 환 율

(1) 환율의 의미와 결정

① 의미 : 자국 화폐와 외국 화폐의 교환 비율, 외국 돈의 가격

예 미국 1달러를 얻기 위해서 우리나라는 1000원을 주어야 한다면, 미국 달러화와 원화 사이의 환율은 '1000원/달러'로 표기함

② 결정 : 외환 시장에서 외화에 대한 수요와 공급에 의해 결정된다.

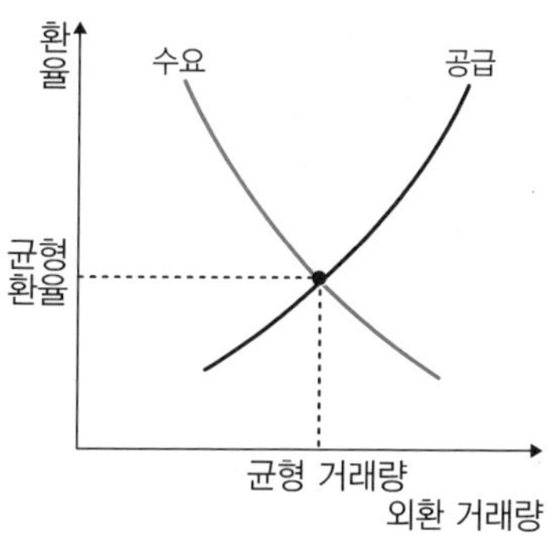

환율의 결정

③ 외화의 수요과 공급 변동 원인

구 분	외화 수요	외화 공급
의 미	외화가 해외로 나가는 경우	외화가 국내로 들어오는 경우
원 인	상품 수입, 외채 상환, 내국인의 해외여행 · 유학 · 해외 투자	상품 수출, 차관 도입, 외국인의 국내 여행 · 유학 · 국내 투자
환율의 변동	• 외화의 수요가 증가하면 환율은 상승 • 외화의 수요가 감소하면 환율은 하락	• 외화의 공급이 증가하면 환율은 하락 • 외화의 공급이 감소하면 환율은 상승

(2) 환율의 변동 중요+

① 환율의 변동 원인 : 외화에 대한 수요와 공급의 변동으로 인해 발생한다.

② 환율의 상승 요인과 하락 요인

㉠ 환율 상승 요인 : 외화에 대한 수요 증가, 외화에 대한 공급 감소

㉡ 환율 하락 요인 : 외화에 대한 수요 감소, 외화에 대한 공급 증가

③ 환율 변동의 결과

㉠ 환율 상승 시 → 외화 가치의 상승 및 원화 가치의 하락

㉡ 환율 하락 시 → 외화 가치의 하락 및 원화 가치의 상승

④ 환율의 변동 영향

구 분	환율 상승(원화 가치 하락)	환율 하락(원화 가치 상승)
수 출	수출 상품 가격 하락 → 수출 증가 → 생산 증가, 고용 확대	수출 상품 가격 상승 → 수출 감소 → 생산 위축, 고용 감소
수 입	수입 상품 가격 상승 → 수입 감소	수입 상품 가격 하락 → 수입 증가
경상 수지	수출 증가, 수입 감소로 인해 개선	수출 감소, 수입 증가로 인해 악화
물 가	수입 원자재 가격 상승 → 생산 비용 증가 → 물가 상승	수입 원자재 가격 하락 → 생산 비용 감소 → 물가 하락
외채 상환	부담 증가	부담 감소
자국민의 해외여행	불리	유리
외국인의 국내 여행	증가	감소

실력 탄탄 다지기 실전 예상문제

01 일정 기간 동안 한 나라 안에서 새롭게 생산된 최종 생산물의 시장 가치를 모두 합한 것을 일컫는 경제 용어는?

① 국내 총생산 ② 국민 총생산
③ 국민 총소득 ④ 1인당 국내 총생산

02 다음 사례에서 발생한 국내 총생산은?

> 농부는 쌀을 생산하여 방앗간 업자에게 10만 원을 받고 팔았다. 방앗간 업자는 쌀가루를 생산하여 떡집 주인에게 30만 원을 받고 팔았다. 떡집 주인은 구입한 쌀가루로 50만 원어치의 떡을 만들어 팔았다.

① 10만 원 ② 30만 원
③ 50만 원 ④ 90만 원

03 물가가 일정 기간 동안 지속적으로 상승하는 현상을 일컫는 용어는?

① 물가 지수 ② 생활 물가
③ 인플레이션 ④ 스태그플레이션

04 인플레이션이 발생하였을 때 유리한 사람이 아닌 것은?

① 수입업자 ② 현금 소유자
③ 돈을 빌린 사람 ④ 부동산 소유자

01
국내 총생산(GDP)은 일정 기간 동안 한 나라 안에서 새롭게 생산된 최종 생산물의 시장 가치를 모두 합한 것을 말한다.
② 국민 총생산 : 한 나라의 국민 전체가 생산한 최종 생산물의 시장 가치를 모두 합한 것
③ 국민 총소득 : 한 국가의 국민이 벌어들인 소득을 모두 합한 것
④ 1인당 국내 총생산 : 한 나라의 국내 총생산을 그 나라의 인구수로 나눈 것

02
국내 총생산은 최종 생산물의 시장 가치의 합으로, 제시된 사례의 경우에는 최종 생산물인 떡의 시장 가격의 가치인 50만 원이다. 각 생산 단계에서 발생한 부가가치의 합인 10만 원 + 20만 원 + 20만 원 = 50만 원으로 계산할 수도 있다.

03
물가란 개별 상품의 가격을 평균적으로 본 가격 수준이며, 인플레이션이란 물가가 일정 기간 동안 지속적으로 상승하는 현상을 말한다.

04
인플레이션의 영향으로 화폐 가치는 하락하기 때문에 부동산 소유자와 돈을 빌린 사람은 유리해지고, 현금 소유자와 돈을 빌려준 사람은 불리해진다. 또한 자국 상품 가격이 외국 상품 가격에 비해 상대적으로 비싸져 수입업자는 유리해지고 수출업자는 불리해진다.

ANSWER
01. ① 02. ③ 03. ③ 04. ②

05 인플레이션의 원인이 아닌 것은?

① 통화량이 감소하는 경우
② 생산비가 증가하는 경우
③ 정부의 지출이 증가하는 경우
④ 가계의 소비가 증가하는 경우

05
시중에 통화량이 증가하면 상품의 소비나 투자가 증가하여 물가 상승으로 이어진다.

06 다음과 같은 경제 상황을 극복하기 위한 정책으로 옳은 것은?

고난도

> 인플레이션의 영향으로 사람들이 저축을 기피하고 부동산 투기가 증가하고 있다.

① 세금 인하 ② 이자율 인상
③ 이자율 인하 ④ 재정 지출 확대

06
중앙은행은 시중에 풀린 통화를 거두어들이기 위해 이자율(금리)을 인상하여 저축을 늘리도록 유도해야 한다.

07 다음 사례에서 나타난 실업의 유형은?

> 여름이라 스키장에서 할 일이 없는 경우

① 경기적 실업 ② 구조적 실업
③ 마찰적 실업 ④ 계절적 실업

07
계절적 실업은 계절의 영향을 받아 실업이 나타나는 경우이다.

08 국제 거래의 특징이 아닌 것은?

① 무역 장벽 존재
② 환율 문제 발생
③ 시장 규모의 확대
④ 재화와 서비스만 거래

08
국제 거래는 재화와 서비스뿐만 아니라 기업의 해외 투자, 노동자의 국제 이동 등 생산 요소의 거래도 포함된다.

ANSWER
05. ① 06. ② 07. ④ 08. ④

09 다음 내용과 관련 있는 경제 용어는?

고난도

> 다른 생산자에 비해 상대적으로 저렴한 비용으로 특화하여 교역하면 양국 모두 이익을 얻을 수 있다.

① 수출　　② 환율
③ 비교 우위　　④ 절대 우위

10 다음 설명과 관련 있는 국제기구는?

> 자유 무역의 활성화를 위해 무역 장벽 제거, 각종 불공정 무역 행위 규제, 무역 분쟁 조정 등의 역할을 담당한다.

① 유럽 연합(EU)
② 세계 무역 기구(WTO)
③ 북미 자유 무역 협정(NAFTA)
④ 동남아시아 국가 연합(ASEAN)

11 환율이 상승할 경우 나타나는 현상이 아닌 것은?

① 수출 감소　　② 물가 상승
③ 해외여행 불리　　④ 경상 수지 개선

12 외화 공급의 요인으로 옳은 것은?

① 상품 수입　　② 내국인의 해외여행
③ 외채 상환　　④ 외국인의 국내 투자

09
'상대적으로'라는 말을 통해 비교 우위의 원리임을 알 수 있다.

10
①·③·④는 지리적으로 가깝고 경제적 의존도가 높은 국가끼리 만든 지역 경제 협력체에 해당한다.

11
환율이 상승하면 원화 가치가 하락하기 때문에 수출 상품 가격이 하락하여 수출이 증가한다.

12
①·②·③은 외화 수요의 요인이다.

✓ 외화의 공급이란 외화가 국내로 들어오는 경우로, 상품 수출, 차관 도입, 외국인의 국내 여행·유학·국내 투자 시 발생한다.

ANSWER
09. ③　10. ②　11. ①　12. ④

Chapter 06

국제 사회와 국제 정치

학습 point+

국제 사회의 행위 주체(국가, 국제기구, 비정부기구) 각각의 특징과 국제 사회의 다양한 갈등 사례를 알아 두어야 합니다. 특히 우리나라와 일본과의 갈등 및 중국과의 갈등은 앞으로도 출제 가능성이 매우 높기 때문에 사례별로 정리한 뒤에 학습해야 합니다.

01 국제 사회의 특성과 행위 주체

1 국제 사회의 의미와 특징

(1) 국제 사회의 의미와 전개 과정

① 의미 : 주권을 가진 세계 여러 나라가 교류하고 상호 의존하면서 공존해 나가는 사회를 말한다. → 국가가 기본 구성단위

② 전개 과정

㉠ 제1·2차 세계 대전 : 전쟁 방지와 국제 분쟁의 평화적 해결을 목표로 국제기구(국제 연맹, 국제 연합)를 결성하면서 현대 국제 사회가 형성되었다.

㉡ 세계 대전 종식 이후 : 자유 진영과 공산 진영으로 양분된 냉전 체제가 형성되었다.

㉢ 오늘날의 국제 사회 : 정치·경제·사회·문화 등 다양한 분야에서 국가 간 교류가 활발해지고 있으며, 실리를 추구하는 가운데 국가 간 협동과 경쟁이 나타났다.

(2) 국제 사회의 특징 중요+

① 갈등과 분쟁을 조정할 중앙 정부가 존재하지 않기 때문에 국제 분쟁 발생 시 해결이 쉽지 않다.

② 국제법이 존재하지만 강제력이 없다.

③ 각 국가들은 자국의 이익을 최우선으로 추구한다.

④ 형식적으로 각국이 동등한 주권을 가지고 있지만 실질적으로는 힘의 논리가 작용한다.

⑤ 국제기구나 국제 여론 등을 통해 어느 정도의 일정한 질서가 유지되고 공동의 문제를 해결하기 위해 노력한다.

⑥ 국제 문제를 해결하기 위해 국제 협력이 증가하고 있다.

(3) 국제 사회를 바라보는 관점

① **현실주의적 관점** : 국가는 자국의 이익과 권력을 추구하기 때문에 국제 사회는 강대국이 약소국을 지배하는 사회라고 보는 관점이다.

② **이상주의적 관점** : 국제 사회의 상호 의존성 강화로 평화적으로 국제 관계를 이룰 수 있다고 보는 관점이다.

2 국제 사회의 행위 주체 중요+

(1) 국 가

① **의미** : 일정한 영토와 국민을 바탕으로 주권을 가진 행위 주체를 말한다.

② **특 징**

㉠ 국제 사회의 가장 기본이 되는 행위 주체이다.

㉡ 국제법에 따라 독립적인 지위를 가지고 주권을 행사한다.

㉢ 자국의 이익과 안정 보장을 추구한다.

㉣ 여러 국제기구에 가입하여 회원국으로 활동한다.

(2) 국제기구

① **정부 간 국제기구** : 두 나라 이상이 모여 하나의 조직체를 만들어 활동하는 국제기구

예 국제 연합(UN), 세계 무역 기구(WTO), 북대서양 조약 기구(NATO) 등

② **국제 비정부 기구** : 국경을 넘어 활동하는 개인이나 민간단체가 모여 조직한 국제기구

예 국제 사면 위원회, 국경 없는 의사회, 그린피스 등

(3) 다국적 기업

① **의미** : 어느 한 나라에 본사를 두고 여러 나라에 진출해 국제적 규모로 생산과 판매를 하는 기업을 말한다.

② **특 징**

㉠ 다국적 기업의 활동이 증가하면서 세계의 정치·경제 분야에 큰 영향을 미친다.

㉡ 관련 국가에 일자리를 제공하기도 하지만 관련 국가의 주권을 침해하고 환경 오염을 일으킨다.

(4) 기 타

① 영향력이 강한 개인 : 국제 사회에 미치는 영향력이 강한 개인
   예 강대국의 국가 원수, 국제 연합 사무총장, 교황 등

② 국가 내부적 행위 주체 : 국가의 일부분이지만 독자적인 입장을 가지고 국제적 활동을 하는 행위 주체 예 소수 인종이나 민족, 노동조합, 각종 사회 세력 등

02 국제 사회의 다양한 모습과 공존 노력

1 국제 사회의 경쟁과 갈등

(1) 국제 사회의 경쟁과 갈등

① 경쟁과 갈등의 원인
- ㉠ 각국이 자국의 이익을 우선시한다. → 과열 시 갈등이 발생
- ㉡ 국가 간 교류의 증가로 상호 의존성이 심화되면서 발생한다.

② 경쟁과 갈등의 양상
- ㉠ 다양한 갈등이 나타나고 있으며 전쟁으로 이어지기도 한다.
- ㉡ 민족 · 종교로 인한 분쟁이 증가하였다.
- ㉢ 자원 확보 문제로 인한 분쟁이 증가하였다.
- ㉣ 각종 환경 문제를 둘러싼 분쟁이 증가하였다.

③ 사 례 중요⁺
- ㉠ 민족과 종교로 인한 갈등 : 카슈미르 분쟁, 이스라엘과 팔레스타인 간의 갈등, 중국과 티베트의 갈등 등
- ㉡ 환경 오염으로 인한 갈등 : 오염 물질 배출 규제와 관련된 개발 도상국과 선진국 간의 갈등
- ㉢ 자원을 둘러싼 갈등 : 석유와 같은 지하자원을 두고 카스피 해 지역에서의 분쟁, 국제 하천을 둘러싼 아프리카의 물 분쟁, 동중국해 분쟁 등

(2) 국제 사회의 협력

① 협력의 필요성

㉠ 국제 사회의 경쟁과 갈등은 국제 분쟁으로 이어지기 때문에 이를 해결하기 위해 필요하다.

㉡ 국제 사회의 문제는 한 국가의 노력만으로 해결이 불가능하기 때문에 필요하다.

② 국제 사회 협력의 양상

㉠ 지리적으로 가까운 지역끼리 경제 협력체를 구성하거나 협정을 맺어 상호 간 이익 증진을 위해 노력한다.

㉡ 환경 오염, 전쟁 예방, 난민 등의 문제에 공동으로 대처하기 위해 협력을 해야 한다.

㉢ 공적 개발 원조(ODA)를 통해 개발 도상국의 경제 성장과 복지에 기여하고 있다.

2 국제 사회의 공존을 위한 노력

(1) 공존을 위한 국제 사회의 노력

① 배경 : 제1·2차 세계 대전을 통해 국제 사회의 갈등과 분쟁을 평화적으로 해결해야 한다는 필요성이 등장하였다.

② 양 상

㉠ 국제법을 통해 국제 사회 분쟁 해결을 위한 법적 기준을 마련하고 있다.

㉡ 국제 연합(UN) 등 국제기구의 적극적 개입을 통해 국제 사회의 분쟁을 해결하고 있다.

㉢ 국제 비정부 기구의 활동을 통해 민간 차원에서 다양한 활동을 전개하고 있다.

③ 세계 시민 의식 노력 : 상호 의존성을 이해하고, 다양한 국제 문제를 해결하기 위해 적극적으로 참여해야 한다.

(2) 외교 정책을 통한 노력

① 외교 : 국제 사회에서 한 국가가 자국의 이익을 평화적으로 실현하기 위해 수행하는 모든 대외적 활동 행위를 말한다.

② 외교 정책 : 외교를 통해 이루고자 하는 목표를 위한 전략을 말한다.

③ 외교의 방법 : 외교 사절 파견, 정상 회담, 민간 외교, 정부 간 협상 등

④ 외교의 변화

㉠ 과거 : 정상 회담, 정부 간 협상 등 정부 간 활동이 중심이 되었다.

ⓛ 오늘날 : 공식적 외교뿐만 아니라 민간 차원의 국제적 교류가 증가하였다.

ⓒ 민간 외교 : 사회, 문화, 스포츠 등 다양한 분야에서 민간 외교가 이루어지고 있다.

⑤ 외교의 목적

㉠ 국가 독립과 안전을 유지한다.

㉡ 자국의 정치적 · 경제적 이익을 실현한다.

㉢ 국제 사회의 평화적 공존에 기여한다.

㉣ 자국의 국제적 위상을 높인다.

㉤ 국가 간 분쟁을 해결하고 예방한다.

⑥ 우리나라의 외교 : 국가 안전 보장, 평화 통일, 국제 사회의 공동 문제 해결 등을 위해 활발한 외교 활동을 벌이고 있다.

03 우리나라의 국제 관계와 외교 활동

1 우리나라와 다른 국가 간의 갈등

(1) 우리나라와 중국의 갈등

① 중국의 동북공정 문제 중요+

㉠ 동북공정의 의미 : '동북 변경 지역의 역사와 현상에 관한 체계적인 연구 과제'의 줄임말이다.

㉡ 내용 : 중국이 현재 자국 영토(만주 지역) 안에 있었던 모든 역사를 중국의 역사라고 주장하며 고조선, 고구려, 발해를 중국사로 편입시켰다.

㉢ 배 경

ⓐ 소수 민족의 이탈 가능성을 막아 현재 영토를 확고히 하기 위함이다.

ⓑ 한반도 통일 시 발생할 수 있는 영토 분쟁을 방지하기 위함이다.

㉣ 우리의 대응

ⓐ 동북공정의 의도를 파악하고 우리 역사 왜곡 문제에 대한 관심을 가져야 한다.

ⓑ 국가적 차원의 연구가 수행되어야 한다.

ⓒ 역사적 유물과 유적 보전을 위한 노력이 수반되어야 한다.

② **해양 자원을 둘러싼 갈등** : 중국 어선의 배타적 경제 수역 침범과 불법 어업 행위가 증가하고 있다.

③ **한류 저작권 침해 문제** : 우리나라의 문화 콘텐츠를 불법으로 복제하고 있다.

심화학습 동북 공정

중국 정부는 중국 랴오닝 성에 있는 성산산성 표지석에 "고구려는 중국의 소수 민족 지방 정권이다."라는 문구를 새겼다. 즉, 동북공정을 추진하는 중국학자들은 고구려는 한나라의 군현 등 중국의 영토 안에서 건국되었고, 중국에 조공을 바친 중국 소수 민족의 지방 정권이라고 주장한다. 이는 우리 민족의 역사인 고구려사를 부정하는 것이다.

(2) 우리나라와 일본의 갈등

① 일본의 독도 영유권 주장 **중요**

㉠ 독도 : 역사적 · 지리적 · 국제법적으로 명백한 우리 영토이다.

㉡ 내용 : 일본은 독도 영유권 문제를 국제 사법 재판소에서 해결하고자 한다.

㉢ 배경 : 독도는 경제적 · 지정학적 · 환경적 가치 측면에서 많은 이점을 가지고 있다.

㉣ 전 개

ⓐ 시마네 현에서 '다케시마의 날' 조례를 제정하였다.

ⓑ 일본 역사 교과서에 독도를 일본 땅으로 왜곡하여 기술하였다.

ⓒ 독도가 일본 영토임을 국제 사회에 홍보하고 로비 활동을 전개하고 있다.

㉤ 우리의 대응

ⓐ 역사적으로나 국제법상으로 독도는 우리 땅이므로 외교적 교섭이나 사법적으로 해결할 이유가 전혀 없다.

ⓑ 독도에 대한 역사적 · 지리적 인식을 가지고 독도가 우리 영토임을 국제 사회에 알리는 노력이 필요하다.

② **일본의 식민 지배에 대한 부정** : 일본 역사 교과서 왜곡 문제, 일본군 '위안부'에 대한 사죄 부족, 일본 정치인의 야스쿠니 신사 참배 문제

③ 동해 표기 문제

㉠ 내용 : 한반도와 일본 열도 사이에 있는 바다의 국제 명칭을 둘러싼 양국 간의 갈등

㉡ 우리나라 : '동해'와 '일본해'를 동시 표기해야 한다고 주장한다.

㉢ 일본 : '일본해'가 국제적으로 확립된 표기이므로 단독 표기해야 한다고 주장한다.

2 주변국과의 갈등을 해결하기 위한 노력

(1) 정 부

① 합리적이고 논리적인 근거를 토대로 평화적으로 대화를 이끌어 나가야 한다.

② 우리 주장의 정당성을 국제 사회에 널리 알리는 홍보 활동에 힘써야 한다.

③ 관련 연구 기관을 설립하여 체계적인 역사 연구를 할 수 있도록 지원해야 한다.

(2) 개인 및 시민 사회

① 개인 : 국제 문제에 관심을 가지고 자발적 · 적극적으로 참여해야 한다.

② 시민 단체 : 영토 주권과 역사에 관한 홍보 활동과 민간 교류를 해야 한다.

③ 연구 기관(학계) : 연구 활동을 통해 논리적인 대응 근거를 마련하고, 주변국과 공동 역사 연구를 진행해야 한다.

실력 탄탄 다지기

실전 예상문제

01 국제 사회의 특징으로 옳지 않은 것은?

① 힘의 논리가 작용한다.
② 자국의 이익을 최우선으로 추구한다.
③ 갈등을 조정할 중앙 정부가 존재한다.
④ 형식적으로는 각국이 동등한 주권을 가진다.

01
강제력을 가진 중앙 정부가 존재하지 않으며 국제법이 존재한다.

02 다음 내용에 해당하는 국제 사회의 행위 주체는?

> 주권을 가진 독립적인 행위를 하는 국제 사회의 가장 기본이 되는 행위 주체

① 국가 ② 국제기구
③ 소수 민족 ④ 다국적 기업

02
일정한 영토와 국민을 바탕으로 주권을 가진 독립적인 행위를 하는 주체는 국가이다.

03 정부 간 국제기구에 해당하지 않는 것은?

① 국제 연합 ② 세계 무역 기구
③ 국제 사면 위원회 ④ 북대서양 조약 기구

03
국제 사면 위원회는 비정부 기구에 해당한다.

04 다음 내용에 해당하는 국제 사회의 행위 주체는?

> 국경을 넘어 활동하는 개인이나 민간단체가 모여 조직한 국제기구

① 그린피스 ② 유럽 연합
③ 국제 연합 ④ 국제 통화 기금

04
비정부 국제기구는 국경을 넘어 활동하는 개인이나 민간단체가 모여 여러 나라에 걸쳐 조직한 국제기구로, 국경 없는 의사회, 그린피스, 국제 사면 위원회 등이 있다.
②·③·④는 정부 간 국제기구이다.

ANSWER
01. ③ 02. ① 03. ③ 04. ①

05 **다음과 같은 국제 사회의 갈등이 발생하는 이유는?**

> 카슈미르 분쟁, 이스라엘과 팔레스타인 간의 갈등

① 자원을 둘러싼 갈등
② 바다를 둘러싼 갈등
③ 종교의 차이로 인한 갈등
④ 환경 오염으로 인한 갈등

05
카슈미르 분쟁 지역은 이슬람교와 힌두교, 이스라엘과 팔레스타인 간의 분쟁 지역은 이슬람교와 유대교 간의 갈등 지역이다.

06 **국제 사회의 협력을 통해 해결해야 하는 국제 문제가 <u>아닌</u> 것은?**

① 민족 갈등 문제　② 자원 갈등 문제
③ 환경 오염 문제　④ 실업률 증가 문제

06
실업률 증가 문제는 국내 문제에 해당된다.

07 **외교에 대한 설명으로 옳지 <u>않은</u> 것은?**

① 외교 방법은 다양하다.
② 자국의 이익을 추구한다.
③ 민간 차원의 외교가 증가하고 있다.
④ 힘의 논리를 실현하기 위한 방법이다.

07
외교란 국제 사회에서 한 국가가 자국의 이익을 힘의 논리가 아닌 평화적으로 실현하기 위해 수행하는 모든 대외적 활동을 말한다.

ANSWER
05. ③　06. ④　07. ④

08 고난도 **일본의 독도 영유권 주장에 대한 우리의 대응으로 옳지 않은 것은?**

① 일본 정부에 공식 문서로 항의한다.
② 역사적으로 합리적인 근거를 찾는다.
③ 국제 사법 재판소에 일본을 제소한다.
④ 독도가 우리 영토임을 국제 사회에 알린다.

08
독도는 현재 우리나라가 실효적으로 영토 주권을 행사하고 있는 우리의 영토이기 때문에 국제 사법 재판소에 제소할 이유가 없다.

09 고난도 **동북공정에 대한 설명으로 옳지 않은 것은?**

① 중국의 역사 왜곡 사업이다.
② 중국 소수 민족의 이탈 가능성을 막기 위한 의도가 있다.
③ 우리의 신라, 백제의 역사를 중국사로 편입시키려는 것이다.
④ 현재 자국 영토 안에 있었던 국가를 중국의 역사로 연구하는 것이다.

09
동북공정은 중국이 현재 자국 영토 안에 있었던 우리의 고조선, 고구려, 발해의 역사를 중국사로 편입시키려는 역사 왜곡 사업이다.

10 **우리나라와 중국의 갈등 사례로 옳은 것은?**

① 위안부 문제
② 동해 표기 문제
③ 야스쿠니 신사 참배 문제
④ 배타적 경제 수역 침범 문제

10
중국 어선이 배타적 경제 수역을 침범하여 불법으로 어업 행위를 하면서 중국과 갈등을 겪고 있다.
①·②·③은 일본과의 갈등 사례이다.

ANSWER
08. ③ 09. ③ 10. ④

Chapter 07 인구 변화와 인구 문제

학습 point+

세계 인구 분포와 우리나라 인구 분포의 특징, 인구 이동의 유형, 선진국과 개발 도상국의 인구 문제는 출제 가능성이 높습니다. 최근 저출산·고령화는 심각한 인구 문제이기 때문에 매번 시험에 출제되고 있으니 반드시 정리해 두어야 합니다. 마지막으로 우리나라의 인구 문제 및 해결 방안에 대해서도 숙지해야 합니다.

01 인구 분포

1 세계의 인구 분포

(1) 세계의 인구 분포 특징

① 세계 인구는 특정 지역에 집중하여 분포하고 있다.

② 북반구에 전 세계 인구의 90% 이상이 분포하고 있다.

③ 기후가 온화한 중위도 지역에 대부분 분포하고 있다.

④ 아시아에 전 세계 인구의 60% 이상이 분포하고 있다.

⑤ 하천 주변의 평야 지대나 해안 지역에 집중 분포하고 있다.

(2) 인구 분포에 영향을 미치는 요인

① **자연적 요인** : 지형, 기후, 토양, 식생 등

② **인문·사회적 요인** : 정치, 경제, 문화, 종교, 교통 등

③ 과학 기술의 발달로 불리한 자연 환경을 극복하게 되면서, 자연적 요인보다 인문·사회적 요인이 중요해졌다.

바로바로 CHECK√

(가) 지역의 인구 밀도가 낮은 원인은?

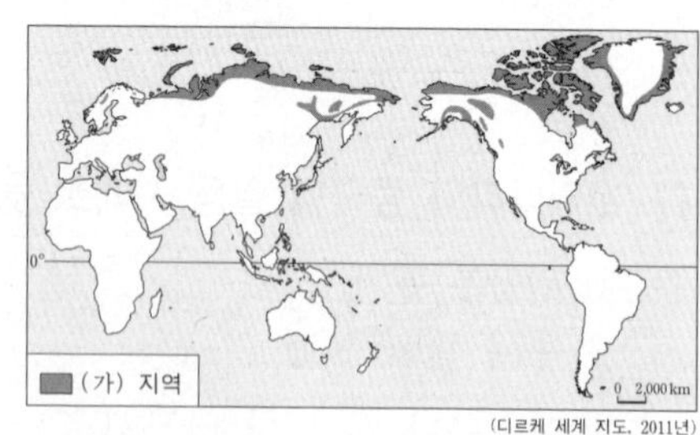

(디르케 세계 지도, 2011년)

① 험준한 산지 ② 열대 밀림 지역
❸ 매우 추운 기후 ④ 매우 건조한 기후

알아두면 점수따는 이야기 대륙별·국가별 인구 분포

1) 대륙별 : 아시아(60%) > 아프리카 > 유럽 > 북아메리카 > 남아메리카 > 오세아니아

2) 국가별 : 중국 > 인도 > 미국 > 인도네시아 > 브라질 > 파키스탄 > 방글라데시

(3) 인구 밀집 지역과 희박 지역 중요+

인구 밀집 지역	인구 희박 지역
• 넓은 평야 • 온대 기후, 고산 기후 예 안데스 산맥의 고산 도시 • 하천, 해안 지역 • 대도시 예 서부 유럽, 미국의 북동부 → 일자리 풍부, 교통 편리, 경제 발전	• 험준한 산지 예 히말라야 산맥 • 건조 기후 예 사하라 사막 열대 기후 예 아마존 밀림 한대 기후 예 양극 지방, 시베리아 • 교통 불편, 전쟁 지역 예 콩고, 수단

2 우리나라의 인구 분포

시 기	과거(1960년대 이전)	현재(1960년대 이후)
특 징	벼농사 중심의 농업 사회	산업 사회로 이촌향도 현상 활발
분포 요인	지형, 경지 분포(자연환경 영향)	산업화, 도시화(인문 환경 영향)
인구 밀집 지역	남서부(평야 지역)	수도권, 남동 임해 지역, 대도시
인구 희박 지역	북동부(산간 지역)	농어촌 지역, 태백산맥과 소백산맥 일대의 산간 지역, 도서 지역

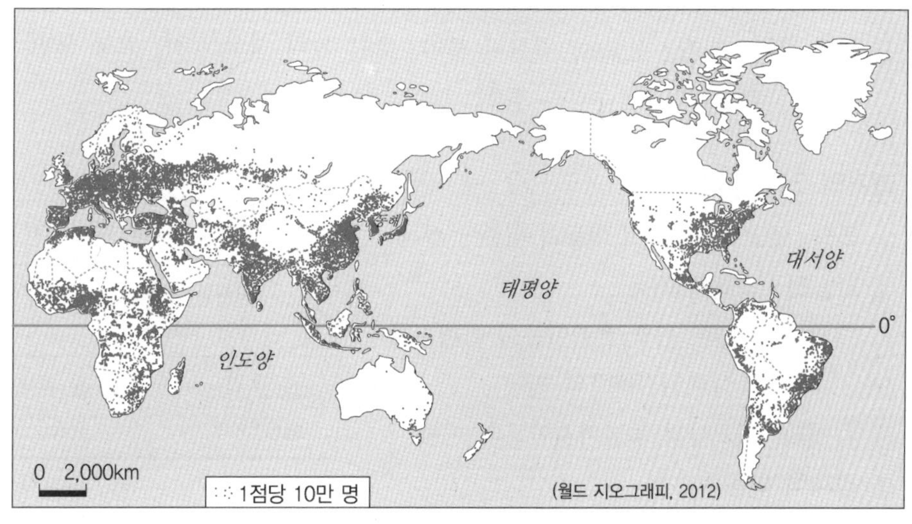

세계의 인구 분포

02 인구 이동

1 세계의 인구 이동

(1) 인구 이동 유형

이동 기간	이동 동기	이동 범위
일시적 · 영구적 이동	자발적 · 강제적 이동	국내 · 국제 이동

(2) 인구 이동 원인

① **정치적 이동** : 전쟁 · 내전에 의한 이동

② **경제적 이동** : 취업을 위한 이동 예 이촌향도 현상, 개발 도상국에서 선진국으로 이동

③ **사회적 이동** : 종교 전파를 위한 이동, 교육을 목적으로 한 이동

④ **강제적 이동** : 노예 또는 소수 민족의 강제 이동

(3) 인구 이동 요인 중요+

① **흡인 요인** : 높은 임금, 일자리 풍부, 생활 편의 시설 풍부, 쾌적한 주거 환경, 교통 편리
예 인구 유입 지역(선진국, 도시)

② **배출 요인** : 빈곤 · 저임금, 일자리 부족, 생활 편의 시설 부족, 교통 불편, 환경 오염
예 인구 유출 지역(개발 도상국, 농촌)

(4) 과거의 인구 이동

① **특징** : 종교적 · 강제적 이동의 비중이 컸다.

② **자발적 · 경제적 이동**

㉠ 신항로 개척 이후 유럽인들의 아메리카와 오스트레일리아로의 이동

㉡ 중국 화교들의 동남아시아로의 이동

③ **강제적 이동**

㉠ 아프리카 흑인 노예의 아메리카로의 이동

㉡ 고려인의 중앙아시아로의 강제 이동

④ **종교적 이동** : 영국 청교도의 북아메리카로의 이동

바로바로 CHECK√

인구의 흡인 요인을 〈보기〉에서 고른 것은?

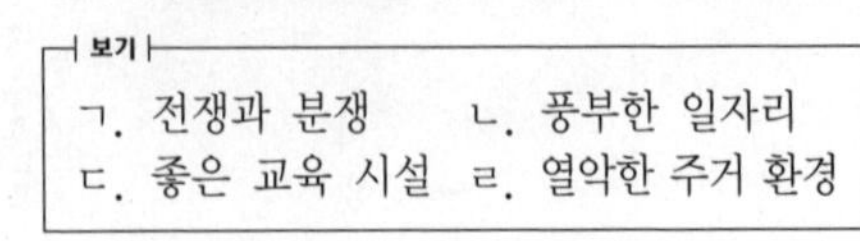
보기
ㄱ. 전쟁과 분쟁 ㄴ. 풍부한 일자리
ㄷ. 좋은 교육 시설 ㄹ. 열악한 주거 환경

① ㄱ, ㄴ ② ㄱ, ㄹ
❸ ㄴ, ㄷ ④ ㄷ, ㄹ

(5) 오늘날의 인구 이동 중요+

① **특징** : 자발적 · 경제적 이동의 비중이 크고, 여행이나 유학 등의 일시적 이동이 증가하였다.

② **자발적 · 경제적 이동**

㉠ 주로 개발 도상국에서 선진국으로 이동

㉡ 북부 아프리카에서 서부 유럽으로의 이동

㉢ 라틴 아메리카에서 미국으로의 이동

㉣ 석유 개발로 경제가 성장한 서남아시아로의 이동 예 인도 → 중동

③ **정치적 이동** : 난민의 이동 예 아프가니스탄, 콩고 민주 공화국, 이라크 등지에서 발생

④ **환경적 이동** : 해수면 상승이나 사막화로 거주가 불리해져 이동 예 투발루의 환경 난민

(6) 세계 인구의 국내 이동

① **특징** : 경제적 이동의 비중이 크다.

② **개발 도상국** : 농촌 인구가 일자리를 찾아 도시로 이동하는 이촌향도 현상 활발
예 중국 동부 해안으로의 이동

③ **선진국** : 도시의 인구가 도시 주변이나 농촌으로 이동(유턴 현상)
예 미국 내에서 선벨트로의 이동(따뜻한 기후, 풍부한 일자리, 값싼 주택)

2 우리나라의 인구 이동

(1) 국내 이동

① 일제 강점기(1930년대) : 일자리를 찾아 광공업이 발달한 북부 지방으로 이동하였다.

② 광복(1945) : 해외 동포가 귀국하였다.

③ 6 · 25 전쟁(1950) : 북한 주민의 월남과 남쪽 지방으로의 피난이 일어났다.

④ 1960~1980년대

㉠ 산업화에 따른 이촌향도 현상으로 농촌에서 도시로 이동하였다.

㉡ 수도권, 부산과 인천 등 대도시, 울산과 포항 등 공업 도시로 이동하였다.

바로바로 CHECK√

(가)에 들어갈 용어는?

1960년대 우리나라 인구 이동의 특징은 무엇일까?

농촌의 인구가 일자리를 찾아 도시로 이동하는 (가) 현상이 뚜렷하게 나타나기 시작했어.

① 지역화 ② 역도시화
❸ 이촌향도 ④ 국제 이주

⑤ 1990년대 이후

㉠ 교외화 현상, 도시에서 촌락으로 이동하는 역도시화 현상(유턴 현상)이 나타났다.

㉡ 수도권 및 지방 대도시의 인구 집중을 해결하기 위해 신도시가 건설되었다.

(2) 국제 이동

① 1900년대 초 : 하와이 농장으로 노동자들이 이주하였다.

② 일제 강점기 : 일제의 탄압을 피해 간도와 만주 등으로 이주하였고, 징병과 징용 등에 의해 강제 이주되기도 하였다.

③ 광복 직후 : 해외 동포들이 귀국하였다.

④ 1960~1970년대 : 취업을 위해 서남아시아로 이동, 독일에 간호사와 광부가 진출하였다.

⑤ 1980년대 이후 : 유학・고급 인력의 취업 등 일시적 이동, 교육 등을 위해 선진국으로 이민하였다.

⑥ 최 근

㉠ 동남아시아 등지에서 외국인 근로자가 유입되었다.

㉡ 국제결혼 증가로 다문화 사회로 변화하였다.

㉢ 최근 총인구의 2.5%가 외국인으로, 동남아시아 이주자의 비율이 빠르게 증가하는 추세이다.

심화학습 우리나라의 국내 이동

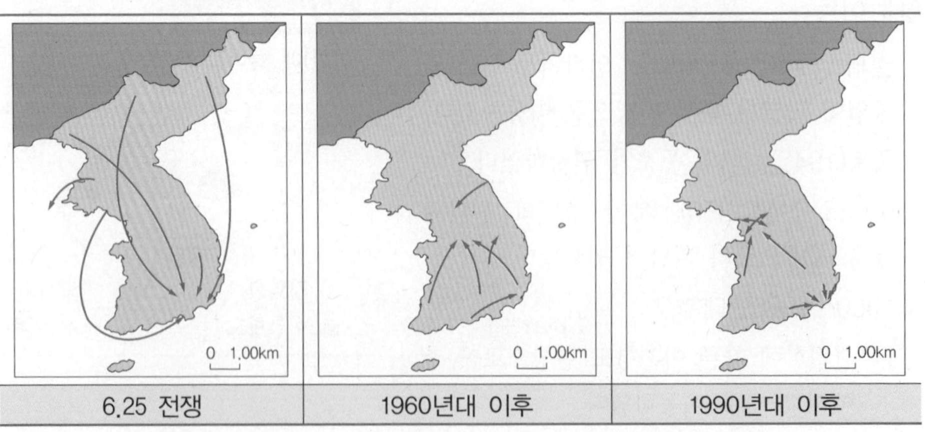

3 인구 이동에 따른 변화

(1) 인구 유입 지역 중요+

① **해당 국가** : 북아메리카와 서부 유럽, 오세아니아 등의 선진국

② **인구 유입 배경** : 높은 임금 수준과 노동력 부족 상황을 겪고 있기 때문에 인구가 유입되었다.

③ **긍정적 영향**

㉠ 저임금 노동자의 유입으로 노동력이 풍부해져 경제가 활성화되었다.

㉡ 다양한 문화를 접할 수 있게 되었다.

㉢ 청장년층의 인구 비율이 증가하였다.

④ **부정적 영향**

㉠ 이주민과 원주민 간의 문화적 차이로 인한 갈등이 발생하였다.

㉡ 이주민에 대한 차별이 발생하였다.

(2) 인구 유출 지역

① **해당 국가** : 아시아, 아프리카, 남아메리카 등의 개발 도상국

② **인구 유출 배경** : 자국의 일자리가 부족하고, 낮은 소득 수준으로 외국으로 인구가 유출되고 있다.

③ **긍정적 영향**

㉠ 외국에서 벌어온 외화로 경제 발전에 기여할 수 있다.

㉡ 자국의 실업률이 어느 정도 해소된다.

④ **부정적 영향**

㉠ 청년층의 고급 인력이 해외에 유출될 수 있다.

㉡ 고령 인구의 비율이 증가한다.

03 인구 문제

1 세계의 인구 문제

(1) 인구 문제와 인구 성장

① 인구 문제 : 인구의 규모나 구조가 사회 발전을 어렵게 하는 것을 말한다.

② 세계의 인구 성장

농경 생활 이후	지속적으로 인구가 증가하였으나 기아, 질병 등으로 사망률이 높아 인구 증가 속도가 빠르지 않다.
산업 혁명 이후	의학과 같은 과학 기술의 발달로 평균 수명이 증가하고 사망률이 감소하여 인구가 급증하였다.
제2차 세계 대전 이후	선진국의 의료 기술을 받아들인 개발 도상국을 중심으로 인구가 성장하였다.
오늘날	• 선진국은 출생률과 사망률이 모두 낮기 때문에 인구 증가율이 매우 낮거나 정체되어 있다. • 개발 도상국은 출생률이 매우 높고 사망률이 낮기 때문에 인구 증가율이 높다. → 세계 인구 성장을 주도하고 있음

심화학습 세계의 인구 성장

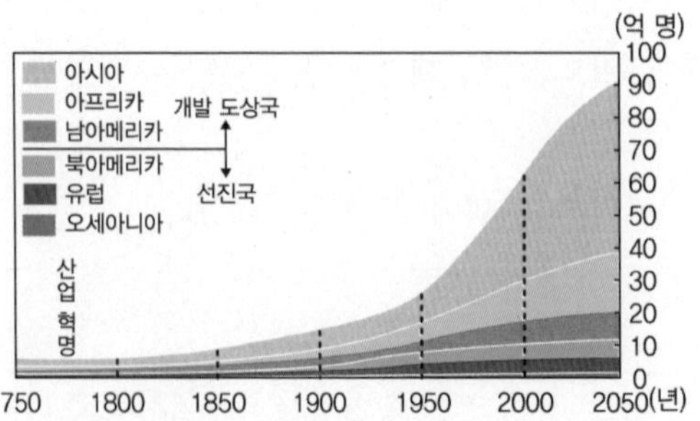

18세기 중반 산업 혁명을 겪으면서 세계의 인구는 급격하게 증가하여 1800년대에 10억 명을 넘어서게 되었고, 2011년을 기준으로 세계 인구는 70억 명을 넘어섰다.

(2) 개발 도상국의 인구 문제 중요+

① 해당 지역 : 아프리카, 아시아, 남아메리카 대륙

② 인구 문제

인구 급증	원 인	높은 출산율, 낮은 사망률(의학 발달), 생활 수준 향상(산업화)
	문제점	식량 부족(기아, 빈곤 문제), 자원 부족, 일자리 부족, 낮은 인구 부양력 등
	대 책	가족계획 등을 통한 출산 억제 정책, 경제 성장을 통한 인구 부양력 증대
도시로의 인구 집중 (이촌향도)	원 인	산업화에 따른 이촌향도 현상
	문제점	각종 도시 문제(주택 부족, 환경 오염 등), 농촌의 노동력 부족 문제
	대 책	도시의 기능 분산 정책, 농촌 및 지역 발전 정책
성비 불균형	원 인	주로 아시아의 남아 선호 사상
	문제점	결혼 상대자를 구하기 어려워짐
	대 책	태아 감별 금지법, 양성평등 의식 개선

(3) 선진국의 인구 문제

① 해당 지역 : 유럽, 북아메리카 → **인구 정체·감소**

② 저출산 문제

㉠ 원인 : 여성의 사회 활동 증가, 양육비 증가, 늦어진 초혼 연령, 결혼과 자녀에 대한 가치관의 변화 등으로 인해 출산율이 낮아졌다.

㉡ 문제점 : 인구 정체 및 생산 가능 인구의 감소로 노동력이 부족해지고, 경제 성장이 둔화된다.

㉢ 대책 : 출산 장려 정책, 가사 노동에 대한 양성평등 문화 확산

③ 고령화 문제

> **고령화 사회 분류** 검색
> - 고령화 사회 : 만 65세 이상 7% 이상
> - 고령 사회 : 만 65세 이상 14% 이상
> - 초고령 사회 : 만 65세 이상 20% 이상

㉠ 원인 : 의학 기술의 발달로 평균 수명이 연장되었다.

㉡ 문제점 : 노동력 부족, 경제 성장 둔화, 노인 부양 비용 및 사회 복지 비용 증가, 노인 소외 문제가 나타난다.

㉢ 대책 : 사회 복지 제도·실버산업 확충, 노인 일자리 창출, 외국인 근로자 고용

2 우리나라의 인구 문제

(1) 시기별 인구 성장

시 기	특 징	문 제
1960년대 이전	• 의학 발달 • 생활 수준 향상 • 6 · 25 전쟁 이후 출산 붐(baby boom)	급격한 인구 증가
1960년대 중반 이후	• 가족계획 사업 • 여성의 활발한 사회 진출 • 가치관의 변화 • 교육 수준 향상	인구 성장률 둔화
1990년대 이후	• 성비 불균형 • 낮은 인구 성장률	저출산 · 고령화 문제

(2) 우리나라의 인구 문제 중요+

① 특 징

㉠ 선진국에 비해 저출산 · 고령화 현상이 매우 빠른 속도로 진행되고 있다.

㉡ 현재 우리나라의 합계 출산율은 1.24명으로 세계 최저 수준이다.

㉢ 현재 고령 사회이며, 2026년에는 초고령 사회가 될 것으로 예상된다.

② 저출산 · 고령화 문제

구 분	저출산	고령화
원 인	• 결혼 및 자녀에 대한 가치관의 변화 • 자녀 양육 비용 증가 • 고용 불안정	• 저출산 • 의학 기술의 발달로 평균 수명 연장
문제점	• 전체 인구의 감소 • 노동력 부족 • 경제 성장의 둔화 • 경제 활동 가능 인구 감소로 조세 감소	• 각종 노인 문제 • 사회 보장 비용의 증가 • 청 · 장년층의 노인 인구 부양 부담 증가
대 책	• 출산 장려 정책 • 노인 · 여성 · 외국인 노동력 활용 • 노동력 절감 방안	• 노인 일자리 창출 • 노인 복지 제도 확대 • 실버산업 육성

③ **성비 불균형 문제 :** 유교 문화(남아 선호 사상)의 영향으로 성비 불균형의 문제가 있었으나 최근에는 출생 성비가 비교적 안정적이다.

④ **지역별 인구 분포의 불균형**

구 분	농촌(인구 감소)	도시(인구 증가)
문제점	• 노동력 부족 • 결혼 연령층의 성비 불균형 예 다문화 가정 증가 • 지역 경제 위축	• 주택 부족 • 교통 혼잡 • 일자리 부족 • 환경 오염
대 책	• 소득 증대 정책 실시 • 생활 기반 시설 확충	각종 시설의 지방 분산

심화학습 **시대별 가족계획 구호**

1) 1960년대 : 덮어놓고 낳다 보면 거지꼴을 못 면한다.

2) 1970년대 : 딸·아들 구별 말고 둘만 낳아 잘 기르자.

3) 1980년대 : 둘도 많다. 하나씩만 낳아도 삼천리는 초만원

4) 1990년대 : 선생님! 착한 일하면 여자 짝꿍 시켜 주나요.

5) 2000년대 : 아빠! 혼자는 싫어요. 엄마! 저도 동생을 갖고 싶어요.

실력 탄탄 다지기

실전 예상문제

01 **다음 중 세계의 인구 분포에 대한 설명으로 옳은 것은?**

고난도

① 인구수가 가장 많은 대륙은 아시아 대륙이다.
② 인구 분포는 지구 공간상에 고르게 분포한다.
③ 최근 인간의 비거주 지역이 점차 확대되고 있다.
④ 북반구보다 남반구에 사람이 더 많이 살고 있다.

01
세계 인구의 대부분은 북반구의 중위도 지역에 분포하며, 특히 아시아 대륙에 세계 인구의 절반 이상이 분포한다.

02 **다음 지도와 같은 인구 분포를 결정지은 가장 주요한 요인은?**

① 기후
② 지형
③ 산업
④ 교통

02
우리나라는 과거 평야가 발달하고 큰 강 유역인 남서부 지역이 인구 조밀 지역이었고, 산지가 많고 추운 북동부 산간 지역은 인구 희박 지역이었다. 즉, 지형과 같은 자연환경의 영향을 많이 받았다.

03 **인구 흡인 요인으로 옳지 않은 것은?**

① 낮은 임금 ② 편리한 교통
③ 풍부한 일자리 ④ 쾌적한 주거 환경

03
낮은 임금은 인구를 다른 지역으로 밀어내는 인구 배출 요인이다.

04 **다음 사례에 해당하는 이동은?**

아프리카 흑인 노예의 아메리카로의 이동

① 종교적 이동 ② 경제적 이동
③ 강제적 이동 ④ 정치적 이동

04
유럽인은 신항로 개척 이후 아프리카에 진출하여 노예 무역을 통해 흑인을 아메리카로 이동시켰다.

ANSWER
01. ① 02. ② 03. ① 04. ③

05 다음 사례 중 경제적 이동에 해당하지 않는 것은?

① 청교도의 미국 이주
② 화교의 동남아시아 이주
③ 개발 도상국에서 선진국으로의 이주
④ 라틴 아메리카에서 미국으로의 이동

05
청교도인들은 종교적 자유를 찾아 미국으로 이주하였다.

06 우리나라에서 다음과 같은 인구 이동이 일어났던 시기는?

> 산업화에 따른 농촌에서 도시로의 이동

① 광복 직후　② 6·25 전쟁 때
③ 1960년대 이후　④ 1990년대 이후

06
1960~1980년대
- 산업화에 따른 이촌향도 현상으로 농촌에서 도시로 이동
- 수도권, 부산과 인천 등 대도시, 울산과 포항 등 공업 도시로 이동

07 최근 우리나라의 인구 이동 형태가 아닌 것은?

① 유턴 현상　③ 교외화 현상
③ 역도시화 현상　④ 이촌향도 현상

07
이촌향도 현상은 산업화에 따라 농촌 인구가 도시로 이동하는 현상으로 1960~1980년대 시기 때이다.
①·②·③은 1990년대 이후부터 최근까지 일어나고 있는 현상으로 도시에서 촌락으로 이동하는 모습을 보이고 있다.

08 현재 인구 유출 지역이 아닌 곳은?

① 아시아　② 아프리카
③ 서부 유럽　④ 남아메리카

08
북아메리카와 서부 유럽, 오세아니아 등의 선진국은 높은 임금 수준과 노동력 부족 상황을 겪고 있기 때문에 인구가 유입되는 지역이다.

ANSWER
05. ①　06. ③　07. ④　08. ③

09 세계의 인구가 급격하게 성장하게 된 시기는?

① 농경 생활 이후　② 산업 혁명 이후
③ 세계 대전 이후　④ 2000년대 이후

09
산업 혁명 이후 의학과 같은 과학 기술의 발달로 평균 수명이 증가하고 사망률이 감소하면서 인구가 급증하게 되었다.

10 다음 빈칸에 들어갈 말로 옳지 않은 것은?

고난도

> 일본은 세계에서 고령화 현상이 가장 심각한 나라이다. 이로 인한 문제를 해결하기 위해 (　　) 등의 대책이 제시되고 있다.

① 산아 제한 정책
② 사회 보장 제도 강화
③ 의료 및 요양 시설 강화
④ 노인의 재취업 기회 확대

10
산아 제한 정책은 인구 급증에 따른 문제를 해결하기 위한 대책으로, 주로 개발 도상국에서 많이 실시된다.

11 개발 도상국의 인구 문제에 대한 대책으로 옳은 것은?

① 출산 장려 정책　② 인구 부양력 증대
③ 노인 일자리 창출　④ 외국인 근로자 고용

11
개발 도상국은 높은 출산율과 낮은 사망률로 인해 인구가 급증하고 있기 때문에 경제 성장을 통해 인구 부양력을 증대해야 한다.
①·③·④는 선진국의 인구 문제에 대한 대책이다.

12 현재 우리나라가 안고 있는 인구 문제가 아닌 것은?

① 인구 고령화　② 출생률 급증
③ 농촌의 성비 불균형　④ 경제 활동 인구 감소

12
우리나라는 현재 출생률이 세계 최저 수준이기 때문에 출산 장려 정책을 펼치고 있다.

ANSWER
09. ②　10. ①　11. ②　12. ②

Chapter

08 사람이 만든 삶터, 도시

학습 point+

도시의 특징, 도시 발달 과정, 세계적으로 유명한 도시에 대해 알아 두어야 하며, 도시의 내부 구조 및 도시화 단계별 특징은 출제 가능성이 매우 높기 때문에 반드시 숙지해야 합니다. 선진국과 개발 도상국의 도시화 과정 및 도시 문제는 구분할 수 있어야 합니다. 마지막으로 살기 좋은 도시의 조건 및 도시 문제 해결 방안에 대해서 정리해 두어야 합니다.

01 세계 여러 도시

1 세계의 다양한 도시

(1) 도 시

① 의미 : 촌락과 함께 사람들이 거주하는 생활 공간을 말한다.

② 도시와 촌락 비교 중요+

구 분	도 시	촌 락
주요 산업	2·3차 산업(제조업, 서비스업)	1차 산업(농업, 어업)
환경의 영향	인문 환경의 영향을 많이 받음	자연환경의 영향을 많이 받음
인 구	많은 인구, 높은 인구 밀도	적은 인구, 낮은 인구 밀도
토지 이용	집약적	조방적
이웃 간 친밀도	낮음	높음
생활 범위	넓음, 주변의 중심지 역할	좁음

③ 도시와 촌락의 관계(상호 보완)

㉠ 도시 : 공산품 및 각종 공공 서비스를 촌락에 공급한다.

㉡ 촌락 : 식량이나 공업 원료, 자연환경과 휴식 공간을 도시에 제공한다.

(2) 도시의 발달 과정

① 도시의 발생 : 정치·경제·산업·교통의 중심지에서 발달하였다.

② 도시의 성장

㉠ 최초의 도시 : 농업에 유리한 티그리스강, 유프라테스강 유역의 문명 발상지(기원전)

㉡ 중세 도시 : 성곽 도시(초기), 상업 도시(후기)

㉢ 근대 도시 : 공업 도시(18세기 산업 혁명 이후)

㉣ 현대 도시 : 첨단 산업, 서비스업 중심 도시, 교육과 문화 등의 여러 기능을 수행하는 도시(20세기 이후)

2 세계적으로 유명하고 매력적인 도시

(1) 세계 도시

① **의미** : 세계의 정치·경제·문화의 중심지로, 다국적 기업의 본사 및 금융 기관, 국제기구 등이 입지해 있고 자본과 정보가 집중되어 있는 도시를 말한다.

② **대표적인 세계 도시** : 미국의 뉴욕, 일본의 도쿄, 영국의 런던, 프랑스의 파리 등

③ **랜드마크** : 도시를 대표하는 역할을 하는 건축물을 말한다.

예 뉴욕의 자유의 여신상, 시드니의 오페라 하우스

(2) 생태·환경 도시

① **의미** : 자연과 인간이 공존하는 친환경적인 도시를 말한다.

② **해당 도시** : 독일의 프라이부르크, 브라질의 쿠리치바 등

(3) 역사·문화 도시

① **의미** : 유물과 유적이 많은 도시를 말한다.

② **해당 도시** : 이탈리아의 로마, 그리스의 아테네, 터키의 이스탄불 등

(4) 고산 도시

① **의미** : 해발 고도가 높아 일 년 내내 봄철과 같은 온화한 날씨가 나타난다.

② **해당 도시** : 에콰도르의 키토, 케냐의 나이로비 등

(5) 기 타

① 유럽 연합(EU) 본부가 있는 벨기에의 브뤼셀

② **관광 도시** : 아름다운 항구 도시인 호주의 시드니와 이탈리아의 나폴리

02 도시 구조와 도시 경관

1 도시 경관과 도시 구조

(1) 도시 경관의 특징

도시 경관 검색
눈으로 보이는 도시의 모습

① 도시 중심에서 주변 지역으로 가면서 건물의 높이가 낮아지고 공장, 학교, 아파트 등이 많아지는 등 도시 경관이 달라진다.

② 도시의 규모가 작을 때는 다양한 기능이 도시 내부에 섞여 있다.

③ 도시의 규모가 커지면 같은 종류의 기능끼리 모이는 현상이 나타난다.

(2) 도시 내부 구조 중요+

① 도 심

㉠ 도시의 중심부 : 접근성・지대・지가가 높고 고층 건물이 밀집되어 있다.

㉡ 중심 업무 지구(CBD) : 행정 기관, 백화점, 금융 기관, 주요 기업의 본사 등이 집중되어 있다.

㉢ 인구 공동화 현상 : 주간 인구는 많고, 야간 인구는 적은 현상을 말한다.

→ 상주 인구 감소

② **부도심** : 도심의 기능을 분담하는 곳으로 교통이 편리한 곳에 형성된다.

③ **중간 지역** : 도심과 주변 지역 사이에 주택과 학교, 공장 등이 섞여 나타나는 지역으로, 중간 지역에서 주변 지역으로 갈수록 공장이 많아진다.

④ **주변 지역** : 저렴한 땅값과 넓은 땅이 있기 때문에 도심과 비교해 건물 높이가 낮고, 학교, 공업 지역, 주거 단지가 형성된다.

바로바로 CHECK√

다음에서 설명하는 지역은?

- 도시 중심부에 위치하며 접근성이 좋아 땅값이 비싸다.
- 주요 관공서, 은행 본점, 대기업 본사 등이 집중된다.

❶ 도심 ② 위성 도시
③ 중간 지역 ④ 개발 제한 구역

바로바로 CHECK√

부도심에 대한 적절한 설명을 〈보기〉에서 고른 것은?

보기
ㄱ. 도심의 일부 기능을 분담한다.
ㄴ. 행정 기능을 분담하는 위성 도시이다.
ㄷ. 대도시 내부의 교통 요지에 발달한다.
ㄹ. 도시와 농촌의 모습이 혼재되어 나타난다.

① ㄱ, ㄴ ❷ ㄱ, ㄷ
③ ㄴ, ㄹ ④ ㄷ, ㄹ

⑤ **개발 제한 구역(그린벨트)** : 대도시에서 시가지의 무분별한 팽창을 막고 도시 주변의 녹지 공간을 보존하기 위해 설정하는 공간이다.

⑥ **위성 도시** : 교통이 편리한 대도시 주변에 위치하면서 중심 도시의 기능을 분담하는 도시이다.

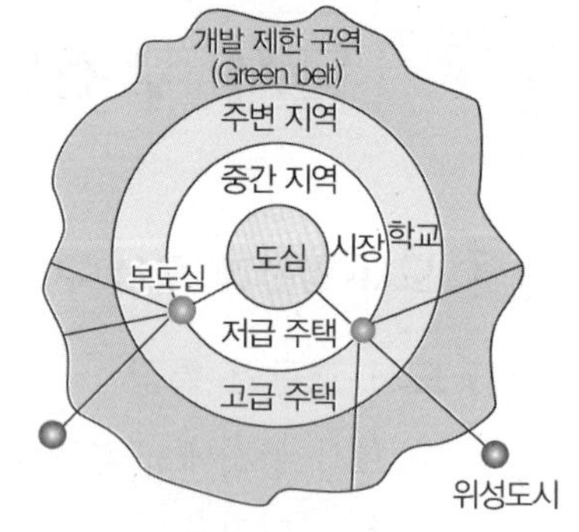

도시의 내부 구조

2 도시 내부의 지역 분화

(1) 도시 내부의 기능 지역 분화

① **지역 분화의 의미** : 도시의 다양한 기능들 중 최적의 입지 장소를 찾아 비슷한 종류의 기능끼리 모이는 현상을 말한다.

② **지역 분화의 원인 및 형성** 중요+

원 인	접근성	한 지역에 도달하기 쉬운 정도 → 교통이 편리할수록 접근성이 높음
	지 대	토지 이용을 통해 얻을 수 있는 수익 → 접근성이 높은 지역일수록 지대가 높음
	지 가	땅의 가격(땅값) → 도심에 가까울수록 지가가 높음
과 정		도시의 규모가 커지면서 지역 분화가 나타남
형 성	도 심	접근성이 좋기 때문에 상업·업무 지역 입지
	중간 지역	땅값이 저렴하기 때문에 공업 기능 입지
	주변 지역	땅값이 저렴하고 환경이 쾌적하기 때문에 주거 지역 입지

(2) 지역 분화의 과정

① **집심 현상**

㉠ 의미 : 비싼 땅값을 지불하고도 이익을 낼 수 있는 상업·업무 기능이 도시 중심부로 집중되는 현상을 말한다.

㉡ 예 : 기업 본사, 고급 호텔, 백화점, 은행 본점 등

② **이심 현상**

㉠ 의미 : 비싼 땅값을 지불할 수 없고 넓은 토지가 필요한 주거·공업 기능이 주변으로 빠져나가는 현상을 말한다.

㉡ 예 : 주택, 학교, 공장

03 도시화와 도시 문제

1 도시화 과정

(1) 도시화

① 의미 : 전체 인구에서 도시 인구 비율이 높아지는 현상으로, 도시적 생활 양식이 보편화되는 과정을 말한다.

② 특 징

㉠ 일반적으로 산업화와 동시에 진행된다.

㉡ 인구가 증가하고 도시의 면적이 넓어진다.

㉢ 한 국가의 산업 및 경제 수준을 파악할 수 있다.

㉣ 제조업·서비스업 중심으로 주민 경제 활동의 변화가 나타난다.

③ 도시화의 단계

㉠ 초기 단계(농업 사회, 후진국) : 낮은 도시화율로 대부분의 인구가 촌락에 분포하고 1차 산업에 종사한다.

㉡ 가속화 단계(산업 사회, 개발 도상국) : 본격적으로 산업화가 진행되면서 도시화율이 급격하게 상승하고 이촌향도 현상이 나타난다. 도시에 2·3차 산업이 발달한다.

㉢ 종착 단계(정보 사회, 선진국) : 매우 높은 도시화율로 대도시권이 확대된다. 도시화율의 증가가 점차 느려지거나 정체되어 있다.

→ 역도시화 현상(유턴 현상)

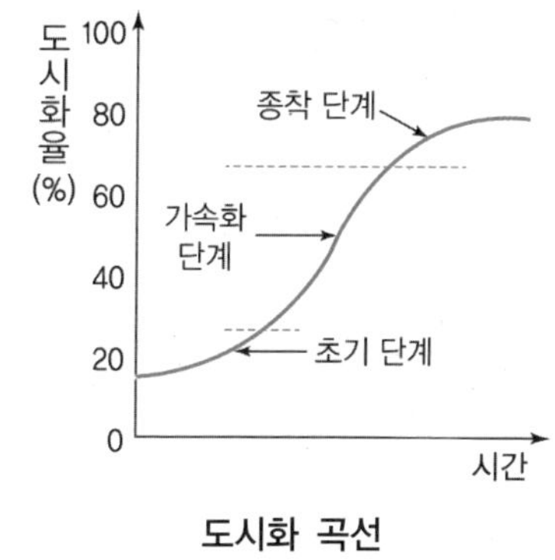

도시화 곡선

역도시화 | 검색

도시 인구가 도시 외곽으로 이동하는 현상

(2) 세계의 도시화

① 선진국

㉠ 18세기 산업 혁명 이후 200여 년 동안 서서히 진행되었다.

예 유럽, 북아메리카, 오세아니아 등

㉡ 주로 촌락의 인구가 도시로 이동하는 이촌향도로 이루어졌다.

㉢ 현재는 종착 단계로 역도시화 현상이 나타난다.

② 개발 도상국

㉠ 제2차 세계 대전 이후 30~40년 정도의 단기간 동안 급속하게 진행되었다.

예 아시아, 아프리카, 남아메리카 대륙 등

㉡ 이촌향도 현상과 인구의 자연 증가로 도시의 인구가 급증하였다.

㉢ 경제 발전을 이루지 못한 상황에서 도시화가 진행되어 수위 도시로 많은 인구가 집중되었다.

> **수위 도시** 검색
> 인구가 가장 많은 제1의 도시로 주로 수도인 경우가 많음

㉣ 현재는 가속화 단계로 오늘날 선진국보다 더욱 도시화가 활발히 이루어지고 있다.

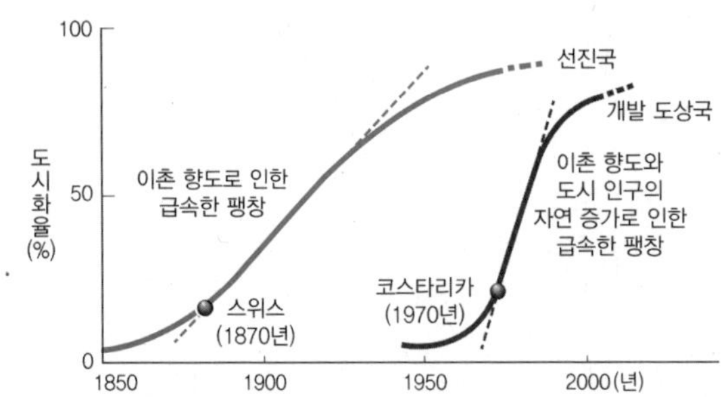

선진국과 개발 도상국의 도시화 곡선

2 세계의 도시 문제

(1) 도시 문제

① **의미** : 인구가 도시에 집중되면서 도시 지역에서 발생하는 여러 가지 문제를 말한다.

② **종류** : 교통 혼잡, 환경 오염, 주택 부족 등

③ **특징** : 선진국보다 개발 도상국의 도시 문제가 더 심각하다.

④ **국가별 도시 문제** 중요+

구 분	개발 도상국	선진국
도시 문제	• 과도시화 : 급속한 도시화로 인해 경제적 여건과 기반 시설 미흡 • 인구 급증과 시설 부족 • 비위생적이고 열악한 환경에서 생활함 → 슬럼가 형성 • 국토 공간의 불균형 문제 • 환경 문제, 빈부 격차 문제, 일자리 부족 문제	• 도심 지역의 시설 노후화 및 불량 주거 지역 문제 • 자원의 남용과 대량 소비로 인한 문제 • 거대 도시권 형성으로 인한 통근권 확대와 교통 혼잡 문제 • 도시 주거 비용 증가로 인한 인구 감소 • 범죄 문제, 노숙자 문제 • 제조업 감소로 높은 실업률 문제

해당 국가	경제 발전이 진행 중인 국가	서부 유럽, 미국 등
특징	급격한 도시화의 진행으로 선진국에 비해 심각한 수준임	오랜 도시화 기간 동안 체계적인 도시 계획을 바탕으로 도시 문제를 해결하고 있음
해결 방안	• 경제 발전을 통해 일자리를 늘리고 주거 환경 개선 • 도시 기반 시설 확충	• 노후화된 도심을 재개발하여 도시의 경쟁력을 높임 • 첨단 산업과 관광 산업을 중심으로 경제를 활성화시켜 도시의 일자리 창출

(2) 우리나라의 도시화와 도시 문제

① 1960년대 초(초기 단계) : 대부분 1차 산업에 종사

② 1960년대 중반 이후(가속화 단계) : 산업화 → 이촌향도 현상 → 도시화가 빠르게 진행

예 서울, 부산, 대구, 인천 등 도시 등장

③ 1970년대 : 인구의 절반 이상이 도시에 거주 → 주택 부족, 환경 오염 등 도시 문제 등장

④ 1990년대 이후(종착 단계) : 서울 근교에 고양, 성남 등 위성 도시 및 신도시 건설

⑤ 현재 : 전체 인구의 90% 이상이 도시에 거주, 인구 및 기능이 수도권과 남동 해안 지역에 집중 → 국토 불균형 문제 발생

04 살기 좋은 도시

1 살기 좋은 도시

(1) 살기 좋은 도시의 의미

① 살기 좋은 도시의 의미 : 주민의 삶의 질이 높은 도시를 말한다.

② 삶의 질 : 경제적 조건뿐만 아니라 개인의 행복감, 정치・사회・문화 조건에 따라 결정된다. → 경제 수준이 높다고 반드시 살기 좋은 도시는 아님

(2) 살기 좋은 도시의 조건

① 쾌적한 자연환경, 높은 경제 수준, 풍부한 일자리, 편리한 교통

② 도시 고유의 매력을 유지하는 아름다운 경관

③ 낮은 범죄율과 정치적 안정, 다양한 문화의 공존, 주민 간의 원활한 소통
④ 교육, 의료, 문화, 행정 등 다양한 사회 기반 시설 제공

(3) 살기 좋은 도시를 만들기 위한 노력

① 주민, 지방 자치 단체, 정부 등의 적극적인 참여가 필요하다.
② 정부와 지방 자치 단체의 합리적인 정책을 수립한다.
③ 자원을 합리적으로 이용한다. → **환경 오염 감소**

(4) 대표적인 살기 좋은 도시

① 오스트리아의 빈 : 문화와 예술의 도시
② 캐나다의 밴쿠버 : 쾌적한 도시 환경, 사회 보장 제도 마련
③ 우리나라의 순천 : 국내 최대의 생태 관광 도시
④ 오스트레일리아의 멜버른 : 다양한 문화 시설, 낮은 범죄율
⑤ 기타 : 스위스의 취리히, 뉴질랜드의 오클랜드, 독일의 뮌헨 등

2 도시 문제 해결을 위한 노력

(1) 도시 문제의 유형

① 교통 문제 : 교통 혼잡, 대중교통 시설 부족, 주차 공간 부족, 교통사고 발생 증가
② 주택 문제 : 주택 부족 문제, 불량 주택 문제
③ 환경 문제 : 대기 오염, 수질 오염, 토양 오염, 녹지 공간 부족, 쓰레기 문제
④ 기타 : 도시 낙후 문제, 낮은 삶의 질, 실업, 빈곤, 노숙자, 범죄 문제 등

(2) 도시 문제의 해결 방안 중요+

① 근본적 해결 방안
㉠ 인구와 기능의 도시 집중을 억제한다.
㉡ 인구와 기능을 주변으로 분산한다.
㉢ 지속 가능한 발전을 추구한다.

② 도시 문제의 유형에 따른 해결 방안

㉠ 교통 문제 : 승용차 요일제 실시, 자전거 전용도로 확장, 도시 고속화 도로 건설, 대중교통 수단 이용 장려

㉡ 주택 문제 : 신도시 건설, 공공 주택 건설, 도시 재개발 사업

㉢ 환경 문제 : 친환경 에너지 사용 확대, 대기 정화 시설 설치, 녹지 공간 확보, 자원 재활용률 높이기

㉣ 도시 낙후 문제 : 도시 재생 및 도심 재활성화 정책

㉤ 기타 : 건전한 사회 분위기 조성, 녹색 생태 도시 조성

③ 도시 문제의 해결로 살기 좋은 도시가 된 곳

㉠ 우리나라의 울산 : '태화강 살리기 사업'을 통해 수질 오염을 해결하였다.

㉡ 브라질의 쿠리치바 : 원통형 버스 정거장 등 대중교통 시스템 개선으로 교통 혼잡 문제를 해결하였다.

㉢ 인도의 벵갈루루 : IT 산업 육성으로 일자리 부족과 빈곤 문제를 완화하였다.

㉣ 독일의 슈투트가르트 : 바람길, 옥상 정원 조성으로 대기 오염 문제를 해결하였다.

실력 탄탄 다지기

실전 예상문제

01 **다음 중 도시에 대한 설명으로 옳은 것은?**

① 인구 밀도가 낮다.
② 1차 산업 종사자가 많다.
③ 자연환경의 영향을 많이 받는다.
④ 제조업, 서비스업 종사자가 많다.

02 **다음 설명에 해당하는 도시는?**

> 다국적 기업의 본사 및 금융 기관이 입지해 있는 도시

① 뉴욕, 파리　② 키토, 시드니
③ 로마, 아테네　④ 쿠리치바, 프라이부르크

03 **도시 내부의 지역 분화에 영향을 미치는 가장 중요한 요인은?**

① 지형　② 기후
③ 문화　④ 지가

04 기출 **다음에 해당하는 지역은?**

> • 도시의 무질서한 팽창을 막기 위해 설정함
> • 농업은 가능하나 주택, 공장 건설 등은 제약을 받음

① 도심　② 부도심
③ 위성 도시　④ 개발 제한 구역

01
도시는 정치, 경제, 문화의 중심지로 촌락에 상품과 서비스를 공급한다.

02
세계 도시는 세계의 정치·경제·문화의 중심지로, 다국적 기업의 본사 및 금융 기관, 국제기구 등이 입지해 있고 자본과 정보가 집중되어 있는 도시를 말한다. 대표적인 세계 도시로는 미국의 뉴욕, 일본의 도쿄, 영국의 런던, 프랑스의 파리 등이 있다.

03
도시 내부에서 기능이 분화되는 이유는 지역에 따라 접근성, 지대, 지가(땅값)가 다르기 때문이다.

04
개발 제한 구역(그린벨트)은 도시의 무분별한 팽창을 방지하기 위해 농업·임업 목적 이외의 토지 이용을 제한한다.

ANSWER
01. ④　02. ①　03. ④　04. ④

05 다음 중 도심에서 외곽 지역으로 갈 때 나타나는 변화를 바르게 설명한 것은?
고난도

① 땅값이 비싸진다.
② 건물의 높이가 높아진다.
③ 인구 공동화 현상이 뚜렷해진다.
④ 주택, 학교, 공장 등이 많아진다.

05
도심에서 멀어질수록 땅값이 저렴하므로 주택, 학교, 공장들은 도시 외곽으로 빠져나간다.

06 (가)에 해당하는 사례로 가장 적합한 도시는?
기출

(가)은/는 대도시 주변에 위치하면서 대도시의 인구와 기능을 분담하는 역할을 한다.

① 성남 ② 부산
③ 전주 ④ 울산

06
대도시 주변에서 대도시의 기능을 분담하는 도시를 위성 도시라고 한다.
예 성남(주거), 과천(행정), 안산(공업), 의정부(군사) 등

07 다음과 같은 도시 문제가 생기는 가장 근본적인 원인은?

- 주택난
- 환경 오염
- 범죄율의 증가

① 교통 혼잡
② 높은 출생률
③ 인구의 과도한 집중
④ 대중 매체의 급속한 보급

07
인구가 도시로 과도하게 몰려들면서 도시 지역에서 주택난, 환경 오염, 범죄율의 증가와 같은 여러 가지 문제가 발생하게 되었다.

08 도시화의 단계 중 종착 단계에 대한 특징으로 옳은 것은?

① 낮은 도시화율 ② 역도시화 현상
③ 1차 산업 발달 ④ 이촌향도 현상

08
매우 높은 도시화율을 보이는 종착 단계에서는 도시화율의 증가가 느려지고, 도시 인구가 도시 외곽으로 이동하여 오히려 도시의 인구가 감소하는 역도시화 현상이 나타난다.

ANSWER
05. ④ 06. ① 07. ③ 08. ②

09 개발 도상국의 도시화에 대한 설명으로 옳은 것은?

고난도

① 현재는 종착 단계이다.
② 대부분 가속화 단계이다.
③ 역도시화 현상이 나타나고 있다.
④ 18세기 산업 혁명 이후 서서히 진행되었다.

09

개발 도상국은 본격적으로 산업화가 진행되면서 도시화율이 급격하게 상승하는 가속화 단계에 있다. 현재 이촌향도 현상이 나타나고 있으며 도시에 2·3차 산업이 발달하고 있다.

10 도시 문제로 보기 어려운 것은?

① 교통 혼잡
② 주택 부족
③ 대기 오염
④ 도시 재개발

10

도시 재개발은 도시 문제를 해결하기 위한 방안이다.

11 살기 좋은 도시의 조건으로 옳지 않은 것은?

① 높은 범죄율
② 쾌적한 자연환경
③ 다양한 문화 공존
④ 풍부한 사회 기반 시설

11

살기 좋은 도시란 주민의 삶의 질이 높은 도시를 말한다. 살기 좋은 도시의 조건으로는 쾌적한 자연환경, 높은 경제 수준, 낮은 범죄율, 다양한 문화의 공존, 주민 간의 원활한 소통 등이 있다.

ANSWER

09. ② 10. ④ 11. ①

09 글로벌 경제 활동과 지역 변화

세계화에 따른 경제 변화에 대해 다루는 단원입니다. 농업 생산의 세계화 및 기업화로 인한 농업 방식과 농산물 소비 지역의 변화에 대해서 정리해 두어야 하며, 다국적 기업의 기능별 공간적 분업의 특징 및 지역 변화는 출제 가능성이 매우 높기 때문에 반드시 알아 두어야 합니다. 마지막으로 이번 교육과정에 새롭게 추가된 서비스업의 세계화로 인한 유통 및 관광의 변화에 대해서도 정리해 둘 필요가 있습니다.

01 농업 생산의 기업화와 지역 변화

1 농업의 세계화와 기업화

(1) 농업의 세계화

① 배경 : 교통과 통신의 발달로 지역 간 교류 증가, 세계 무역 기구(WTO)의 등장, 자유 무역 확대, 농업 기술의 발달, 다양한 농작물에 대한 수요 증가

→ 농업 생산이 세계적 규모에서 이루어짐

② 농업 방식의 변화

과 거	자급적 농업, 곡물 중심의 소규모 재배 방식, 가족 노동력 활용 예 이동식 화전 농업, 유목, 아시아의 쌀 재배 등
현 재	판매를 위한 상업적 농업, 농업의 다각화를 통한 대규모 재배 방식, 농기계 활용 예 낙농업, 원예 농업, 기업적 곡물 농업, 기업적 목축업 등

(2) 농업의 기업화 중요+

① 의미 : 다국적 기업(곡물 메이저)이 보유한 자본, 기술력, 영업 전략을 바탕으로 농산물의 생산·유통·판매를 하는 생산 방식을 말한다.

② 확대 원인 : 다국적 기업은 많은 자본과 기술을 바탕으로 농작물의 대량 생산을 통해 가격 경쟁력을 확보할 수 있기 때문이다.

③ 특 징

㉠ 대량화 및 기계화 : 대형 기계와 화학 비료를 사용하여 농작물의 대규모 재배가 이루어졌다.

㉡ 체계화 : 농작물의 생산 및 판매 과정이 기업에 의해 체계적으로 이루어졌다.

④ 플랜테이션 발달

㉠ 해당 국가 : 아시아, 아프리카 등의 개발 도상국

㉡ 방식 : 유럽인의 열대 기후 지역 진출 이후 기호 작물(커피, 바나나, 천연고무, 카카오 등)을 상업적으로 대규모 재배하는 방식이다.

⑤ 기업적 곡물 농업 및 목축

㉠ 해당 국가 : 미국, 캐나다, 오스트레일리아

㉡ 특징 : 넓은 목초지에서 가축을 길러 육류를 생산하는 목축업과 기계를 이용하여 옥수수와 같은 곡물을 대량 생산하는 농업 방식이다.

2 세계화와 기업화에 따른 농업의 변화

(1) 농산물 생산 지역의 변화 중요+

① 농업 생산 구조의 변화

㉠ 화학 비료와 농약, 대형 농기계를 사용하여 대규모로 재배하는 상업적 농업이 확대되었다.

㉡ 수출을 위한 상품 작물의 재배 증가로 전통 농업의 경쟁력을 상실하였다.

㉢ 자본과 기술이 부족한 영세 농민들의 소득이 감소하였다.

㉣ 외국 농산물에 대한 수입 의존도 증가로 식량 자급률이 감소하였다.

② 토지 이용의 변화

㉠ 과거 : 주로 식량 자원인 곡물을 생산하였다.

㉡ 현재 : 상품 작물(커피, 차 바나나 등) 재배가 확대되고, 육류 소비 증가로 인한 사료 작물(콩, 옥수수 등) 재배가 증가하였다.

③ 환경 변화

㉠ 농장 규모 확대 과정에서 삼림 파괴, 화학 비료 사용으로 인한 환경 문제가 발생하였다.

㉡ 단일 작물의 대규모 재배로 생태계를 교란시켰다.

㉢ 농장 확보를 위한 삼림 파괴 문제가 발생하였다.

(2) 농산물 소비 지역의 변화

① 농산물 시장 확대로 외국산 농산물의 소비가 증가하였다.

② 생활 수준의 향상으로 육류와 기호 작물 소비가 증가하였다.

③ 식생활의 서구화로 밀, 패스트푸드의 소비가 증가하였다. → 패스트푸드를 만드는 데 필요한 곡물류 · 채소류 · 육류의 소비 증가, 가축을 키우기 위한 콩 · 옥수수 등 사료 작물의 수요 증가

④ 식량 자급률 하락으로 안정적인 식량 확보가 어려워졌다.

⑤ 농산물의 생산 및 유통 과정에서 과도한 비료나 방부제를 사용하여 안전성 문제가 제기되었다.

02 다국적 기업의 공간적 분업

1 다국적 기업의 활동

(1) 다국적 기업의 등장

① 의미 : 두 개 이상의 국가에 생산 공장, 자회사, 지사 등을 운영하며, 전 세계를 무대로 제품의 생산 및 판매, 영업 등의 활동을 하는 기업을 말한다.

예 애플, 맥도날드, 삼성 휴대폰, 스타벅스 등

② 등장 배경

㉠ 교통 · 통신 기술의 발달로 기업이 세계로 진출하기 쉬워졌다.

㉡ 세계 무역 기구(WTO)의 출범과 자유 무역 협정(FTA)의 체결로 경제 활동의 세계화가 이루어졌다.

> **경제 활동의 세계화** 검색
> 자본, 노동, 기술, 상품, 서비스 등의 국가 간 이동이 자유로워지면서 국가 간 무역 규모가 급증하고 경제 활동의 상호 의존성이 확대되어 세계가 하나의 거대한 시장으로 통합되는 현상

③ 특 징

㉠ 다국적 기업의 수가 빠르게 증가하고 있으며 세계 경제에 미치는 영향력도 증가하고 있다.

㉡ 초기에는 선진국의 다국적 기업이 많았지만, 최근에는 개발 도상국의 다국적 기업도 증가하고 있는 추세이다.

(2) 다국적 기업의 형성 과정

① 1단계(단일 기업 단계) : 단일 공장이 위치한 지역에서 기업 성장

② 2단계(국내 확장 단계) : 지방에 공장을 건설하여 생산 기능 분리

③ 3단계(해외 진출 단계) : 해외에 판매 지점을 개설하여 시장 개척

④ 4단계(다국적 기업 단계) : 해외에 생산 공장을 건설하여 제품을 직접 공급

2 다국적 기업의 공간적 분업

(1) 공간적 분업의 의미와 배경

① 의미 : 본사, 연구, 생산, 개발 등 각 기능들이 서로 다른 지역에 입지하여 업무를 분담하는 현상을 말한다.

② 배경 : 다국적 기업의 규모가 커지면서 각 기능에 따라 유리한 입지가 달라진다.

(2) 공간적 분업의 입지 특징 중요+

① 본사(의사 결정 기능) : 다양한 정보 수집과 자본 확보에 유리한 곳
예 본국, 선진국의 세계 도시

② 연구소(연구 개발 기능) : 우수한 연구 시설과 전문 기술 인력, 교육·환경·문화 편의시설이 풍부한 곳 예 선진국의 세계 도시, 대도시 주변

③ 공장(생산 기능) : 저렴한 지가와 임금, 현지 정부의 적극적 지원, 넓은 시장
예 개발 도상국

④ 영업 지점(판매 기능) : 구매력이 높은 곳 예 대도시

(3) 공간적 분업의 영향 중요+

① 본국(선진국)

㉠ 다국적 기업의 생산 공장 이전 배경 : 산업 구조 변화, 생산비 절감, 판매 시장 확대

㉡ 긍정적 영향 : 첨단 산업과 부가 가치가 높은 제품을 개발하고, 세계 도시로의 성장을 이룬다.

> **산업 공동화 현상** 검색
> 지역에 입지해 있던 산업이 다른 지역이나 국가로 이전하면서 해당 산업이 쇠퇴하는 현상

㉢ 부정적 영향 : 제조업 생산량이 감소하고, 산업 공동화 현상으로 지역 경제가 침체된다.

㉣ 현지화 전략 : 외국에 진출한 다국적 기업이 그 국가의 국민 정서나 문화에 부합하는 제품을 생산하는 계획을 말한다.

② 투자 유치국(개발 도상국)

㉠ 주로 노동 집약적 산업이 이전하였다.

㉡ 다국적 기업의 유치를 위한 노력 : 세금 감면, 공업 용지의 무상 제공, 도로 건설

㉢ 긍정적 영향 : 일자리 증가로 지역 경제가 활성화되고, 인구 증가(고급 인력 유입)로 도시가 발달하며, 다국적 기업의 기술이 이전된다.

㉣ 부정적 영향 : 다국적 기업의 공장 폐쇄 시 경기가 침체되고, 기존 소규모 기업의 경쟁력이 약화되며, 이윤의 해외 유출이 일어나고, 공장 건설로 인한 환경 오염이 심화된다.

다국적 기업의 공간적 분업

03 서비스업의 세계화

1 서비스업의 세계화

(1) 서비스업의 의미와 유형 중요+

① 의미 : 상품을 유통하거나 판매하여 사람들에게 필요한 재화나 서비스를 제공하는 산업을 말한다.

② 유 형

㉠ 소비자 서비스업 : 일반 소비자에게 직접 제공하는 서비스로 음식업, 숙박업, 소매업 등이 있다.

㉡ 생산자 서비스업 : 생산 활동을 하는 기업에게 제공하는 서비스로 금융, 광고, 법률, 마케팅 등이 있다.

③ 특 징

㉠ 소비자에 따라 서비스의 형태가 다르기 때문에 표준화하기가 어렵다.

㉡ 기계가 대신 할 수 없는 일들이 많기 때문에 일자리 창출 효과가 크다.

㉢ 경제 성장과 소득 수준의 향상에 따라 서비스업에 대한 수요가 증가하였다.

㉣ 자동화 · 기계화로 노동력이 서비스업으로 이동하면서 서비스 산업이 경제 성장을 이끄는 탈공업화 사회가 등장하였다.

(2) 서비스업의 세계화

① **의미** : 서비스업이 세계적으로 확대되고 국가 간 상호 의존성이 커지는 현상을 말한다.

② **배 경**

㉠ 교통 · 통신의 발달로 국가 간 교류가 증대되고, 경제 활동의 시 · 공간적 제약이 감소하였다.

㉡ 다국적 기업의 활동이 확대되었다.

③ **특성** : 유통, 관광, 교육, 의료 등 다양한 분야에서 국경을 넘어 서비스업이 확대되고 있다.

④ **입지 변화**

㉠ 선진국의 기업들이 비용 절감을 위해 업무의 일부를 개발 도상국으로 분산하였다.

예 해외 콜센터

㉡ 광고, 음악, 금융, 영화 산업 등 전문화된 서비스업은 접근성이 좋고 정보가 풍부한 특정 지역에 집중되었다.

2 서비스업의 세계화에 따른 변화

(1) 유통의 세계화

① **배 경**

㉠ 전자 상거래의 발달로 물류 배송이 가능한 지역이라면 상점 방문 없이 상품을 구매할 수 있게 되었다.

㉡ 다국적 기업이 전 세계를 상대로 유사한 상품과 서비스를 제공한다.

> **전자 상거래** 검색
> 인터넷 등 정보 통신망을 이용하여 물건을 사고파는 행위

② **특 징**

㉠ 상품의 유통 단계가 줄고 택배 산업이 활성화되었다.

㉡ 소비 활동의 범위가 전 세계로 확대되면서 해외 직접 구매자(해외 직구)들이 증가하였다.

㉢ 교통이 편리한 지역에 대규모 물류 창고가 입지하고 물류 산업이 발달하였다.

③ 긍정적 영향
㉠ 소비자는 싼 가격에 물건 구매가 가능해졌다.
㉡ 대형 유통업체의 증가로 일자리가 창출되었다.

④ 부정적 영향
㉠ 오프라인 매장과 영세한 유통업체의 피해가 발생하였다.
㉡ 재래시장 및 동네 상권이 위축되었다.

(2) 관광의 세계화 중요+

① 배 경
㉠ 직접 인터넷을 통해 여행 상품을 구매할 수 있게 되었다.
㉡ 인터넷 및 SNS를 통한 관광 정보 획득이 쉬워졌다.
㉢ 소득 수준 향상과 여가 시간 증가로 관광 수요가 증가하였다.

② 긍정적 영향
㉠ 관광객은 자유롭게 관광 지역 및 관광 유형의 다양화를 경험할 수 있게 되었다.
㉡ 관광지 지역 주민의 일자리가 증대되어 지역 경제가 활성화되었다.
㉢ 관광지의 교통, 도로, 항공 등 기반 시설이 개선되었다.
㉣ 관광지에서 교통, 숙박, 오락 등 관련 관광 산업이 발달하였다.

③ 부정적 영향
㉠ 무리한 관광지 개발로 자연환경이 훼손되었다.
㉡ 지나친 상업화로 지역 고유문화가 사라졌다.
㉢ 관광으로 벌어들인 소득이 현지 주민이 아닌 선진국의 여행사에게 돌아가는 경우가 있다.

④ **변화** : 여행 경비가 지역 경제에 환원되도록 하고, 현지의 환경을 해치지 않으면서 현지 문화를 존중하는 공정 여행이 등장하였다.

(3) 기타 다양한 서비스업의 세계화

① **의료 서비스** : 의료 서비스 수요가 증가하면서 의료 관광으로 발전하였다.

② **교육 서비스** : 세계 여러 지역에 국제 학교가 설립되었고, 인터넷을 통해 교육 서비스를 지원하는 학교들이 생겨났다.

탄탄 실력 다지기

실전 예상문제

01 농업의 기업화에 대한 특징이 아닌 것은?

① 기계화 ② 대량화
③ 자급적 농업 ④ 상업적 농업

02 다음 지역에서 주로 행해지는 농업 형식은?

> 미국, 캐나다, 오스트레일리아

① 유목 ② 벼농사
③ 플랜테이션 ④ 기업적 목축업

03 세계화로 인한 농업 방식이 아닌 것은?

① 낙농업 ② 원예 농업
③ 기업적 곡물 농업 ④ 이동식 화전 농업

04 다국적 기업의 성장 배경으로 옳지 않은 것은?

① 보호 무역 확대
② 자유 무역 협정 확대
③ 세계 무역 기구 등장
④ 교통 및 통신의 발달

01
다국적 기업은 많은 자본과 기술 및 기계를 바탕으로 농작물을 대량 생산하여 판매하는 상업적 농업 방식을 추구한다.

02
제시된 국가에서는 자본과 기술을 소유한 기업이 넓은 목초지에서 가축을 기르는 기업적 목축업이 이루어진다.

03
이동식 화전 농업은 과거 자급적 농업의 방식이다.

04
교통·통신 기술의 발달 및 세계 무역 기구(WTO)의 출범과 자유 무역 협정(FTA)의 체결로 자유 무역이 확대되고 경제 활동의 세계화가 이루어지면서 다국적 기업이 성장하였다.

ANSWER
01. ③ 02. ④ 03. ④ 04. ①

05 정보 수집과 자본 확보에 유리한 선진국에 입지하는 다국적 기업의 공간 분업은?

① 본사
② 공장
③ 연구소
④ 영업 지점

05
다국적 기업의 본사는 다양한 정보 수집과 자본 확보에 유리한 선진국에 입지한다.

06 지가와 임금이 저렴한 개발 도상국에 입지하는 다국적 기업의 기능은?

① 생산 기능
② 연구 기능
③ 정보 수집 기능
④ 의사 결정 기능

06
저렴한 지가와 임금을 활용할 수 있는 개발 도상국에 생산 기능을 담당하는 공장이 입지한다.

07 다국적 기업의 공장이 들어선 지역의 변화로 옳은 것은?

① 인구 감소
② 제조업 감소
③ 일자리 증가
④ 산업 공동화 현상 발생

07
다국적 기업의 공장이 들어선 지역에서는 일자리가 증가하여 지역 경제가 활성화된다.

ANSWER
05. ① 06. ① 07. ③

08 서비스업의 특징으로 옳지 않은 것은?

① 표준화하기 쉽다.
② 일자리 창출 효과가 크다.
③ 탈공업화 사회가 나타났다.
④ 소득 수준의 향상에 따라 수요가 증가하였다.

08
서비스업은 소비자에 따라 서비스의 형태가 다르기 때문에 표준화하기가 어렵다.

09 관광의 세계화에 영향을 미친 요인은?

고난도

① 관광 수요 감소
② 소득 수준 하락
③ 여가 시간 확대
④ 시·공간적 제약 증가

09
관광의 세계화는 교통 및 통신의 발달로 시·공간적 제약이 감소하고, 소득 수준 향상 및 여가 시간의 확대로 관광 수요가 증가하면서 발달하였다.

10 다음 사례와 같은 현상이 지속될 때 나타나는 변화가 아닌 것은?

고난도

> 전자 상거래의 발달로 인터넷을 통해 상품을 구매하는 사람들이 증가하고 있다.

① 택배 산업 발달
② 물류 시장 확대
③ 오프라인 매장 발달
④ 해외 직접 구매자 증가

10
전자 상거래의 발달로 온라인 시장이 확대되고 오프라인 매장은 쇠퇴하고 있다.

ANSWER
08. ① 09. ③ 10. ③

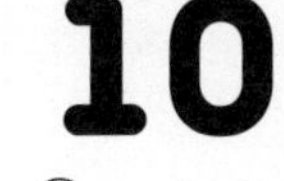

Chapter 10 환경 문제와 지속 가능한 환경

기후 변화, 특히 지구 온난화의 원인 및 영향은 중요한 환경 문제로 출제 가능성이 매우 높기 때문에 정리해 두어야 하며, 환경 문제를 해결하기 위한 국제 협약 및 국가적 차원의 방안에 대해서도 알아 둘 필요가 있습니다. 그리고 이번 교육과정에 새롭게 추가된 환경 문제 유발 산업의 이동 유형 및 이전에 따른 지역의 문제점에 대해서 정리해 두어야 합니다. 마지막으로 생활 속의 환경 이슈(미세 먼지, GMO 식품, 로컬 푸드)는 개념 위주로 학습합니다.

01 기후 변화의 원인과 해결 노력

1 전 지구적 차원의 기후 변화

(1) 기후 변화

① 의미 : 여러 요인으로 인해 장기간에 걸쳐서 기후의 평균적인 상태가 변하는 현상을 말한다.

② 원 인

㉠ 자연적 요인

ⓐ 태양 활동의 변화, 태양과 지구의 상대적 위치 변화가 나타났다.

ⓑ 화산 활동에 따른 화산재 분출이 태양열을 차단한다.

㉡ 인위적 요인

ⓐ 급격하게 인구가 증가하였다. → 화석 연료 사용에 따른 온실가스 배출량 증가

ⓑ 산업화와 도시화로 인한 무분별한 삼림 및 토지 개발이 이루어졌다.

ⓒ 최근에는 자연적 요인보다 인위적 요인의 영향이 크다.

③ 양상 : 특정 지역에서만 발생하지 않고 전 지구적 차원으로 확산되고 있다.

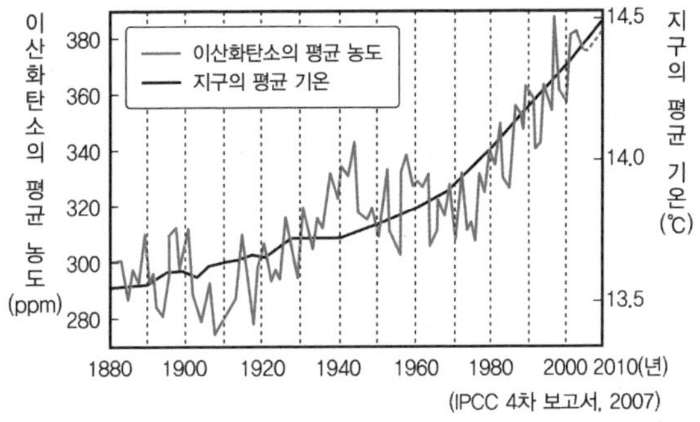

지구의 평균 기온 변화

(2) 지구 온난화 중요+

① 의미 : 화석 연료 사용에 따른 과도한 온실 효과로 인해 지구의 평균 기온이 점점 높아지는 현상을 말한다.

② 과 정

> 산업 혁명 이후 화석 연료 사용 급증, 부문별한 삼림 벌채 → 대기 중 온실가스(이산화 탄소) 농도 증가 → 온실 효과 심화 → 지구의 평균 기온 상승

(3) 기후 변화의 영향 중요+

① 빙하 감소와 해수면 상승

㉠ 과정 : 지구의 평균 기온 상승으로 극지방과 고산 지역의 빙하가 녹았다.

㉡ 결과 : 해수면 상승으로 이어졌다.

㉢ 사 례

ⓐ 몰디브, 투발루와 같은 섬나라가 바닷물에 잠겨 사라질 위기에 있다.

ⓑ 방글라데시와 같은 해안 저지대에 위치한 국가는 침수 피해가 증가하였다.

② 기상 이변 증가

㉠ 기온 상승으로 물의 증발량이 증가하여 가뭄과 사막화가 심화되었다.

㉡ 빙하가 녹아 바닷물의 염분 농도가 저하되면 해류 순환을 방해한다.

→ 태풍, 홍수, 폭설 등 자연재해의 발생 빈도와 피해 규모 증가

㉢ 여름철 고온 현상이 증가하여 폭염 및 열대야 발생 빈도가 증가하였다.

③ 생태계의 변화

㉠ 수온 변화로 인한 해양 생태계 교란 : 물고기가 죽거나 서식지를 옮긴다.

㉡ 작물 재배 환경 변화 : 농작물 재배에 악영향을 끼친다.

㉢ 식생 변화 : 기온 상승으로 고산 식물의 분포 범위가 축소되었다.

㉣ 열대성 질병과 해충이 확산되었다.

바로바로 CHECK√

다음 현상의 주된 원인은?

- 해수면 상승
- 빙하 면적 감소
- 기상 이변 증가

① 원유 유출 ❷ 지구 온난화
③ 방사능 오염 ④ 소음과 진동

2 기후 변화의 해결 노력

(1) 전 지구적 노력의 필요성

기후 변화 문제의 원인은 복잡하고, 피해 범위가 매우 넓기 때문에 기후 변화를 해결하기 위해서는 국제적 차원의 합의가 필요하다.

(2) 다양한 차원의 노력

① **개인적 차원** : 에너지 절약, 자원 재활용, 대중교통 이용 등

② **지역적 차원** : 비정부 기구(NGO)를 중심으로 사람들의 환경 의식을 높이고, 정부 환경 정책에도 변화를 유도한다.

③ **국가적 차원(우리나라)**

㉠ 대체 에너지를 개발한다.

㉡ 탄소 배출권 거래제를 실시한다.

㉢ 녹색 성장 정책을 실시한다.

탄소 배출권 거래제 검색
온실가스 배출 권리를 사고팔 수 있는 제도

녹색 성장 정책 검색
친환경 기술 개발을 통해 환경 오염을 줄이려는 정책

④ **국제적 차원** 중요+

㉠ 기후 변화 협약 체결(1992년) : 브라질 리우 환경 회의에서 온실가스를 줄이기 위한 기후 변화 협약을 최초로 채택하였다.

㉡ 교토 의정서(1997년)

ⓐ 기후 변화 협약의 구체적인 이행 방안으로 채택하였다.

ⓑ 선진국(37개국)의 온실가스 배출량 감축 목표를 규정하고, 탄소 배출 거래제를 도입하였다.

㉢ 파리 협정(2015년)

ⓐ 2020년 이후 교토 의정서를 대체할 새로운 기후 협약이다.

ⓑ 개발 도상국 포함 197개국 모두가 온실가스 감축 이행 방안을 제출하였다.

ⓒ 지구 평균 온도 상승폭을 1.5℃ 이내로 제한하자는 내용이 담긴 협정으로, 구속력이 없기 때문에 자발적 참여가 매우 중요하다.

02 환경 문제 유발 산업의 이동

1 환경 문제를 유발하는 산업의 이전

(1) 공해 유발 산업의 이전 중요+

① 배경 : 다국적 기업의 국제 분업으로 선진국에서 개발 도상국으로 공해를 유발하는 산업이 이동하였다.

② 특 징

㉠ 생산 시설뿐만 아니라 환경 문제도 함께 옮겨가게 된다.

㉡ 환경 오염에 관한 사회적 인식이 높은 나라에서 그렇지 못한 나라로 이동한다.

③ 선진국의 상황

㉠ 환경 오염에 대한 규제가 엄격하다.

㉡ 오염 물질 배출이 적은 청정 산업을 유치한다.

㉢ 인건비, 지가가 비싸기 때문에 생산비가 싼 곳으로 이전한다.

④ 개발 도상국의 상황

㉠ 상대적으로 환경보다 경제 발전에 역점을 둔다.

㉡ 인건비, 지가가 저렴하여 제조업 등의 산업 시설을 가리지 않고 유치한다.

(2) 전자 쓰레기의 이동

① 전자 쓰레기의 의미 : 중금속 물질이 많이 포함된 전자 제품에서 나온 폐기물을 말한다.

② 경 향

㉠ 기술의 발달로 전자 제품 사용 주기가 짧아져 전자 쓰레기의 양이 점점 증가하고 있다.

㉡ 선진국 : 자국의 환경 부담을 줄이기 위해 전자 쓰레기를 '기부'라는 이름으로 개발 도상국으로 수출한다.

㉢ 개발 도상국 : 수입한 전자 쓰레기에서 나온 구리, 은 등의 자원을 다시 수출한다.

③ 영향 : 전자 쓰레기를 처리하는 과정에서 중금속 유해 물질이 배출되면서 개발 도상국의 환경 오염이 심화되었다.

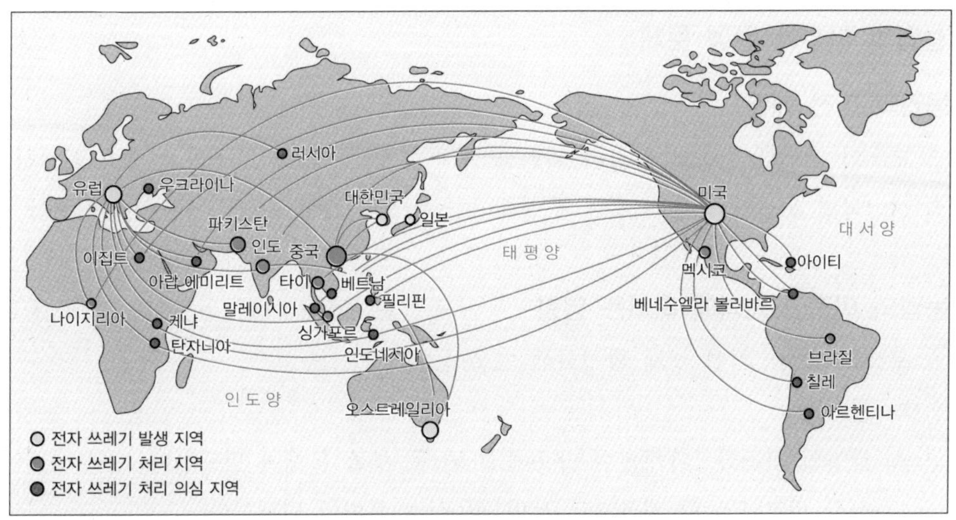

전자 쓰레기의 이동

(3) 석면 산업의 이전

① **선진국** : 발암 물질인 석면에 대한 규제가 심화되면서 개발 도상국으로 공장을 이전하였다.

② **개발 도상국** : 석면 공장의 이전으로 발암 물질이 발생하였다.

(4) 환경 문제 유발 산업의 이전에 따른 영향 중요+

① **환경 문제 유발 산업의 이전으로 인한 피해** : 유입 지역이 주로 개발 도상국에 집중되기 때문에 환경 문제가 지역적으로 불평등하게 발생한다.

② **유출 지역(주로 선진국)**

㉠ 환경 문제 해결에 도움이 된다.

㉡ 개발 도상국의 값싼 노동력과 저렴한 지가를 활용할 수 있게 된다.

③ **유입 지역(개발 도상국)**

㉠ 공장 시설 이전으로 일자리가 증가하고 소득 증가 등의 경제적 효과가 발생한다.

㉡ 주민 건강을 위협하는 환경 오염이 발생한다.

㉢ 산업 재해 등의 사고가 발생한다.

2 농업의 이전화 환경 문제

(1) 농업의 이전 배경

① 교통의 발달로 임금과 땅값이 저렴한 개발 도상국으로 선진국의 농장이 이전하였다.

② 선진국의 농업 기술을 이용한 플랜테이션 농업이 개발 도상국에서 이루어졌다.

(2) 농업의 이전이 지역에 미치는 영향

① **긍정적 영향** : 지역 경제 활성화에 도움이 된다.

② **부정적 영향**

㉠ 토양의 황폐화, 관개용수 남용에 따른 물 부족 문제가 발생한다.

㉡ 화학 비료와 농약 사용으로 토양 및 식수 오염이 발생한다.

㉢ 기존의 식량 생산지가 플랜테이션 농장으로 이용되어 식량 부족 문제가 발생한다.

3 환경 문제의 공간적 불평등

(1) 환경 문제의 지역적 불평등

① **선진국** : 오염 물질 배출 허용 기준 강화로 쾌적한 환경이 조성되었다.

② **개발 도상국** : 산업 유치는 일자리 창출과 경제 성장에 도움이 되지만, 환경 오염 문제를 발생시켰다.

(2) 환경 문제의 지역적 불평등의 해결

① **선진국의 기업** : 개발 도상국에 산업 시설을 이전할 때 환경 오염을 최소화하고 안전한 생산 환경을 만들어야 한다.

② **개발 도상국** : 산업 시설에 대한 환경 규제와 감시를 철저히 해야 한다.

③ **국제 사회**

㉠ 유해 폐기물 및 환경 문제 유발 산업 등이 불법적으로 다른 지역에 확산되지 않도록 노력해야 한다.

㉡ 국제 협약을 체결한다. 예 바젤 협약

03 생활 속의 환경 이슈

1 환경 이슈(환경 쟁점)

(1) GMO 농산물(유전자 재조합 농산물)

① GMO 농산물의 의미 : 본래의 유전자를 변형시켜 기존의 번식 방법으로는 나타날 수 없는 새로운 성질의 유전자를 지니도록 개발된 농산물을 말한다.
예 잡초에 강한 옥수수, 잘 무르지 않는 토마토, 카페인이 제거된 커피 등

> **환경 이슈** 검색
> 다양한 환경 문제가 발생하면서 이를 분석하는 방법이나 이해관계에 따라 찬성 또는 반대 등의 다른 의견이 나타나는 것
> 예 GMO 농산물, 로컬 푸드, 탄소 발자국, 원자력, 기후 변화 등

② GMO 식품(유전자 재조합 식품)의 의미 : GMO 농산물을 원료로 제조·가공한 식품을 말한다.

③ 주요 재배 지역 : 미국, 브라질, 아르헨티나 등 → 상업적 농업 형태로 재배

④ 찬성 입장

㉠ 제초제에 대한 내성과 해충·질병에 대한 저항성 및 성분이 강화되고, 영양소가 증가한다.

㉡ 높은 생산성으로 세계의 식량 부족 문제 해결에 기여할 수 있다.

⑤ 반대 입장

㉠ 인간에게 어떤 영향을 미치는지 알 수 없으므로 인체에 유해할 수 있다.

㉡ 생물의 다양성을 훼손한다.

(2) 로컬 푸드(local food) 운동

① 의미 : 지역에서 생산된 먹거리를 그 지역에서 소비하자는 운동을 말한다.
예 생활 협동조합, 농산물 직거래, 농민 장터, 지역 급식 운동 등

② 등장 배경 : 세계화로 인해 먹거리의 장거리 이동이 많아지면서 온실가스 발생량이 증가하고, 신선도 유지를 위해 방부제를 과다 사용하게 되었다.

③ 영 향

㉠ 푸드 마일리지가 낮은 로컬 푸드를 이용함으로써 환경에 미치는 부담을 줄일 수 있다.

㉡ 농약 등 화학 물질이 사용되지 않아 먹거리의 안전성이 확보된다.

> **푸드 마일리지(food mileage)** 검색
> 음식 재료가 산지에서 식탁에 오르기까지의 이동 거리(km)에 수송량(t)을 곱한 값

㉢ 온실가스 발생량이 감소하여 환경에 부담을 줄일 수 있다.

㉣ 지역 농민의 소득 보장으로 지역 경제가 활성화된다.

(3) 미세 먼지

① **의미** : 공기 중에 떠다니는 먼지 중 지름이 10um 이하인 작은 먼지 입자를 말한다.

② **원 인**

㉠ 자연적 원인 : 흙먼지, 식물 꽃가루

㉡ 인위적 원인 : 화석 연료를 태울 때 생기는 매연, 자동차 배기가스, 건설 현장의 먼지 등

③ **영 향**

㉠ 입자가 매우 작기 때문에 호흡기 및 심혈관 질환을 유발한다.

㉡ 치매와 같은 뇌 질환을 유발한다.

㉢ 가시거리 미확보로 인한 비행기 및 여객선 운행에 차질이 생긴다.

㉣ 반도체와 같은 정밀 작업이 요구되는 산업 시설에 피해를 준다.

④ **우리나라 현황** : 우리나라는 중국의 영향으로 미세 먼지 피해가 크게 증가하고 있다.

(4) 기타 환경 이슈

① **쓰레기 관련 이슈** : 일회용품과 포장재 사용으로 인한 쓰레기 처리 문제, 미세 플라스틱으로 인한 해양 생태계 오염

② **개발 관련 이슈** : 원자력 발전소 건립을 둘러싼 입장 차이 발생, 간척 사업과 관련된 개발과 환경 보존을 둘러싼 갈등

2 환경 이슈를 해결하기 위한 방법

(1) 집단 간 서로 다른 의견을 토론하여 타당한 근거를 제시하고 합리적인 대안을 마련해야 한다.

(2) 환경 이슈에 관심을 가지고, 환경 이슈에 대한 자신만의 의견을 정립해야 한다.

(3) 자전거 및 대중교통 이용, 쓰레기 분리 배출, 일회용품 사용 자제 등 일상생활에서의 실천이 중요하다.

01 기후 변화에 대한 설명으로 옳지 <u>않은</u> 것은?

고난도

① 생태계 변화에 영향을 미친다.
② 전 지구적인 차원에서 해결해야 할 문제이다.
③ 인위적인 요인보다 자연적 요인의 영향을 많이 받는다.
④ 장기간에 걸쳐 기후의 평균적인 상태가 변하는 현상이다.

01
최근 기후 변화는 자연적 요인보다 인위적 요인의 영향이 크다.

02 오늘날 기후 변화의 원인으로 옳은 것은?

① 인구 감소
② 무분별한 삼림 개발
③ 온실 가스 사용 감소
④ 대체 에너지 사용 증가

02
급격한 인구 증가로 화석 연료 사용이 증가하고, 산업화와 도시화로 인한 무분별한 삼림 및 토지 개발로 인해 온실 효과가 나타나고 있다.

03 다음은 지구의 평균 기온 변화를 나타낸 그래프이다. 다음과 같은 기후 변화의 영향으로 옳지 <u>않은</u> 것은?

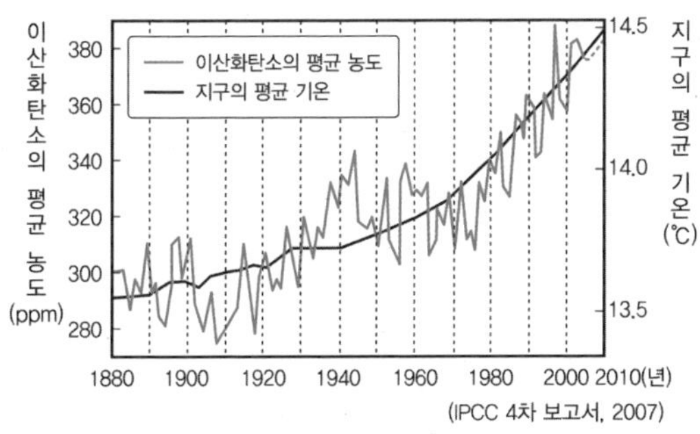

(IPCC 4차 보고서, 2007)

① 해수면 상승
② 생태계 교란
③ 사막화 감소
④ 자연재해의 발생 빈도 증가

03
기온 상승으로 물의 증발량이 증가하여 가뭄과 사막화가 심화된다.

ANSWER
01. ③ 02. ② 03. ③

04 기후 변화 문제를 해결하기 위한 국가적 차원의 노력으로 옳지 않은 것은?

① 친환경 기술 개발
② 화석 에너지 개발
③ 녹색 성장 정책 실시
④ 탄소 배출권 거래제 실시

05 다음 설명에 해당하는 국제 협약은?

> 2020년 이후 적용될 새로운 기후 협약으로 197개국 모두가 온실가스 감축 이행 방안을 제출하였다.

① 파리 협정　② 바젤 협약
③ 교토 의정서　④ 기후 변화 협약

06 환경 문제 유발 산업에 대한 설명으로 옳지 않은 것은?

고난도

① 석면 산업이 대표적 산업이다.
② 제조업뿐만 아니라 농업도 포함된다.
③ 산업이 이전할 경우 환경 문제도 동반한다.
④ 주로 개발 도상국에서 선진국으로 이전한다.

07 환경 문제 유발 산업의 유출 지역의 특징은?

① 낮은 땅값　② 저렴한 인건비
③ 환경 우선 정책　④ 경제 우선 정책

04
기후 변화 문제를 해결하기 위해서는 화석 에너지가 아닌 대체 에너지 개발에 힘써야 한다.

05
파리 협정(2015년)은 2020년 이후 교토 의정서를 대체할 새로운 기후 협약이다.

06
다국적 기업의 국제 분업으로 선진국에서 개발 도상국으로 공해를 유발하는 산업이 이동하고 있다.

07
선진국은 환경 오염에 대한 규제가 엄격하기 때문에 환경 문제 유발 산업을 개발 도상국으로 이전시키고자 한다.
①·②·④는 환경 문제 유발 산업의 유입 지역의 특징이다.

ANSWER
04. ②　05. ①　06. ④　07. ③

08 환경 문제 유발 산업이 유입되는 지역에 대한 설명으로 옳은 것은?

① 주로 선진국이 해당된다.
② 환경에 대한 규제가 엄격하다.
③ 환경에 대한 사회적 인식이 높다.
④ 일자리가 증가하여 경제적 효과가 발생한다.

08
개발 도상국에서는 공장 시설 이전으로 일자리가 증가하고 소득 증가 등의 경제적 효과가 발생한다.
①·②·③은 환경 문제 유발 산업의 유출 지역에 대한 설명이다.

09 GMO 농산물에 대한 설명으로 옳지 않은 것은?

① 인체에 해가 없다.
② 해충에 대한 저항성이 높다.
③ 식량 부족 문제 해결에 기여한다.
④ 본래의 유전자를 변형시킨 새로운 농산물이다.

09
GMO 농산물은 인간에게 어떠한 영향을 미치는지 알 수 없으므로 인체에 유해할 수 있다.

10 로컬 푸드 운동과 관련 있는 것은?

① 지역 경제 쇠퇴
② 친환경적인 먹거리
③ 온실가스 배출량 증가
④ 푸드 마일리지가 높은 먹거리

10
로컬 푸드 운동은 푸드 마일리지가 낮은 로컬 푸드를 이용함으로써 환경에 미치는 부담을 줄일 수 있는 운동이다.

ANSWER
08. ④ 09. ① 10. ②

Chapter

11 세계 속의 우리나라

학습 point+

영토·영해·영공으로 이루어진 영역의 의미와 우리나라 영해의 기준, 배타적 경제 수역의 의미는 출제 가능성이 높기 때문에 개념 위주로 정리한 뒤에 학습하는 것이 좋습니다. 특히 독도의 환경 및 가치는 반드시 정리해 두어야 하며, 독도가 우리 영토인 역사 속의 증거에 대해서도 알아 두어야 합니다. 마지막으로 세계화 시대의 다양한 지역화 전략 및 통일의 필요성에 대해서 숙지해야 합니다.

01 우리나라의 영역과 독도

1 우리나라의 영역

(1) 영역의 의미

① 국가의 주권이 미치는 지리적 범위를 말한다.

② 국민 생활이 이루어지는 생활 터전으로, 외부의 침입으로부터 보호되어야 하는 공간이다.

(2) 영역의 구성 중요+

① 영 토

㉠ 한 국가에 속한 육지의 범위(국토 면적과 일치)로, 영해와 영공 설정의 기준이 된다.

㉡ 간척 사업이나 해수면 상승 등으로 면적이 변화할 수 있다.

→ 국가의 영역 중 가장 중시

바로바로 CHECK√

(가)에 들어갈 용어는?

> 우리나라의 (가)은/는 한반도와 그 부속 도서로 구성되어 있다.

❶ 영토 ② 영해
③ 영공 ④ 배타적 경제 수역

㉢ 국가 간 영토의 경계선(국경선) 확정 요인 : 자연적 요인(예 산맥, 하천, 호수, 해협 등)과 인위적 요인(예 위선, 경선, 국가 간의 합의)

② 영 해

㉠ 영토 주변의 바다로, 일반적으로 기선으로부터 12해리를 말한다.

㉡ 국가 방위나 항해, 자원 개발 등의 측면에서 중요하다.

㉢ 최근에는 배타적 경제 수역에 대한 관심이 높아졌다.

㉣ 내륙 국가는 영해가 존재하지 않기 때문에 해상 무역 및 수산업에 불리하다.

③ 영 공

㉠ 영토와 영해의 수직 상공으로, 일반적으로 대기권 내로 한정되어 있기 때문에 다른 국가의 항공기가 해당 국가의 허락 없이 비행할 수 없다.

㉡ 최근 항공 교통의 발달과 국가 방위 측면에서 중요성이 커지고 있다.

㉢ 인공위성 기술의 발달로 우주 공간에 대한 관심이 높아지고 있다.

영해의 기준 검색

- 최저 조위선 : 바닷물이 가장 많이 빠졌을 때의 해안선
- 통상 기선 : 썰물 때의 해안선, 즉 최저 조위선
- 직선 기선 : 가장 바깥쪽에 있는 섬을 직선으로 연결한 선
- 해리 : 바다에서 거리를 잴 때 쓰는 단위로 1해리는 1,852m

(3) 우리나라의 영역

① 영 토

구 성	한반도와 3,000여 개의 부속 도서로 구성되어 있다.
면 적	총 면적 22.3만 km^2, 남한 면적은 약 10만 km^2이다.
형 태	남북으로 긴 형태로 다양한 기후가 나타나고, 삼면이 바다로 둘러싸인 반도국이다.
변 화	서·남해안에서 이루어지는 대규모 간척 사업으로 영토의 면적이 확대되고 있다.

② 영해 : 해안에 따라 영해 설정 기준이 다르다. 중요+

해 안	영해 설정 기준
동해안, 제주도, 울릉도, 독도	해안선이 단조롭고 섬이 적기 때문에 최저 조위선을 기준으로 한 통상 기선으로부터 12해리
황해안, 남해안	해안선이 복잡하고 섬이 많기 때문에 가장 바깥쪽에 위치한 섬을 직선으로 연결한 직선 기선으로부터 12해리
대한 해협	일본의 쓰시마섬과 가깝기 때문에 직선 기선으로부터 3해리

③ 영공 : 영토와 영해의 수직 상공을 말한다.

바로 바로 CHECK√

다음에서 설명하는 국가 영역은?

- 항공 교통과 국가 방위 측면에서 중요하다.
- 일반적으로 대기권 내로 그 범위를 제한한다.
- 국가의 주권이 미치는 땅과 바다의 수직 상공이다.

❶ 영공 ② 영토
③ 영해 ④ 공해

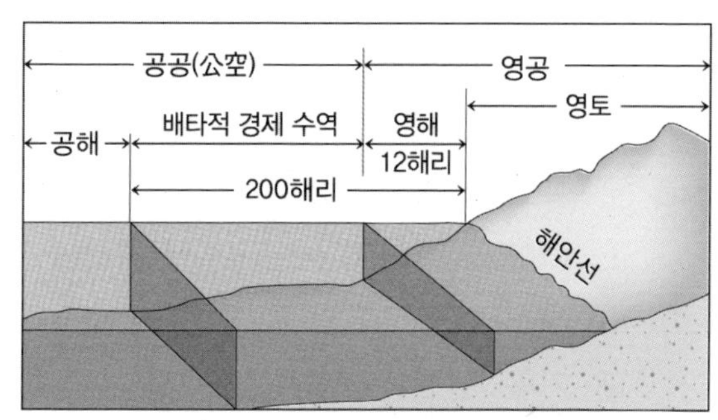

영역의 구분

(4) 배타적 경제 수역(EEZ) 중요⁺

① 의미 : 영해를 설정한 기준선으로부터 200해리까지의 바다 중 영해를 제외한 바다를 말한다.

② 특 징

㉠ 국가의 영역에는 포함되지 않기 때문에 다른 국가의 선박·항공기의 자유로운 통행이 가능하다.

㉡ 연안국은 어업 활동과 자원 탐사·개발·보존 등에 관하여 경제적 권리 행사가 보장된다.

㉢ 인공섬 등 시설물 설치의 자유와 해양 환경을 지키기 위한 관리 권한이 보장된다.

③ 우리나라의 배타적 경제 수역

㉠ 우리나라는 영해 기선으로부터 200해리 적용 시 중국 및 일본과 많은 해역에서 경계가 겹치는 문제가 발생하여, 중간 수역의 수산 자원을 공동으로 관리하기로 하였다.

㉡ 어업 협정 체결

한·일 어업 협정	동해와 남해의 일부를 중간 수역으로 설정하여 공동으로 관리
한·중 어업 협정	황해와 남해의 일부를 잠정 조치 수역으로 설정하여 두 나라 모두 자유롭게 어업 활동 가능

④ 이어도

㉠ 마라도 서남쪽 149km에 위치한 수중 암초로 국제법상 우리나라의 배타적 경제 수역에 속한다.

㉡ 우리나라의 종합 해양 과학 기지가 건설되어 있어 기상 및 해양 관측 활동이 이루어지고 있다.

2 독도의 중요성

(1) 독도의 자연환경 중요⁺

① 위치 : 경상북도 울릉군 울릉읍 독도리에 위치한다.

→ 우리나라의 최동단, 울릉도 동남쪽 87.4km

② 지형 : 해저에서 솟은 용암이 굳어져 형성된 화산섬이다.

→ 동도와 서도, 89개의 작은 바위섬

③ 기후 : 난류의 영향으로 연교차가 작고 온화한 해양성 기후이며, 연중 고른 강수량을 보인다.

(2) 독도의 인문 환경

① 512년 신라 장군 이사부가 우산국(울릉도)을 신라의 영토로 편입한 후 울릉도와 더불어 우리의 영토가 되었다.

② 맑은 날 울릉도에서 육안으로 관찰이 가능하기 때문에 과거부터 울릉도 주민들은 독도를 울릉도의 부속 도서로 인식하였다.

③ 우리나라 주민과 독도 경비 대원이 상주해 있다.

④ 각종 주민 생활 시설과 경비 활동을 위한 시설이 분포해 있다.

⑤ 울릉도와 독도 사이에 여객선이 운항중이다.

(3) 독도의 가치 중요+

① 영역적 가치

㉠ 우리 영해의 동쪽 끝을 확정하기 때문에 영해 및 배타적 경제 수역 설정의 중요한 기준점이다.

㉡ 태평양 진출에 유리한 위치이기 때문에 국가 안보상 군사적 요충지이며 해상 및 항공 교통의 요지이다.

② 경제적 가치

㉠ 조경 수역 : 한류와 난류가 교차하여 좋은 어장을 형성하고 있다.

㉡ 풍부한 지하자원 : 메탄 하이드레이트가 매장되어 있고 해양 심층수가 풍부하다.

메탄 하이드레이트 검색
95% 이상의 메탄으로 이루어져 있는 고체 천연가스로, 연소할 때 공해 물질인 이산화 탄소를 거의 발생시키지 않아 미래의 에너지 자원으로 많은 관심을 받고 있음

해양 심층수 검색
수심 200m 이하의 물로 식수와 식품, 의약품 또는 화장품의 원료로 이용

③ 생태적 가치

㉠ 생태계의 보고 : 불리한 생태 환경(건조한 토양)임에도 불구하고 290여 종의 다양한 동식물이 서식하고 있다. → 섬전체가 천연 보호 구역(1999년. 천연기념물)으로 지정됨

㉡ 화산 지형의 보고 : 우리나라에서 가장 오래된 화산섬으로 다양한 화산 지형이 분포하고, 해저 화산의 형성 과정을 볼 수 있다.

(4) 역사 속의 독도 중요+

① 「세종실록지리지」 : 울릉도와 독도의 지리와 위치를 기록하고 있다.

② 「신증동국여지승람」의 「팔도총도」 : 현존하는 우리나라 고지도 중 독도가 그려진 가장 오래된 지도이다.

③ 「삼국접양지도」 : 일본 지리학자가 제작한 지도로, 독도를 한반도와 같은 색으로 칠하고 조선의 소유라고 명시하고 있다.

④ 「연합국 최고 사령관 각서 제677호」 : 제2차 세계 대전 이후 작성된 지도로, 독도를 우리나라의 영토로 표기하고 있다.

바로 바로 CHECK√

다음에서 설명하는 섬은?

- 우리나라의 가장 동쪽에 있는 화산섬이다.
- 1999년에 천연 보호 구역으로 지정되었다.
- 해저에는 메탄 하이드레이트가 다량 매장되어 있다.

❶ 독도　② 거제도　③ 마라도　④ 연평도

(5) 독도를 지키기 위한 노력

① 다양한 역사적 사실과 지리적 특징으로 우리의 영토임을 입증하고 있다.

② 해외 광고, 독도 캠프 등 다양한 활동을 개최한다.

02 세계화 시대의 지역화 전략

1 세계화 시대의 지역화 전략

(1) 세계화 시대의 지역 경쟁력

① **지역화의 의미** : 세계화에 따라 지역 간 교류가 증가하면서 특정 지역이 세계의 정치 · 사회 · 경제 · 문화의 주체로 등장하는 현상을 말한다.

② **지역성** : 지역 주민이 자연환경에 적응하면서 오랜 시간에 걸친 상호 작용으로 만들어 낸 그 지역만의 특성을 말한다.

③ **지역성의 효과** : 세계화 시대에 그 지역만의 가치와 경쟁력을 제공한다.
→ "가장 지역적인 것이 가장 세계적인 것"

④ **경쟁력 있는 우리나라의 여러 지역** : 제주도의 한라산과 성산 일출봉, 서울의 종로, 수원의 화성, 경주의 문화 유적 지구 등

(2) 지역화 전략

① **등장 배경** : 세계화로 인해 지역 간 경쟁 확대 → 지역 경제에 위기 요인과 기회 요인으로 작용 → 기회 요인으로서의 지역화 전략 추구

② **지역화 전략의 의미** : 지역의 경쟁력을 높이기 위해 경제적 · 문화적 관점에서 다른 지역과 차별화할 수 있는 계획을 짜는 것을 말한다.

③ 지역화 전략의 효과

㉠ 지역의 긍정적 이미지를 확대시켜 지역의 가치를 높일 수 있다.

㉡ 지역 주민들의 정체성 · 소속감 · 자긍심을 높인다.

㉢ 관광 수입이 증대되고 지역의 일자리가 창출된다.

2 다양한 지역화 전략 중요+

(1) 장소 마케팅

① 의미 : 고유한 특징을 가진 특정 장소를 상품으로 인식하고 판매하는 것을 말한다.

② 사 례

㉠ 지역 이미지를 대표하는 랜드마크를 활용한다. 예 뉴욕의 자유의 여신상, 파리의 에펠탑

㉡ 지역 축제를 개최한다. 예 김제 지평선 축제, 함평 나비 축제, 보령 머드 축제

㉢ 박물관, 미술관 등을 조성한다. 예 문경시의 석탄 박물관

㉣ 역사적 건물과 장소를 보존한다. 예 안동 하회 마을

㉤ 자연환경을 활용한다. 예 순천만 습지

㉥ 스포츠 행사나 문화 행사를 개최한다.

③ 효 과

㉠ 다른 지역과 구별되는 고유한 이미지 구축할 수 있다.

㉡ 장소 자체를 상품화하여 지역 주민들의 소득 증대로 지역 경제가 활성화된다.

(2) 지리적 표시제

① 의미 : 상품의 품질, 특성 등이 근본적으로 특정 지역에서 시작되는 경우, 그 우수성이 인정될 때 국가가 원산지의 지명을 상표권으로 인정해 주는 제도를 말한다.

예 보성 녹차(최초로 등록), 고창 복분자, 충주 사과, 횡성 한우, 순창 고추장, 이천 쌀, 의성 마늘 등

② 특징 : 지리적 표시제에 등록되면 다른 곳에서 임의로 상표권을 이용하지 못한다.

바로바로 CHECK√

다음에서 설명하는 것은?

- 특정 지역의 우수한 농산물, 가공품에 지역 이름을 표시하여 상표권, 지적 재산권을 보장
- 보성 녹차, 이천 쌀, 횡성 한우가 대표적인 사례

① 슬로 시티 ② 공정 무역
③ 전통 마을 ❹ 지리적 표시제

③ 효 과

㉠ 지리적 농산물의 품질을 향상시킬 수 있다.

㉡ 유사품의 유통을 막고 생산자가 안정적인 생산 활동을 할 수 있다.

㉢ 지역 특화 산업이 육성되고, 지역 경제가 활성화된다.

㉣ 소비자에게 충분한 제품 정보를 제공할 수 있다.

(3) 지역 브랜드

① 의미 : 지역의 상품과 서비스, 지역 축제 등을 소비자에게 특별한 브랜드로 인식시키는 것을 말한다. 예 뉴욕의 'I♥NY', 강원도 평창의 '해피 700'

② 방 법

㉠ 해당 지역의 고유한 특징과 핵심적인 매력이 드러나도록 개발한다.

㉡ 다른 지역과 차별될 수 있는 지역 이미지를 구축해야 한다.

㉢ 로고, 슬로건, 캐릭터, 이미지, 브랜드를 이용한다.

㉣ 지역 주민, 지방 자치 단체, 기업이 주체가 되어 참여한다.

③ 효 과

㉠ 지역 홍보와 지역 경쟁력이 향상된다.

㉡ 지역의 상품과 서비스에 대한 신뢰도가 높아진다.

㉢ 지역에 대한 긍정적 이미지 개선으로 관광객이 증가하여 지역 경제가 활성화된다.

03 통일 한국의 미래

1 우리 국토의 위치적 중요성

(1) 동아시아 교통의 중심지

① 인적 · 물적 · 문화적 교류에 유리하다.

② 주변 국가들의 갈등을 중재하고 동아시아의 흐름을 주도하여 세계의 중심으로 도약할 수 있다. 예 G20 정상 회담, 핵 안보 정상 회의 등 개최

③ 통일 이후 교통의 중심지로 성장이 가능하다.

(2) 대륙과 해양을 연결하는 지리적 요충지

① 유라시아 대륙과 태평양을 연결하는 반도국이다.

② 북쪽으로는 중국, 러시아를 통해 유럽 대륙과 연결되어 있고, 삼면이 바다와 접해 있어 유라시아 대륙과 태평양 진출에 유리하다.

2 국토 통일의 필요성과 미래

(1) 분단에 따른 문제

① **경제적 측면** : 분단에 따른 막대한 군사 비용 지출

② **국토 공간적 측면** : 남한과 북한 지역 개발의 불균형, 대륙 진출 통로 단절

③ **정치적 측면** : 세계 평화를 저해하는 불안 요소로 국가에 대한 낮은 신용 평가

④ **사회・문화적 측면** : 이산가족의 고통, 남북한 주민의 문화적 이질화

(2) 통일의 필요성 및 국토 공간의 변화 중요+

① 경제적 필요성

㉠ 분단 비용 감소로 경제, 교육, 사회 복지 분야 등에 투자가 증대된다.

㉡ 남한의 자본과 기술, 북한의 자원과 노동력이 결합하여 국가 경제가 활성화된다.

② 국토 공간적 필요성

㉠ 균형 있고 효율적인 국토 개발이 가능해진다.

㉡ 주민들의 생활 공간이 확대된다.

㉢ 대륙과 해양을 연결하는 무역의 중심지로 성장하게 된다.

㉣ 대륙 철도를 활용한 물류비가 절감된다.

㉤ 제주도와 백두산, 금강산, 비무장 지대 등의 생태 지역을 이용하여 매력적인 국토 공간으로 조성된다.

③ 정치적 필요성

㉠ 세계 평화와 발전에 공헌한다.

㉡ 국제적 지위 향상과 국가 경쟁력이 강화된다.

바로바로 CHECK√

한반도 통일에 따라 예상되는 결과로 적절하지 않은 것은?

① 이산가족 문제를 해결할 수 있을 것이다.
② 육로를 이용한 대륙 진출에 유리해질 것이다.
③ 남북 간에 사람과 자원의 흐름이 원활해질 것이다.
❹ 남북 군사 대립에 따른 분단 비용이 증가할 것이다.

④ 사회 · 문화적 필요성

㉠ 문화적 이질화 극복을 통해 민족의 동질성이 회복된다.

㉡ 북한의 인권 문제를 해결할 수 있게 된다.

㉢ 이산가족의 고통을 해소할 수 있다.

(3) 통일 이후의 생활 모습의 변화

① 이념에 따른 갈등과 긴장이 완화되고, 다양한 가치관을 존중하는 사회 분위기가 조성된다.

② 생활권이 확대되어 새로운 일자리가 창출되고 경제가 활성화되어 삶의 질이 향상된다.

아시안 하이웨이 예상 노선

한반도를 기점으로 중국 ~ 몽골 ~ 중앙아시아 ~ 유럽을 최단 거리로 연결하는 새로운 노선

실력 탄탄 다지기

실전 예상문제

01 다음 중 영역에 포함되지 않는 것은?

① 영토　　② 영해
③ 영공　　④ 배타적 경제 수역

02 다음 중 영해 설정 기준으로 통상 기선을 사용하지 않는 곳은?

① 동해　　② 제주도
③ 울릉도　　④ 대한 해협

03 황해와 남해에서 직선 기선을 적용하는 이유는?

① 수심이 깊기 때문에
② 해안선이 단조롭기 때문에
③ 일본의 쓰시마 섬과 가깝기 때문에
④ 해안선이 복잡하고 섬이 많기 때문에

04 다음에서 설명하는 것은?

> 영해를 설정한 기준선으로부터 200해리까지의 바다 중 영해를 제외한 바다

① 통상 기선　　② 직선 기선
③ 대한 해협　　④ 배타적 경제 수역

01
배타적 경제 수역은 영해를 설정한 기준선으로부터 200해리까지의 바다 중 영해를 제외한 바다로, 국가의 영역에는 포함되지 않는다.

02
- 동해, 제주도, 울릉도, 독도 : 최저 조위선을 기준으로 한 통상 기선으로부터 12해리
- 황해·남해 : 직선 기선으로부터 12해리
- 대한 해협 : 직선 기선으로부터 3해리

03
황해와 남해는 해안선이 복잡하고 섬이 많기 때문에 가장 바깥쪽에 위치한 섬을 직선으로 연결한 직선 기선을 이용하여 영해 설정을 한다.

04
배타적 경제 수역에 대한 설명이다.

ANSWER
01. ④　02. ④　03. ④　04. ④

05 다음에서 설명하는 지역을 지도에서 고른 것은?

기출

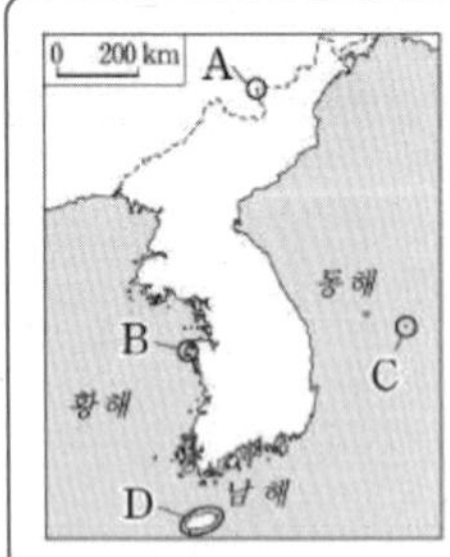

- 우리나라 가장 동쪽에 위치함
- 해양 심층수, 메탄 하이드레이트 등의 해저 자원이 풍부함

① A ② B
③ C ④ D

06 독도의 가치에 대한 설명으로 옳지 <u>않은</u> 것은?

① 다양한 동식물이 서식하고 있다.
② 한류와 난류가 만나는 조경 수역이다.
③ 메탄 하이드레이트와 해양 심층수가 매장되어 있다.
④ 풍부한 지하자원이 매장되어 있어 산업 단지 건설에 적합하다.

07 다음 빈칸에 들어갈 용어는?

고유한 특징을 가진 특정 장소를 상품으로 인식하고 판매하는 것

① 지역 축제 ② 장소 마케팅
③ 지역 브랜드 ④ 지리적 표시제

08 지리적 표시제에 해당하지 <u>않는</u> 것은?

① 이천 쌀 ② 횡성 한우
③ 보성 녹차 ④ 보령 머드

05
독도는 우리나라의 가장 동쪽의 섬으로 경상북도 울릉군 울릉읍 독도리에 위치하고 있다. 독도는 풍부한 수산 자원과 풍부한 자원이 매장되어 경제적 가치가 높다. 한류와 난류가 만나는 조경 수역에 위치하여 플랑크톤과 어족 자원이 풍부하고, 메탄 하이드레이트와 해양 심층수가 매장되어 있다.

06
독도 주변에 다양한 해저 자원이 있으나 산업 단지 건설에 적합한 것은 아니다.

07
장소 마케팅 사례
- 지역 이미지를 대표하는 랜드마크 활용
  예 뉴욕의 자유의 여신상, 파리의 에펠탑
- 지역 축제 개최

08
지리적 표시제는 특정 지역에서 생산된 특산품임을 표시하는 제도이다.
④ 보령 머드는 지역 축제명으로 장소 마케팅에 해당된다.

ANSWER
05. ③ 06. ④ 07. ② 08. ④

09 지리적 표시제에 대한 설명이 아닌 것은?

고난도

① 농산물의 품질을 향상시킨다.

② 생산자들의 권익을 보호한다.

③ 소비자에게 제품 정보를 제공한다.

④ 지역 특산물의 가격을 낮출 수 있다.

10 다음과 같은 지역화 전략은?

① 랜드마크 ② 지역 축제

③ 지역 브랜드 ④ 장소 마케팅

11 남북한의 국토 분단으로 인한 문제점이 아닌 것은?

① 국토 개발의 불균형이 커진다.

② 이산가족의 고통이 발생하였다.

③ 해양 진출 통로가 차단되고 있다.

④ 막대한 군사 비용이 지출되고 있다.

12 다음 중 통일이 되면 얻을 수 있는 이점으로 옳지 않은 것은?

고난도

① 전쟁에 대한 불안감이 해소된다.

② 반도라는 지리적 위치의 장점을 회복할 수 있다.

③ 남북한의 언어 및 문화적 이질감을 줄일 수 있다.

④ 남한의 지하자원과 북한의 기술력의 결합으로 경제가 발전한다.

09
지리적 표시제 특산물은 브랜드로 인식되기 때문에 대부분 높은 가격에 판매된다.

10
지역 브랜드란 지역을 소비자에게 특별한 브랜드로 인식시켜 지역 이미지를 형성하고 지역 경제 활성화로 연결하는 것이다. 서울의 하이 서울, 강원도 평창의 해피 700, 미국 뉴욕의 아이 러브 뉴욕 등이 대표적이다.

11
분단으로 인해 유라시아로 가는 대륙 진출 통로가 단절되었다.

12
남한의 자본·기술과 북한의 지하자원 및 저렴한 노동력의 결합으로 경제 발전을 이룰 수 있다.

ANSWER

09. ④ 10. ③ 11. ③ 12. ④

Chapter

12 더불어 사는 세계

지구상의 다양한 지리적 문제인 기아 문제와 생물 다양성 감소 문제의 원인 및 영향에 대해 정리해 두어야 합니다. 센카쿠 열도(댜오위다오), 쿠릴 열도(북방 4도) 등 영역 분쟁 지역들이 자주 출제되는데 지도와 함께 사례별로 학습하는 것이 좋습니다. 이번 교육과정에 새롭게 추가된 지역별 발전 수준의 차이를 알 수 있는 지표들을 정리하고, 빈곤 문제를 해결하기 위해 노력하고 있는 저개발 국가의 사례를 정리해 둘 필요가 있습니다. 마지막으로 지역 간 불평등을 완화하기 위해 국제기구와 국제 비정부 기구의 역할에 대해서도 숙지해야 합니다.

01 지리적 문제의 현황

1 지구상에 발생하는 지리적 문제

(1) 세계적 지리적 문제의 발생 원인

① 국가 간 경제적 격차와 사회적 불평등이 심화되었다.

② 지나친 개발과 대규모 자연재해로 인한 피해가 발생하였다.

③ 종교·민족·영토·자원 등의 문제로 인한 국가 간 갈등이 발생하였다.

④ 환경 오염 물질의 국제 이동으로 국가 간 갈등이 발생하였다.

(2) 세계적 지리적 문제의 특징

① 어느 한 지역만의 문제가 아니라 다른 지역과 연관되어 나타난다.

② 여러 요인이 복합되어 나타난다.

③ 지리적 문제 해결을 위해 세계 여러 나라들이 함께 노력해야 한다.

2 다양한 지리적 문제 중요+

(1) 기아(소리 없는 쓰나미)

① **의미** : 식량이 부족해 영양을 섭취하지 못하는 현상을 말한다.

② **해당 지역** : 소말리아, 수단, 에티오피아 등 사하라 사막 이남의 아프리카에서 가장 심각하며 일부 아시아 지역에서도 발생한다.

③ **현황** : 40여 개국 8억 명 이상의 인구가 기아로 고통을 겪고 있다.

④ 원 인

㉠ 자연적 원인 : 가뭄, 홍수, 태풍, 농작물 병충해 등으로 인해 피해가 나타났다.

㉡ 인위적 원인

ⓐ 인구 증가로 인해 식량 수요가 증대되었다.

ⓑ 전쟁으로 인해 식량 공급이 어려워졌다.

ⓒ 곡물 대기업이 유통량을 조절하여 식량 분배가 불균등하게 이루어지고 있다.

⑤ **영향** : 인간의 성장을 방해하여 노동 생산성을 떨어뜨린다.

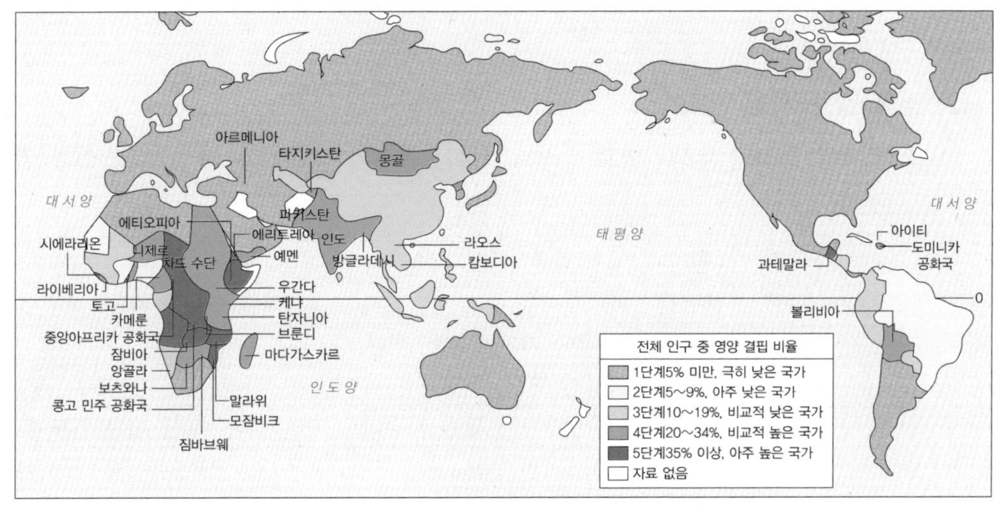

세계 기아 현황

(2) 생물 다양성 감소 문제

① **의미** : 생물과 그들의 서식 환경의 다양성이 손실되는 것을 말한다.

② **발생 지역** : 열대 우림, 산호초 해안, 맹그로브 해안 등에서 생태계 파괴가 심각하다.

③ 원 인

㉠ 인구 증가 및 도시화, 산업화로 인해 동식물의 서식지인 삼림이 파괴되었다.

㉡ 기후 변화와 환경 오염 등으로 인해 생태계가 위협받고 있다.

㉢ 무분별한 남획 및 외래종의 침입으로 생물종의 다양성이 감소하였다.

④ **해결 방안** : 생물 다양성 보존과 생물 다양성 유지를 위해 노력한다.

→ 생물 다양성 협약 채택(1992)

3 영역 갈등

(1) 영역 분쟁의 현황과 원인

① **현황** : 영토 및 영해를 차지하기 위한 갈등과 분쟁이 끊임없이 일어난다.

② **원 인**

㉠ 국경선 설정이 모호하다.

㉡ 역사적 배경 · 민족 · 종교의 차이가 나타난다.

㉢ 자원 확보 · 군사적 요충지 · 해상 진출로 확보 등을 둘러싼 갈등이 일어난다.

(2) 영역 갈등 사례 중요+

① **영토를 둘러싼 분쟁** : 영토 분쟁에 언어, 종교와 같은 문화적 차이로 인한 갈등이 더해졌다.

카스피해	원 인	자원(석유, 천연가스)
	배 경	카스피해를 두고 바다인지 호수인지를 둘러싼 갈등
	관련국	러시아, 카자흐스탄, 이란 등
카슈미르 지방	원 인	국경선 모호, 종교적 차이
	배 경	이슬람교도가 많은 카슈미르 지역이 힌두교를 믿는 인도에 포함됨
	관련국	인도, 파키스탄
팔레스타인 지역	원 인	역사, 종교적 차이
	배 경	1948년 팔레스타인 지역에 이스라엘이 건국되면서 팔레스타인 사람들의 거주 지역을 무력으로 정복하고 주변 아랍 국가들과 지속적으로 갈등
	관련국	이스라엘, 팔레스타인 해방 기구
아프리카	원 인	역사, 민족, 종교적 차이로 인한 국경선 모호
	배 경	유럽 열강으로부터 독립할 때 열강이 정한 국경선과 민족 · 부족의 경계선의 차이 발생
	관련국	에티오피아(오가덴) 등 아프리카의 여러 국가

② **영해를 둘러싼 분쟁** : 최근 배타적 경제 수역 및 군사적 요충지 확보를 위한 분쟁이 증가하고 있다.

난사 군도 (스프래틀리)	원 인	자원(석유, 천연가스, 수산 자원), 인도양과 태평양을 잇는 해상 교통 · 군사상 요지 확보
	배 경	1933~1939년에 프랑스가 차지하다가 제2차 세계 대전 중 일본이 점령 → 일본이 패전한 이후 중국을 비롯한 주변 국가들이 영유권을 주장
	관련국	중국, 타이완, 베트남, 필리핀, 브루나이, 말레이시아 등

센카쿠 열도 (댜오위다오)	원 인	자원(석유, 수산 자원), 해상 교통·군사적 요지 확보
	배 경	1895년 청·일 전쟁에서 승리한 일본이 자국 영토에 편입하여 지배하고 있는데, 현재 중국은 이를 불법 점령이라고 주장
	관련국	일본, 중국, 타이완
쿠릴 열도	원 인	자원(석유, 천연가스, 수산 자원)
	배 경	일본이 러일 전쟁에서 승리하면서 일본의 영토가 되었고, 제2차 세계대전 중 일본이 패한 후 구소련의 영토가 됨 → 현재 러시아가 실효 지배 중임
	관련국	일본, 러시아
북극해	원 인	자원, 북극 항로 확보
	배 경	지구 온난화로 자원 개발 및 항로 개척 가능성이 높아짐
	관련국	러시아, 미국, 캐나다, 노르웨이, 덴마크 등

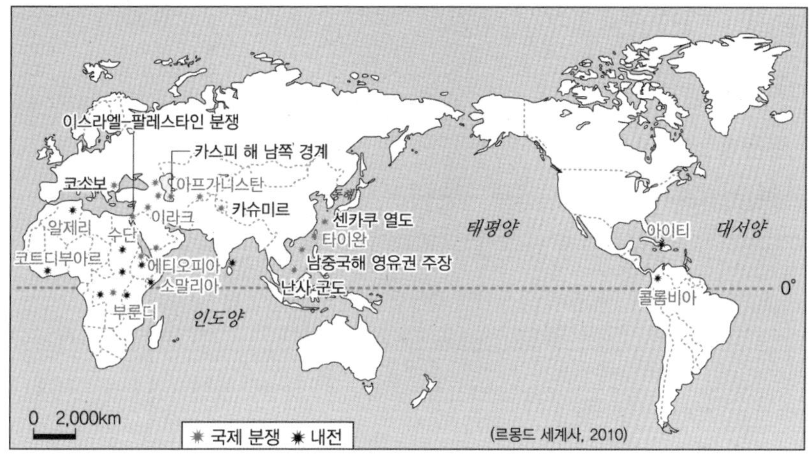

주요 분쟁 지역

심화학습 카슈미르 분쟁 지역

인도 반도는 영국이 인도에서 철수할 때 인도와 파키스탄으로 분리 독립되었다. 이때 카슈미르 지역은 주민의 대부분이 이슬람교도이기 때문에 파키스탄(이슬람교)으로 귀속되기를 바랐지만 힌두교도였던 지도자는 카슈미르를 인도로 편입하였다. 이후 카슈미르는 국제 연합의 휴전 선언으로 파키스탄령 카슈미르와 인도령 카슈미르로 분할되었고, 이들은 지금까지도 독립 또는 파키스탄으로의 편입을 주장하고 있다.

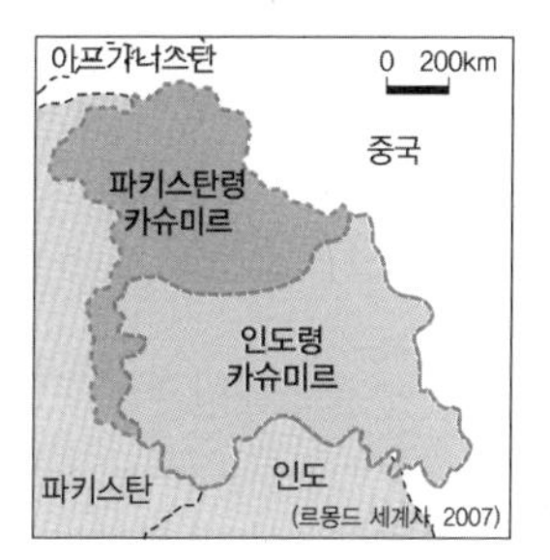

02 발전 수준의 지역 차

1 발전 수준에 따른 국가 구분

(1) 발전 지표에 따른 국가 구분

① **현황** : 경제 성장으로 대부분의 국가는 발전 상태이지만, 일부 국가 및 지역은 여전히 빈곤한 상태이다.

② **발생 원인** : 자연환경, 자원 보유량, 기술과 자본, 교육 수준 등의 차이

> **인간 개발 지수(HDI)**
> 국가의 실질 국민 소득, 교육 수준 등 인간의 삶과 관련된 자료를 조사해 각국의 발전 수준을 평가하는 것으로 선진국에서 높게 나타남

③ **발전 지표**

㉠ 의미 : 발전 수준이 어떤 상태인지 알려 주는 지표를 말한다.

㉡ 예 : 1인당 국내 총생산, 인간 개발 지수(HDI), 기대 수명, 영아 사망률, 교사 1인당 학생 수, 성 불평등 지수, 성인 문자 해독률 등

④ **발전 지표에 따른 국가 구분** 중요⁺

구 분	선진국	개발 도상국
1인당 국내 총생산	많음	적음
인간 개발 지수(HDI)	높음	낮음
기대 수명	높음	낮음
영아 사망률	낮음	높음
교사 1인당 학생 수	적음	많음
성 불평등 지수	낮음	높음

(2) 지역별 발전 수준의 차이

> **성 불평등 지수**
> 유엔 개발 계획(UNDP)이 2010년부터 각국의 성 불평등성을 측정하기 위하여 새로 도입한 지수

① **선진국**

㉠ 18세기 후반 산업 혁명을 통해 일찍이 산업화를 이루었다.

㉡ 소득 수준이 높다.

㉢ 해당 국가 : 서부 유럽, 앵글로아메리카

② **저개발국 및 개발 도상국**

㉠ 20세기 이후부터 현재까지 산업화가 진행 중이다.

㉡ 소득 수준이 낮다.

㉢ 학교나 의료 시설이 부족하고 주거 환경이 열악하며 삶의 질이 낮은 편이다.

㉣ 해당 국가 : 동남아시아, 라틴 아메리카, 사하라 사막 이남의 아프리카

(3) 행복 지수

① 의미 : 국내 총생산, 기대 수명, 사회적 자본, 부패 지수, 관용 등 총 5개 지표를 종합한 결과를 말한다.

② 특징 : 일부 저개발 국가에서도 높게 나타난다. 예 부탄(2010년 행복 지수 1위)

2 빈곤 문제 해결을 위한 노력

(1) 저개발 국가 및 개발 도상국의 노력

① 식량 생산성 증대를 위해 관개 시설을 확충하거나 품종 개발에 힘쓴다.

② 해외 투자 유치를 통해 일자리를 창출한다.

③ 자국의 경쟁력을 향상시키기 위해 교육 활동에 투자한다.

④ 적정 기술을 도입하여 일상생활에서 겪는 어려움에 쉽게 대처할 수 있도록 한다.

예 큰 힘을 들이지 않고 한 번에 많은 양의 물을 옮길 수 있는 큐드럼

⑤ 주민들과 연대하여 지역에 맞는 대안을 찾는다. 예 협동조합

(2) 저개발 국가의 노력 사례

① 보츠와나 : 다이아몬드 광산업 개발을 통해 얻은 이익을 국내에 재투자하였다.

② 르완다 : 역사 교육을 강화하고 여성의 권리를 신장하며 빈곤 퇴치에 힘썼다.

③ 부탄 : 행복 지수를 통해 국민의 삶의 질을 측정하며 행복 지수가 높은 편이다.

④ 에티오피아 : 관개 수로 확충을 통해 물 부족 문제를 해결하고 정치적 안정에 힘썼다.

(3) 지역 간 경제 협력 체제

① 등장 배경 : 세계화에 따라 경쟁이 심화되면서 단일 국가가 선진국에 맞서기 힘들어졌다.

② 장 점

㉠ 선진국에 공동 대응이 가능하다.

㉡ 공동으로 자원을 개발하고 수출한다.

㉢ 회원국 간의 교류가 증대되었다.

③ 사례 : 서아프리카의 경제 공동체

(4) 국제 연합(UN)의 노력

2016년 지속 가능한 발전 목표를 정해 재정적 지원과 협력을 확대하였다.

03 지역 간 불평등 완화 노력

1 세계의 불평등 해결을 위한 협력

(1) 세계의 불평등 해결을 위한 국제적 협력의 필요성

선진국은 경제적으로 부유하지만, 저개발 국가의 일부 주민은 식량 부족과 빈곤 문제에 처해 있기 때문에 지역 간 불평등을 완화하기 위해 국제적 협력이 필요하다.

(2) 세계의 불평등 해결을 위한 국제적 협력

① 국제 연합(UN) : 유엔 산하의 전문 기구를 두어 국제 평화와 안전 유지, 인권 및 기본적 자유를 확보하기 위해 경제적 · 정치적 · 사회적 불평등에 개입한다.

세계 식량 계획(WFP)	기아와 빈곤으로 고통받는 지역에 식량 지원
유엔 평화 유지군(PKF)	분쟁 지역에 파견되어 질서 및 안전 유지
유엔 난민 기구(UNHCR)	난민 긴급 구조 활동 및 피난처 제공
세계 보건 기구(WHO)	보건 위생 분야의 국제적 협력
유엔 아동 기금(UNICEF)	아동 구호와 아동 복지 향상을 위한 협력
유엔 환경 계획(UNEP)	국제 환경 문제 해결

② 경제 협력 개발 기구(OECD) : 국가 및 지역 간의 경제적 격차 해소를 위한 활동을 하는 국제기구이다.

③ 공적 개발 원조(ODA) 중요+

㉠ 의미 : 국제 사회가 저개발 국가의 빈곤 문제 해결과 복지 증진을 위해 자원, 기술 등을 지원하는 것을 말한다.

㉡ 특징 : 경제 협력 개발 기구(OECD) 산하의 개발 원조 위원회(DAC)가 주도한다.

㉢ 우리나라 : 과거에는 개발 원조 위원회(DAC)의 원조를 받았으나, 현재는 한국 국제 협력단(KOICA)을 통해 해외 봉사와 개발 도상국을 지원하고 있다.

> 한국 국제 협력단(KOICA) 검색
> 우리나라의 공적 대외 원조를 총괄하는 기관으로 개발 도상국에 정부 차원의 개발을 원조하는 단체

④ 비정부 기구(NGO)

㉠ 의미 : 세계 시민들이 만든 민간단체로 인류 공동의 이익을 위해 인도주의적 차원의 구호 활동을 한다.

㉡ 종 류

ⓐ 그린피스 : 국제 환경 보호 단체로 핵 실험 반대, 기후 변화 억제, 삼림 보호 등을 위해 활동한다.

ⓑ 국경 없는 의사회 : 의료 혜택을 받지 못하는 사람들에 대한 긴급 구호를 실시한다.

ⓒ 세이브 더 칠드런 : 아동 구호 사업을 진행한다.

2 지역 간 불평등 완화를 위한 노력

(1) 공정 무역 중요+

① **의미** : 중간 유통 과정을 줄이고 개발 도상국에서 생산되는 제품에 정당한 가격을 지불하여 생산자에게 정당한 임금과 적정한 혜택이 돌아가도록 하자는 윤리적 소비 운동을 말한다.

② **공정 무역 제품** : 커피, 코코아, 면화 등 주로 개발 도상국이나 저개발국에서 생산되는 제품

③ **효 과**

㉠ 유통 비용을 절감하여 생산자에게 보다 많은 이익을 제공한다.

㉡ 개발 도상국 아동과 부녀자의 노동 착취를 방지한다.

㉢ 개발 도상국 생산자의 경제적 자립을 돕고 빈곤 문제를 완화한다.

④ **한계** : 다국적 기업의 상품에 밀려 시장 확보가 어려운 편이다.

공정 무역 커피의 이익 배분 구조

(2) 세계 시민으로서의 자세와 역할

① 빈곤과 기아 문제 해결을 위한 봉사 활동과 기부에 적극적으로 동참해야 한다.

② 다양한 지리적 문제에 관심을 가지고 협력해야 한다.

③ 문화의 다양성을 인정하고 존중해야 한다.

실력 탄탄 다지기

실전 예상문제

01 지리적 문제의 발생 원인이 아닌 것은?

① 자원을 둘러싼 대립
② 종교 및 민족 간의 대립
③ 국가 간 경제 격차 심화
④ 지리적 문제를 둘러싼 국가 간 협력

01
지리적 문제를 둘러싼 국가 간 협력은 지리적 문제의 해결 방안이다.

02 기아 문제에 대한 설명으로 옳지 않은 것은?

① '소리 없는 쓰나미'로 불린다.
② 자연 재해로 인해 발생하기도 한다.
③ 유럽, 북아메리카 대륙에서 나타난다.
④ 식량 부족으로 충분한 영양을 섭취하지 못하는 현상이다.

02
기아 문제는 사하라 사막 이남의 아프리카에서 가장 심각하게 나타난다.

03 생물 다양성이 감소하는 원인은?

① 삼림 축소
② 오랜 내전
③ 농경지 축소
④ 열대 우림 확대

03
동식물의 서식지인 열대 우림과 같은 삼림이 파괴되면서 생물종의 다양성이 감소하고 있다.

ANSWER
01. ④ 02. ③ 03. ①

04 다음과 같은 영역 분쟁 지역의 특징은?

카스피 해, 난사 군도

① 민족을 둘러싼 분쟁
② 종교를 둘러싼 분쟁
③ 자원을 둘러싼 분쟁
④ 배타적 경제 수역을 둘러싼 분쟁

04 제시된 지역은 석유 및 천연가스가 매장되어 있는 지역으로 자원을 둘러싼 영역 분쟁 지역이다.

05 카슈미르 지역에 대한 설명으로 옳은 것은?

① 인도와 중국의 영역 갈등 지역
② 인도와 파키스탄의 영역 갈등 지역
③ 석유 자원 확보를 둘러싼 갈등 지역
④ 해상 교통로 확보를 둘러싼 갈등 지역

05 이슬람교도가 많은 카슈미르 지역이 힌두교를 믿는 인도에 포함되면서 지금까지 분쟁이 이어지고 있다.

06 선진국에 비해 개발 도상국에서 수치가 높게 나타나는 발전 지표는?

고난도

① 기대 수명 ② 영아 사망률
③ 인간 개발 지수 ④ 1인당 국내 총생산

06 영아 사망률은 개발 도상국이 선진국에 비해 훨씬 높다.
①·③·④는 발전 수준이 높은 선진국에서 높게 나타나는 지표이다.

07 다음과 같은 활동을 하는 국제기구는?

분쟁 지역에 파견되어 주민들의 안전을 위해 노력한다.

① 세계 식량 계획 ② 유엔 난민 기구
③ 세계 보건 기구 ④ 유엔 평화 유지군

07 유엔 평화 유지군은 분쟁 지역에 파견되어 질서 및 안전 유지를 위해 힘쓰는 국제기구이다.

ANSWER
04. ③ 05. ② 06. ② 07. ④

08 비정부 기구의 특징으로 옳은 것은?

① 국제 연합 산하의 국제단체이다.
② 각 국가의 정부가 만든 단체이다.
③ 세계 시민들이 모여 만든 민간단체이다.
④ 대표적 기구로는 공적 개발 원조가 있다.

09 다음 설명에 해당하는 단체는?

> 국제 환경 보호 단체로 핵 실험 반대 등을 위해 활동

① 그린피스
② 공적 개발 원조
③ 국경 없는 의사회
④ 세이브 더 칠드런

10 공정 무역에 대한 설명으로 옳지 않은 것은?

① 윤리적 소비 운동이다.
② 유통 비용을 절감할 수 있다.
③ 개발 도상국의 노동 착취를 방지한다.
④ 선진국의 생산자에게 정당한 혜택이 돌아간다.

08

비정부 기구(NGO)란 세계 시민들이 인류 공동의 이익을 위해 인도주의적 차원의 구호 활동을 하기 위해 만든 단체로 그린피스, 국경 없는 의사회 등이 있다.

09

그린피스는 국제 환경 보호 단체로 핵 실험 반대, 기후 변화 억제, 산림 보호 등을 위해 활동하는 단체이다.

10

공정 무역이란 개발 도상국에서 생산되는 제품에 정당한 가격을 지불하여 생산자에게 정당한 임금 및 혜택이 돌아가도록 하자는 윤리적 소비 운동을 말한다.

ANSWER

08. ③ 09. ① 10. ④

쑥쑥 실력 점검하기

단원 마무리문제

01 다음 내용과 관련 있는 인권은?

고난도

> 3세대 인권으로, 국가와 민족을 초월하여 여러 집단과 국가들이 협력해야 보장받는 권리, 평화의 권리, 환경에 대한 권리, 재난으로부터 구제받을 권리 등이다.

① 자유권 ② 참정권
③ 연대권 ④ 사회권

01 3세대 인권은 연대권이다. 자유권과 참정권은 1세대 인권, 사회권은 2세대 인권이다.

02 기본권의 종류가 나머지 셋과 <u>다른</u> 것은?

① 근로권
② 청원권
③ 교육을 받을 권리
④ 쾌적한 환경에서 살 권리

02 청원권은 국가에 대해 일정한 행위를 해 달라고 요구할 수 있는 청구권이다.
①·③·④는 국가에 대해 인간다운 생활의 보장을 요구할 수 있는 권리인 사회권의 종류이다.

03 다음 헌법 조항을 통해 알 수 있는 정부 구성의 원리는?

> 제40조 입법권은 국회에 속한다.
> 제66조 행정권은 대통령을 수반으로 하는 정부에 속한다.
> 제101조 사법권은 법관으로 구성된 법원에 속한다.

① 대의제의 원리
② 입헌주의 원리
③ 국민 주권주의
④ 권력 분립의 원리

03 국가 권력(입법권·행정권·사법권)을 여러 기관에 분산시킨 권력 분립의 원리이다.

ANSWER
01. ③ 02. ② 03. ④

04 다음 ㉠~㉢에 들어갈 정부 기관을 바르게 연결한 것은?

(㉠)는 국민의 권리를 침해하는 법을 만들 수 없으며, (㉡)는 법을 집행하는 과정에서 국민의 권리를 보장해야 한다. (㉢)는 국민의 권리가 침해되는 경우 재판을 통해 이를 회복시켜 준다.

	㉠	㉡	㉢
①	입법부	사법부	행정부
②	입법부	행정부	사법부
③	행정부	사법부	입법부
④	사법부	입법부	행정부

04

법을 제정하는 기관은 입법부이며, 법을 집행하는 기관은 행정부이다. 법을 적용하는 재판권은 사법부에 있다.

05 다음과 같은 활동을 하는 경제 주체는?

거두어들인 세금을 바탕으로 국민 생활에 필요한 재화와 서비스를 생산·공급한다.

① 가계 ② 기업

③ 정부 ④ 외국

05

정부는 가계와 기업이 낸 세금을 바탕으로 국민 생활에 필요한 재화와 서비스를 생산·공급한다.

06 다음 내용과 관련된 경제 체제는?

국가가 생산 수단을 소유하는 경제 체제

① 자본주의

② 시장 경제 체제

③ 계획 경제 체제

④ 혼합 경제 체제

06

계획 경제 체제는 국가가 경제 활동의 자유를 제한하고, 국가가 생산 수단을 소유하는 경제 체제이다.

ANSWER

04. ② 05. ③ 06. ③

07 다음 그래프에서 결정된 균형 가격과 균형 거래량은?

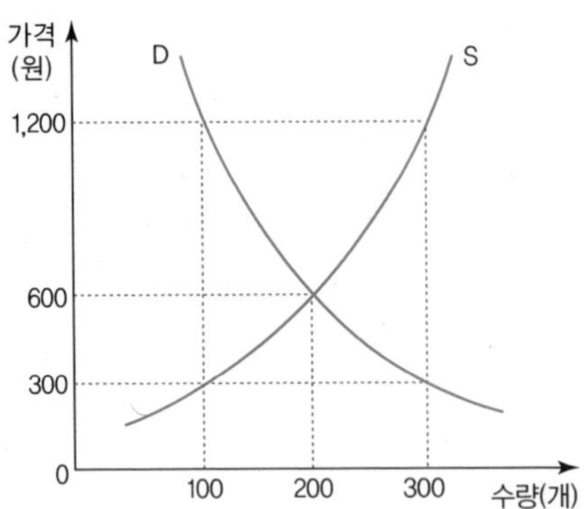

① 300원, 300개 ② 600원, 200개
③ 900원, 150개 ④ 1200원, 100개

07
수요 곡선과 공급 곡선이 만나는 지점에서 균형 가격과 균형 거래량이 결정된다.

08 다음과 같은 요인으로 인해 나타나는 결과는?

고난도

생산 기술의 향상, 임금 하락

① 수요의 증가 ② 수요의 감소
③ 공급의 증가 ④ 공급의 감소

08
어떤 상품의 생산 기술이 발달하면 생산성이 높아지기 때문에 상품의 공급이 증가하고, 생산 요소 비용(임금, 이자, 지대)이 하락하면 공급이 증가한다.

09 인플레이션의 영향으로 나타날 수 있는 현상이 아닌 것은?

고난도

① 화폐의 가치가 떨어진다.
② 수출은 감소하고 수입은 증가한다.
③ 은행에 저축하는 사람이 증가한다.
④ 부동산과 같은 실물 자산의 가치가 올라간다.

09
물가가 상승하면 화폐의 가치가 떨어지기 때문에 소득이 줄어드는 것과 같은 효과가 나타나고 저축액의 가치가 떨어지므로 저축을 꺼리게 된다.

ANSWER
07. ② 08. ③ 09. ③

10 환율에 대한 설명으로 옳지 않은 것은?

① 환율이 오르면 원화의 가치는 하락한다.
② 외환의 공급이 감소하면 환율이 하락한다.
③ 외환에 대한 수요와 공급에 의해서 결정된다.
④ 외환에 대한 수요가 증가하면 환율이 상승한다.

10
외환의 공급이 증가하는 경우에 환율은 하락한다.

11 국제 비정부 기구에 해당하지 않는 것은?

① 그린피스
② 국제 연합
③ 국경 없는 의사회
④ 국제 사면 위원회

11
국제 비정부 기구란 국경을 넘어 활동하는 개인이나 민간단체가 모여 조직한 국제기구를 말한다. 국제 연합은 정부 간 국제기구에 속한다.

12 우리나라와 중국의 갈등 문제로 옳은 것은?

① 동해 표기 문제
② 위안부 관련 문제
③ 독도와 관련된 갈등
④ 동북공정 관련 문제

12
동북공정이란 중국이 현재 자국 영토(만주 지역) 안에 있었던 고조선, 고구려, 발해를 중국사로 편입시키려는 연구이다. ①·②·③은 일본과의 갈등 문제이다.

13 다음 지역의 공통점으로 옳은 것은?

서부 유럽, 미국 북동부

① 인구 유출 지역
② 벼농사에 유리한 지역
③ 전쟁과 분쟁이 일어나는 지역
④ 일자리가 풍부한 인구 밀집 지역

13
제시된 지역은 일자리가 풍부하고 교통이 편리하여 인구가 밀집되어 있는 곳이다.

ANSWER
10. ② 11. ② 12. ④ 13. ④

14 **다음 중 세계의 인구 문제를 바르게 연결한 것은?**

① 선진국-출생률 증가, 인구의 고령화
② 선진국-대도시의 인구 집중, 과잉 인구
③ 개발 도상국-인구 급증, 대도시의 인구 집중
④ 개발 도상국-인구의 고령화, 노동력 부족 문제

15 **다음 도시화 곡선에서 선진국과 개발 도상국이 속한 단계를 순서대로 나열한 것은?**

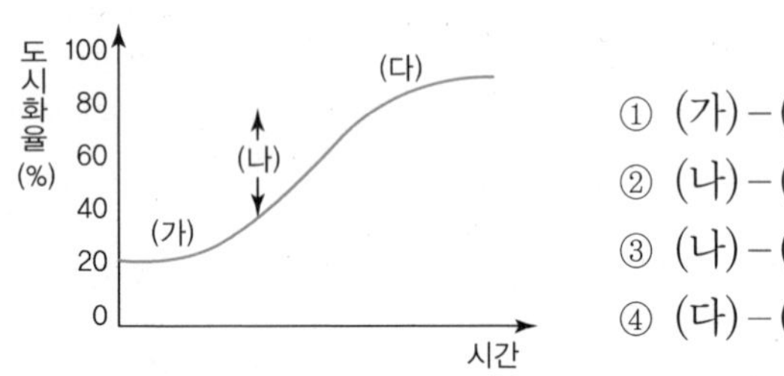

① (가)-(나)
② (나)-(다)
③ (나)-(가)
④ (다)-(나)

16 **다음 밑줄 친 이곳은 어디에 해당하는가?**

> <u>이곳</u>은 낮 동안에는 많은 사람들이 직장을 다니거나 백화점, 은행, 관공서 등을 이용하기 위해 몰려들지만, 이곳에 사는 사람들은 그리 많지 않으며, 밤이 되면 낮 동안 북적대던 사람들이 모두 자신들의 집으로 귀가하여 조용하다.

① 그린벨트　② 중간 지역
③ 위성 도시　④ 중심 업무 지구

17 **다국적 기업을 유치한 개발 도상국에서 나타나는 변화는?**

① 일자리 증가　② 지역 경제 침체
③ 제조업의 비율 감소　④ 산업 공동화 현상 발생

14
• 선진국의 인구 문제 : 인구의 고령화, 저출산 문제 등
• 개발 도상국의 인구 문제 : 폭발적인 인구 증가, 도시로의 과도한 인구 집중, 성비 불균형

15
(가)는 초기 단계(후진국), (나)는 가속화 단계(개발 도상국), (다)는 종착 단계(선진국)이다.

16
도심 내부에는 행정 기관, 금융 기관 등이 집중되어 도시의 핵심 기능을 담당하는 중심 업무 지구가 형성되어 있다.

17
다국적 기업을 유치하게 되면 산업 단지 조성(제조업)으로 일자리가 증가하고 관련 산업이 발달하며, 인구 증가로 도시 발달 등이 이루어진다.
②·③·④는 다국적 기업이 빠져나간 지역의 변화에 해당된다.

ANSWER
14. ③ 15. ④ 16. ④ 17. ①

18 세계화로 인한 농업 생산의 변화로 옳지 않은 것은?
고난도
① 식량 자급률이 점점 감소하고 있다.
② 외국산 농산물의 소비가 증가하고 있다.
③ 농업 생산이 세계적인 규모로 이루어지고 있다.
④ 상품 작물보다 식량 작물의 재배 면적이 확대되고 있다.

18
세계화로 인해 한 종류의 곡물 재배 대신 다양한 원예 작물(채소, 과일 등)과 기호 작물(차, 커피 등) 등 상품 작물의 재배 면적이 확대되고 있다.

19 다음 빈칸에 들어갈 말로 알맞은 것은?

> (　　　　　　)은(는) 화석 연료를 과도하게 사용하여 지구의 평균 기온이 상승하는 현상을 말한다.

① 생태계 파괴 ② 지구 온난화
③ 오존층 파괴 ④ 생물 다양성 감소

19
지구 온난화란 무분별한 화석 연료의 사용으로 온실가스의 배출이 증가하여 지구의 온도가 상승하는 현상을 말한다.

20 로컬 푸드 운동에 대한 설명으로 옳지 않은 것은?
① 온실가스 배출량을 감소시킨다.
② 지역 경제의 활성화에 도움이 된다.
③ 친환경적인 먹거리를 소비하자는 운동이다.
④ 푸드 마일리지가 높은 먹거리를 소비하자는 운동이다.

20
푸드 마일리지가 낮은 로컬 푸드를 이용함으로써 환경에 미치는 부담을 줄일 수 있는 운동이다.

21 영역 설정에 대한 설명으로 옳은 것은?
① 영토 – 육지의 면적
② 영공 – 영토의 수직 상공
③ 영해 – 통상 기선으로부터 200해리까지의 바다
④ 배타적 경제 수역 – 다른 국가 선박의 자유로운 통행이 불가능한 바다

21
② 영공 : 영토와 영해의 수직 상공
③ 영해 : 일반적으로 통상 기선으로부터 12해리까지의 바다
④ 배타적 경제 수역 : 국가의 영역에는 포함되지 않기 때문에 다른 국가의 선박·항공기의 자유로운 통행이 가능

ANSWER
18. ④ 19. ② 20. ④ 21. ①

22 다음 글에서 설명하는 지역의 특성이 아닌 것은?

고난도

> 우리나라 섬 중 한반도에서 가장 멀리 떨어져 있으며, 경제적으로 해양 자원이 풍부하고 군사적으로 중요한 가치를 지니고 있는 곳으로, 이곳에 대한 일본의 영유권 주장으로 인해 분쟁이 발생하고 있다.

① 용암이 굳어져 형성된 화산섬이다.
② 우리나라 영토 중 가장 동쪽에 있다.
③ 기후가 따뜻하여 동식물이 서식하기에 적합하다.
④ 2개의 큰 섬과 89개의 작은 바위섬으로 이루어져 있다.

22
독도는 척박한 토양으로 동식물이 서식하기에 불리한 생태 환경임에도 불구하고 290여 종의 다양한 동식물이 서식하고 있다.

23 지역화 전략에 해당하지 않는 것은?

① 공정 여행　　② 장소 마케팅
③ 지역 브랜드　　④ 지리적 표시제

23
공정 여행은 현지의 환경을 해치지 않으면서도 현지인에게 혜택이 돌아가는 여행이다.

24 다음 설명에 해당하는 영역 갈등이 일어나고 있는 지역은?

> • 원인 : 자원(석유, 수산 자원) 확보, 해상 교통 · 군사적 요충지 확보
> • 관련국 : 일본, 중국

① 북극해　　② 쿠릴 열도
③ 난사 군도　　④ 센카쿠 열도

24
보기의 지역들은 각종 자원과 요충지 확보를 위해 영역 갈등이 일어나고 있는 곳이다.
① 북극해 : 러시아, 미국, 캐나다, 노르웨이, 덴마크 등
② 쿠릴 열도 : 러시아, 일본
③ 난사 군도 : 중국, 타이완, 베트남, 필리핀, 브루나이, 말레이시아 등

25 다음과 같은 활동을 하는 국제 협력 기구는?

> 저개발 국가의 빈곤 문제 해결과 복지 증진을 위해 여러 방면에서 지원을 하고 있다.

① 세계 무역 기구　　② 세계 보건 기구
③ 개발 원조 위원회　　④ 유엔 평화 유지군

25
경제 협력 개발 기구(OECD) 산하의 개발 원조 위원회(DAC)는 저개발 국가의 빈곤 문제 해결과 복지 증진을 위해 자원, 기술 등을 지원하는 활동을 한다.

ANSWER
22. ③　23. ①　24. ④　25. ③

역 사

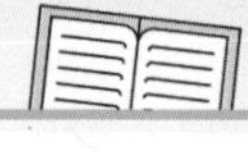

Chapter

01 고조선의 성립

학습 point+

구석기·신석기·청동기의 시대별 특징 및 유물·유적에 대한 학습이 필요합니다. 우리나라 최초의 국가인 고조선과 철기 시대 여러 국가들의 특징 및 풍습, 제천 행사 등은 자주 출제되므로 정확한 내용을 숙지해 두는 것이 좋습니다.

01 인류의 기원과 선사 문화의 발전

1 역 사

(1) 사실로서의 역사, 기록으로서의 역사

① 사실로서의 역사 : 역사는 과거에 일어난 모든 사실 그 자체이다(객관적).

→ 대표적 학자 : Ranke(랑케)

② 기록으로서의 역사 : 역사는 과거의 사실들 중 역사가가 의미 있다고 선택한 역사적 사실이다(주관적).

→ 대표적 학자 : E.H.Carr(에드워드 카)

에드워드 카 검색

역사는 과거와 현재의 대화이다.
현재는 과거의 영향을 받고, 과거는 현재의 관점에서 새롭게 해석된다는 뜻

(2) 역사가와 사료

① 역사가 : 자신의 관점(사관)에 따라 역사적 사실을 정리·해석 및 기록하는 사람으로, 사료 수집·검증 및 비판을 한다.

② 사료 : 역사적 사실을 입증해 줄 수 있는 자료

유 물	과거 인류가 남긴 것으로 형태·부피가 작아 위치를 옮길 수 있는 물건 예 토기, 석기 등
유 적	과거 인류가 남긴 것으로 형태·부피가 커서 위치를 옮길 수 없는 것 예 집터, 무덤, 고인돌 등
문자 기록	공식적인 문서나 편지, 일기, 문학 작품 등 글로 남겨진 기록들

(3) 역사 연구 방법

구 분	선사 시대	역사 시대
의 미	문자 기록이 없던 시기	문자로 기록을 남긴 시기
사 료	유물·유적 예 집터, 쓰레기 더미, 무덤 등	유물·유적＋문헌, 일기, 비석, 문서, 편지 등

(4) 역사 학습의 목적

① 역사 학습을 통해 현재 모습을 바르게 이해하고, 발전된 미래를 전망하고 설계한다.

② 삶의 지혜와 교훈을 얻고, 반성하는 마음과 자세를 가진다.

③ 역사적 사고력과 비판력을 기를 수 있다.

④ 세계사 학습을 통해 여러 지역의 다양한 문화를 이해하고, 우리 역사와의 상관관계를 파악하여 서로의 문화와 전통을 존중한다.

2 인류의 진화 과정(구석기 시대)

(1) 인류의 진화 과정

오스트랄로피테쿠스 아파렌시스	호모 에렉투스	호모 네안데르탈렌시스	호모 사피엔스
약 390만 년 전	약 180만 년 전	약 40만 년 전	약 20만 년 전
• 최초의 인류 (아프리카 출현) • 직립 보행 • 간단한 도구 사용	• 베이징인, 자와 인 • 불과 언어 사용 • 무리지어 사냥함	• 네안데르탈인 • 시체 매장 (사후 세계 관심) • 동굴 거주	• 크로마뇽인 • 현생 인류의 직접적인 조상 • 동굴 벽화 제작 • 정교한 석기 사용

√ 인류의 특징 : 직립 보행, 도구 · 불 · 언어 사용, 사후 세계에 대한 관심

(2) 우리 민족의 기원

① 우리 민족의 계통 : 인종(황인종, 몽골 인종), 언어(알타이 어족)

② 민족의 형성 : 우리나라에 구석기 시대부터 사람이 살기 시작
→ 민족의 기틀 형성(신석기 시대 ~ 청동기 시대)

③ 우리 민족의 활동무대 : 만주 · 한반도

3 구석기와 신석기

(1) 구석기 시대

① 시기 : 한반도와 그 주변에는 약 70만 년 전부터 사람이 살기 시작

② 경제 : 사냥, 채집, 수렵, 어로

③ 주거 : 동굴, 강가의 막집 → 이동 생활, 무리 생활

④ **도구** : 돌을 거의 그대로 사용 → **뗀석기(주먹 도끼, 찍개, 긁개, 밀개)**

⑤ **예술 · 종교** : 시체 매장, 동굴 벽화(사냥 성공 기원), 풍만한 여인상 조각(다산 기원)

⑥ **사회** : 평등사회

⑦ **유적지** : 연천 전곡리, 함북 웅기 굴포리, 상원 검은모루 동굴, 공주 석장리 등

(3) 신석기 시대 빈출⁺

① **시기** : 기원전 약 8000년경부터 시작

② **경제** : 농경 · 목축의 시작 → **신석기 혁명**, 사냥, 수렵

③ **주거** : 강가, 해안가의 움집 → **정착 생활, 씨족 사회, 부족 사회, 혈연 사회**

④ **도구** : 간석기(돌괭이, 돌갈판, 돌화살, 돌창)

⑤ **토기** : 빗살무늬 토기

⑥ **의생활** : 가락바퀴, 뼈바늘 → **옷, 그물 제작**

⑦ **예술 · 종교** : 애니미즘(자연물 숭배), 토테미즘(특정 동물 숭배), 샤머니즘(죽은 자 숭배) → **원시 신앙의 시작**

⑧ **사회** : 평등사회

⑨ **유적지** : 제주도 고산리, 서울 강동 암사동, 강원 양양 오산리 등

심화학습 한반도의 구석기 · 신석기 문화

1) 구석기(뗀석기)

주먹 도끼

뚜르개

가로날 도끼

2) 신석기

신석기 시대의 움집

가락바퀴

간석기

빗살무늬 토기

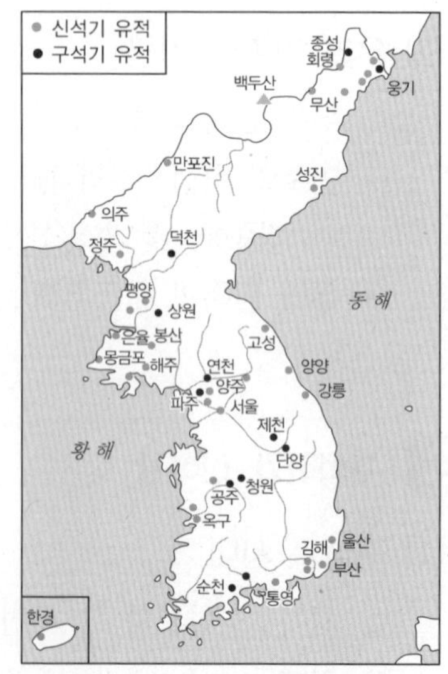

구석기 · 신석기 시대 유적지

02 고조선과 여러 나라의 성장

1 청동기 시대와 철기 시대

(1) 청동기 시대 빈출+

① 시기 : 기원전 2000~1500년경

② 경제 : 벼농사 시작 → 벼, 보리, 콩, 조 등

③ 주거의 변화 : 움집(야산, 구릉지)
→ 직사각형이나 원형 움집의 지상가옥화

④ 도 구

㉠ 청동기(무기, 장신구) : 지배층 사용
예 비파형 동검, 거친무늬 거울, 거푸집

㉡ 간석기(농업, 생활도구) : 피지배층 사용
예 반달 돌칼(추수 도구), 맷돌(곡물 가공)

⑤ 토기 : 민무늬 토기, 미송리식 토기 등

⑥ 사회 : 계급 사회

㉠ 배경 : 농업 생산력 증대 → 잉여 생산물 발생 → 사유 재산제 → 빈부 격차 → 계층(계급) 사회

㉡ 내용 : 군장(족장) 세력의 강화

- 제정일치 사회 : 군장이 종교적 의식도 주관
- 무덤 : 고인돌, 돌널무덤 → 지배층의 정치권력과 경제력 반영

⑦ 예술 : 울산 반구대 바위그림, 고령 양전동 알터

바로 바로 CHECK√

다음 그림과 관계 깊은 시대는?

① 구석기 시대 ② 신석기 시대
❸ 청동기 시대 ④ 철기 시대

민무늬 토기

거푸집

반달 돌칼

(2) 철기 시대

① 시기 : 철기의 보급(기원전 5세기) → 본격적으로 사용(기원전 1세기)

② 유 물

㉠ 철제 농기구 : 농업 생산량이 급증하고, 인구가 증가하였다. 예 삽, 괭이, 낫 등

㉡ 철제 무기 : 전쟁이 빈번해졌고, 새로운 국가(부여, 고구려, 옥저, 동예, 삼한)가 출현하였다. 예 칼, 창, 화살촉 등

㉢ 토기 생산 기술 발달 : 다양한 토기를 제작하였다.

③ 무덤 : 독무덤(영산강 유역), 널무덤(낙동강 유역)

④ **사회** : 직업 전문화, 사회 계층화 현상 심화

⑤ **국제 교류** : 중국, 일본과 활발한 교류

㉠ 교류의 증거 : 중국 화폐 발견(명도전, 반량전, 오수전)

㉡ 한자 사용의 증거 : 붓의 발견(창원 다호리 붓 유적)

2 최초의 국가, 고조선

(1) 고조선 건국

① **건국(기원전 2333년)** : 군장(족장)이 다스리는 여러 부족들을 통합하여 청동기 문화를 바탕으로 단군왕검이 건국하였다. → 삼국유사에 기록

② **세력 범위** : 만주 요령, 한반도 서북부

√ 근거 : 비파형 동검, (북방식) 고인돌, 미송리식 토기 출토 분포

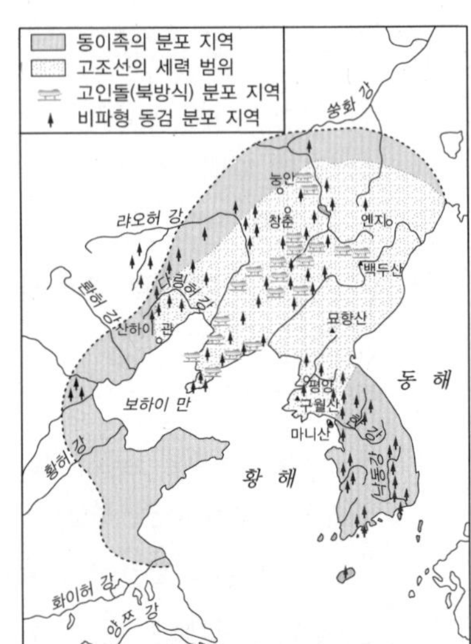

고조선의 세력 범위

③ **단군의 건국 이야기를 통해 본 당시의 사회 모습**

㉠ 환인, 환웅 : 선민사상(신에게 선택받은 민족이라는 자긍심)을 의미

㉡ 풍백, 우사, 운사(바람, 비, 구름의 주관자) : 농경 사회였음을 의미

㉢ 곰, 호랑이 : 동물을 숭배했던 토테미즘을 의미

㉣ 웅녀와 환웅의 결합 : 토착민과 유이민 세력의 결합을 의미

㉤ 단군왕검 : 단군은 '제사장', 왕검은 '정치적 지배자'라는 뜻 → 제정일치 사회

㉥ 건국 이념 : 홍익인간 → 널리 인간을 이롭게 한다.

④ **변천 과정**

㉠ 기원전 2333 : 고조선 건국(단군왕검)

㉡ 기원전 4세기경 : 넓은 지역 통치(만주, 한반도 북부)

㉢ 기원전 194 : 위만 조선(준왕을 몰아내고 위만이 고조선 왕이 됨)

√ 특징 : 철기 문화, 중계 무역, 정복 사업

㉣ 기원전 108 : 한나라의 침략 → 우거왕이 1년 동안 버팀 → 수도 왕검성 함락 → 고조선 멸망 → 한의 고조선 지배(4군현 설치, 법률 많아짐)

(2) 고조선의 사회 모습 빈출+

① 계급 사회 : 지배층(정치, 군사 업무 담당), 피지배층(생산 담당)

② 8조법 제정(현재 3개 조목만 남음) : 사회 질서 유지 노력

㉠ 사람을 죽인 자는 사형에 처한다. → 개인의 생명(노동력) 존중

㉡ 남을 다치게 한 자는 곡물로써 갚는다. → 사유 재산제, 농경 사회

㉢ 도둑질한 자는 잡아다 종으로 삼는다. 용서를 받으려면 많은 돈을 내야 한다.

→ 계급 사회, 화폐 사용, 사유 재산제

3 여러 국가의 등장

(1) 부 여

① 위치 : 만주 쑹화 강 유역의 초원 지대

② 경제 : 밭농사, 목축 발달

③ 정 치

㉠ 5부족 연맹 왕국으로 왕권이 미약하였다.

㉡ 왕 아래 마가, 우가, 저가, 구가 등이 각자의 영역(사출도)을 다스렸다.

④ 풍속 : 순장(장례 · 껴묻거리), 흰옷을 즐겨 입음, 우제점복(소의 발굽을 보고 점을 침), 엄격한 법률

⑤ 제천행사 : 영고(12월)

> **껴묻거리** 검색
> 죽은 자를 매장할 때 함께 묻는 물건(고인이 생전에 썼던)

> **제천행사** 검색
> 하늘을 숭배하고 제사하는 의식으로, 대부분 농사의 풍요를 기원하고 추수를 감사하기 위한 것

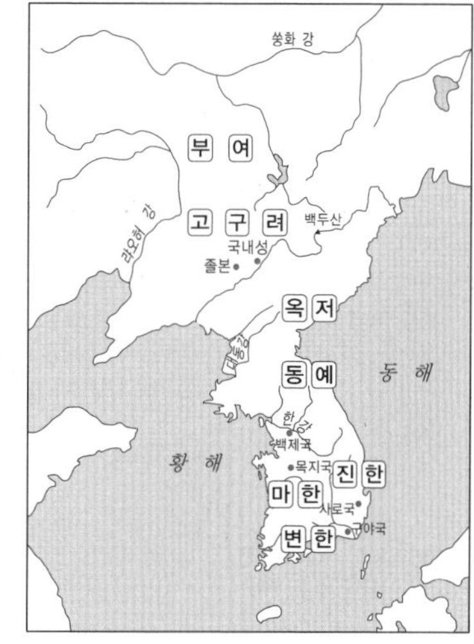

여러 나라의 위치

(2) 고구려

① 위 치

㉠ 만주 압록강 지류인 동가강 유역 졸본 지방에서 주몽이 건국하였다.

㉡ 산악 지대에 위치하여 농토가 부족해 약탈 경제에 의존하였다.

② 정 치

㉠ 5부족 연맹 왕국으로 왕권이 미약하였다.

㉡ 왕 밑에 대가들이 각자의 지역을 통치하였다.

③ **풍속** : 서옥제(데릴사위제), 형사취수제, 무예 숭상(활쏘기, 말타기), 사냥 · 씨름대회

④ **제천행사** : 동맹(10월)

(3) 옥저와 동예

① 옥저와 동예의 공통된 특징

㉠ 한반도 북부 동해안에 위치 : 옥저 – 함경도, 동예 – 강원도 북부 동해안

㉡ 정치(군장 국가) : 읍군 · 삼로(군장)가 자기 부족을 다스렸다. → **왕이 없음**

㉢ 고구려의 압력으로 크게 성장하지는 못했으나 언어와 풍습은 대체로 고구려와 비슷하였다.

② 옥 저

㉠ 경제 : 해산물 풍부(어물, 소금) → **고구려에 공납 바침,** 비옥한 토지(농사가 잘 됨)

㉡ 풍속 : 민며느리제, 가족 공동 무덤

민며느리제 검색

여자가 어렸을 때 혼인을 약속한 남자 집에 가서 성장한 후에 남자가 예물을 치르고 혼인을 하는 일종의 매매혼

③ 동 예

㉠ 경제 : 토지 비옥, 해산물 풍부, 특산물
(단궁 : 활, 과하마 : 조랑말, 반어피 : 바다표범 가죽), 방직기술 발달

㉡ 풍속 : 족외혼, 책화, 무천(10월, 제천행사)

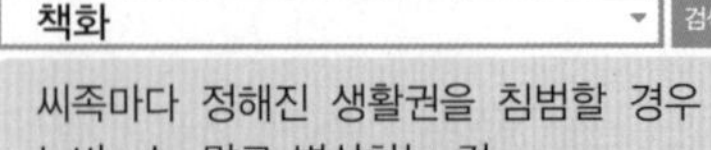

씨족마다 정해진 생활권을 침범할 경우 노비, 소, 말로 변상하는 것

(4) 삼 한

① **삼한** : 마한, 변한, 진한

㉠ 위치 : 한강 이남 지역(한반도 남부)

㉡ 마한이 삼한 중 세력이 가장 큼 : 목지국의 지배자가 마한 왕으로 추대되어 삼한 전체의 주도 세력이 되었다.

② **정치** : 제정 분리 사회

㉠ 정치적 지배자 : 군장(신지, 읍차)

㉡ 제사장(천군) : 소도 관할 → **신성 지역으로 군장의 세력이 미치지 못함,** 제천행사 담당

③ **경 제**

㉠ 농경 사회 : 벼농사(저수지 발달), 두레 조직(공동체적 전통)

㉡ 철 생산(변한) : 마한 · 낙랑 · 왜 등에 수출, 철을 화폐처럼 사용함

④ **제천행사** : 계절제(5월, 10월)

01 선사 시대와 역사 시대를 구분하는 기준은?

① 인종　　② 문자
③ 종교　　④ 농업

02 다음 중 구석기 시대를 설명한 것으로 틀린 것은?

① 뗀석기 사용　　② 채집과 사냥
③ 동굴 벽화 제작　　④ 정착 생활의 시작

03 기출 다음 내용과 관련된 시대는?

- 빗살무늬 토기 사용
- 농경과 목축의 시작
- 주로 큰 강이나 해안 지역 거주

① 구석기　　② 신석기
③ 청동기　　④ 철기

04 기출 다음 특징이 나타난 시대는?

- 벼농사 시작
- 계층 사회 성립
- 반달 돌칼 사용
- 민무늬 토기 사용

① 구석기　　② 신석기
③ 청동기　　④ 철기

01 문자의 유무에 따라 선사 시대와 역사 시대를 구분한다.

02 신석기 시대에 농업을 시작하면서 정착 생활이 가능해졌다.

03 신석기 시대에는 농경과 목축이 시작되었는데, 이를 '신석기 혁명'이라 한다.

04 청동기 시대에 벼농사를 시작하였고 추수용 도구로 반달 돌칼을 이용하였다.

ANSWER
01. ② 02. ④ 03. ② 04. ③

05 기출 **다음 유물들을 사용하였던 시대는?**

① 구석기 ② 신석기
③ 청동기 ④ 철기

05
철기가 보급된 시기는 기원전 4세기경부터이다. 유물로는 주로 생활 도구와 무기로 철기를 사용하였다.

06 **다음 중 철기 보급으로 인한 사회 변화가 아닌 것은?**

① 철제 무기와 철제 농기구를 사용하게 되었다.
② 부족 간의 전쟁으로 인구는 감소하였다.
③ 농업 생산량이 늘어났고, 국제 교류도 있었다.
④ 직업의 전문화와 사회의 계층화가 더욱 뚜렷해졌다.

06
철제 농기구의 사용으로 농업 생산량이 증가하여 인구도 크게 증가하였다.

07 **단군 신화를 통해서 짐작할 수 있는 사실로 거리가 먼 것은?**

① 우리나라의 역사가 매우 오래되었다.
② 홍익인간의 정신으로 나라가 성립되었다.
③ 특정 동물을 숭배하는 부족들이 있었다.
④ 철기 문화를 배경으로 나라가 성립되었다.

07
고조선은 청동기 문화를 바탕으로 성립되었다.

ANSWER
05. ④ 06. ② 07. ④

08 다음은 고조선의 8조법 중 일부분이다. 이를 보고 그 당시 사회 모습을 잘못 추론한 것은?

> • 사람을 죽인 자는 사형에 처한다.
> • 남을 다치게 한 자는 곡물로 갚는다.
> • 도둑질한 자는 잡아다 종으로 삼는다. 용서를 받으려면 많은 돈을 내야 한다.

① 농경 사회　　② 평등 사회
③ 생명 존중 사상　　④ 사유 재산 제도

08
도둑질한 자를 종으로 삼는다는 것으로 미루어 보아 계급 사회임을 알 수 있다.

09 다음 각 나라에 대한 제천행사가 잘못 연결된 것은?

① 부여 – 영고　　② 동예 – 무천
③ 옥저 – 계절제　　④ 고구려 – 동맹

09
각 국의 제천행사
• 부여 : 영고
• 고구려 : 동맹
• 동예 : 무천
• 삼한 : 계절제(5월, 10월)

10 다음과 관계가 깊은 나라는?

> 신지, 읍차 등으로 불리는 군장들이 정치를 맡았으며, 제사장은 '소도'라는 특별구역에 머무르면서 제천행사를 담당하였다.

① 부여　　② 고구려
③ 옥저　　④ 삼한

10
삼한은 제사장인 천군과 정치를 담당하는 군장이 있는 제정 분리 사회였다.

ANSWER
08. ②　09. ③　10. ④

Chapter

02 삼국의 성립과 발전

학습 point+

삼국의 중앙 집권 과정 및 국가별 전성기 때의 왕의 업적에 대해 묻는 문제가 자주 출제되므로 시기별 지도와 함께 정리해 두는 것이 필요합니다. 또한 삼국의 문화 및 유물에 대해 정리해 놓아야 합니다.

01 삼국의 성립

1 고대 국가

(1) 중앙 집권 국가의 조건

① 왕권 강화 : 부자(父子) 상속제 확립

② 영토 국가 : 활발한 정복 활동을 통한 영토 확장

③ 율령 반포 : 법, 제도 등 통치 체제 정비(관등제, 관복, 신분제)

④ 불교 수용 : 국민의 정신적 통일

(2) 순 서

① 국가의 발달 과정 : 군장 국가 → 연맹 왕국 → 중앙 집권 국가

② 중앙 집권 국가 체제의 기틀 마련 순서 : 고구려 → 백제 → 신라

2 삼국의 형성 빈출+

(1) 고구려

① 주몽(기원전 37) : 압록강 지류인 동가강 유역에 고구려를 건국하였다.

㉠ 부여계 유이민 + 압록강 유역 토착민

㉡ 수도 천도(유리왕 때) : 졸본성 → 국내성

② 태조왕(2세기 초) : 중앙 집권 국가의 기틀 마련

㉠ 왕권 강화 : 계루부 고씨의 독점적 왕위 세습

㉡ 영토 확장 : 활발한 정복 활동 → 옥저·동예 정복, 요동 진출 노력

③ 고국천왕(2세기 말) : 5부족을 5부로 개편, 왕위의 부자 상속 → 왕권 강화, 진대법 실시

④ 미천왕(4세기 초) : 대동강 유역 확보, 요동으로 세력 확대

⑤ 고국원왕(4세기 중반) : 백제 근초고왕의 침입으로 전사 → 국가적 위기

⑥ 소수림왕(4세기 말) : 율령 반포, 불교 수용, 태학 설립 → 중앙 집권 체제 강화

(2) 백 제

> 잠깐
>
> **고구려계 유이민이 백제를 건국했다는 근거**
> - 백제의 건국 설화에서 온조가 고구려 주몽의 아들인 점
> - 백제 왕실을 '부여씨'라고 칭한 점
> - 서울 석촌동 돌무지무덤(백제의 초기 고분)이 고구려의 무덤 양식(고구려의 장군총)과 유사한 점

① 온조(기원전 18) : 마한의 한 나라인 백제국에서 시작하였다.

㉠ 고구려계 유이민 + 한강 유역 토착 세력

㉡ 수도 : 한강 '위례성(한성)'

② 고이왕(3세기 중엽) : 중앙 집권 국가의 기틀 마련

㉠ 영토 확장 : 목지국 병합 → 한반도 중부 지역 차지

㉡ 율령 반포 : 관복제 제정, 관제 마련(관등제)

(3) 신 라

① 박혁거세(기원전 57) : 진한의 사로국에서 시작하였다(경주평야).

㉠ 석・박・김 교대 왕위 계승(박혁거세, 석탈해, 미추왕)

㉡ 수도 : 금성(경주), 기원전 37

② 내물왕(4세기 후반) : 중앙 집권 국가의 기틀 마련

㉠ 왕권 강화 : 김씨의 왕위 독점 세습, 마립간(대군장) 칭호 사용

㉡ 영토 확장 : 낙동강 유역의 진한 정복

㉢ 고구려 광개토 대왕 도움으로 왜군 격퇴(호우명 그릇)

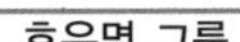

> 경주 호우총에서 발견된 청동 그릇으로, 광개토 대왕의 이름이 새겨져 있어 당시 신라에 미친 고구려의 영향력을 보여 주는 유물

③ 왕호 변천 순서 : 거서간(군장) → 차차웅(무당, 제사장) → 이사금(연장자, 계승자) → 마립간(대군장) → 왕(중국식 칭호)

④ 신라의 국가적 통합이 늦은 이유

㉠ 왕권이 약하고, 귀족이 독자적 세력을 유지하여 국가 통합이 늦어졌다.

㉡ 한반도의 동남쪽에 치우쳐 있어 중국의 선진 문물을 수용하는 데 불리하였다.

㉢ 가야와 왜의 잦은 침입

3 삼국의 정치 제도

구 분	고구려	백 제	신 라
중심 세력	왕족 고씨를 비롯한 5부 출신 귀족	왕족 부여씨와 8개 귀족 가문	김씨 왕위 계승와 귀족(골품제)
귀족 회의	제가 회의	정사암 회의	화백 회의(만장일치)
관등 조직	• 수상 : 대대로 • 관등 : 10여 등급	• 수상 : 상좌평 • 관등 : 16등급	• 수상 : 상대등 • 관등 : 17등급
행정 구역	• 수도 : 5부 • 지방 : 5부	• 수도 : 5부 • 지방 : 5방, 22담로	• 수도 : 6부 • 지방 : 5주

02 삼국의 발전과 가야

1 삼국의 발전

(1) 고구려의 전성기

① 광개토 대왕(4세기 말~5세기 초) 빈출+

㉠ 삼국 세력 다툼 본격화(광개토 대왕 즉위 이후)

㉡ 영토 확장(정복왕, 호태왕)

- 북 : 만주 대부분 + 요동 반도 차지
  → 거란, 후연, 부여, 말갈 격파
- 남 : 백제 공격(한강 이북 지역 차지), 신라 원조(왜군 격퇴) → 금관가야 쇠퇴

㉢ 광개토 대왕릉비 : 장수왕이 광개토 대왕의 업적을 기록한 비석 세움

㉣ 자주 의식 표현 : 연호 '영락', 자신을 '성왕 · 태왕'으로 부르게 함

바로바로 CHECK√

다음 설명에 해당하는 고구려의 왕은?

- 고구려의 전성 시대를 열었음
- 5만의 군사를 신라에 보내어 왜군을 물리침
- 요동 지방을 포함한 만주 대부분의 땅을 차지함

① 고국천왕 ❷ 광개토 대왕
③ 영양왕 ④ 보장왕

② 장수왕(5세기)

㉠ 수도 : 평양성 천도(427)

√ 천도 이유 : 왕권 강화, 넓어진 국토의 효율적 관리

㉡ 남진 정책 : 한강 유역 차지, 백제 · 신라 압박

→ 나 · 제 동맹(433) 체결에 영향

㉢ 한강 장악(475) : 한반도 중부 지방까지 진출 (아산만~소백산맥~영일만)

㉣ 중원 고구려비(충북 충주) : 장수왕의 업적 기록, 고구려의 한강 유역 진출

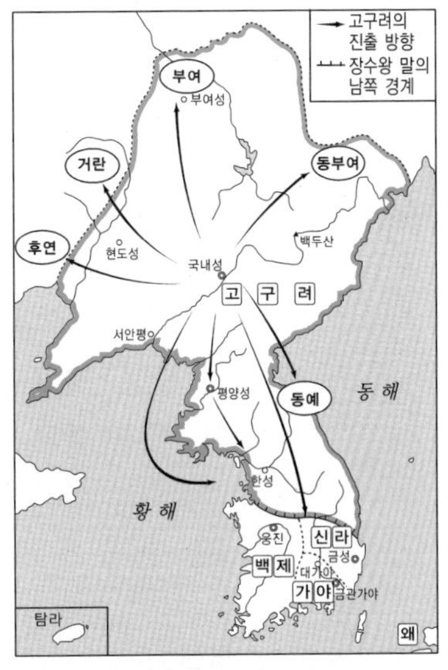

고구려 전성기(5세기)

(2) 백제의 전성기와 중흥 시도

① 근초고왕(4세기) 빈출+

㉠ 왕권 강화 : 왕위의 부자 상속 확립

㉡ 영토 확장 : 황해도 일부~마한 전 지역 확보

㉢ 해외 진출 : 중국의 요서 · 산둥 지방, 일본의 규슈 지방 진출

㉣ 칠지도를 왜왕에게 하사함

② 비유왕(5세기) : 눌지왕과 나 · 제 동맹 체결(433)

③ 개로왕(5세기) : 고구려의 공격으로 장수왕에 맞서 싸우다 전사

→ 고구려에 한강 유역 빼앗김

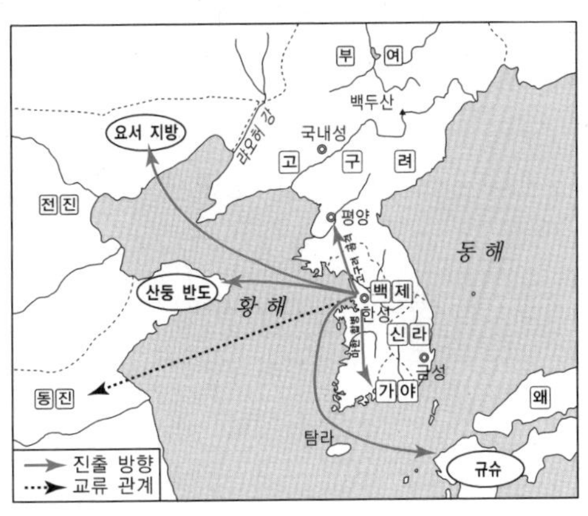

백제 전성기(4세기)

④ 문주왕(5세기) : 웅진성(공주) 천도(475), 왕권 약화, 귀족 간 분열, 국력 약화

⑤ 동성왕(5세기 말) : 국력의 회복에 힘씀, 나 · 제 동맹 강화(신라 왕실과 혼인 동맹)

⑥ 무령왕(6세기 초)

㉠ 지방의 요지(22담로)에 왕족 파견 : 지방 통제 강화, 왕권 강화

㉡ 중국 남조 양나라 수교 → 문화 교류 · 발전

㉢ 고구려에 대한 적극적인 공세 → 점차 국력 회복

⑦ **성왕**(6세기 중반) : 백제의 중흥 노력
  ㉠ 수도 천도(538) : 웅진성(공주) → 사비성(부여)
  ㉡ 국호 변경 : 백제 → 남부여
  ㉢ 행정 조직 정비 : 중앙 22개 실무 관청, 수도 5부 · 지방 5방
  ㉣ 문화 발전 : 불교 장려, 중국 · 왜 문물 교류, 일본 불교 전파(노리사치계, 552)
  ㉤ 경과 : 한강 일시적 회복(진흥왕과 연합, 551) → 신라 배신 → 관산성 전투 패배(성왕 전사) → 중흥 좌절, 나 · 제 동맹 결렬

바로 바로 CHECK√

다음과 같이 수도를 옮긴 국가는?

> 한성(현 서울) → 웅진(현 공주) → 사비(현 부여)

❶ 백제 ② 가야
③ 발해 ④ 조선

(3) 신라의 전성기

① **눌지왕**(5세기) : 나 · 제 동맹 체결, 왕위 부자 상속 확립, 고구려에서 불교 도입

② **지증왕**(6세기 초)
  ㉠ 국호 '신라', 중국식 왕호 '왕' 칭호 사용
  ㉡ 이사부를 보내 우산국(울릉도), 독도 정벌
  ㉢ 지방 행정 조직 정비 : 주 · 군 제도, 지방관 파견

③ **법흥왕**(6세기 전반)
  ㉠ 제도 정비 : 율령 반포, 골품제 정비(17관등과 관리의 공복 제정), 병부 설치(군사권 장악), 화백 회의 의장(상대등) 설치
  ㉡ 불교 공인(이차돈의 순교)
    → 국민의 정신적 통일을 꾀함
  ㉢ 독자적 연호 사용 : '건원'
    → 중국과 대등한 자주 의식 표현
  ㉣ 영토 확장 : 김해의 금관가야 정복(532)

④ **진흥왕**(6세기 중엽) : 전성기
  ㉠ 화랑도 개편 : 인재 양성, 삼국 통일 공헌
  ㉡ 불교 장려 : 황룡사 건축, 대규모 불교 집회 개최
  ㉢ 연호 '개국' 사용 → 자주 의식 표출, 본인을 '태왕 · 짐'이라 함

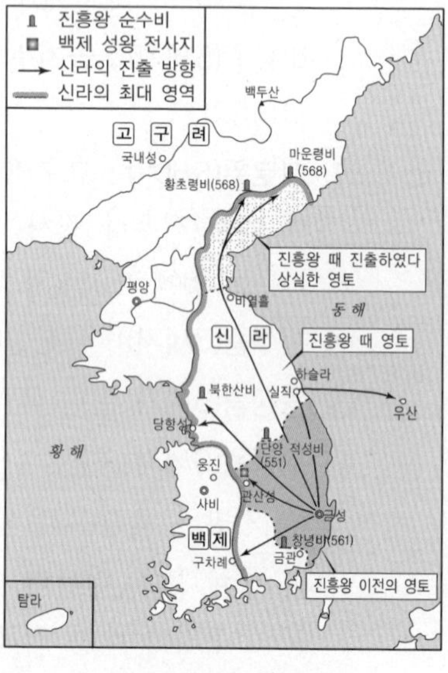

신라 전성기(6세기)

㉣ 영토 확장 : 한강 유역 차지, 대가야 멸망(562), 함흥평야 진출

→ 단양 적성비와 진흥왕 순수비 건립

잠깐

신라의 한강 유역 차지 의미
- 한반도 주도권 장악(한강 유역 경제력 장악)
- 고구려 · 백제의 연결 차단
- 중국과 직접 교류(당항성)

⇒ 삼국 통일 기틀 마련

2 연맹왕국 가야

(1) 철의 나라, 가야 빈출+

① 성립 : 낙동강 하류의 옛 변한(철)에서 철기 문화를 기반으로 성립 → 건국 : 김수로

② 가야 연맹 : 김해의 금관가야, 고령의 대가야, 진주의 고령가야, 고성의 소가야, 성주의 성산가야, 함안의 아라가야

③ 주도 : 금관가야(초기, 2~3세기) → 대가야(후기, 5세기 이후)

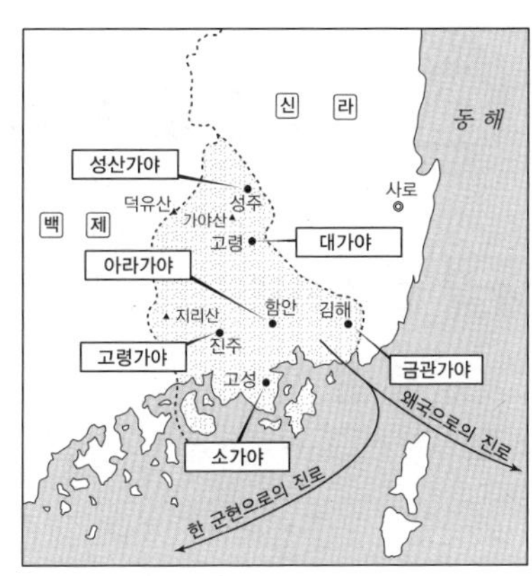

가야 연맹

금관가야 (낙동강 하류, 김해)	• 전기 가야 연맹을 주도 • 철제 무기와 철제 농기구 생산, 덩이쇠를 화폐로 사용, 낙랑 · 왜 등과 교류 • 쇠퇴 : 4세기 후반, 광개토 대왕 군대 침략 • 신라 법흥왕에 의해 멸망(532)
대가야 (낙동강 서쪽, 고령)	• 후기 가야 연맹을 주도 • 농업에 유리한 입지 조건과 풍부한 철 산지 보유, 소백산맥 서쪽까지 세력 확장 • 신라 진흥왕에 의해 멸망(562)

④ 가야 문화 : 우수한 철기, 토기, 음악(가야 토기, 철제 갑옷 · 투구)

→ 신라와 일본의 고대 문화에 영향을 미침

심화학습 한강 유역

1) 한강 유역 확보

4세기 백제(근초고왕) → 5세기 고구려(광개토 대왕 · 장수왕) → 6세기 신라(진흥왕)

2) 한강 유역이 가지는 의미

① 한반도의 중심

② 인적 · 물적 자원 풍부 : 인구가 많고, 농경에 유리하다.

③ 중국과의 직접적 교통로로, 교류에 유리하다.

④ 삼국 항쟁의 중심지, 삼국 통일의 거점

(2) 중앙 집권 국가로 발전하지 못한 까닭

① 백제와 신라의 중간에서 두 나라의 압력을 계속 받았다.

② 각 소국들이 독자적인 정치 기반을 유지하여 지배력을 집중시키지 못했다.

03 삼국의 사회와 문화

1 신분 사회

(1) 성 립

① 중앙 집권화 과정에서 여러 부족을 통합하면서 서열에 따라 신분이 형성되었다.

② 혈통에 따른 신분 세습 → 능력보다 혈통 중시

(2) 삼국의 신분

① **귀족** : 지배층, 정치적·경제적 독점 → 경제적 기반(토지, 노비)

② **평민** : 대부분 농민들로, 무거운 조세 부담으로 인해 어려운 생활을 영위해 나갔다.

③ **천민** : 대부분 노비(최하층민)로, 비자유민이었고 재산으로 취급하였다.

→ 매매·상속의 대상, 세금 부과의 의무 없음

(3) 신라의 골품제 빈출+

① **성립** : 중앙 집권화 과정에서 지방의 부족장들을 세력의 크기에 따라 등급을 두어 중앙 귀족으로 편입하는 과정에서 성립하였다.

② **기능** : 신라인의 사회 활동과 정치 활동 및 일상 생활(가옥 구조, 결혼, 의복 등)까지 골품에 따라 규제한 엄격하고 폐쇄적인 신분 제도이다.

등급	관등명	골품				공복
		진골	6두품	5두품	4두품	
1	이벌찬					자색
2	이 찬					
3	잡 찬					
4	파진찬					
5	대아찬					
6	아 찬					비색
7	일길찬					
8	사 찬					
9	급벌찬					
10	대나마					청색
11	나 마					
12	대 사					황색
13	사 지					
14	길 사					
15	대 오					
16	소 오					
17	조 위					

골품과 관등표

③ 신분층

왕 족	• 성골 : 진덕 여왕까지 왕위 계승 • 진골 : 무열왕 이후부터 왕위 계승, 최고 귀족으로 중요한 관직 독점
귀 족	• 6~4두품이 해당 • 6두품 : 6등급 아찬까지만 승진 가능, 학문과 종교 분야에서 주로 활동
평 민	3두품 이하부터 해당

2 사회 제도

(1) 법률 정비

통치 질서 유지와 지배층의 특권 유지 목적 → 엄격한 율령, 신분에 따른 차등 적용

(2) 고구려의 진대법(고국천왕)

① 봄에 곡식을 빌려주었다가 가을에 추수한 것으로 갚게 한 구휼 제도

② 특징 : 가난한 농민 구제(노비 몰락 방지), 귀족 세력 억압, 국가 재정 확보

(3) 신라의 화랑도(일종의 청소년 수련 단체)

① 구성 : 화랑(진골 귀족 자제) + 낭도(평민 포함) → 계층 완화 구실

② 특징 : 원광법사의 '세속오계(사군이충, 사친이효, 교우이신, 임전무퇴, 살생유택)', 군사 훈련, 임신서기석, 삼국 통일 기여

임신서기석 검색

신라의 두 화랑이 학문에 힘쓸 것과 신라에 충성할 것을 맹세하는 내용이 새겨진 비석으로, 화랑이 유학을 공부하였음을 추론하는 근거

3 삼국의 학문

(1) 유학 교육

① 고구려 : 중앙 – 태학, 지방 – 경당

② 백제 : 박사 제도 → 오경박사, 의학박사, 역박사

(2) 과학 기술과 음악

칠지도

백제 금동 대향로

① 천문학 : 신라(첨성대, 선덕 여왕 때), 고구려(천문도) → 점성술, 농업과 관련(하늘과 연결된 왕의 권위와 관련)

② 금속 기술 : 백제(칠지도, 금동 대향로), 신라(금 세공 기술 – 금관)

③ 음악 : 우륵(가야금) · 왕산악(거문고), 종교 의식 · 축제와 관련해 발달

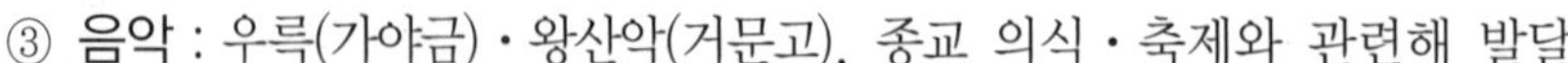

4 삼국의 문화와 예술

(1) 불교의 수용

① 수용 시기 : 중앙 집권 국가 체제 정비기 → 고구려(4세기 소수림왕 때), 백제(4세기 침류왕 때), 신라(5세기 눌지왕 때 수용, 6세기 법흥왕 때 불교 공인)

② 수용 주체 : 왕실 주도 → '왕은 곧 부처'라는 사상이 왕실의 권위를 뒷받침함

③ 역할 : 왕권 강화, 백성의 정신 통일, 고대 문화 발달, 호국적 성격

(2) 도교의 전래

① 특징 : 산천 숭배, 신선 사상과 결합하여 귀족 사회 중심으로 널리 퍼졌다.

② 유물 : 고구려의 사신도, 백제의 산수무늬 벽돌 · 금동 대향로 등

(3) 고분(삼국 예술의 보고)

구분	내용
고구려	• 초기 : 돌무지무덤(장군총) → 벽화 × • 후기 : 굴식 돌방무덤(무용총, 강서고분 현무도) → 입구 ○, 벽화 ○
백 제	• 한성 시기 : 돌무지무덤(서울 석촌동 돌무지무덤, 고구려와 유사) • 웅진 시기 : 벽돌무덤(무령왕릉) → 중국 남조(양나라) 영향, 굴식 돌방무덤 • 사비 시기 : 굴식 돌방무덤(부여 능산리 고분)
신 라	• 초기 : 돌무지덧널무덤(천마총, 금관총) → 껴묻거리가 많음, 도굴이 힘듦 • 6세기 말 : 굴식 돌방무덤

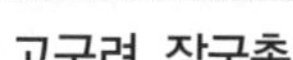

고구려 장군총

고구려 무용총 수렵도

백제 무령왕릉

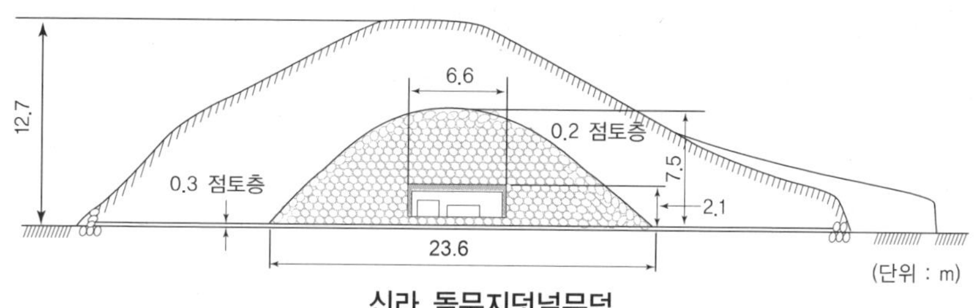

신라 돌무지덧널무덤

(4) 예술(불교 문화)

구 분	불 상	탑
고구려	연가 7년명 금동 여래 입상	주로 목탑으로, 현존하지 않음
백 제	서산 마애 삼존불(백제의 미소)	미륵사지 5층 석탑, 정림사지 5층 석탑
신 라	경주 배리 석불 입상	분황사 석탑, 황룡사 9층 목탑

(5) 삼국의 문화 전파

① 중국과 서역과의 교류

√ 근거 : 씨름총에 그려진 서역인의 모습, 황남 대총에서 발굴된 서역의 유리그릇 등

② 일본 전파 : 일본의 아스카 문화 형성에 영향을 미쳤다.

고구려	• 담징 : 종이 · 먹 제조법 전수, 호류사 금당 벽화 • 혜자 : 쇼토쿠 태자의 스승 • 수산리 고분 벽화 : 다카마쓰 고분 벽화에 영향을 줌
백 제 → 영향력이 가장 큼	• 아직기, 왕인 : 한자 보급, 유교 경전 가르침 • 노리사치계 : 불교 전파
신 라	배 만드는 기술, 둑 쌓는 기술 전파
가 야	제철 기술, 토기 제작 기술 → 일본 '스에키 토기'에 영향

탄탄 실력 다지기

실전 예상문제

01 다음 (　) 안의 국가의 특징이라 보기 어려운 것은?

> 군장 국가 → 연맹 왕국 → (　)

① 불교 공인　② 왕위 부자 상속
③ 율령 반포　④ 군장 세력 강화

01
중앙 집권 국가의 특징 : 왕위 부자 상속, 영토 확장, 율령 반포, 불교 공인 등

02 다음 왕들의 공통된 업적을 바르게 말한 것은?

> • 소수림왕　• 고이왕　• 법흥왕

① 율령 반포　② 불교 수용
③ 왕위 부자 상속　④ 한강 유역 확보

02
- 고구려의 소수림왕 : 율령 반포, 불교 공인, 태학 설립
- 백제의 고이왕 : 중앙 집권 국가 체제의 기틀 마련, 율령 반포
- 신라의 법흥왕 : 율령 반포, 불교 수용, 금관가야 정복

03 다음 중 가야에 대한 설명으로 바르지 못한 것은?

① 낙동강 유역의 변한 땅에서 일어났다.
② 금관가야와 대가야 중심으로 발전하였다.
③ 철의 생산 및 교역 활동을 기반으로 성장하였다.
④ 강력한 왕권을 가진 중앙 집권 국가로 발전하였다.

03
가야는 각 소국이 독자적 정치 기반을 잘 유지하고, 백제와 신라의 중간에서 압박을 받아 중앙 집권 국가로 발전하지 못하고 연맹 왕국 단계에서 멸망하였다.

04 기출 다음 역사적 사실을 통해 알 수 있는 공통점은?

> • 광개토 대왕은 '영락'이라는 연호를 사용하였다.
> • 진흥왕은 '개국'이라는 연호를 사용하였다.

① 영토 확장 기념　② 중국의 연호 사용
③ 자주 의식의 표현　④ 고구려 중심의 세계관

04
독자적 연호를 사용하여 중국과 대등한 자주 의식을 표현하였다.

ANSWER
01. ④　02. ①　03. ④　04. ③

05 다음은 삼국 간 쟁탈전이 치열했던 지역에 대한 내용이다. 이곳을 흐르는 강은?

• 한반도의 중심	• 농경에 적합한 지형
• 국방상의 요지	• 중국과 교류하기에 편리

① 한강　② 두만강
③ 대동강　④ 섬진강

06 기출 다음과 같은 업적을 남긴 백제의 왕은?

- 마한 전 지역을 확보하여 전성기를 맞이함
- 중국의 요서·산둥, 일본의 규슈 지방에 진출함

① 온조왕　② 공민왕
③ 내물왕　④ 근초고왕

07 기출 다음 내용에 해당하는 나라는?

• 온조	• 정사암	• 계백

① 고구려　② 백제
③ 신라　④ 가야

08 골품제에 대한 설명으로 옳지 않은 것은?

① 신라의 엄격한 신분 제도이다.
② 골품에 따라 정치·사회 활동이 결정되었다.
③ 6두품은 귀족이었지만 관직 승진에 제한을 받았다.
④ 4두품은 주로 학문과 종교 쪽에서 많은 활동을 하였다.

05

한강 유역이 가지는 의미
- 한반도의 중심
- 인적·물적 자원 풍부 : 인구가 많고 농경에 유리하다.
- 중국과의 직접적 교통로로, 교류에 유리하다.
- 삼국 항쟁의 중심지, 삼국 통일의 거점

06

근초고왕
- 4세기 후반 백제의 왕
- 백제의 전성기
- 왕위의 부자 상속이 이루어짐
- 중국의 동진, 가야, 왜와 외교 관계 맺음

07

백제는 주몽의 아들 온조가 한강 유역에서 건국하였다.

08

6두품이 정치보다는 주로 학문과 종교 분야에서 활동하였다.

ANSWER

05. ①　06. ④　07. ②　08. ④

Chapter

03 통일 신라와 발해의 발전

학습 point+

남북국 시대를 다루는 단원으로 통일 신라의 제도 및 왕들의 업적, 통일 신라의 말기의 상황, 후삼국 시대에 대해 시대순으로 정리하는 것이 필요합니다. 발해의 고구려 계승 의식을 정확하게 파악하고 발해 왕들의 업적 및 제도에 대해서 정리해 놓아야 합니다.

01 신라의 삼국 통일

1 고구려와 수 · 당의 전쟁

(1) 살수대첩

① 수가 고구려에 신하의 예를 갖출 것을 요구 → 고구려(영양왕)의 요서 지방 선제 공격

② 수 문제의 30만 대군 침공(598)
→ 고구려의 승리

③ 수 양제의 113만 대군(요동성, 평양성 부근) 침공(612) → 고구려의 승리

④ 을지문덕의 살수 대첩(612) : 수 별동대(30만)의 평양성 공격, 실패
→ 살수(청천강)에서 승리

⑤ 이후 수나라 침입 모두 격퇴 → 수 멸망(무리한 전쟁으로 국력 소모, 내란)

바로바로 CHECK√

다음 내용과 관련 있는 역사적인 사건은?

- 수 양제의 113만 대군이 고구려에 침입함
- 을지문덕의 유도 작전으로 대승을 거둠

① 행주 대첩　② 귀주 대첩
❸ 살수 대첩　④ 한산도 대첩

심화학습 동북아시아의 정세(6세기 말)

1) 남북 세력과 동서 세력의 대립[십(十)자 외교]
① 수의 중국 통일 : 수의 팽창을 막기 위해 고구려와 돌궐 연합
② 신라의 한강 유역 차지 : 신라를 견제하기 위해 고구려와 백제 연합(여 · 제 동맹)
③ 신라와 수(당)의 연합 : 신라가 고립되어 도움 요청

남북 세력	↔	동서 세력
돌궐, 고구려, 백제, 왜		신라, 수 · 당

2) 대외 관계 : 삼국 · 중국 · 북방 민족 · 왜는 서로 대립하기도 하고, 자국의 이익 추구와 선진 문물을 수용하기 위해 때로는 연합하기도 하였다.

(2) 안시성 싸움

① 고구려·당의 관계

㉠ 당 건국 초기(친선 관계) → 당 태종 즉위 이후(적대 관계)

㉡ 천리장성 축조(631~647) : 랴오허 강 주위의 국경선에 당 공격 대비를 위해 쌓음

② 연개소문 정변

㉠ 천리장성 축조 감독, 요령 지방 군사력 장악 → 정권 장악

㉡ 영류왕, 대신들을 제거 → 보장왕 옹립, 본인(대막리지)

㉢ 대외 정책 : 신라·당에 강경

③ 안시성 싸움(645)

㉠ 연개소문 정변을 구실로 당 태종 침입

㉡ 당군이 요동성, 백암성 함락

㉢ 안시성 싸움(645) : 성주 양만춘과 백성들의 저항 → 당군 격퇴

㉣ 이후 당 침입 모두 격퇴

(3) 고구려의 승리

원동력	잘 훈련된 군대, 탁월한 전투 능력, 성곽을 이용한 견고한 방어, 굳센 정신력, 요동 지방의 철광 지대 확보
의 의	• 중국(수, 당)의 패권 야욕 저지 • (수, 당 침입에 맞서) 민족적 위기 극복 → 민족의 방파제 역할

2 신라의 삼국 통일

(1) 삼국의 정세(7세기)

① 고구려 : 백제와 연합 공격 → 신라의 당성(당항성) 공격

② 백제 : 의자왕의 잦은 신라 공격 → 대야성 등 40여 개 성 탈취

③ 신라 : 백제의 공격에 따른 위기 → 고구려에 도움 요청, 연개소문의 거절 → 당에 군사 요청(김춘추), 나·당 동맹 체결(648)

(2) 백제와 고구려의 멸망

① 백제 멸망(660)

㉠ 배경 : 의자왕의 사치, 정치 질서의 문란, 오랜 전쟁으로 국력 소모

㉡ 멸망 : 황산벌 전투 → 사비성 함락 → 백제 멸망
김유신, 소정방이 이끈 나·당 연합군이 계백이 이끄는 백제군을 물리침

② 고구려 멸망(668)

㉠ 배경 : 계속된 전쟁으로 국력 약화, 연개소문 사후 지도층 내분

㉡ 멸망 : 나·당 연합군의 침입 → 평양성 함락 → 고구려 멸망

③ 백제·고구려의 부흥 운동

㉠ 백제 부흥 운동 : 흑치상지(임존성), 왕족 복신·승려 도침(주류성)이 중심 → 왕자 풍을 왕으로 추대 → 지도층의 내분, 나·당 연합군의 진압으로 실패

㉡ 고구려 부흥 운동 : 고연무(국내성, 오골성), 검모잠(한성), 안승(금마저)이 중심 → 지도층의 내분으로 실패

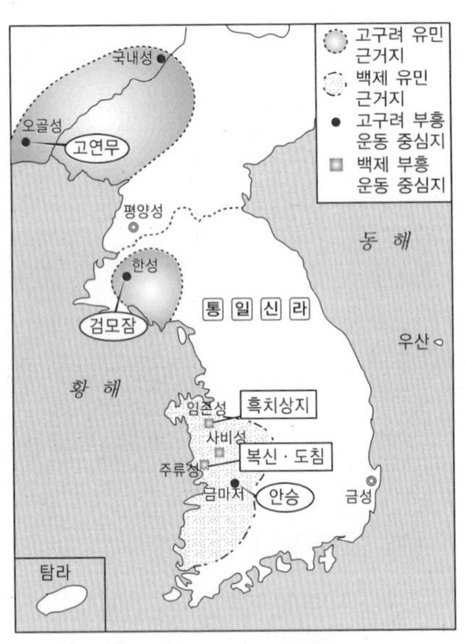

백제와 고구려의 부흥 운동

(3) 신라의 삼국 통일

① 나·당 전쟁(670~676)

㉠ 원인 : 당의 한반도 지배 야욕 → **안동도호부(고구려), 웅진도독부(백제), 계림도독부(신라) 설치**

㉡ 신라의 대응

- 신라의 고구려 부흥 운동 지원 : 고구려 왕족 안승이 금마저(익산)에 '보덕국' 세움
- 당군이 주둔하던 사비성 함락 : 웅진도독부 폐지 → **백제 옛 땅 완전히 회복**

나·당 전쟁의 전개

㉢ 결과

매소성 전투(675)	당의 육군 격파(오늘날 경기도 의정부 부근)
기벌포 전투(676)	당의 수군 격파(오늘날 금강 하구 지역)

② 삼국 통일(676)

㉠ 의의 : 우리 민족 최초의 통일, 새로운 민족 문화 형성, 신라인의 자주적 통일

→ 당을 물리침

㉡ 한계 : 불완전한 통일(대동강 이남~원산만), 외세(당)에 의존한 통일

02 통일 신라와 발해의 발전

1 통일 신라의 발전

(1) 전제 왕권의 강화

① 통일 이후의 변화 : 영토·인구 증가, 민족의식 형성, 대외 관계 안정, 왕권 강화

② 전제 왕권의 확립

무열왕(김춘추)	최초 진골 출신 왕 → 이후 무열왕의 직계 후손이 8세기 후반까지 왕위 독점
문무왕	• 나·당 전쟁 승리 → 삼국 통일 완성(676) • 대왕암(수중릉) : '죽은 후에도 동해의 용이 되어 신라를 지키겠다.'
신문왕	• 진골 세력들의 반란 진압(김흠돌의 난) • 중앙 집권 체제 정비(여러 제도 정비) → 전제 왕권 확립 예 9주 5소경, 9서당 10정, 국학 설립, 관료전 지급, 녹읍 폐지 등

(2) 새로운 제도의 마련(넓어진 영토의 효율적 통치)

① 정치 제도

㉠ 중앙 정치 : 집사부 중심의 운영, 시중(집사부 장관) 권한 강화

→ 화백 회의, 상대등 권한 약화(왕권 강화)

㉡ 지방 행정 조직

9주	• 전국을 9주로 구분 • 주 밑에 군 · 현 설치(지방관 파견), 촌(말단 행정 구역, 토착 세력인 촌주가 다스림)
5소경	특별 행정 구역(주요 지방에 설치) → 수도(금성)의 편재성 보완, 지방 세력의 성장 감시, 지방 문화 육성

② **군사 제도** : 9서당 10정

㉠ 9서당(중앙군) : 수도와 궁궐 담당

신라인 + 고구려인 + 백제인 + 말갈인 = 민족 융합

㉡ 10정(지방군) : 지방의 각 주에 1개의 군단인 정 배치 예외 한주(국방상 요지)에는 2개의 정 배치

③ **토지 제도** : 국가 수입 증대와 귀족의 경제력 기반 약화를 위해 실시하였다.

㉠ 귀족 : 관료전 지급, 녹읍 폐지(신문왕)
→ 신라 말, 귀족 반발로 녹읍 부활(경덕왕)

㉡ 농민 : 농민들에게 정전 지급, 국가에 조세 납부(성덕왕)

통일 신라의 지방 행정 조직

④ **상수리 제도** : 지방 세력 성장을 감시하기 위해 지방 세력가의 자식을 일정 기간 동안 수도(금성)에 머무르게 한 제도이다.

2 통일 신라의 문화와 대외 교류

(1) 활발한 대외 교류

① 당과 서역의 문물을 수용하였고, 무역이 번성하였다.

② **신라인의 당 진출** : 신라방 · 신라촌(마을), 신라원(절), 신라소(감독 관청)

③ **울산항** : 국제 무역항, 아라비아 상인까지 왕래

(2) 불교와 학문 교류

① **불교** : 의상(화엄종 개창), 원측(당의 불교계에 큰 영향), 혜초(「왕오천축국전」 저술), 원효(불교의 대중화)

② 유학생(숙위학생) : 주로 6두품 출신(김운경, 최치원), 당의 빈공과 합격
→ 골품제 모순 비판

(3) 조형 미술(불교와 귀족 문화를 중심으로 발달)

① 불국사, 석굴암(인공 석굴) : 불교 세계의 이상 구현

② 석탑 : 불국사 3층 석탑(석가탑), 다보탑, 감은사지 3층 석탑, 진전사지 3층 석탑

③ 목판 인쇄술 : 무구정광대다라니경(세계 최고 목판 인쇄술) → 불국사 3층 석탑에서 발견

④ 석등 : 법주사 쌍사자 석등

⑤ 종 : 성덕 대왕 신종(에밀레종), 상원사 동종

⑥ 승탑 : 쌍봉사 철감선사 승탑(신라 말 선종)

⑦ 고분 : 화장 유행, 김유신 묘(둘레돌, 12지상)

바로바로 CHECK√

문화유산 ㉠과 ㉡이 제작된 시대는?

> 창식이네는 여름 방학을 맞이하여 가족 여행을 다녀왔다. 가장 기억에 남았던 것은 불교의 이상 세계를 표현한 ㉠ 불국사와 비천상 무늬가 아름다운 ㉡ 성덕 대왕 신종이었다.

① 백제 ❷ 통일 신라
③ 발해 ④ 고려

3 발 해 빈출

(1) 발해의 건국

① 건국(698) : 대조영(만주 동모산 근처) → 남북국 시대(통일 신라 · 발해) 성립

② 주민 구성 : 지배층(소수 고구려인) + 피지배층(다수 말갈인)

③ 독자적인 연호 사용 : 당과 대등한 나라임을 강조하였다.

④ 만주 지역이 우리 민족의 활동 무대로 남았다.

(2) 발해의 발전

① 대외 관계 : 초기엔 당 · 신라와 적대 관계(고구려 멸망 관련), 돌궐 · 일본과는 친선 관계
→ 점차 신라 · 당과 친선 관계

② 발해의 전성기(9세기 전반, 선왕 때) : 중국에서 '해동성국(바다 동쪽의 융성한 나라)'이라 불림, 최대 영토 확장(고구려의 옛 영토 거의 회복)

③ 멸망 : 귀족들의 권력 투쟁으로 국력 약화 → 거란족에 의해 멸망(926)

(3) 발해의 정치 제도

① **특징** : 당의 제도(3성 6부)를 모방하였으나 운영 방식은 독창적이었다.

② **중앙 정치** : 3성 6부제를 수용 → 정당성 중심의 운영(최고 행정 기관, 6부 관장)

③ **지방 행정** : 5경 15부 62주, 촌락은 토착 세력가(말갈인)가 통치

→ 지배층과 말갈족의 조화를 꾀함

발해의 영역과 지방 행정 조직

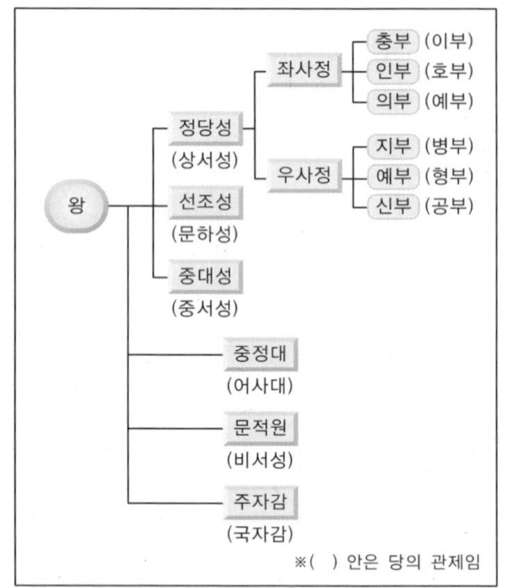

발해의 중앙 관제(중앙 정치 제도)

4 발해의 문화와 대외 교류

(1) 고구려의 영향(고구려 계승 의식)

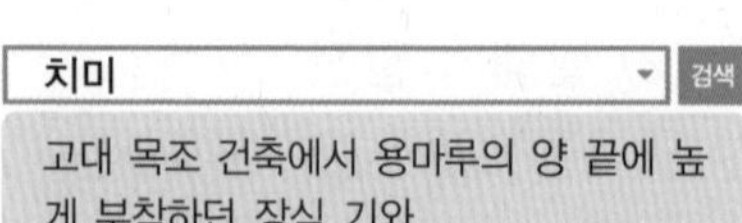

① 굴식 돌방무덤, 모줄임 천장 → 정혜 공주 묘

② 온돌, 벽돌, 기와무늬, 치미, 불상

③ **일본 외교 문서** : 발해를 고(구)려, 발해왕을 고(구)려왕으로 칭하였다.

④ **지배층** : 고구려인

(2) 당의 영향

① **수도 상경성 건설** : 당의 장안성 모방(외성, 내성, 주작대로)

② 영광탑(벽돌탑), 3성 6부제, 정효 공주 묘(벽돌무덤)

(3) 발해의 문화

① 유물·유적 : 발해 석등, 돌사자상(정혜 공주 묘 앞)

② 무 역

㉠ 수출 : 모피류(담비 가죽), 인삼, 말

㉡ 수입 : 금·은 그릇, 비단, 책(귀족 수요품)

③ 불교 : 문왕이 불교를 적극적으로 장려, 상경 부근에 10여 개의 사원

④ 유학 : 주자감 설치(교육), 6부 명칭, 당의 빈공과에 다수 합격

03 신라의 동요와 후삼국의 성립

1 신라 말기의 혼란(8세기 후반)

(1) 진골 귀족들의 권력 다툼(왕위 쟁탈전)

① 배경 : 녹읍의 부활(경덕왕) → 귀족들의 대토지·사병·노비 소유 확대 → 소수 진골 귀족들의 권력 독점(8세기 후반) → 국가의 지방 통제력 약화

② 왕위 다툼 : 혜공왕 피살(무열왕계의 왕위 세습 단절) → 이후 150여 년간 20명의 왕 교체

③ 지방 세력의 반란 : 중앙의 왕위 다툼과 관련 → 김헌창의 반란, 장보고의 반란

④ 결과 : 왕권 약화, 사회 혼란, 골품제 동요

> 잠깐
>
> **장보고**
>
> • 성장 : 청해진(완도) 설치, 해적 소탕, 중계무역(중국·일본) 주도 → 서남해 일대의 해상권 장악 → 왕위 쟁탈전 가담
>
> • 반란 : 자신의 딸을 왕비로 만들려다 실패하자 난을 일으킴

(2) 새로운 세력의 등장

① 등장 배경 : 왕위 쟁탈전 심화 → 골품 제도의 동요 → 중앙정부의 통제력 약화 → 6두품, 지방 호족 세력이 주도

② 6두품 : 진골 위주의 사회 체제에 반발 → 골품 제도의 모순 비판 → 새로운 사회 건설 추구

③ **지방 호족** : 촌주 출신, 낙향 귀족 출신, 해상 세력, 군진 세력의 등장 → 사병과 대초지 소유 → 지방 행정을 장악하면서 독자적 세력 형성 → 선종 승려와 6두품 지식인 포섭 → 신라 정부에 도전

(3) 농민 봉기

① **시기** : 진성 여왕 때 극심(9세기 말) → 최치원이 개혁안을 제시했으나 수용 안 됨

② **원인** : 농민 생활 파탄(유랑민이나 도적떼에 가담)

㉠ 중앙 귀족들의 부패, 사치, 향락으로 국가 재정 궁핍 → 중앙 정부의 과도한 세금 독촉

㉡ 흉년, 자연재해, 전염병 발생

③ **경과** : 조세 납부 거부, 지방 관청 습격 → 반란군으로 변모 예 적고적(赤袴賊)

④ **주요 봉기** : 원종 · 애노(상주) → 이후 농민 항쟁이 전국적으로 확산, 양길(북원), 기훤(죽주), 견훤(완산주), 양길의 부하인 궁예 등

⑤ **결과** : 중앙 정부의 지방 통제력 상실, 지방 호족 성장
→ 농민의 지지를 받아 호족 세력 확대

(4) 새로운 사상

① 선 종

구 분	교 종	선 종
종 파	5교	9산
특 징	경전, 교리	정신 수양, 참선 → 해탈, 깨달음
후 원	왕실, 귀족	호족, 백성
발달 시기	통일 후(안정기)	신라 말(혼란기)
경 향	전통적 권위 인정	전통적 권위 부정
미 술	3층 석탑(조형미)	승탑(부도)

② **풍수지리설**

㉠ 산세나 지형이 인간의 길흉화복에 영향을 끼친다는 사상 → 신라 말 승려 '도선'이 도입

㉡ 경주 중심의 지리 개념에서 벗어나 지방의 중요성을 자각하는 계기가 되었다.
→ 호족 세력 강화 이용

③ **유교** : 6두품에 의해 정치 이념으로 발달하였다.

2 후삼국 시대(신라, 후백제, 후고구려)

(1) 후백제

① 건국(900) : 견훤(상주 농민 출신, 서남 해안 방어하던 군인)

② 도읍 : 완산주(전주)

③ 세력 기반 : 황해안 해상 세력 + 도적 세력

④ 세력 확대 : 전라도와 충청도 일대

⑤ 특징 : 신라 경애왕 살해(신라에 적대적), 부자간 내분이 일어남, 지나친 조세 수취

(2) 후고구려

① 건국(901) : 궁예(반신라적)

→ 신라 왕족 출신으로, 중앙의 권력 다툼으로 희생

② 도읍 : 송악(개성)

③ 세력 기반 : 양길의 부하로 있다가 세력을 키워 독립, 왕건 부자의 도움

④ 세력 확대 : 강원도와 경기도 일대(중부 지방 일대)

⑤ 특징 : 전제 정치(미륵신앙), 지나친 조세 수취, 국호(수도) 변경

후고구려(송악) → 마진(철원) → 태봉(철원)

후삼국의 형세

실력 탄탄 다지기

실전 예상문제

01 기출 다음과 관련 있는 나라는?

> • 민족의 방파제 역할
> • 살수 대첩, 안시성 싸움

① 부여　　② 고구려
③ 백제　　④ 신라

02 다음 글의 주인공은?

> 나·당 연합군을 맞아 결사대 5천 명으로 황산벌에서 항전하였다. 그는 전쟁터로 가면서 "나라가 살아남을지 알 수 없다. 나라가 망해 나의 처자식이 포로로 잡혀 노비가 될지 모르니, 살아서 욕을 당하느니 차라리 흔쾌히 죽는 게 낫다."라고 하면서 가족을 죽이고 싸우러 나갔다고 한다.

① 김유신　　② 을지문덕
③ 계백　　④ 소정방

03 통일 신라 최초의 진골 출신 왕으로 직계 자손의 왕위 세습을 강화한 왕은?

① 무열왕　　② 신문왕
③ 경덕왕　　④ 문무왕

01
고구려는 수나라, 그 뒤를 이은 당나라와의 여러 차례 전쟁을 승리로 이끌었다. 그리하여 우리 민족의 방파제 구실을 하였다.

02
신라군이 황산벌에서 계백의 결사 항전을 물리치면서 백제를 멸망시켰다.

03
무열왕(김춘추)은 통일 신라 최초의 진골 출신 왕으로 이후 직계 후손이 8세기 후반까지 왕위를 독점하였다.

ANSWER
01. ②　02. ③　03. ①

04 통일 신라의 승려 중 인도를 순례한 후 「왕오천축국전」이라는 책을 쓴 사람은?

① 원효 ② 의상
③ 원측 ④ 혜초

05 기출 다음과 관련 있는 나라는?

- 대조영이 건국
- 고구려 계승 의식이 강함

① 통일 신라 ② 발해
③ 후백제 ④ 고려

06 발해의 지배층과 피지배층을 순서대로 바르게 나열한 것은?

① 신라인 – 몽골족 ② 백제인 – 거란족
③ 백제인 – 말갈족 ④ 고구려인 – 말갈족

07 기출 다음에서 설명하고 있는 인물은?

> 완도에 청해진을 설치하여 해적을 소탕하고 황해의 무역로를 보호하였다.

① 김유신 ② 강감찬
③ 장보고 ④ 대조영

04 혜초는 인도를 순례한 후 「왕오천축국전」을 썼다.

05 대조영은 고구려 유민과 말갈족을 중심으로 새로운 나라 발해를 세웠다. 왜와의 외교 문서에서 자신을 '고구려의 왕'이라고 칭하고 있는 것으로 보아 고구려를 계승한 민족임에 틀림없다.

06
- 지배층 : 대부분 고구려인
- 피지배층 : 대부분 말갈족

07 장보고는 서남해 해상 무역권을 장악하고 중앙의 왕위 쟁탈전에도 가담하였다.

ANSWER
04. ④ 05. ② 06. ④ 07. ③

08 신라 말의 사회 모습에 대한 설명으로 옳지 않은 것은?

① 진골 귀족들의 왕위 다툼이 심해졌다.
② 농민 반란으로 사회 혼란이 심해졌다.
③ 소수의 진골 귀족에게 권력이 집중되었다.
④ 왕권이 강화되어 국가의 통제력이 커졌다.

08
8세기 후반 혜공왕이 죽은 이후 진골 귀족들의 왕위 다툼이 심화되고 왕권이 약화되어 사회가 점차 혼란해졌다.

09 다음 중 신라 말에 유행한 풍수지리설에 관한 설명으로 가장 올바른 것은?

① 도선에 의해 널리 보급되었다.
② 교리와 경전을 중요하게 여겼다.
③ 정신 수양을 통한 해탈을 강조하였다.
④ 새로운 불교의 종파로 교종이라고도 한다.

09
풍수지리설은 산세와 지형이 인간의 길흉화복이나 왕조의 흥망성쇠와 관련이 있다는 사상이다.

10 다음 글에서 설명하는 인물은?

- 신라 왕족 출신으로 중앙의 권력 다툼에서 희생됨
- 송악을 근거지로 후고구려를 세움

① 궁예　② 견훤
③ 왕건　④ 도선

10
후고구려를 건국한 궁예는 신라의 왕족 출신으로, 중앙의 권력 다툼에서 희생되어 신라에 대해 적개심이 많은 인물이었다.

ANSWER
08. ④ 09. ① 10. ①

Chapter

04 고려의 성립과 변천

암기해야 할 부분이 유독 많은 단원으로 고려의 건국과 통치 제도, 왕권 강화 정책, 지배 세력의 변화, 대외 관계의 변천 등을 시대순으로 숙지해 두는 것이 좋습니다. 그리고 고려 지배층의 변화를 중심으로 역사적 사건 전개 과정을 정리해 놓으면 학습에 도움이 됩니다. 마지막으로 고려 시대 때 편찬된 역사서와 고려 시대 예술, 팔만대장경에 대해서도 공부해야 합니다.

01 고려의 건국과 통치 체제 정비

1 고려의 건국(918)

(1) 왕건의 성장

궁예 축출, 왕건이 즉위 → 국호(고려), 수도(송악)

(2) 후삼국 통일(936)

확고한 토착 세력 기반(송악), 민심 수습(세금 감면) → 신라의 경순왕 투항(935) → 후백제 멸망(936)

(3) 태조 왕건의 정책 빈출+

① **북진 정책** : 서경 중시, 영토 확장(청천강~영흥만)

② **호족 세력 포섭 정책** : 혼인 정책(회유책), 사심관 제도 · 기인 제도(견제책)

③ **훈요 10조** : 태조가 후대 왕들에게 남긴 고려의 기본 통치 방향

④ 민족 통합 정책, 민생 안정 정책

⑤ 불교 장려(연등회, 팔관회), 다양한 사상 수용(불교, 유교, 도교, 풍수지리설 등)

> 잠깐
>
> **호족 세력 견제책**
>
> - 사심관 제도 : 출신지에 대한 권한 행사를 할 수 있는 권리와 함께 책임을 부여한 제도
> - 기인 제도 : 호족의 자제를 인질로 서울에 데려다가 지방 행정의 고문 역할을 하게 한 제도

(4) 고려 건국의 의의

① 지배 세력 교체 : 지방 세력(호족), 6두품

② 민족 문화 토대 마련 : 고구려, 백제, 신라의 문화 융합 → 다양성, 개방성

③ 실질적인 민족 통일 : 옛 삼국 출신과 발해인까지 통합하였다.

2 정치 제도의 정비

(1) 왕권 강화 빈출+

① 광종 : 노비안검법 실시, 과거 제도 시행, 호족 세력 숙청

② 성종 : 최승로의 시무 28조 수용
→ 유교 통치 이념 확립, 정치 제도 정비

바로바로 CHECK√

다음 정책을 실시한 고려의 국왕은?

• 과거 제도　　• 노비안검법

① 태조　　❷ 광종
③ 성종　　④ 공민왕

(2) 중앙 정치 제도

① 특징 : 당의 3성 6부제를 수용하여 2성 6부제로 운영하였다.

② 2성 6부제

㉠ 중서문하성 : 국정 전반 관장, 중요 정책 심의·결정

㉡ 상서성 : 정책 집행, 행정 실무, 6부(이·호·예·병·형·공부) 관할

③ 도병마사(국방), 식목도감(법제·격식) : 중서문하성과 중추원의 고관들이 모여 국가의 중요 정책을 의논하였다.

④ 기타 : 중추원(왕명 전달), 어사대(관리 감찰), 삼사(회계 담당)

고려의 5도 양계(지방 행정 조직)

(3) 지방 행정 제도

① 변화 과정 : 호족 자치 인정(초기) → 12목 설치·지방관 파견(성종) → 5도 양계(현종)

② 주요 행정 구역 : 양계(군사 행정 구역), 5도(일반 행정 구역, 안찰사 파견)

3경	개경(개성), 서경(평양), 동경(경주) → 후에 동경 대신 남경(서울)에 설치
주 현	지방관 파견
속 현	지방관이 파견되지 않으며 향리가 통치

③ 특수 행정 구역 : 향·부곡(농업 종사), 소(국가의 필요 물품 생산)
→ 향리가 통치, 주민은 평민(천민 ×), 낙후 지역

④ 지방 행정 관리 : 향리(지방 행정 실무 담당)

(4) 군사 제도

① 중앙군 : 2군(왕궁 수비), 6위(국경 방어, 수도) → 직업 군인(세습)

② 지방군 : 주현군(5도 – 치안 · 잡역), 주진군(양계 – 변경 방어) → 의무병(농민)

(5) 교육 · 관리 등용 제도

① 교육 기관 : 국학 – 중앙(국자감), 지방(향교), 사학 – 개경(사학 12도)

② 관리 선발

과거제	문과(제술과, 명경과) · 잡과 · 승과 → 무과는 실시하지 않음
음서제(무시험)	왕족, 국가 유공자, 5품 이상 고위 관료의 자손

(6) 경제 제도

① 백성의 의무 : 조세, 공납(특산물), 역의 의무

② 토지 제도

전시과	관직에 복무하는 대가로 관리의 등급(관리 18등급)에 따라 토지(전지)와 임야(시지) 지급, 수조권만 인정, 퇴직 · 사망 시 반납(소유권 ×)
민 전	백성 소유 토지, 매매 · 상속 · 증여 가능(1/10 세금 납부)
공음전	5품 이상 관료, 세습 가능, 귀족 사회의 특권

3 고려 전기의 대외 관계

(1) 동아시아의 정세(10~12세기 초)

① 고려의 대외 관계

㉠ 거란 배척 : 태조의 북진 정책, 거란의 외교 제의 거절(만부교 사건), 광군 조직(정종)

㉡ 친송 정책 : 경제적 · 문화적 실리 추구

√ 거란 : 발해 멸망 → 요 건국 → 세력 확장, 요와 송의 대립

② 거란의 침입과 격퇴

㉠ 1차 침입(993) : 소손녕 침입 → 서희의 외교 담판(강동 6주 획득)

㉡ 2차 침입(1010) : 강조의 정변 구실 → 양규의 활약(물러가는 거란군 격파)

㉢ 3차 침입(1019) : 고려의 강동 6주 반환 거부 → 소배압 침입 → 강감찬의 귀주 대첩

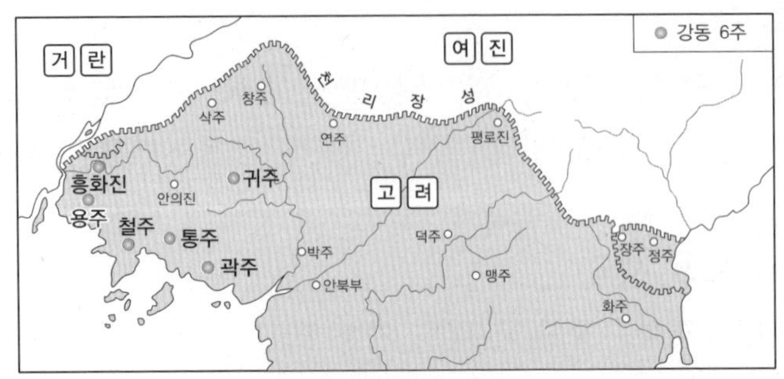

강동 6주와 천리장성

㉣ 전후의 대비책(강감찬 건의) : 나성(개경 주위), 천리장성 축조(압록강 하구~동해 도련포)

㉤ 결과 : 송, 거란(요), 고려 사이의 세력 균형 → **평화 관계 유지**

③ 여진족의 침입

㉠ 관계 : 고려에 조공을 바치다가 여진족 통일 이후 남하 정책 추진 → **고려와 충돌**

㉡ 여진족 정벌 : 윤관의 별무반(신기군, 신보군, 항마군) → 여진 정벌(1107) → 동북 9성 설치 → 방비의 어려움과 여진족의 간청으로 후에 반환

㉢ 금의 건국 : 여진족의 금 건국(1115) → 거란(요) 정복 → 송 침입 → 고려에 사대 관계 수용 요구 → 이자겸이 금의 요구 수용 → 고려의 북진 정책 중단

(2) 활발한 대외 교류와 경제 활동

① 개방적 대외 정책

㉠ 국제 무역항 : '벽란도'(예성강 입구), 아라비아 상인과 무역
→ **고려가 '코리아'로 서방에 알려짐**

㉡ 송과의 교류 : 고려는 경제적·문화적 이유로, 송은 군사적 목적으로 교류하였다.

② 수공업과 상업의 발달

> **관영 수공업** 검색
> 관청에 등록된 수공업자가 국가에서 필요로 하는 물품(금·은 세공품, 무기, 화폐 등)을 생산함

㉠ 수공업 : 관영 수공업

㉡ 상업 : 대도시 중심으로 발달, 지방은 농민·수공업자들이 일용품 판매(관아 근처)

㉢ 화폐 사용 : 건원중보(성종, 최초의 화폐), 삼한통보(숙종), 활구(은병) 제작
→ **널리 유통되지 못함(곡식·삼베로 교환)**

02 무신 정권의 성립과 하층민의 봉기

1 문벌 귀족 사회의 동요(12세기 이후)

(1) 문벌 귀족

① 형성 : 지방 호족, 6두품 출신 → 음서와 과거를 통해 주요 관직 차지, 왕실과의 혼인

② 경제적 기반 : 전시과, 공음전, 고리대 등을 통해 부를 축적하였다.

③ 모순 : 중요 관직 독점・세습, 귀족과 관리들의 경제적 수탈, 무거운 조세 부담 → 신진 세력 불만, 백성 고통 심화

(2) 이자겸의 난(1126)

① 배경 : 왕실과 거듭된 혼인 관계로 경원 이씨 가문 성장 → 이자겸의 권력 독점

② 경과 : 이자겸의 왕권 위협 → 인종의 이자겸 제거 시도 → 이자겸의 난 → 척준경이 이자겸 제거

③ 결과 : 문벌 귀족 사회의 동요, 왕실 권위 추락

(3) 묘청의 서경 천도 운동(1135) 빈출+

① 배경 : 김부식 등 문벌 귀족의 계속된 정치 독점, 금과 사대의 예를 맺은 것에 대한 불만, 풍수지리설 성행

② 경과 : 인종의 서경 천도 계획 추진 → 개경 세력(김부식을 중심으로 한 문벌 귀족 세력) 반대로 실패 → 묘청의 반란(서경), 국호(대위국), 연호(천개) → 김부식이 이끄는 관군에 의해 진압 당함

③ 의의 : 고려인의 자주 의식 확인, 문벌 귀족의 정치 독점에 대한 반발

2 무신 정권의 성립

(1) 무신정변(1170)

① 배경 : 무신에 대한 차별 대우, 군인전을 지급받지 못한 하급 군인의 불만, 의종의 실정

② 경과 : 보현원 사건 → 무신정변(정중부, 이의방 등) → 문신 제거, 의종 폐위 → 김보당의 난(문신들의 반란, 의종 복위 시도 실패) → 의종 제거

③ 무신 정권 수립(100년간) : 권력 다툼으로 무신 집권자의 잦은 변천

바로 바로 CHECK√

다음을 배경으로 일어난 역사적 사건은?

- 고려 무신들은 토지 분배에서 차별 대우를 받았다.
- 군대의 최고 지휘권마저 문신들이 차지하였다.

① 살수 대첩　② 병자호란
❸ 무신정변　④ 을미사변

(2) 최씨 무신 정권(가장 전형적인 무신 정권)

① 형성 : 최충헌이 이의민을 제거하고 권력 장악 → 4대 60여 년간 최씨 정권 유지

② 개혁 정치 : 명종에게 사회 개혁안 제시 → 제대로 실시되지 않음

(3) 무신 정권의 권력 기반

① 정치적 기반

㉠ 중방 : 무신 정권 초기의 최고 권력 기구

㉡ 교정도감 : 최충헌이 설치한 최씨 정권의 최고 권력 기구

㉢ 정방 : 최우가 설치한 관리들의 인사 행정 처리 기구

② 군사적 기반

㉠ 도방 : 경대승이 설치한 무신 집권자들의 신변 보호와 집권 체제 강화를 목적으로 조직한 사병 집단

㉡ 삼별초 : 최우가 설치한 최씨 정권의 군사적 기반, 야별초(좌별초·우별초)와 신의군으로 구성

1170　1174　1179　1183　1196　1219　1249　1257　1258　1268　1270　1271

구 분	이의방	정중부	경대승	이의민	최충헌	최우	최항	최의	김준	임연	임유무
정치 기구	중방				교정도감	교정도감·정방					
군사 기구	·	·	도방	·	도방	도방·삼별초					

3 농민과 천민의 저항

(1) 배 경

① 무신 집권자들의 토지 수탈, 과도한 세금 부과

② 특수 행정 구역(향·부곡·소 등) 주민에 대한 차별

③ 무신들 간의 권력 다툼으로 지방에 대한 정부의 통제력 약화

④ 신분 상승에 대한 기대감 고조 : 노비 출신의 무신 집권자(이의민) 등장

(2) 농민과 천민의 봉기

① 농민 봉기

㉠ 조위총의 난(서북민들의 봉기)

㉡ 망이·망소이의 난(공주 명학소) : 무거운 조세 부담과 부역에 반발

㉢ 김사미·효심의 난(경상도 운문·초전)

② 천민 봉기

㉠ 전주 관노비의 난 : 지방관의 가혹한 수탈에 발발

㉡ 만적의 난(개경, 최충헌의 사노비) : 신분 해방 운동

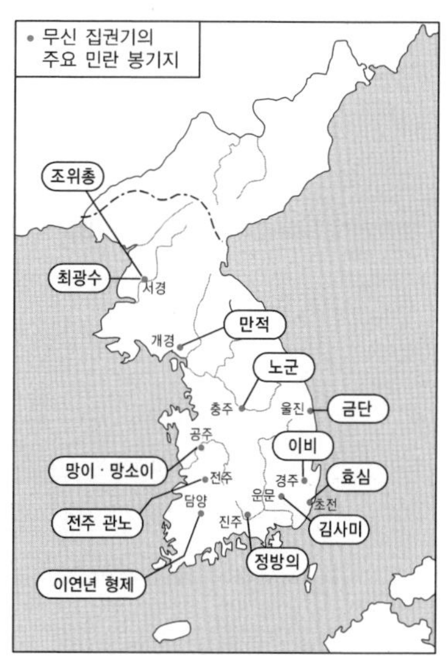

농민과 천민의 봉기(저항 운동)

03 대몽 항쟁의 전개와 반원 자주화의 노력

1 몽골과의 항쟁

(1) 몽골과의 접촉

① 몽골의 성장 : 칭기즈 칸, 몽골 제국 건설(13세기) → 금 공격 → 동아시아 지역으로 세력 확장

② 강동성 전투 : 거란이 몽골군에 쫓겨 고려에 침입 → 몽골군과 고려군이 연합하여 거란 격퇴 → 몽골과 외교 관계 수립

(2) 몽골과의 전쟁

① 1차 침입(1231) : 몽골의 무리한 공물 요구 → 몽골 사신 저고여 피살 → 외교 단절, 고려 침략 → 귀주성 전투(박서)에서 몽골군 격퇴, 충주성 전투(관노비) → 몽골과의 강화 체결

② 2차 침입(1232) : 몽골의 내정 간섭 강화 → 강화도 천도(최우) → 고려 재침략 → 처인성 전투(김윤후, 처인 부곡민) → 적장 살리타 사살 → 몽골군 일시 철수

√ 강화도 천도 이유 : 개경 인접, 몽골군 해전 불리, 조세·곡식 생산

③ 3~6차 침입 : 몽골군이 금 정복 후 여러 차례 고려에 침입하였다.

(3) 민족의 항전

① **민중의 항전** : 노비와 천민들까지 용감히 싸웠다.

② **팔만대장경 조판(1236~51)** 빈출⁺

㉠ 대장도감 설치, 부처의 힘으로 몽골을 물리치기 위해 강화도에서 조성사업 시작

㉡ 현재 해인사 장경판전 보관, 유네스코 세계 기록 유산 등록

③ **몽골 침입의 피해** : 국토 황폐화, 인명 손실, 문화재 소실(초조대장경 판목, 경주의 황룡사 9층 목탑)

> **바로바로 CHECK√**
>
> **다음의 역사적 사실과 관계 깊은 민족은?**
>
> • 삼별초 항쟁 • 팔만대장경 조판
> • 처인성 전투 • 강화도로 수도를 옮김
>
> ① 한족 ❷ 몽골족
> ③ 여진족 ④ 거란족

(4) 삼별초의 항쟁(1270~1273) 빈출⁺

① **배경** : 최씨 정권 몰락 후 몽골과 강화 체결 → 개경 환도 반대

② **전개** : 강화도 → 진도 → 제주도로 이동하며 대몽항쟁 → 여·몽 연합군에 의해 진압

③ **의의** : 고려인의 자주 의식을 보여 주었다.

2 원 간섭기

(1) 원의 내정 간섭

① **내정 간섭** : 고려 국왕을 통한 원의 간접 지배, 고려는 원의 부마국

② **왕정 복고** : 국왕·문신 중심의 정치

③ **정동행성 설치** : 일본 원정 목적 → 최고 기구, 고려의 내정 간섭 기구

④ **영토 상실** : 쌍성총관부(화주–철령 이북), 동녕부(서경–황해도 이북), 탐라총관부(제주도)

⑤ **자주성 손상** : 관제, 왕실 용어 격하

예 2성 6부 → 1부 4사, 폐하 → 전하, 태자 → 세자, 왕의 칭호 앞에 '충(忠)' 자를 붙이기 등

⑥ **몽골풍 유행** : 변발, 몽골식 복장 등 유행 ↔ 원에서는 고려양 유행

⑦ **경제 수탈** : 금, 은, 인삼, 매(매 조공 담당 기구인 '응방' 설치), 환관·공녀 요구(조혼 유행)

⑧ 다루가치(원의 관리) 파견

⑨ 고려의 풍습은 인정해 주었다.

(2) 권문세족(친원파)

① 의미 : 원의 세력을 배경으로 삼은 새로운 지배 세력

② 구성 : 고려 왕자가 원에 있을 때 함께 생활한 세력으로 군인, 역관, 환관 출신 등

③ 성장 : 고위 관직 독점(도평의사사 장악), 음서로 신분 세습

④ 횡포 : 대농장 소유, 백성의 토지 약탈 · 노비화 → 국가 재정 궁핍

3 공민왕의 개혁 정치(원 · 명 교체기)

(1) 개혁 정책의 내용 빈출+

① 반원 자주 정책

㉠ 정동행성 폐지, 관제 복구, 몽골풍 금지

㉡ 영토 회복 : 쌍성총관부 공격 → 철령 이북 영토 회복

② 왕권 강화 정책

㉠ 친원파(기철) 숙청, 정방 폐지 → 신진 사대부 등용

㉡ 신돈 등용, 전민변정도감 운영 : 불법적인 농장 폐지, 억울하게 노비가 된 자를 양인으로 회복

(2) 실패 원인과 의의

① 실패 원인 : 권문세족 반발, 개혁 추진 세력(신진 사대부) 미약, 홍건적과 왜구 침입으로 혼란

② 의의 : 자주적 정신

4 새로운 지배 세력의 등장

(1) 신진 사대부

① 배 경

㉠ 대부분 지방 향리 출신 → 중소 지주

㉡ 성리학을 바탕으로 과거를 통해 관리로 진출하였다.

㉢ 공민왕의 개혁 정치로 중앙 정계에 진출하였다.

② 특 징

㉠ 명분과 도덕을 중시하였다.

㉡ 불교와 권문세족을 비판하였다.

㉢ 성리학을 정치 이념으로 삼아 새로운 사회 건설을 주장하였다.

③ 분 열

㉠ 온건파 사대부(정몽주) : 고려 왕조를 유지한 채 점진적인 개혁을 주장

㉡ 급진파 사대부(정도전) : 새로운 왕조를 세워 사회 문제를 해결할 것을 주장

바로 바로 CHECK√

다음 내용에 해당하는 정치 세력은?

- 성리학을 수용하고 과거를 통해 중앙 관직에 진출
- 권문세족 비리를 비판하고 고려 사회의 개혁을 추진

① 문벌 귀족 ② 지방 호족
❸ 신진 사대부 ④ 신흥 무인 세력

5단계 고려의 지배층

918	1	2	3	4	5	1392
건국	호족	문벌 귀족	무신	권문세족	신진 사대부 신흥 무인 세력	멸망

심화학습 **권문세족과 신진 사대부**

구 분	권문세족	신진 사대부
성 격	보수적	개혁적
성장 시기	원 간섭기	공민왕의 개혁 정치기
외 교	친원 정책	친명 정책
경 제	대농장 소유	지방 중소 지주
사 상	불교	유교(성리학)
정계 진출	음서제	과거제(지방 향리 자제 출신)

(2) 신흥 무인 세력

① **고려 말 홍건적의 침입** : 개경(수도)까지 침입 → 공민왕의 안동 피란 → 정세운, 이성계, 최영 등 격퇴

② **왜구의 침입** : 최영(홍산 싸움), 이성계(황산대첩), 최무선(진포대첩), 박위(쓰시마 섬 토벌) 등 격퇴

5 고려 왕조의 멸망

(1) 명과의 관계

초기에는 우호적 → 명의 철령 이북 영토 요구 → 고려의 거부 → 최영과 우왕의 요동 정벌 추진

(2) 과 정

① 이성계의 요동 정벌 반대 → 4불가론

② 위화도 회군(1388) : 최영 제거, 우왕 폐위, 정치·군사적 실권 장악

③ 과전법 실시 : 신진 사대부의 경제적 기반 마련

④ 온건파 사대부(정몽주) 제거 : 급진파 사대부(정도전, 조준 등)가 실권 장악

⑤ 조선 건국(1392) → 한양 천도(1394)

04 고려 문화의 특징과 그 변화

1 고려 사회의 신분 구조와 생활

(1) 신분 사회

① 지배층

㉠ 귀족 : 지배층, 정치적·경제적 특권 → 문벌 귀족

㉡ 중류층 : 하급 지배층, 행정 실무 담당 → 향리, 군반, 서리, 남반, 기술관 등

> 잠깐
>
> **농민 안정책(구휼 기관)**
> - 의창 : 곡식을 빌려줌
> - 상평창 : 물가 조절의 기능을 함
> - 제위보 : 기금을 마련해 이자로 빈민 구제
> - 혜민국 : 약국
> - 동·서 대비원 : 환자 치료

② 피지배층

㉠ 평민 : 대부분 농민(백정), 수공업자·상인, '향·부곡·소' 주민 → 조세, 공납, 역의 의무

㉡ 천민 : 대부분 노비 → 매매·상속·증여 대상, 일천즉천법, 과거 응시 ×

(2) 고려 시대의 여성

① 여성도 호주가 가능하였고, 딸이 제사를 지내고 부모를 봉양할 수 있었다.

② 호적에 성별 구분 없이 태어난 순서대로 기재하였고 재산을 남녀 균등하게 상속하였다.

③ 보통 일부일처제로 데릴사위가 많았고, 여성의 재가도 가능하였다.

④ 음서제·공음전을 사위, 외손자에게 상속할 수 있었다.

2 불교의 발달과 개혁 운동

(1) 불교의 발달

① 불교 정책

㉠ 불교 행사 : 연등회, 팔관회

㉡ 승과 제도 : 승려 대상의 과거 시험, 승려의 지위를 결정함

㉢ 국사·왕사 제도 : 국가나 임금의 사표(師表)가 되는 고승에게 임금이 내려 준 칭호

㉣ 사원전 지급

② 불교 통합 운동(문벌 귀족기)

㉠ 대각국사 의천을 중심으로 전개되었다.

㉡ 교종 중심으로 선종 통합, 천태종(국청사), 교관겸수 강조 → 의천 사후 분열
교리와 참선 모두 수양

(2) 고려 후기의 불교 혁신 운동

① 배경 : 불교계의 타락 → 무신 집권 이후 불교 개혁을 위한 움직임

② 불교 통합 운동 : 보조국사 지눌

㉠ 수선사 결사 운동 : 불교의 세속화 비판

㉡ 사상 : 정혜쌍수, 돈오점수 → 선종 중심으로 교종 통합

③ 혜심 : 유불 일치설, 성리학 수용의 사상적 토대 마련

잠깐

대각국사 의천	보조국사 지눌
교종 중심으로 선종 통합(문벌 귀족기)	선종 중심으로 교종 통합(무신 집권가 최씨 정권 후원)
천태종(국청사)	조계종(송광사)
교관겸수	정혜쌍수, 돈오점수

(3) 원 간섭기

권문세족의 후원을 받으며 불교계의 개혁적 성향 약화, 대토지와 노비 소유, 재산 축적과 고려의 타락 심화

3 유학의 발달과 역사서의 편찬

(1) 유학 교육

① 관학 : 국자감(중앙), 향교(지방)

② 사학 : 최충의 9재 학당(문헌공도) 등 사학 12도 융성 → 관학이 위축됨

③ 관학 진흥책(예종) : 국자감의 전문 강좌(7재), 장학재단(양현고)

(2) 성리학의 수용 빈출+

① 전 래

㉠ 성리학은 인간의 본성과 우주의 근본 원리 문제를 철학적으로 탐구하는 학문으로, 남송의 주희가 집대성하였다.

㉡ 충렬왕 때 안향이 고려에 처음 소개하였다.

㉢ 충선왕이 원의 수도에 '만권당(학술 연구 기관)'을 설치하여 이제현 등의 학자가 교류하였다.

② 영 향

㉠ 신진 사대부가 사회 개혁 사상으로 수용하였다.

㉡ 권문세족의 부패와 불교의 폐단을 비판, 점차 불교 교리 자체를 부정하였다.

예 정도전의 「불씨잡변」

바로바로 CHECK√

다음 설명에 해당하는 사상은?

- 고려 말 안향 등이 원나라에서 받아들임
- 조선 건국을 주도한 사대부들의 이념
- 유교적 이상 정치를 실현하기 위해 덕치주의를 강조함

① 훈고학 ② 양명학
③ 고증학 ❹ 성리학

(3) 역사서의 편찬

① 전기 : 「삼국사기」(김부식) → 유교적 합리주의 사관, 우리나라 현존 최고 역사서, 기전체, 신라 계승 의식

② 후기 : 민족적 자주 의식 표출

㉠ 「동명왕편」(이규보) : 고구려의 계승 의식을 표현

㉡ 「삼국유사」(일연) : 최초로 단군 신화 기록

㉢ 「제왕운기」(이승휴) : 단군 조선을 민

바로바로 CHECK√

고려 인종 때에 김부식이 지은 것으로 지금까지 전해 오는 가장 오랜 역사서는?

① 동국통감 ❷ 삼국사기
③ 해동고승전 ④ 제왕운기

잠깐

삼국사기와 삼국유사의 비교

구 분	삼국사기	삼국유사
저 자	김부식(유학자)	일연(승려)
관 점	유교적 합리주의 사관	불교적 관점
내 용	삼국 시대	고조선~삼국 시대, 단군 기록

족 최초의 국가로 기록

㉣ 「해동고승전」(각훈) : 불교 전래 초기부터 고려 전기까지의 승려들에 대한 기록

4 고려 예술의 발달

(1) 불교 문화

① **불상** : 대형 불상을 다양하게 제작, 지역색 반영

예 광주 춘궁리 철불, 논산 관촉사 석조 미륵보살 입상, 파주 용미리 석불, 부석사 소조 아미타여래 좌상

② **석탑** : 다층다각탑

예 월정사 8각 9층 석탑(송 영향), 경천사 10층 석탑(원 영향)

③ **승탑** : 고달사지 승탑

관촉사 석조 미륵보살 입상

(2) 귀족 문화 발달

① **고려자기**(고려청자) : 순청자 → 상감 청자(12세기) → 고려 말 분청사기 등장

√ 상감 청자 : 고려에서 개발된 독창적 기법(전라도 강진, 부안)

예 청자상감운학무늬매병, 청자투각칠보무늬향로, 청자참외모양외병 등

② **공예** : 금속 공예(청동 은입사 기술), 나전 칠기(귀족 사치품)

③ **그 림**

㉠ 산수화(전기), 사군자 중심의 문인화(후기)

㉡ 불화 발달 : 금가루 사용, 혜허의 양류관음도 · 수월관음도

㉢ 공민왕의 천산대렵도 → **원 화풍의 영향**

④ **음악** : 궁중 음악(아악, 송에서 수입), 속악(향악, 신라에서 전해짐) 유행

⑤ **글씨** : 귀족의 교양으로 중시, 구양순체 유행, 승려 탄연의 글씨 유명

⑥ **문학** : 향가, 한문학, 경기체가, 속요, 설화 문학

(3) 건 축

① **주심포 양식**(고려 전기) : 봉정사 극락전, 부석사 무량수전, 수덕사 대웅전

② **다포 양식**(고려 후기) : 성불사 응진전

주심포 양식, 다포 양식 검색

- 주심포 양식 : 기둥 위에만 공포를 배치하는 양식 → 공포란 기둥 위에 지붕을 얹을 때 지붕의 무게를 기둥에 고르게 전달함과 동시에 장식적인 면까지 고려한 장치
- 다포 양식 : 기둥과 기둥 사이에도 공포를 설치하여 매우 화려한 모습을 가지는 형식

(4) 과학 기술의 발달

① 인쇄술 발달

목판 인쇄술	• 팔만대장경 : 몽골과의 항쟁 중 제작, 세계 기록 유산 • 해인사 장경판전 : 세계 문화유산
금속 활자	• 상정고금예문(1234) : 세계 최초, 현존하지 않음 • 직지심체요절 : 흥덕사에서 간행, 현존 세계 최고 금속 활자본, 세계 기록 유산

② 화약 : 화통도감, 화포 제조(최무선) → 왜구 격퇴(진포 대첩 등)

③ 의학 : 향약구급방(현존 최고 의학 서적)

④ 의생활 : 목화 재배 성공으로 의생활에 변화(문익점)

⑤ 농업 : 2년3작 윤작, 모내기법 보급(남부 지방 일부)

(5) 도교와 풍수지리설

① 도교 : 불로장생 추구, 하늘 제사(초제)

② 풍수지리설 : 도읍・묘지・절터 선정 → 훈요 10조, 묘청의 서경 천도 운동에 영향

실력 탄탄 다지기

실전 예상문제

01 다음 내용에 해당하는 인물은?

기출

> • 고려 건국 • 훈요 10조
> • 북진 정책

① 주몽 ② 원효
③ 왕건 ④ 광해군

01
태조 왕건 : 고려 건국(918), 북진 정책(서경 중시), 민족 통합 정책, 불교 장려, 민생 안정 정책, 훈요 10조

02 광종이 왕권 강화를 위해 시행한 정책이 아닌 것은?

① 노비안검법 ② 과거제 실시
③ 황제 칭호 사용 ④ 호족 포섭 정책

02
광종은 호족·공신을 숙청함으로써 왕권을 강화하고자 하였다.

03 다음 ( ) 안에 들어갈 인물은?

> 고려 성종 때는 ( )의 건의를 받아들여 유교 정치 사상을 통치의 근본 이념으로 삼고, 여러 제도를 정비하였다.

① 서희 ② 양규
③ 최충 ④ 최승로

03
성종은 최승로의 시무 28조를 수용하여 유교 정치 사상을 통치의 근본 이념으로 삼고 여러 제도를 정비하였다.

04 고려 시대의 문벌 귀족 사회를 강화시켜 준 제도는?

① 과전법 ② 음서 제도
③ 기인 제도 ④ 과거 제도

04
음서 제도 : 고려 시대 부나 조부가 관직 생활을 했거나 국가에 공훈을 세웠을 경우에 그 자손을 과거에 의하지 않고 특별히 채용하는 제도

ANSWER
01. ③ 02. ④ 03. ④ 04. ②

05 다음에서 설명하는 고려의 군사 조직은?

> • 여진 정벌을 위해 편성된 특별 부대이다.
> • 신기군, 신보군, 항마군으로 구성되었다.

① 2군 ② 6위
③ 광군 ④ 별무반

06 예성강 입구에 있는 고려의 국제 무역항으로, 멀리 아라비아 상인들까지 내왕했던 곳은?

① 벽란도 ② 강화도
③ 부산항 ④ 울산항

07 서경 천도 운동에 대한 설명으로 옳지 <u>않은</u> 것은?

① 고려인의 자주 의식을 보여 주었다.
② 칭제건원, 금국 정벌을 주장하였다.
③ 개경 정치 세력의 반대로 실패하였다.
④ 김부식을 중심으로 풍수지리설을 주장하였다.

08 다음과 관련 있는 문화유산은?

> • 강화도 • 유네스코 지정 세계 문화유산
> • 몽골의 침입 • 불교의 호국 사상

① 상감 청자 ② 팔만대장경
③ 초조대장경 ④ 직지심체요절

05
별무반은 윤관이 여진 정벌을 위해 편성한 군대이다.

06
벽란도는 고려의 수도인 개경 부근으로, 송·거란·여진은 물론 아라비아 상인들까지 드나들던 국제 무역항이었다.

07
묘청은 풍수지리 사상을 바탕으로 한 서경 천도와 금 정벌을 통한 북진 정책을 주장하였다.

08
팔만대장경은 대구 부인사에 보관되어 있던 초조대장경이 소실된 후 부처의 힘으로 몽골군을 물리치겠다는 소망으로 조판되었다.

ANSWER
05. ④ 06. ① 07. ④ 08. ②

09 기출 몽골과의 항쟁으로 고려인의 자주 정신을 보여 준 군대는?

① 광군　② 별무반
③ 삼별초　④ 주현군

10 기출 다음과 같은 개혁을 추진한 고려의 왕은?

> • 반원 정책 : 정동행성 폐지, 쌍성총관부 탈환
> • 왕권 강화 : 정방 폐지, 신돈 등용

① 태조　② 광종
③ 충선왕　④ 공민왕

11 다음 예술품을 바탕으로 고려 예술의 특징을 추론한 것으로 가장 적절한 것은?

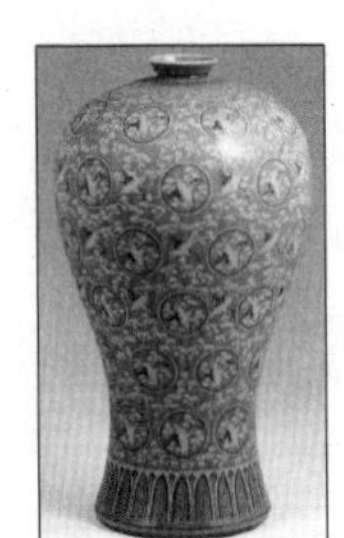

① 불교 문화의 발달
② 귀족 중심 문화의 발달
③ 개성적인 지방 문화의 발달
④ 실용적인 서민 문화의 발달

12 다음 ( )에 들어갈 알맞은 것은?

> ( )은 현재 전해지는 세계에서 가장 오래된 금속 활자본으로 인정받고 있다.

① 직지심체요절　② 팔만대장경
③ 왕오천축국전　④ 무구정광대다라니경

09
무신 최씨 정권 몰락 후 몽골과 강화를 체결하려 하자 삼별초는 강화도, 진도, 제주도로 이동하며 대몽 항쟁을 펼쳐 고려인의 자주 정신을 보여 주었다.

10
고려 말 공민왕은 신진 사대부를 등용해 권문세족을 억압하고 왕권 강화에 힘쓰며 밖으로는 몽골에 대항하는 정책을 펴며 자주적 성격을 보였다.

11
고려 시대에는 귀족들의 취향에 걸맞은 청자, 나전 칠기 등 다양한 예술 공예품들이 만들어졌다.

12
청주 흥덕사에서 간행된 직지심체요절(1377)은 현재 전해지는 세계에서 가장 오래된 금속 활자본으로 인정받고 있다.

ANSWER
09. ③ 10. ④ 11. ② 12. ①

Chapter

05 조선의 성립과 발전

학습 point+

매회 출제 비중이 매우 높은 단원으로 조선의 건국 과정과 각 왕들의 업적, 정치 제도, 조선 전기의 문화에 대해 정리할 필요가 있습니다. 사림의 성장 및 사화의 발생 또한 자주 출제되는 내용이며, 광해군의 정책과 임진왜란·병자호란의 배경 및 결과에 대해 반드시 숙지해 놓아야 합니다.

01 조선의 건국과 민족 문화의 발달

1 조선의 건국과 성장

(1) 조선의 건국(1392)

① 건국 세력 : 신흥 무인 세력(이성계 등)과 급진파 신진 사대부(정도전, 조준 등)

② 과정 : 위화도 회군 → 과전법 실시 → 온건파 사대부 제거 → 조선 건국 → 한양 천도

③ 의의 : 양반 관료제 사회, 유교적 이상 정치의 실현, 민족 문화 발달

(2) 국가 기틀의 마련(주요 왕의 업적)

① 태조(이성계) : 국호 '조선'(고조선 계승), 수도 '한양', 정도전 등용(재상 중심 정치)

② 태종(이방원) : 사병 철폐(군사권 장악), 호패법 실시 (16세 이상 모든 남자, 조세·군역 부과에 활용)

③ 세 종 빈출+

㉠ 집현전 설치 : 학문 연구, 훈민정음 창제

㉡ 민족 문화 발달(과학·편찬 사업), 4군 6진 개척, 정치·경제·사회 안정

④ 세조 : 직전법 실시(국가 재정 증대), 함경도 지방 반란 진압(왕권 강화)

⑤ 성종 : 「경국대전」 완성, 지방 출신 인재 등용(최초로 '김종직'이라는 사림 등장)

(3) 조선 초기의 대외 관계(사대교린 정책)

① 명과의 관계 : 태종 이후 친선 관계를 유지하여 경제적·문화적 실리 추구

② **여진과의 관계** : 4군(최윤덕, 압록강)과 6진(김종서, 두만강) 설치(세종 때), 교역 허락

③ **일본과의 관계** : 쓰시마 섬 정벌(세종 때), 3포 개항(부산포, 염포, 제포)

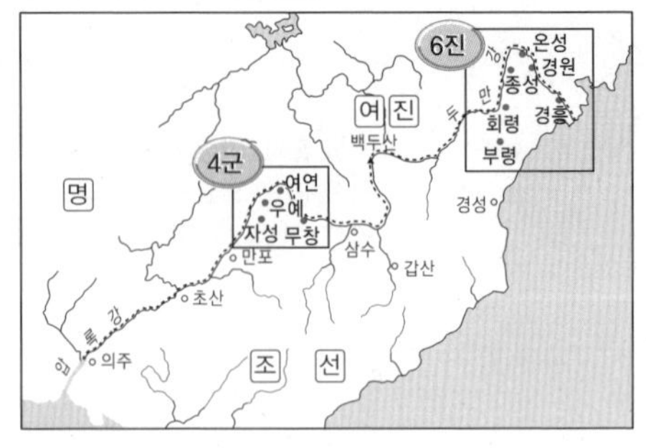

4군 6진

2 조선의 통치 제도

(1) 중앙 정치 제도

① **의정부** : 최고 통치 기관, 3정승(영·좌·우의정) 합의에 따라 정책을 심의·결정, 6조를 관리

② **6조** : 행정 실무(집행), 6판서(이·호·예·병·형·공조 판서)

③ **삼사** : 왕권을 견제하는 언론 기관의 역할을 한다.

㉠ 사간원 : 왕에게 간쟁, 대사간

㉡ 사헌부 : 관리의 비행 감찰, 대사헌

㉢ 홍문관 : 왕의 자문기구, 왕명 대필, 경연 주관

④ **왕권 강화 기구** : 승정원(왕의 비서 기관), 의금부(나라의 큰 죄인 처벌)

⑤ **기타** : 춘추관(역사 편찬), 성균관(최고 교육 기관), 한성부(서울의 행정과 치안 담당)

바로바로 CHECK√

조선 시대 최고(最高)의 교육 기관은?

① 서당 ② 향교
❸ 성균관 ④ 4부 학당

(2) 지방 행정 제도

① **행정 구역** : 8도(관찰사 파견) → 부·목·군·현(수령 파견)

② **수령** : 지방 행정 책임자로서, 행정·사법·군사 업무 담당 → 조세 징수, 재판, 농업·교육 장려, 호구 조사, 지역 방어 등

③ **향리** : 수령 보좌, 6방(이·호·예·병·형·공방) → 지방 행정 실무 담당

④ **유향소(향청)** : 지방 양반들의 자치 조직 → 백성 교화, 수령 자문, 수령·향리 감찰, 향회 소집(지방 여론 수집)

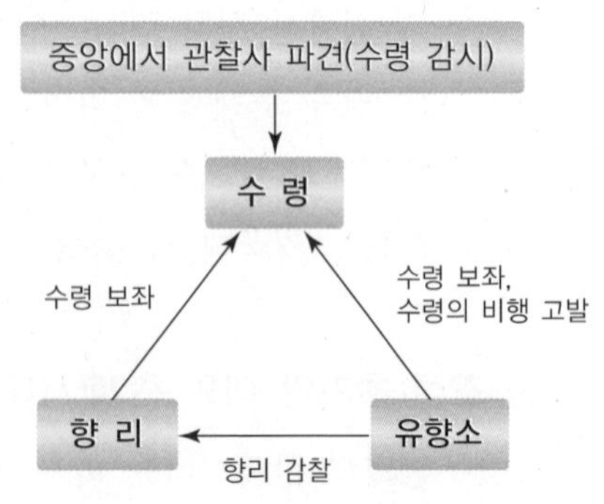

지방 행정 제도

(3) 군사 제도

① 군역 : 16~60세(정남)의 양인 남자

② 군사 조직 : 중앙 – 5위, 지방 – 병마절도사(육군), 수군절도사(수군) 파견

→ 지방군 일부는 교대로 서울에서 근무(중앙군 · 지방군의 유기적 연결 도모)

③ 잡색군 : 일종의 예비군 → 평상시 생업 종사, 유사시 병력으로 활용

(4) 교통 · 통신 제도

① 조운 제도 : 지방의 세곡(조창)을 수로나 해로(강창, 해창)를 통해 서울(경창)로 운반

② 역원 제도 : 역(30리마다 설치, 마패 소지자에게 역마 제공), 원(숙박 제공)

③ 봉수 제도 : 불, 연기를 이용하여 국경 지대의 위급한 상황을 중앙에 전달

(5) 관리 등용 제도

① 과거 제도 : 문과(대과 · 소과), 무과, 잡과 → 원칙적으로는 양인 이상 응시 가능

② 음서제(2품 이상 고위층 시험 ×), 천거제

(6) 교육 제도(관리 양성 목적)

① 유학 교육 : 서당(초등) → 4부 학당, 향교(중등) → 성균관(최고 교육 기관, 소과 합격자 입학 가능)

② 기술 교육 : 해당 관청에서 실시 예 의학, 법학, 천문학, 산학, 외국어 등

3 경제 정책

농본주의(중농 억상 정책) : 조선의 경제는 농업을 중심으로 하였다.

(1) 수취 체제

① 조 세

㉠ 수확량의 1/10, 전분6등법(비옥도), 연분9등법(풍흉에 따라 4~20두)

㉡ 조운 제도 : 지방 세곡을 서울로 운반(경창)

② 공납 : 토산물 → 군 · 현 부과(부담이 매우 컸음)

③ 역 : 16세~60세 남자(정남)에게 부과되는 군역, 요역

(2) 토지 제도

① 과전법(1391)

㉠ 고려 말 시행, 경기 지방에만 한정하여 수조권을 지급한 제도로, 소유권은 없다.

㉡ 신진 사대부의 경제적 기반을 마련하는 데 일조했으며 전·현직 관리 모두에게 지급되었다.

② 직전법(세조) : 현직 관리에게만 수조권이 지급되어 국가 재정이 확대되었다.

③ 관수관급제(성종) : 관청에서 수조권을 대행하여 관리에게 지급하였다.

4 15세기의 민족 문화 발달(조선 전기)

(1) 훈민정음(28자)

① 세종 때 창제(1443) → 반포(1446)

② 특징 : 우리 고유의 문자(과학적·독창적·실용적), 백성들을 위해 만든 표음 문자

③ 의 의

㉠ 지배층과 피지배층의 의사소통 가능

㉡ 민족 문화 발달의 밑바탕

㉢ 국문학 발달에 기여 예 용비어천가(최초의 국문학 작품), 월인천강지곡

(2) 서적 편찬 빈출+

① 역사서 : 「조선왕조실록」, 「고려사절요」, 「고려사」, 「동국통감」 편찬

√ 목적 : 왕조의 정통성에 대한 명분을 밝히고 성리학적 통치 규범을 정착하기 위해

② 지리서 : 「동국여지승람」, 「팔도지리지」 → 통치에 필요한 지리 정보를 얻기 위함

③ 지도 : 팔도도, 혼일강리역대국도지도 → 현존하는 동양 최고(最高)의 세계 지도

④ 의례서 : 「국조오례의」, 「삼강행실도」, 「주자가례」, 「소학」 → 성리학적 통치 기반 확립

⑤ 농서 : 「농사직설」(농법 소개)

⑥ 법전 : 「경국대전」(유교 법치 국가)
→ 국가 행정 질서 체제 확립

⑦ 천문 : 「칠정산」(세종, '한양' 기준 역법서), 「천상열차분야지도」(천문도)

⑧ 의학 : 「향약집성방」(약재, 치료법), 「의방유취」(백과사전)

바로바로 CHECK√

다음 내용과 관계있는 책은?

- 조선 시대의 기본 법전
- 세조 때 편찬을 시작하여 성종 때 완성
- 국가의 행정 질서 체계를 확립하기 위해 간행

① 고려사 ② 동의보감
③ 농사직설 ❹ 경국대전

(3) 과학 기술 발달

① 인쇄술 : 금속 활자(계미자, 갑인자)

② 과학 기술 : 측우기(강수량), 앙부일구(해시계), 자격루(물시계), 인지의(토지 측량), 혼천의 · 간의(천체 측정) → **농업과 관련(민생 안정)**

(4) 예술의 발달

① 양반 문화의 발달

② 한문학 : 「동문선」, 「금오신화」

③ 공예 : 분청사기(15세기) → 백자(16세기)

④ 그림 : 몽유도원도(안견) · 고사관수도(강희안) → 사군자(16세기)

02 사림의 성장과 성리학적 사회 질서의 확산

1 사림 세력의 성장

(1) 훈구파와 사림파

구 분	훈구파(15세기)	사림파(16세기~)
출 신	급진파 사대부(정도전, 조준 등)	온건파 사대부(길재, 정몽주, 이색 등)
정치 입장	• 조선 건국 세력, 세조 집권 찬성 • 중앙 집권, 부국 강병 • 실리 추구	• 조선 건국 반대 세력, 세조 집권 반대 • 향촌 자치(지방), 왕도 정치 • 의리, 명분, 도덕 중시
경제 기반	대지주(많은 토지, 노비 소유)	중소지주(지방 거주)
사 상	• 다른 학문, 종교, 사상 포용 • 과학 중시	• 다른 학문, 종교, 사상 배격 • 성리학 중시

(2) 사림의 등장

① 사림은 조선 건국에 협력하지 않은 온건파 사대부의 학풍을 계승한 세력이다.

② 성종 때(15세기) 훈구 세력 견제를 위해 김종직과 제자들을 등용하였다.

③ 주로 삼사(언론 기관)로 진출하여 훈구 세력을 비판하였다.

(3) 사 화

① 과 정

㉠ 무오사화(연산군) : 김종직의 조의제문이 발단이 되어 일어난 사화

㉡ 갑자사화(연산군) : 연산군의 생모인 폐비 윤씨 문제로 일어난 사화

㉢ 기묘사화(중종) : 조광조의 개혁 정치에 훈구 세력 반발
현량과(인재 추천 등용 제도) 실시, 위훈 삭제, 소학 보급, 향약

㉣ 을사사화(명종) : 왕위 계승을 둘러싼 외척 윤씨 간의 대립이 원인

② 결과 : 사림에 큰 타격 → 향촌에서 서원과 향약을 기반으로 사림 성장 → 16세기 후반 정치의 주도권 장악

2 사림의 세력 기반

(1) 서 원

① 목적 : 선현에 대한 제사(유학자 추모), 학문 연구, 후학 양성(지방 양반 자제 교육)

② 최초의 서원 : 중종 때, 주세붕이 세운 백운동 서원(안향 추모)
→ 이황의 건의로 소수 서원으로 사액됨(사액 서원)

③ 특권 : 국가로부터 면세・면역, 토지・노비・서적 등을 하사 받음 → 국가 재정 악화

④ 영향 : 학문・교육 발전, 자기 당파의 결속을 강화하여 '붕당'의 토대 형성

(2) 성리학

① 조선 왕조의 통치 이념(사회 운영 원리) : 모든 제도와 문물 정비의 기본 원리

② 우주의 질서・인간의 심성 연구, 다른 학문・사상 철저히 배격, 가부장적 질서 강화

③ 이황 : 주리론, 근본적・이상주의적, 「성학십도」・「주자서절요」 저술

④ 이이 : 주기론, 현실 정치와 개혁에 관심, 「성학집요」・「동호문답」 저술

⑤ 보급 : 성리학 윤리 교과서 '소학'을 널리 보급 → 충・효 중시

(3) 향약의 보급

① 향촌 자치 규약 : 상부상조의 전통 + 유교 윤리

② 시작 : 중종 때 조광조에 의해 처음 시행 → 전국적으로 확산

③ 특징 : 사림의 향촌 지배, 지방 백성 교화, 유향소를 구성하여 향촌 질서를 유지함

④ 4대 덕목('상부상조' 정신 강조) : 덕업상권(德業相勸), 과실상규(過失相規), 예속상교(禮俗相交), 환난상휼(患難相恤)

3 붕당의 성립

붕당 검색
같은 학통과 정치적 성향을 가진 무리

(1) 형 성

선조 이후 사림을 적극적 등용 → 사림 세력이 정치 주도권 장악 → 이조 전랑 임명 문제(인사권)로 사림 내부의 대립 → 동인, 서인으로 분열

(2) 붕당 정치의 전개

붕당 간 공론 형성을 통해 합리적 정책 대결 → 정치적 대립 심화(변질)
→ 왕권 약화, 정치 기강 문란

4 조선의 신분 제도

잠깐
조선의 신분 제도

양천제(법제적)	양인	양반·중인·상민
	천민	천민
반상제(실제적)	지배층	양반·중인
	피지배층	상민·천민

(1) 지배층

① 양반 : 문무 관리(문반과 무반) → 상위 지배층
  ㉠ 정치 : 과거·음서·천거로 주요 관직 독점, 각종 국역 면제
  ㉡ 경제 : 많은 토지와 노비 소유, 관직의 대가로 토지와 녹봉 받음
  ㉢ 사회 : 유향소 조직, 유교 윤리 보급, 양반끼리 혼인
② 중인 : 양반과 상민의 중간 신분(하급 지배층), 직역 세습, 승진 제한
  ㉠ 기술관 : 역관, 의관, 화원
  ㉡ 하급 관리 : 서리, 향리(고려에 비해 권한 축소, 문과 응시 금지)
  ㉢ 서얼 계층 : 서얼 금고법(문과 응시 금지)

(2) 피지배층

① 상민(평민) : 대부분 농민(조세, 공납, 역의 의무)·수공업자·상인, 법적으로 과거 응시 가능 → 실제로는 어려움
② 천민 : 대부분 노비, 백정, 광대, 기생, 무당 등
  ㉠ 공노비, 사노비(솔거 노비·외거 노비)
  ㉡ 재산 취급 : 매매, 상속, 증여의 대상
  ㉢ 일천즉천법 : 부모 중 한쪽이 노비면 그 자식도 노비가 됨

솔거 노비, 외거 노비 검색
- 솔거 노비 : 주인과 함께 거주, 집안일 담당
- 외거 노비 : 주인과 따로 거주, 주인 토지 경작, 신공 바침, 본인의 토지 소유

03 왜란과 호란의 극복

1 임진왜란(1592) 빈출+

(1) 배 경

① 조선 : 양반 사회 분열(붕당의 대립 심화), 군역 제도 문란 → **사회 혼란, 국방력 약화**

② 중국 : 명 쇠퇴, 여진족의 세력 확장

③ 일본 : 도요토미 히데요시(전국 시대 통일), 조총으로 군대 무장, 일본 국내의 불평 세력을 무마하고 대륙 침략을 위해 조선 침략 준비

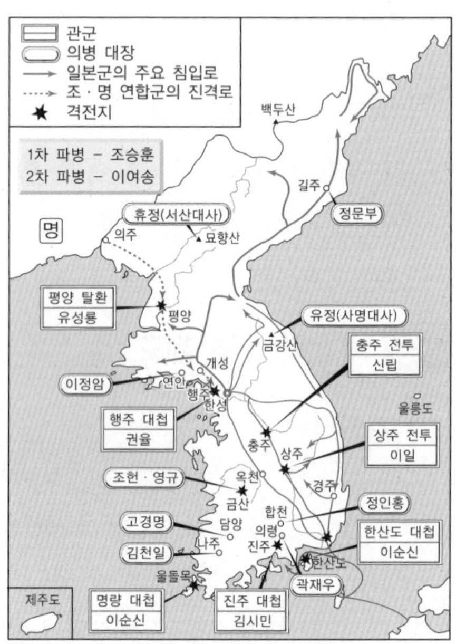

관군과 의병의 활동

(2) 과 정

① 초기(관군 열세) : 왜군 침입 → 부산진, 동래성 함락(정발, 송상현) → 충주 방어선 붕괴(신립, 탄금대 전투) → 왜군 한양 점령 → 선조 피란(의주) → 왜군이 평양을 지나 함경도까지 북상함

② 극복(조선군의 반격)

㉠ 이순신이 이끄는 수군의 활약, 의병 활동

수군의 활약	• 이순신 : 옥포, 사천, 당포, 한산도 대첩 승리 → **수군의 제해권 장악** • 의의 : 왜군의 보급로 차단, 전라도 곡창 지대 · 황해안을 지킴
의병의 활약	• 의병장 : 홍의장군 곽재우(최초의 의병, 경상도 의령), 조헌, 김천일, 고경명, 정문부, 유정(사명대사), 휴정(서산대사) 등 → **유생, 농민, 승려 등** • 승리 요인 : 향토 지리에 알맞은 전술과 전략으로 적에게 큰 피해

바로바로 CHECK√

다음 내용과 관계있는 역사적 사건은?

• 한산도 대첩 • 이순신과 거북선
• 의병의 활약 • 도요토미 히데요시

① 살수 대첩 ② 귀주 대첩
❸ 임진왜란 ④ 병자호란

㉡ 명의 지원(조·명 연합군) : 왜군의 침략을 사전에 저지하려는 의도

㉢ 관군의 승리 : 김시민(진주 대첩), 권율(행주 대첩)

㉣ 재정비 : 훈련도감 설치, 화포 개량, 조총 제작 등

③ **정유재란**(1597) : 왜군의 휴전 제의 → 화의 교섭 결렬로 왜군 재침입 → 격퇴(명량 대첩 등) → 도요토미 히데요시 사망, 일본 전세 불리 → 일본의 철수 → 이순신의 노량 해전(전사)으로 7년간 전란이 끝남

(3) 결 과

① **조 선**

㉠ 농민 몰락 : 국토의 황폐화, 인구 감소(사망·포로), 경지 면적 감소

㉡ 신분제의 동요 : 노비 문서 소실, 납속책, 공명첩, 토지 대장·호적 소실

㉢ 문화재 소실 : 경복궁, 불국사, 사고(史庫) 소실

㉣ 외래 작물 전래 : 고추, 감자, 고구마, 호박 등

㉤ 문화재 약탈 : 도자기, 서적 등 → '도자기 전쟁'이라 불릴 정도

② **중국** : 명의 쇠퇴, 여진족의 성장

③ **일 본**

㉠ 정권 교체 : 에도 막부(도쿠가와 이에야스 등장)

㉡ 조선으로부터 문화재와 선진 문물이 전해져 문화 발전에 기여하였다.

(4) 통신사 파견

① **국교의 재개**(1609) : 왜란 후 일본이 여러 차례 사신을 보내 통교할 것을 요구 → 유정(사명대사) 파견 → 조선인 포로 데려옴 → 기유약조를 통해 제한적 국교 재개(차등 외교, '동래 왜관'만 개방)

통신사 행렬도

② **통신사 파견** : 1607~1811년까지 총 12회 파견

㉠ 일본의 요청으로 파견된 조선 외교 사절, 문화 사절로서의 역할 수행

㉡ 조선의 선진 학문과 기술을 일본에 전파

㉢ 학자, 예술인, 기술자 등으로 구성(300~500명 규모)

㉣ 막부 쇼군(장군) 교체 시 권위를 인정받기 위해 파견 요청

→ 일본 내 반대 여론이 형성되어 19세기 중단

2 광해군과 서인의 인조반정

(1) 동아시아의 정세

① 명의 쇠퇴 : 임진왜란을 계기로 급속히 쇠약해짐

② 여진족의 성장 : 누르하치가 분열되었던 여진족을 통일하고 후금을 건국하여 명에 대항

(2) 광해군의 정책

① 전후 복구 사업 : 토지 대장, 호적 정비 → 국가 재정 확충, 산업 재건, 국방 강화

② 대동법 실시(공납 개혁), 허준 「동의보감」 편찬

③ 명과 후금 사이에서 중립 외교(실리 외교) : 후금의 명 위협 → 명이 조선에 출병 요구 → 강홍립 파견(정세에 따라 대처) → 외세 침입 모면

(3) 인조반정(1623)

① 배경 : 명에 대한 의리 · 명분 내세움, 광해군의 중립 외교 비판, 반유교적 정치(영창대군 · 임해군을 죽이고, 인목대비를 서궁에 유폐시킨 사건)

② 과정 : 서인이 인조반정을 일으켜 광해군을 몰아냈다.

3 정묘호란 · 병자호란(인조)

(1) 정묘호란(1627)

① 배경 : 서인의 친명배금정책, 이괄의 난에 의한 사회 혼란

② 경과 : 후금 침입 → 황해도까지 침입 → 정봉수 · 이립 등(의병) · 관군 항전 → 일단 화의 성립(형제 관계)

(2) 병자호란(1636)

① 배경 : 청(후금)의 군신 관계 요구 → 거절

② 경과 : 청군 침입 → 한양 점령 → 인조의 남한산성 피란, 45일간 항전 → 청에 굴복, 강화 맺음(삼전도의 굴욕) → 군신 관계 수립

정묘호란과 병자호란

4 북벌 운동(효종)

(1) 북벌론

① 배경 : 두 차례의 호란 이후 청에 대한 적개심과 복수심 확대, 청에 대한 문화적 우월감, 명에 대한 의리 강조

② 전개 : 효종 · 송시열 · 이완 중심(17세기), 군대 양성, 남한산성 · 북한산성을 수축

③ 실패 원인 : 효종의 사망, 청의 국력 강화

(2) 북학 운동

청과의 교류가 지속되면서 일부 학자들은 청의 선진 문물 도입을 주장하였다.
18세기 후반, 박지원, 박제가
→ 후에 실학으로까지 연결

(3) 나선 정벌

① 전개 : 러시아의 청 침략 → 청의 원병 요청 → 조총 부대 두 차례 파견 → 승리 거둠

② 파견 이유 : 조선의 군사력 시험 → 북벌의 가능성 확인, 청의 국력 강화

실력 탄탄 다지기

실전 예상문제

01 다음 조선 시대에 실시된 제도들의 공통적인 목적은?

> • 사병 혁파　　• 호패법 실시　　• 직전법 실시

① 민생 안정　　② 왕권 강화
③ 사림의 지위 강화　　④ 농본 정책

01
태종은 사병 혁파, 호패법 실시 등 국왕 중심 통치 체제를 정비하였고 세조는 직전법 실시 등을 통해 왕권을 강화하였다.

02 다음 중 세종의 업적으로 옳지 않은 것은?

① 집현전 설치　　② 경국대전 완성
③ 훈민정음 창제　　④ 4군 6진 개척

02
「경국대전」은 성종 때 완성되었다.

03 기출 다음 내용에 해당하는 책은?

> • 조선 태조~철종까지 25대 472년간의 역사 기록
> • 조선 시대의 역사와 문화 이해에 기본이 되는 사서

① 동국통감　　② 조선왕조실록
③ 국조오례의　　④ 동국여지승람

03
조선왕조실록 : 태조~철종까지 25대 472년간의 역사적 사실을 편년체로 쓴 역사서로서, 1997년에 유네스코 세계 기록 유산으로 지정되었다.

04 기출 다음에서 설명하는 정치 세력은?

> • 향촌에서 서원과 향약을 통해 세력을 확대함
> • 선조 때 동인과 서인으로 나뉘어 붕당 정치를 시작함

① 사림　　② 무신
③ 진골　　④ 6두품

04
사림은 조선 건국에 협력하지 않은 온건파 사대부의 학풍을 계승한 세력으로, 향촌에서 서원과 향약을 통해 세력을 확대하였다. 성종 때 훈구 세력 견제를 위해 김종직과 제자들을 등용하였고, 선조 때 동인과 서인으로 나뉘어 붕당 정치를 시작하였다.

ANSWER
01. ②　02. ②　03. ②　04. ①

05 다음 내용과 관련 깊은 인물은?

• 기묘사화 • 향약 보급
• 위훈 삭제 • 유교적 이상 정치

① 김종직 ② 이이
③ 조광조 ④ 김일손

06 다음 중 임진왜란에 대한 설명으로 옳지 않은 것은?

① 7년간의 전쟁은 일본의 승리로 끝이 났다.
② 조선은 일본의 침입에 전혀 대비하지 못한 상황이었다.
③ 이순신은 거북선을 앞세워 남해에서 승리를 거두었다.
④ 진주, 행주산성, 한산도 근해에서 관군은 큰 승리를 거두었다.

07 임진왜란 이후 동북아시아의 정세 변화에 대처하기 위한 광해군의 외교 정책은?

기출

① 북벌 운동 ② 중립 외교
③ 나선 정벌 ④ 친명배금

08 다음 내용과 관련 깊은 역사적 사실은?

• 청의 군신 관계 요구 거절
• 삼전도의 굴욕
• 북벌 운동의 계기

① 정유재란 ② 정묘호란
③ 병자호란 ④ 나선 정벌

05
조광조는 과거 없이 유능한 인재를 천거하여 뽑는 현량과를 실시하여 인재를 등용하고자 하였다. 이를 통해 사림이 중앙 정계로 대거 진출할 수 있었으나 급진적인 개혁에 훈구 세력이 반발하면서 기묘사화를 일으켰다.

06
7년간의 임진왜란은 조선의 승리로 끝났다.

07
임진왜란 이후 광해군은 동북아시아의 정세 변화에 대처하기 위하여 명과 후금 사이에서 중립 외교(실리 외교)를 펼쳤다.

08
병자호란 발발 이후 조선은 청과 굴욕적인 강화를 맺었고 그 이후 북벌 운동을 전개하였다.

ANSWER
05. ③ 06. ① 07. ② 08. ③

Chapter

06 조선 사회의 변동

학습 point+

조선 후기는 정치·사회·경제적으로 변화가 많은 시기입니다. 붕당 정치·탕평 정치·세도 정치로 이어지는 정치 과정을 이해하고 비변사의 강화, 대동법의 시행, 상업의 발달, 신분제의 동요, 농민 봉기 발생 등 각종 변화에 대해 정리해 두어야 합니다. 마지막으로 조선 후기에 등장한 실학의 종류 및 새로운 문화의 경향, 동학과 관련된 내용은 반드시 숙지해야 합니다.

01 정치 운영의 변화

1 통치 체제의 변화

(1) 비변사의 기능 확대

① 임진왜란 이전 : 국방 문제를 다루던 임시 회의 기구

② 임진왜란 이후 : 국가의 중요 정책을 결정하는 최고의 정치 기구

(2) 군사 제도의 변화

① 중앙군(5군영) : 훈련도감(포수·사수·살수로 구성, 임진왜란 중 설치), 어영청, 총융청, 수어청, 금위영

② 지방군(속오군) : 양반과 노비까지 포함해 편성(임진왜란 중 설치)

2 조세 제도의 변화

(1) 양난 이후의 상황

인구 감소, 토지 감소, 토지 대장 소실로 국가의 재정 위기 상황에 처하였다.

(2) 영정법

① 내용 : 농사의 풍흉에 관계없이 토지 1결당 쌀 4~6두로 고정하였다.

② 결과 : 농민의 부담이 다소 감소하였다.

(3) 대동법

① 배경 : 특산물(공물) 납부 시 생산·운반·보관의 어려움, 방납의 폐단으로 농민 부담 증가

② 내용 : 토산물 대신 토지 1결당 쌀 12두씩(대동미) 납부 → 삼베·무명·돈으로도 납부 가능

③ 실시 : 광해군 때 경기도에서 실시(1603) → 양반들 반대 → 전국 확대(1703)

④ 결과 : 농민의 부담 감소, 공인이 등장하며 상품 경제 발달

(4) 균역법

① 배경 : 군포 징수의 폐단

② 내용 : 1년에 군포 2필 → 1필 납부 → 결작 및 여러 잡세 수입으로 부족분을 보충

③ 결과 : 농민의 부담이 다소 감소

√ 조세 제도의 개편은 농민의 부담을 덜어주기 위함이었으나 새로운 제도를 시행하는 과정에서 나타난 관리의 부정과 양반 지주의 횡포로 농민들의 생활은 크게 나아지지 않았다.

3 붕당 정치

(1) 붕당 정치의 전개와 변질

잠깐

붕당 정치

사림			
서인		동인	
노론	소론	남인	북인

① 초기의 붕당 정치

㉠ 특징 : 붕당 간의 견제와 비판 인정, 공론 중시 → 건전한 정치 풍토 형성

㉡ 전개 과정

선 조	동인과 서인으로 분열
광해군	동인이 북인·남인으로 분열 → 북인 집권
인 조	인조반정 이후 서인 집권, 남인 참여

② 붕당 정치의 변질

예송, 환국 검색

- 예송 : 현종 때 예절 문제로 일어난 붕당 간의 대립으로, 상복을 입는 시기를 두고 서인과 남인이 벌인 논쟁
- 환국 : 집권 세력이 갑자기 교체되어 시국이 바뀌는 현상

㉠ 붕당 정치의 폐단 : 17세기 말, 예송 논쟁, 세 차례의 환국 → 자기 붕당의 이익만 추구, 상대 당의 존재를 부정

㉡ 정치 구조의 변화 : 비변사의 기능 확대 → 의정부의 기능 약화, 왕권 약화

㉢ 서인 정권의 전제화 : 서인의 남인 축출 → 서인의 분열(노론, 소론) → 노론의 전제화

(2) 탕평책의 실시

① **탕평책** : 어느 한곳에 치우치지 않고 여러 붕당에서 인재를 고루 등용하는 정책

√ 목적 : 붕당 간 대립 완화, 왕권 강화

② 영조와 정조의 개혁 정치 빈출+

구 분	영 조	정 조
왕권 강화	• 탕평책 실시 : 노론의 강경파 축출, 붕당의 고른 등용 • 성균관에 탕평비 건립 • 이조 전랑의 후임자 추천 관행 철폐	• 탕평책 계승 • 규장각 설치 : 개혁 정치의 중심기구 • 장용영 설치 : 왕의 친위부대 • 수원 화성 축조 : 정약용의 거중기 이용 • 초계문신제 : 개혁 세력 육성
제도 개혁	• 균역법 실시 : 군포 2필 → 1필 • 국가 재정 개혁 • 형벌 제도 완화 : 악형 금지 • 신문고 부활 • 사형수(3심제)	• 상업 활동 자유 : 금난전권 폐지, 통공 정책 실시 • 농업 발달, 경제 발달 • 광산 개발 장려 • 서얼과 노비에 대한 차별 완화
편찬 사업	속대전(법전), 속오례의, 동국문헌비고	대전통편(법전), 탁지지, 동문휘고, 규장전운

02 세도 정치의 폐단과 농민 봉기

1 세도 정치의 전개

(1) 세도 정치 빈출+

① 의미 : 왕실의 몇몇 외척 가문에서 권력을 독점하는 정치

② 시기 : 순조, 헌종, 철종의 3대 60여 년간 시행

③ 세도 가문 : 안동 김씨(순조 · 철종), 풍양 조씨(헌종) → 권력 기구(비변사, 훈련도감)

④ 결과 : 왕권 약화, 정치 기관의 문란, 삼정의 문란

바로바로 CHECK√

다음 설명에 해당하는 조선 후기 정치 형태는?

> • 순조에서 철종에 이르는 시기에 나타남
> • 안동 김씨, 풍양 조씨 등 외척 가문이 권력을 독점함

① 귀족 정치 ② 정당 정치
❸ 세도 정치 ④ 탕평 정치

(2) 삼정의 문란

① 전세의 문란 : 정해진 양의 몇 배 이상을 거둠, 각종 부과세 징수

② 군포의 문란 : 군역에 직접 나가지 않는 자들에게도 군포 징수

③ 환곡의 문란 : 봄에 관아에서 곡식을 빌리고, 가을에 추수 후 약간의 이자를 붙여 갚게 하는 제도(빈민 구제 제도) → 탐관오리의 고리대로 변질

④ 문란의 결과 : 농민 생활의 고통 가중

2 농민 봉기의 전개

(1) 농민 몰락

① 배경 : 농민의 세금 부담 가중, 농민 의식의 성장

㉠ 농민 생활의 궁핍 : 삼정의 문란, 탐관오리 착취

㉡ 농민의 유랑 : 화전민, 간도·연해주로 이동

㉢ 흉년, 전염병 유행

② 농민의 분노

㉠ 농민의 저항 : 탐관오리 비방, 벽보 → 세금 납부 거부, 관아 습격, 도적 무리에 가담 → 사회 불안

㉡ 정부의 대책 마련(삼정이정청 설치, 암행어사 파견) → 큰 효과 ×

19세기 농민 봉기

(2) 농민 봉기

① 내용 : 삼남 지방 중심 → 전국 확대, 철종 때 가장 극심(임술 농민 봉기)

구 분	홍경래의 난(1811)	진주 농민 봉기(1862)
배 경	• 삼정의 문란 → 농민 불만 • 평안도민에 대한 차별 대우	• 삼정의 문란 → 농민 불만 • 경상 우병사 백낙신의 수탈
주 도	• 홍경래(몰락 양반) • 빈농, 광부, 품팔이꾼 등 참여	• 유계춘(몰락 양반) • 농민 등 참여
경 과	청천강 이북 점령 → 관군의 진압으로 정주성 싸움에서 패배	진주성을 점령했으나 결국 진압당함
의 의	이후 농민 봉기에 영향	농민 봉기의 전국적 확산

② 의의 : 농민의 사회 의식 성장

03 사회 개혁론의 대두

1 경제 활동의 변화

(1) 농업의 발달

① 모내기법(이앙법)의 전국 확대 : 노동력 절감, 생산량 증대, 벼・보리 이모작 확대

② 농사 기술 개발 : 농기구 개량, 시비법(비료) 개발, 보・저수지 축조, 토지 개간

③ 상품 작물 재배 : 쌀, 목화, 모시, 채소, 담배, 약초 등 재배

④ 농민의 계층 분화 : 부농과 빈농

(2) 상업의 발달

① 배경 : 농업 생산력 증대, 수공업 발달, 인구 증가, 공인 등장, 금난전권 폐지(통공 정책)

② 시장 발달 : 상설 시장(서울, 평양, 개성 등), 지방 장시(전국 1000여 곳, 5일장, 보부상)

③ 사상의 성장

㉠ 만상 : 의주, 청과의 무역

㉡ 송상 : 개성, 중계 무역

㉢ 경강상인 : 한강, 선상

㉣ 내상 : 동래, 일본과의 무역

④ 화폐 발달 : 상평통보 유통 활발

⑤ 대외 무역의 발달 : 개시 무역(공무역), 후시 무역(사무역) 활발

(3) 수공업의 발달

① 초기 : 관영 수공업, 장인이 관청에 소속되어 관청에서 직접 운영하였다.

② 후기 : 민영 수공업, 장인이 세금을 부담하고 제품을 만들어 판매하였다.

(4) 광업의 발달

① 초기 : 국가 중심

② 후기 : 민영화로 광산 개발 증가, 청과의 무역으로 은광・금광 개발 활발

→ '물주, 광산 경영인(덕대), 노동자'의 협업

2 신분제의 동요

(1) 양반층의 분열

① 양반 수의 증가로 양반의 사회적 권위가 하락하였다.

② 소수 양반의 권력 독점으로 몰락 양반인 잔반이 증가하였다.

(2) 중인층의 신분 상승 운동

① 서얼 : 중요 관직 진출에 대한 제한을 없애 달라는 집단 상소를 제기하였다.

② 중인 : 전문적인 능력과 경제력을 바탕으로 신분 상승을 추구하였다.

(3) 상민의 분열

부농과 빈농으로 농민층 분화 → **공명첩, 족보 구입·위조로 부농 신분 상승**

(4) 노비의 감소

① 노비 : 납속이나 군공 등을 통해 양인으로 신분 상승

② 노비종모법(어머니가 노비여야 자식이 노비) 실시 → 순조 때 공노비 해방

(5) 향촌 사회의 변화

① 기존 양반의 권위 약화 → 수령, 향리의 세력 강화

② 양반의 수 증가, 상민과 노비 수 감소 → 신분 제도의 동요

3 사회 개혁론의 등장 빈출+

(1) 실학의 연구

① 배 경

㉠ 성리학에 대한 반성 : 다른 학문에 대한 배타적 성격을 반성

㉡ 사회·경제적 변화 : 신분 질서의 동요

㉢ 청의 고증학과 서학의 영향

② 선구자

㉠ 이수광 : 「지봉유설」 저술, 천주실의 소개

㉡ 김육 : 대동법 확대 실시, 동전의 사용 주장

③ 특징 : 현실 사회의 문제를 해결하려는 사회 개혁 사상 → 사회 모순 비판

④ 의의 : 실사구시 학문 연구 태도(객관적 학문 연구, 실증적 방법론), 실용적, 민족적, 현실 개혁적, 근대 지향적 성격

⑤ 한계 : 국가 정책에 실제 반영되지 못함 → 훗날 개화 사상가에 영향

(2) 중농학파와 중상학파

① 중농학파 : 농업 중심의 개혁, 농촌 문제 해결을 위해 토지 제도 개혁 주장

구 분	주 장	대표 저서
유형원	균전론 : 신분에 따른 토지 지급	반계수록
이 익	한전론 : 최소한의 생계를 보장하는 토지에 대한 매매 금지	성호사설
정약용	• 여전론 : 농지의 공동 소유, 공동 경작 및 노동량에 따른 수확량의 공동 분배 주장 • 실학 집대성	목민심서, 경세유표

② 중상학파 : 상공업 중심의 개혁, 상공업 진흥과 기술 혁신을 통한 부국강병 주장

㉠ 대표 학자 : 홍대용, 박지원, 박제가

㉡ 청의 선진 문물 수용 주장
→ '북학파'라고도 불림

㉢ 기술 개발과 교통 수단의 발전
→ 상품 유통 원활, 국가 부강

바로바로 CHECK√

다음 학파들이 조선 후기에 연구한 새로운 학문은?

• 중농학파 • 중상학파

① 성리학 ② 동학
③ 양명학 ❹ 실학

04 문화의 새로운 변화

1 조선 후기의 문화

(1) 국학의 발달

① 배경 : 우리 민족의 전통, 현실에 대한 관심 고조

② 내용 : 우리 역사, 지리, 언어, 풍속 등을 연구하였다.

㉠ 역사 : 안정복 「동사강목」, 유득공 「발해고」

㉡ 지리 : 이중환 「택리지」, 김정호 「대동여지도」

㉢ 국어 : 신경준 「훈민정음운해」, 유희 「언문지」

㉣ 백과사전적 저술서 : 이수광 「지봉유설」, 이익 「성호사설」, 「동국문헌비고」

(2) 서민 문화의 성장

① 배경 : 상민층의 경제력 향상, 서당 교육 보급, 서민 의식 성장

② 내 용

㉠ 한글 소설 : 「홍길동전」, 「춘향전」

㉡ 사설시조 : 형식에 구애받지 않고 감정을 구체적으로 표현하였다.

㉢ 판소리 : 이야기를 노래와 사설로 엮음, 「춘향가」·「심청가」·「홍보가」 등

㉣ 탈춤 : 양반의 위선, 사회 모순 풍자

(3) 예술의 변화

① 그 림

진경산수화	• 정선의 '인왕제색도', '금강전도' 등 • 우리 문화에 대한 자부심을 바탕으로 우리 산천을 사실적으로 표현하였다.
풍속화	• 김홍도 : 서민들의 생활 모습을 익살스럽게 표현하였다. 예 씨름도, 서당도 • 신윤복 : 부녀자들의 풍류와 남녀 간의 애정을 표현하였다. 예 미인도
민 화	서민의 소망과 정서가 내포, 자유분방한 표현 → 서민 문화

김홍도의 서당도

신윤복의 미인도

민화

② 건축 : 화엄사 각황전·법주사 팔상전 등 큰 규모의 불교 건축물 건립, 수원 화성

③ 자기 : 청화 백자 유행, 옹기

④ 서예 : 김정희(추사체)

⑤ 한문학

㉠ 박지원의 한문 소설 : 「양반전」, 「허생전」, 「호질」

㉡ 중인들의 시사(詩社) 조직 → **문학 활동**

(4) 과학 기술의 발달

① 서양 과학 기술의 전래 : 17세기 이후 청을 왕래한 사신들의 소개
→ **화포(대포), 천리경(망원경), 자명종(알람시계), 곤여만국전도(세계지도) 등**

② 과학 기술의 발달

㉠ 의학 : 허준 「동의보감」, 이제마 「동의수세보원」, 정약용 「마과회통」

㉡ 농학 : 신속 「농가집성」, 서유구 「임원경제지」, 박세당 「색경」

㉢ 천문학 : 홍대용이 지전설 주장, 김육이 시헌력(서양식 역법) 도입

2 새로운 사상과 종교의 유행

(1) 예언 사상과 민간 신앙 유행

① 19세기의 농촌 현실 : 사회 혼란, 백성의 생활 궁핍 → **정신적 의지처 필요**

② 내 용

㉠ 정감록 : 이씨 왕조가 망하고 정씨가 새 왕조를 세운다는 예언

㉡ 미륵 신앙 : 미륵불이 나타나 민중을 구제한다는 신앙

㉢ 무격 신앙 : 무당의 굿이나 풀이로 화를 멀리하고 복을 비는 것

(2) 천주교의 전파

① **수용** : 17세기, 중국을 왕래하던 사신들이 천주교 서적을 들여왔다.

② **전파** : 처음에는 학문적 접근(서학) → 18세기 후반, 정조 때부터 신앙의 대상

㉠ 이승훈은 청에서 최초로 세례를 받은 후 '조선 교회'를 창설하였다.

㉡ 확산 : 정권에서 소외된 양반(남인 실학자)과 중인 중심 → 서민층, 여성에게 확산

③ **박해** : 유교 제사 의식 거부, 인간 평등과 내세 사상 → 신유박해(순조 1년) → 교세가 더욱 확대

(3) 동학의 성립 빈출+

① 창시 : 경주 몰락 양반 출신 최제우(1860)

유교 + 불교 + 도교 + 민간 신앙 = 동학

② 교리 : 인내천(사람이 곧 하늘, 평등사상), 현세구복, 후천개벽, 보국안민

→ 농민들에게 크게 환영받으며 급속히 전파

③ 성격 : 반봉건(사회 운동적) 성격, 반외세적 성격

④ 박해 : 혹세무민의 죄로 교조 최제우 처형

혹세무민: 세상을 어지럽히고 백성을 속이는 종교

⑤ 확대 : 2대 교주 최시형 교리·교단 재정비

→ 「동경대전」, 「용담유사」 편찬

바로 바로 CHECK√

다음 내용에 해당하는 종교는?

- 인내천 사상
- 「동경대전」, 「용담유사」
- 민간 신앙과 유교, 불교, 도교 융합

① 실학 ❷ 동학
③ 개신교 ④ 천주교

실력 탄탄 다지기 실전 예상문제

01 대동법에 대한 설명으로 옳지 않은 것은?

① 공납을 개혁한 것이다.
② 방납의 폐단을 없애려 하였다.
③ 상공업 발달에 영향을 주었다.
④ 농토가 많은 사람에게 유리하였다.

02 다음에서 설명하는 제도는?

> 영조가 백성들의 군역 부담을 덜어 주기 위해 군포를 2필에서 1필로 줄여 준 제도이다.

① 영정법　② 균역법
③ 과전법　④ 전분 6등법

03 다음 중 붕당 간의 대립을 완화하기 위해 영조가 실시한 정책은?

① 대동법　② 탕평책
③ 영정법　④ 진대법

04 기출 다음 내용과 관련 있는 조선 시대 왕은?

> • 탕평책 실시　• 규장각 설치
> • 장용영 설치　• 수원 화성 축조

① 세조　② 영조
③ 정조　④ 순조

01
대동법은 특산물을 1결당 12두씩 쌀로 내게 한 제도이다. 소유 농토가 많은 지주에게 불리하였다.

02
균역법은 군역 부담이 큰 농민에게 도움을 주고 그 부족분을 토지를 가진 양반에게 부담시켜 역의 균등함을 추구하였다.

03
탕평책은 어느 한곳에 치우치지 않고 여러 붕당에서 인재를 고루 등용하는 정책이다.

04
정조의 정치
• 왕권 강화 : 탕평책 계승, 규장각 설치, 장용영 설치, 수원 화성 축조
• 경제 개혁 : 상업 활동의 자유화, 광산 개발 장려
• 서적 편찬 : 「대전통편」, 「동문휘고」, 「탁지지」, 「규장전운」 등 편찬
• 사회 개혁 : 서얼과 노비의 차별 완화

ANSWER
01. ④　02. ②　03. ②　04. ③

05 다음에 제시된 역사적 사건의 공통점이라 할 수 있는 것은?

• 홍경래의 난	• 진주 농민 봉기

① 인간 평등사상을 주장하였다.
② 탐관오리의 착취에 대한 항거이다.
③ 반봉건적, 반외세적 성격을 가졌다.
④ 부당한 지방 차별 대우가 원인이다.

05
세도 정치로 정치 기강이 문란해지자 지방에 탐관오리가 득세하게 되었고, 이들은 사리사욕을 채우기 위해 농민을 착취하였다. 그 결과 세도 정치 하에 전국적으로 농민의 봉기가 발생하였다.

06 다음 사실들이 공통적으로 끼친 영향은?

• 공인의 등장	• 금난전권 폐지

① 상업의 발달　　② 농업 생산의 증대
③ 신분 제도의 동요　　④ 민영 수공업의 발달

06
• 공인은 관청 물품을 조달하기 위해 전국적으로 물품을 매입하거나 수공업자에게 주문을 하였다.
• 금난전권의 폐지로 허가 받지 않은 자유 상인들도 상업 활동을 자유롭게 할 수 있게 되었다.

07 기출 다음에서 설명하는 조선 후기의 학문은?

• 실용적이고 실증적인 학문 연구 태도
• 대표적인 학자 : 이수광, 정약용, 박지원
• 근대 지향적이었으나 정치에 반영되지 못함

① 실학　　② 훈고학
③ 성리학　　④ 양명학

07
실학은 조선의 지배 사상인 성리학이 조선 후기의 사회·경제적 변화에 효과적으로 대처하지 못하자 대두하게 되었다.

ANSWER
05. ② 06. ① 07. ①

08 다음 인물들의 공통점은?

• 유수원	• 홍대용
• 박지원	• 박제가

① 북학파라고도 한다.
② 토지 제도 개혁에 관심이 많았다.
③ 자영농을 육성해야 한다고 주장하였다.
④ 농지의 공동 소유와 공동 경작을 주장하였다.

08
중상학파(북학파)는 상공업 발달을 위한 기술 개발, 운송 수단의 사용을 강조하고 이를 청에서 배우자고 하였다.

09 다음 중 조선 후기 문화에 대한 설명으로 옳은 것은?

① 귀족적이고 화려한 상감 청자가 유행하였다.
② 김홍도는 남녀 간의 애정을 주제로 그림을 그렸다.
③ 농업과 상공업의 발달에 따라 서민 문화가 발달하였다.
④ '양반전', '허생전' 등의 한글 소설은 양반 사회를 풍자하였다.

09
① 조선 후기에는 백자, 청화 백자가 유행하였다.
② 풍속화의 대표적인 화가 신윤복은 양반의 풍류 생활과 남녀 간의 애정을 주제로 그림을 그렸다.
④ '양반전', '허생전'은 박지원의 한문 소설이다.

10 기출 다음 내용과 관련 있는 인물은?

• 전통적인 민간 신앙과 유교, 불교, 도교를 융합하여 동학을 창시함
• 동학의 교리에서 가장 중심이 되는 것은 인내천, 즉 '사람이 곧 하늘'이라는 것임

① 최제우　② 곽재우
③ 이승훈　④ 홍경래

10
최제우는 1860년에 유교 외에 불교, 도교와 평등사상, 민간 사상을 결합하여 당시대의 필요에 맞는 동학을 창시하였다.

ANSWER
08. ①　09. ③　10. ①

Chapter 07 근대 국가 수립 운동과 국권 수호 운동

학습 point+

흥선 대원군의 정책, 강화도 조약, 개화파와 위정척사파의 대립, 임오군란과 갑신정변 등은 출제 빈도가 매우 높은 부분이므로 시대순으로 정리하여 공부해야 합니다. 그리고 동학 농민 운동·갑오개혁·을미개혁·독립협회·광무개혁의 주요 내용과 국권 침탈 과정은 반드시 이해하고 정리해 놓아야 합니다. 마지막으로 애국 계몽 운동과 의병 항쟁을 비교하여 정리해 놓으면 학습에 도움이 됩니다.

01 외세의 침략적 접근과 개항

1 흥선 대원군의 개혁

(1) 조선의 정세

① 국내 : 세도 정치로 인한 정치 기강 문란·왕권 약화, 삼정의 문란으로 재정 악화, 농민 봉기로 인한 사회 혼란, 동학·천주교 교세 확장

② 국외 : 이양선 출몰, 서양의 베이징 함락, 러시아의 연해주 차지 → 위기 의식 고조

(2) 흥선 대원군의 내정 개혁 빈출+

① 목적 : 왕권 강화, 국가 재정 확충, 민생 안정

② 개혁 내용

㉠ 정치 : 안동 김씨 축출, 고른 인재 등용, 비변사 폐지, 「대전회통」 편찬(통치 질서 확립)

㉡ 경제

삼정의 문란 개혁	• 양전 실시(토지 조사) • 호포제 실시(양반도 군포를 냄) • 사창제(환곡제 개혁)
서원 정리	면세·면역 특권의 폐단 → 600여 개 중 47개소 남기고 철폐

㉢ 경복궁 중건 : 왕실의 권위 수립 목적, 당백전 발행, 원납전 징수, 농민 부역 동원

③ 개혁 정치의 결과

㉠ 긍정적 평가 : 정치 안정과 국가 재정의 확보

㉡ 부정적 평가 : 양반의 불만(서원 정리·호포제 실시), 백성의 불만(경복궁 중건을 위한 부역 동원), 당백전 발행으로 물가 폭등

(3) 대외 정책(통상 수교 거부 정책)

① 병인양요(1866)

㉠ 배경 : 병인박해 → 천주교 박해로 프랑스 선교사 9명을 처형한 사건

㉡ 경과 : 프랑스 함대의 강화도 침략 → 양헌수의 활약(정족산성) → 프랑스군 격파

㉢ 결과 : 프랑스 군대 철수, 프랑스군이 외규장각의 서적과 각종 문화재 약탈

② 오페르트 도굴 사건(1868) : 독일 상인 오페르트가 흥선 대원군의 아버지 남연군의 묘(충남 덕산)를 도굴하려다 실패 → 서양에 대한 배척 기운 고조

제너럴셔먼호 사건(1866) 검색

미국 상선 제너럴셔먼호가 대동강을 거슬러 와 평양에서 통상을 요구하며 난동을 일으켰다가 평양 관민이 제너럴셔먼호를 소각시킴

③ 신미양요(1871)

㉠ 배경 : 제너럴셔먼호 사건(1866)

㉡ 경과 : 미국 함대의 강화도 침략 → 어재연의 저항(광성보) → 조선인의 저항 → 미국의 퇴각

㉢ 결과 : 미국 함대 철수

④ 척화비 건립 : 통상 수교 거부 의지를 널리 알림 → 전국 건립

√ 양이침범, 비전즉화, 주화매국(洋夷侵犯 非戰則和 主和賣國) : 서양오랑캐가 침범하였는데 싸우지 않는 것은 화친을 주장하는 것이오, 화친을 주장하는 것은 나라를 파는 일이다.

⑤ 통상 수교 거부 정책의 결과

㉠ 의의 : 외세의 침입을 일시적으로 막아냄 → 자주적 성격

㉡ 한계 : 서양의 새로운 문물을 받아들이는 근대화 지연

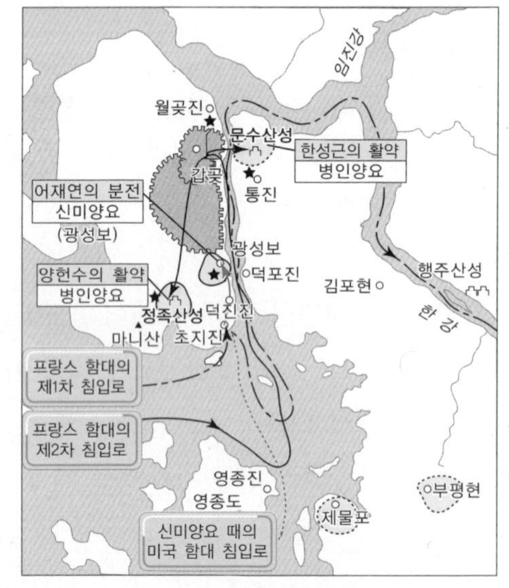

병인양요와 신미양요

2 문호의 개방

(1) 강화도 조약(1876) 빈출+

① 배 경

㉠ 운요호 사건(1875) : 일본 군함 운요호의 불법 침입으로 한국과 일본이 충돌한 사건

㉡ 집권 세력의 외교 정책 변화 : 흥선 대원군의 하야(1873) → 중전 민씨 정권 주도

㉢ 외교 정책 변화 : 통상 수교 거부 정책 → 개화파의 세력 확대(서양과의 통상 주장)

② 주요 내용

㉠ 조선의 자주국 규정 : 청의 종주권을 배제하기 위한 목적

㉡ 3개 항구 개항 : 인천, 부산, 원산

㉢ 개항장의 일정 지역에 일본인 거주 허용

㉣ 해안측량권 : 일본이 조선의 해안을 자유로이 측량하는 것을 허용

㉤ 치외법권 인정 : 일본인들이 조선에 와서도 일본의 법에 의해 보호 받음

③ 성격 : 최초의 근대적 조약, 불평등 조약

(2) 서양 열강과의 수교

① 조・미 수호 통상 조약(1882)

㉠ 배경 : 청의 알선(황쭌셴의 「조선책략」 유포)으로 조선과 미국이 조약 체결

㉡ 내용 : 치외법권, 최혜국 대우, 수입 상품에 관세 부과, 거중 조정 → **불평등 조약**

② 이후 영국, 독일, 러시아, 프랑스(천주교 포교권 인정)와도 수교 → **불평등 조약**

02 근대적 개혁의 추진

1 개화파와 위정척사파

(1) 대 립

① 개화파 : 적극적인 개화 정책을 통한 국가 발전 주장

구 분	온건 개화파(수구당, 사대당)	급진 개화파(개화당, 독립당)
인 물	김홍집, 어윤중, 김윤식, 민씨 세력	김옥균, 박영효, 홍영식, 서광범
모 델	청의 양무운동(중체서용)	일본의 메이지 유신(문명개화론)
주 장	점진적 개혁 추구 : 동도서기론	급진적 개혁 추구 : 정치, 사회 제도 개혁 포함

② 위정척사파 : 유생 중심, 일본·서양과의 수교 반대, 고유의 유교 문화와 질서 수호

연 도	사 건	위정척사 운동
1860년대	이양선 출몰, 병인양요	통상 반대 운동(척화주전론)
1870년대	신미양요, 강화도 조약	개항 반대 상소(왜양일체론)
1880년대	「조선책략」 유포, 서양 열강과 수교	개화 정책 반대 : 「조선책략」 유포에 대한 반발, 서양과의 수교 반대
1890년대	을미사변, 단발령	항일 의병 운동

(2) 개화 정책

① 통리기무아문 설치 : 개화 정책을 추진하여 근대화를 이루기 위한 중심 기구

② 별기군 창설 : 신식 군대, 일본의 신무기로 근대식 군사 훈련

③ 시찰단과 유학생 파견 : 일본(수신사, 조사 시찰단), 청(영선사), 미국(보빙 사절단)

2 임오군란과 갑신정변

(1) 임오군란(1882)

① 원인 : 구식 군인에 대한 차별 대우 심화, 정부의 개화 정책 불만 등

② 경과 : 구식 군인의 봉기에 도시 빈민층도 가담 → 정부 고관·일본인 교관 살해, 일본 공사관과 궁궐 습격 → 흥선 대원군의 일시적 재집권(개화 정책 중단) → 청군 개입으로 진압 → 민씨 재집권

③ 결 과

㉠ 청의 내정 간섭 심화(군사·외교 고문), 서울에 군대 주둔, 조·청 상민 수륙 무역 장정 체결, 청 상인의 특권 인정

㉡ 제물포 조약 : 일본에 배상금 지불, 일본 군대의 주둔 허용 → 일본에 수신사 파견 (박영효, 태극기 첫 사용)

(2) 갑신정변(1884)

① 원인 : 청의 내정 간섭 강화, 민씨 정권의 소극적 개화 정책에 대한 불만, 청·프 전쟁으로 청군 일부 철수, 일본의 군사적 지원 약속

② 중심 인물 : 급진 개화파(김옥균, 서광범, 박영효, 홍영식 등 개화당 인사)

③ **경과** : 우정총국 개국 축하연 → 정변 단행 → 개화당 정부, 14개조 개혁 정강 발표 → 청군의 개입으로 3일 만에 실패(3일 천하) → 청의 내정 간섭 더욱 심화

④ **한계** : 외세(일본)에 의존, 청군 개입, 민중의 지지 부족(위로부터의 개혁)

⑤ **목표** : 근대 국가 수립 추구 → 일본의 메이지 유신 모델

⑥ **개혁 내용** : 청에 대한 사대 폐지, 인민평등권 확립, 문벌 폐지, 조세 제도 개혁 등

⑦ **결 과**

㉠ 한성 조약(조선 – 일본) : 일본에 배상금 지불, 일본 공사관의 신축 비용 부담

㉡ 텐진 조약(청 – 일본) : 청 · 일 양군 철수, 조선 파병 시 서로 통보할 것을 약속함

㉢ 청 · 일 간의 경쟁 : 조선에 경제적 침투를 강화하며 서로 경쟁하였다.

3 한반도를 둘러싼 열강의 대립

(1) 국제적 위기 고조

① **청** : 갑신정변 후 청의 내정 간섭 강화 → 조선은 청을 견제하기 위해 러시아에 접근

② **러시아** : 남하 정책, 조 · 러 통상 조약(1884), 함북 경흥 조차, 외교관 베베르 파견

③ **거문도 사건(1885~87)** : 영국이 러시아의 남하를 견제하기 위해 거문도를 불법 점령

④ **한반도 중립화론 제시(1885)** : 독일 부들러, 유길준

(2) 개항 이후 경제적 침투

① **일본의 경제적 침략 강화** : 갑신정변 이후 정치적 영향력 약화

㉠ 내용 : 쌀과 콩 등의 곡식을 수입해 가고, 영국산 면제품을 조선에 수출하여 임오군란 이후 몰려온 청의 상인들과 경쟁적으로 활동을 넓혀 갔다.

㉡ 결과 : 농민 생활의 궁핍과 농촌 경제의 파탄, 국내 상인들의 상권 위협

② 청 · 일 전쟁(1894)에서 일본이 승리한 이후 일본 상인이 독점하였다.

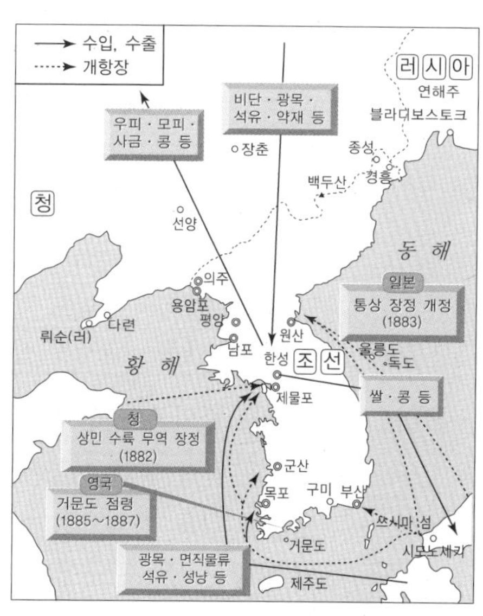

열강의 대립과 청 · 일의 경제적 침투

(3) 방곡령(1889)

① **배경** : 개항 직후, 일본 상인의 쌀 매입으로 쌀값 폭등 → 국내 식량 사정 악화

② **내용** : 함경도, 황해도 등의 지방관이 곡물 유출 금지령을 선포하였다.

③ **결과** : 절차상의 이유로 일본 상인에 배상금 지급, 방곡령 철회 → 반일 감정 확산

4 동학 농민 운동(1894) 빈출+

(1) 동학의 보급

① **동학의 교세 확산** : 외세 침투에 대한 반감, 부패 정치에 대한 불만, 포접제 조직

② **동학교도 집회** : 삼례 집회(교조 신원 운동, 종교적 운동) → 보은 집회(정치적 운동)

(2) 전개 과정

① 고부 농민 봉기

㉠ 원인 : 전라 고부 군수 조병갑의 부정과 횡포에 저항

㉡ 경과 : 전봉준의 지휘 아래 고부 관아 습격 → 정부의 수습 미흡으로 사태 악화 → 농민 봉기(사발통문)

② 1차 봉기(전주 점령) : 반봉건적 성격 √ 구호 : 보국안민, 제폭구민

㉠ 고부 백산 봉기 : 전봉준, 김개남, 손화중 → **4대 강령, 격문 발표**

㉡ 농민군의 진격 : 황토현과 황룡촌 등지에서 관군 격파 → 전주성 점령 → 정부가 청에 원군 요청 → 톈진 조약을 구실로 일본군도 파병

㉢ 전주 화약 : '폐정 개혁 12개조' 제시 → 정부와 화약 후 농민군 자진 해산

폐정 개혁안	토지 제도 개혁, 조세 제도 개혁, 신분제 철폐, 탐관오리 처벌, 일본 세력 배척, 재혼 허용, 조혼 금지 등
집강소 설치	전라도 일대의 농민 자치적 개혁 기구로 지방 행정에 직접 참여함
정부의 대응	교정청 설치, 청·일 양군에 철수 요구

③ 2차 봉기 : 반외세적 성격(일본군 타도)

㉠ 일본의 침략 행위 노골화(경복궁 점령) → 청·일 전쟁 발발 → 일본의 내정 간섭 → 일본군 타도 목적으로 농민군 재봉기(논산 집결) → 공주 우금치 전투에서 농민군 패배(일본군과 관군에 패배) → 전봉준 등 지도자 체포·처형 → **실패**

㉡ 농민군의 잔여 세력이 의병에 가담하여 항일 운동으로 이어졌다.

(3) 성격과 영향

① 성격 : 반봉건, 반외세적 성격(아래로부터의 개혁)

② 영향 : 안으로는 갑오개혁에 농민들의 일부 요구가 반영되고, 밖으로는 청·일 전쟁의 계기가 되었다.

5 근대적 개혁 추진

(1) 갑오개혁(1894)

① 배경 : 일본군의 경복궁 점령 → 내정 개혁 강요 → 김홍집 내각 수립(민씨 정권 붕괴) → 교정청 폐지하고 군국기무처 설치(후에 청·일 전쟁에서 승기를 잡은 후 폐지)

② 개혁 내용 : 정치·경제·사회 전반의 근대화(위로부터의 근대화)

구분	내용
정 치	개국 기원의 사용, 왕실 사무와 행정 사무의 분리, 사법권의 분리, 과거제의 폐지
경 제	재정의 일원화, 조세의 금납화, 도량형 개량 통일
사 회	신분제 폐지, 고문·연좌제의 폐지, 조혼 금지, 과부의 재혼 허용

③ 홍범 14조 반포 : 갑오개혁의 내용과 정신 표방

④ 교육입국조서 발표(1895) : 교육의 중요성 강조와 근대 교육 준비

⑤ 의의 : 갑신정변·동학 농민 운동의 일부 요구 수용, 전 분야에 걸친 근대화

⑥ 한 계

㉠ 일본이 주도하여 국민 지지를 받지 못하였다.

㉡ 토지 제도, 군사 제도 개혁에 소홀하였다.

㉢ 졸속 개혁 : 5개월 동안 200건이 넘는 개혁안을 발표하였다.

(2) 삼국 간섭과 을미사변

① 삼국 간섭(1895)

㉠ 배경 : 청·일 전쟁에서 일본 승리 → 랴오둥 반도 차지(시모노세키 조약)

㉡ 경과 : 러·프·독이 일본에 압력(삼국 간섭) → 일본이 랴오둥 반도를 청에 반환

㉢ 결과 : 일본의 굴복 → 조선의 친러 세력 형성

② 을미사변(1895) : 삼국 간섭 이후 일본의 영향력 약화, 조선 정부의 친러 경향 → 일본 세력 만회 기도 → 일본의 명성 황후 시해 사건 → 친일 내각 형성

③ 을미개혁(1895) : 을미사변 이후 김홍집 내각이 개혁 추진

㉠ 개혁 내용 : 단발령, 건양 연호 사용, 태양력 사용, 종두법 시행, 우편 업무 실시

㉡ 개혁 목적 : 조선의 근대적 개혁(명분) → 한국의 전통을 끊어 민족정신 약화(실제)

④ 을미의병(1895) : 을미사변과 단발령에 대한 유생들의 반발로 항일 의병 운동 전개

⑤ 아관 파천(1896)

㉠ 일본의 간섭에서 벗어나 신변을 보호하기 위해 고종이 러시아 공사관으로 거처 이동 → 김홍집 내각 붕괴, 을미개혁 중단, 의병 해산 권고

㉡ 열강의 이권 침탈 심화 : 철도 부설권, 삼림 벌채권, 금광·광산 채굴권 등

㉢ 영향 : 러시아 내정 간섭 심화(재정·군사 고문 파견), 조선의 자주성 훼손

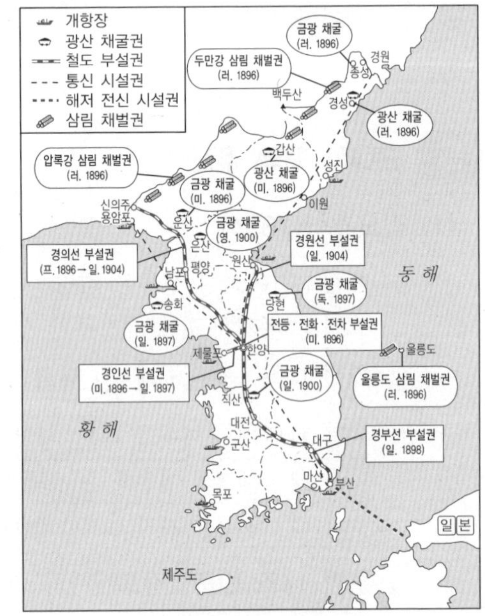

열강의 이권 침탈

6 독립 협회의 활동과 대한 제국의 수립

(1) 독립 협회의 활동

① 독립 협회

중심 인물	서재필 등 개화파 지식인이 조직(1896) → 각계각층이 참여
목 표	국민 계몽을 통한 자주 독립, 자유 민권, 자강 개혁
활 동	• 독립신문 간행 : 최초의 민간 신문(한글판·영어판) • 독립문 건립 : 국민의 성금으로 옛 영은문 자리에 건립 • 토론회, 연설회 개최 : 국민의 자주 독립 의식을 고취시킴 • 국민이 직접 정치에 참여하는 민주적인 정치 주장 • 열강의 이권 침탈 반대 투쟁, 고종의 환궁 요구
해산(1898)	보수 세력이 독립 협회가 공화정을 수립하려 한다고 모함하였고, 정부는 황국 협회(보부상 단체)를 앞세워 강제로 해산시켰다.

② 만민 공동회와 관민 공동회

만민 공동회 (1898)	• 일반 시민도 참여 : 서울 종로, 백정 출신 연사 박성춘의 연설 • 신교육 진흥, 산업 개발 요구, 러시아의 내정 간섭과 이권 침탈 반대
관민 공동회 (1898)	• 정부 대신들도 참여 • 헌의 6조 채택, 근대적 의회 설립 운동(중추원 관제), 국민 참정권 운동

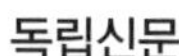

독립신문

독립문

바로바로 CHECK√

다음에서 설명하고 있는 단체는?

• 만민 공동회 개최
• 자주 독립·자유 민권·자강 개혁 운동 전개
• 서재필과 개화파 지식인들이 중심이 되어 조직

① 보안회　② 신민회
❸ 독립 협회　④ 헌정 연구회

(2) 대한 제국

① 대한 제국의 수립(1897)

㉠ 배경 : 자주 독립 의식 고조, 고종의 경운궁(덕수궁) 환궁

㉡ 대한 제국의 성립 : 대한 제국(국호), 광무(연호), 황제 즉위식(원구단)

㉢ 결과 : 일본의 굴복 → 조선의 친러 세력 형성

② 광무 개혁

구본신참 검색

옛것을 근본으로 하고 새로운 제도를 참고한다는 원칙

㉠ 원칙 : 구본신참, 점진적 개혁, 위로부터의 개혁, 복고성과 개혁성을 동시에 지님

㉡ 목표 : 자주 국가의 면모를 갖추고 근대 국가로 나아가기 위한 개혁 추진

㉢ 내용

정 치	대한국 국제(1899), 간도관리사 파견(이범윤)
경 제	• 양전 사업 실시 : 지계 발급 → 근대적 토지 소유권 확립 • 상공업 진흥책 : 공장·회사 설립, 철도·전기 등 근대적 시설 마련
교육 진흥	실업 학교, 의학교, 외국어 학교 등 설립
군제 개편	원수부 설치(황제가 군권 장악), 시위대(서울)와 진위대(지방) 증강

√ 대한국 국제 제정(1899) : 황제에게 군통수권, 입법권, 행정권, 사법권, 외교권 등을 부여함 → 모든 권한이 황제에게 집중(전제 군주 국가 확인), 자주 독립 제국

㉣ 한계 : 정부 고관들의 보수적 태도와 외세 의존적 자세

→ 독립 협회의 해산과 열강의 이권 침탈 가속

03 일제의 국권 침탈과 국권 수호 운동

1 일제의 국권 침탈 과정

(1) 러 · 일 전쟁(1904~1905)

① 과정 : 러시아가 한반도에서 세력 확대 → 일본이 러시아를 기습 공격

② 결과 : 일본의 승리로 포츠머스 조약 체결

→ 한반도에서 일본의 우월권 인정

바로바로 CHECK√

다음 내용과 관련 있는 조약은?

- 조선의 외교권을 빼앗아 감
- 통감부를 설치하여 조선의 내정(內政)에 간섭함

① 톈진 조약 ❷ 을사조약
③ 정미 7조약 ④ 강화도 조약

(2) 일제의 국권 침탈

① 침탈 순서 : 외교권, 통감부 → 고종 강제 퇴위 · 군대 해산 → 사법권 → 경찰권 → 국권 침탈

② 침탈 내용

1904년	• 한 · 일 의정서 : 군사 기지 사용권 획득 • 제1차 한 · 일 협약 : 대한 제국에 고문 파견하여 간섭(고문 정치) → 외교(스티븐스), 재정(메가타 - 화폐 정리 사업 실시)
1905년	을사조약(제2차 한 · 일 협약, 을사늑약) • 경과 : 친일 대신(을사 5적)을 앞세워 강압적으로 체결 • 결과 : 대한 제국의 외교권 박탈, 통감부 설치(초대 통감 이토 히로부미) → 대한 제국의 내정 전반 간섭
1907년	• 헤이그 특사 파견 : 네덜란드의 만국 평화 회의에 특사를 파견하여 을사조약의 무효를 국제 사회에 호소하려 함 → 고종 강제 퇴위 • 한 · 일 신협약(정미 7조약) : 일본인을 각 부의 차관으로 임명(차관 정치) → 대한 제국의 내정 장악 • 재정 궁핍의 이유로 대한 제국의 군대 해산 → 시위대 대대장 박승환 자결
1909년	기유각서 : 대한 제국의 사법권 박탈
1910년	• 대한 제국의 경찰권 박탈 • 한 · 일 병합 조약 : 대한 제국의 국권(주권) 강탈, 조선 총독부 설치

(3) 을사조약 반대 투쟁

① 일반 민중 : 상인의 철시, 학생의 휴학, 유생의 상소 등

② 자결 : 민영환 → 동포에게 남기는 글(유서)

③ 언론 : 장지연(황성신문) '시일야방성대곡', 대한매일신보, 제국신문 등

④ 고종의 외교적 노력

㉠ 미국에 헐버트 파견 : 지원 요청·실패

㉡ 헤이그 특사 파견(이준, 이상설, 이위종) : 일본의 방해로 실패

㉢ 열강의 묵인 : 러시아(포츠머스 조약), 미국(가쓰라·태프트 밀약), 영국(제2차 영·일 동맹) → 실패

⑤ 을사의병(1905)

2 독도와 간도 빈출⁺

(1) 일제의 독도 침탈

① 신라 지증왕 때 우리 영토로 포함(512) : 우산국(울릉도) 정복, 울릉도의 부속 섬

② 조선 후기 숙종 때 안용복이 일본 어민을 축출 → 일본에 건너가 우리 영토 확인

③ 개항 이후 : 정부는 울릉도에 관청 설치, 주민 이주 장려, 독도 관할(울릉도를 군으로 승격)

④ 대한 제국 정부 : 대한 제국 칙령 제41호를 반포하여 독도가 대한 제국 영토임을 명확히 규정

⑤ 러·일 전쟁 중 : 일본이 독도를 자국 영토로 불법 편입(시마네현 고시, 1905.2)

⑥ 현재(광복 후) : 되찾은 우리 영토

바로바로 CHECK√

다음과 관련된 지역은?

- 삼국 시대 이래 우리의 영토이다.
- 1900년 대한 제국은 칙령 반포 후 직접 관할하였다.
- 1905년 일본이 불법적으로 그들의 영토에 편입시켰으나 광복과 함께 되찾았다.

❶ 독도 ② 간도
③ 거제도 ④ 대마도

(2) 간도 협약(1909)

① 고구려, 발해의 옛 땅 : 오래전부터 우리 민족의 활동 무대

② 조선 숙종 때 '백두산 정계비' 건립(1712)

③ 간도 귀속 문제 : 19세기 이후 비문 해석을 둘러싼 분쟁 발생(조선과 청의 분쟁)

④ 대한 제국이 간도에 이범윤(간도 관리사) 파견(1902) → 훗날 독립운동의 터전

⑤ 간도 협약(1909) : 일본이 간도를 청의 영토로 인정

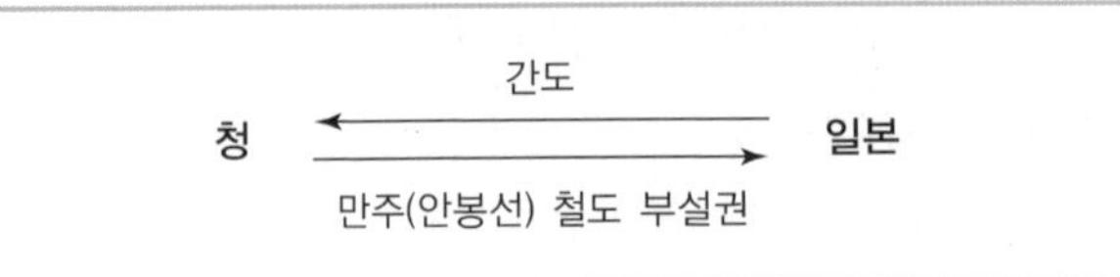

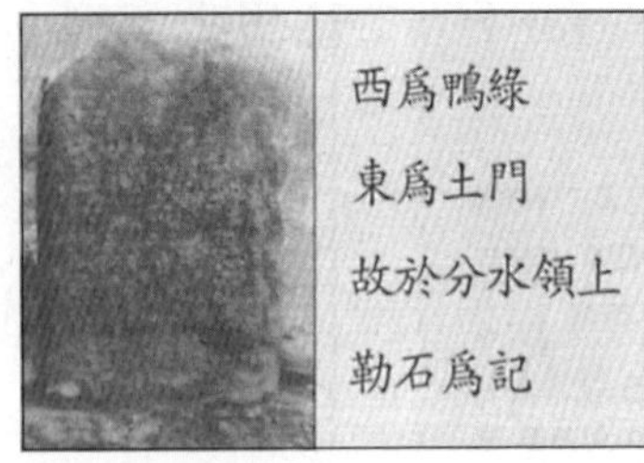

백두산 정계비와 비문

⑥ 현재 : 중국의 지배

3 항일 의병 전쟁

서위압록, 동위토문

백두산 정계비에 의하면 조선과 청의 국경은 '서쪽으로는 압록강, 동쪽으로는 토문강으로 한다'고 기록되어 있다.

(1) 항일 의병 전쟁의 전개

구 분	계 기	특 징	의병장
을미의병 (1895)	을미사변과 단발령	• 보수적 유생 주도(위정척사 사상) • 동학 농민 운동 잔여 세력 가담	유인석, 이소응(유생)
을사의병 (1905)	을사조약 체결	• 평민 출신 의병장 대두 • 전민족적 국권 수호 운동	최익현(유생), 민종식(전직 관리), 신돌석(평민)
정미의병 (1907)	고종 강제 퇴위와 군대 해산	• 의병 전쟁(조직력 · 전투력 향상) • 13도 창의군 편성(총대장 이인영) → 서울 진공 작전(1908) 실패	이인영, 허위, 홍범도 (유생, 평민, 해산 군인)

(2) 항일 의거 활동

① 안중근 : 초대 통감 이토 히로부미 사살 (만주 하얼빈, 1909)

② 전명운 · 장인환 : 스티븐스(외교 고문) 사살(미국 샌프란시스코)

③ 나철 · 오기호 : 5적 암살단 조직

④ 이재명 : 이완용 암살 시도 실패

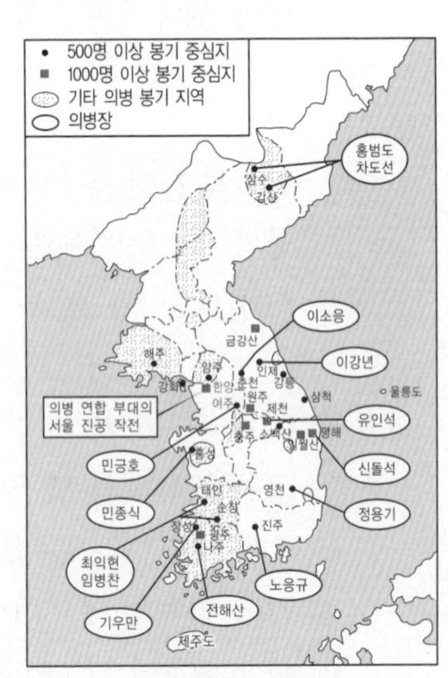

의병 부대의 활동

4 애국 계몽 운동

(1) 애국 계몽 운동

① **배경** : 민족의 위기를 국민의 힘으로 극복해야 한다는 의식이 높아졌다.

② **목표** : 교육과 산업을 일으켜 부국강병을 이루고자 하였다.

(2) 애국 계몽 운동 단체

① **보안회(1904)** : 러・일 전쟁 중 일제의 황무지 개간권 요구 반대 운동(성공)

② **헌정 연구회(1905)** : 근대적 입헌 의회 제도를 중심으로 하는 정치 개혁 주장 (독립 협회 계승)

③ **대한 자강회(1906)** : 교육・산업을 통한 자강 주장, 고종의 강제 퇴위 반대 운동 전개

④ **신민회(1907~1911)**

㉠ 조직 : 안창호・이승훈・양기탁 등 중심, 비밀 결사 조직

㉡ 목표 : 자주 독립을 위한 민족의 역량 육성, 공화정 추구

㉢ 활동

민족 교육	대성 학교(평양, 안창호), 오산 학교(정주, 이승훈) 설립
민족 산업	자기 회사(평양), 태극 서관 운영
언론(문화)	대한매일신보 발간(양기탁, 영국인 베델) → 국민 계몽

㉣ 독립운동 기지 건설 : 만주 삼원보 지역의 무장 독립 전쟁에 중요한 밑거름이 됨 (신흥 학교 설립 – 독립군 배출) → '애국 계몽 운동 + 의병 운동' 성격

㉤ 해체 : 105인 사건 → 데라우치 총독을 암살하려 했다는 모함

바로 바로 CHECK√

다음과 같은 애국 계몽 운동을 한 단체는?

- 1907년에 비밀 결사 조직
- 대성 학교, 오산 학교 설립
- 만주에 독립운동 기지 건설

❶ 신민회 ② 보안회
③ 황국 협회 ④ 대한 자강회

(3) 국채 보상 운동(1907)

① **배경** : 일본이 근대 시설 확충을 명분으로 차관 강요
→ 국채 1,300만 원(대한 제국의 1년 예산)

② **경과** : 대구 시작, 서상돈 '국채 보상 기성회' 조직 → 대한매일신보 보도 → 전국으로 확산 → 국민들의 모금 운동(금연, 금주, 가락지)

③ **결과** : 통감부 방해, 부유층 참여 저조 → 일제의 탄압으로 중단

④ **의의** : 경제적 구국 운동

바로바로 CHECK√

다음 내용에 해당하는 민족 운동은?

- 1907년에 발생한 경제적 민족 운동
- 일본에 진 빚을 국민의 힘으로 갚자는 자립 운동

① 개화 운동 ② 위정척사 운동
③ 동학 농민 운동 ❹ 국채 보상 운동

04 근대 문물의 수용과 사회 · 문화의 변화

1 신문물의 수용

(1) 민권 의식 성장

① **평등 사회** : 공노비 해방(순조, 1801) → 노비 세습 폐지(1886) → 신분제 폐지(갑오개혁, 1894) → 호적(직업 기재, 1896)

② **사회 의식 성장** : 갑신정변, 동학 농민 운동, 갑오 · 을미개혁, 독립 협회, 애국 계몽 운동 등 → **신분제 · 과거제 폐지, 연좌제 등 봉건적 악습 폐지, 과부의 재혼 허용 등**

(2) 정부의 서양 문물 수용 노력

① 외국에 유학생 파견, 외국인 기술자와 교사 초빙

② 박문국(1883, 신문 출판), 전환국(1883, 화폐 발행), 기기창(1883, 근대적 무기 공장)

③ **통신** : 전신(서울~인천, 1885), 전화(경운궁, 1898), 우정총국(우편제도, 1884)

④ **교 통**

㉠ 전차 : 서대문~청량리(1899)

㉡ 철도 : 경인선(1899), 경부선(1905), 경의선(1906) → **일본의 침략 도구로 활용**

⑤ 전등(경복궁, 1887), 한성 전기 회사(전등과 전차), 광혜원 설립(최초의 서양식 병원, 1885)

(3) 근대 교육의 도입

① 근대 사립학교 : 원산학사(1883) → 함경도 덕원 주민이 설립(신지식, 외국어 교육)

② 근대 공립학교 : 동문학(1883, 통역관 양성), 육영공원(1886, 상류층 자제 교육)

③ 정부의 노력

㉠ 갑오개혁(1894) 시기 : 교육입국조서 반포 → 사범, 외국어, 소학교 등 설립

㉡ 대한 제국(1897) 이후 : 중학교, 각종 실업 학교, 의학교 등 설립

④ 애국 계몽 운동 시기

㉠ 개신교 선교사 : 배재 · 이화 · 배화 학당, 정신 · 경신 학교 등

㉡ 민족 지도자 : 대성 · 오산 · 보성 · 양정 학교 등

(4) 언론 활동

① 한성순보(1883) : 정부가 발행한 최초의 신문, 박문국 발행, 순한문

② 한성주보(1886) : 국 · 한문 혼용

③ 독립신문(1896) : 독립 협회(서재필 발간), 최초의 민간 신문(한글 · 영문판)

④ 제국신문(1898) : 부녀자 · 서민 대상(순한글)

⑤ 황성신문(1898) : 장지연 '시일야방성대곡', 을사조약 규탄 애국적 논설(국한문 혼용)

⑥ 대한매일신보(1904) : 양기탁 · 베델(영국인), 반일 논설, 국채 보상 운동 보도

⑦ 만세보(1906) : 천도교의 기관지(국한문 혼용)

2 사회 · 문화의 변화

(1) 국 학

① 국사 : 계몽 사학(민족 영웅들의 위인전, 외국 흥망사 등 간행) → 애국심 고취

㉠ 신채호 : 「독사신론」, 「이순신전」, 「을지문덕전」 등 저술

㉡ 박은식 : 조선 광문회 조직 → 민족의 고전 정리 · 간행

② 국어 : 국 · 한문 혼용체(유길준 「서유견문」), 순한글 신문(독립 · 제국신문), 국문 연구소 (주시경, 지석영)

(2) 문 예

① **신소설** : 순한글, 언문일치, 권선징악적 요소

예 이인직 「혈의 누」, 이해조 「자유종」, 안국선 「금수회의록」

② **신체시** : 최남선 「해에게서 소년에게」

③ **외국 소설 번역 및 소개** : 「천로역정」, 「빌헬름 텔」, 「이솝 이야기」, 「걸리버 여행기」

④ **신극 운동** : 원각사 건립(한국 최초 서양식 극장) → 은세계, 치악산 등 공연

⑤ **창가 유행** : 서양식 악곡에 우리말 가사를 붙였다.

(3) 종 교

① **천주교** : 양로원, 고아원 등 운영

② **개신교** : 포교 활동 활발, 근대 교육 보급, 의술 · 평등사상 전파

③ **천도교** : 손병희(동학 → 천도교), '만세보' 발간, 민족 종교

④ **대종교** : 나철 · 오기호 창시, 단군 신앙 발전, 민족 종교, 항일 무장 독립운동에 기여

⑤ **유교** : 박은식 '유교 구신론' → 양명학 토대, 유교 개혁 추진

⑥ **불교** : 한용운 '조선 불교 유신론' → 불교 개혁

(4) 의 · 식 · 주의 변화

① **의생활** : 양복 · 양장 · 마고자 · 조끼 등장, 지팡이 · 안경 유행, 양산 사용, 긴 저고리와 통치마 권장, 장옷(쓰개치마) 폐지

② **식생활** : 두레상 · 겸상 보급, 커피 · 홍차 · 양식 · 양과자(서양 음식), 중국 요리와 찐빵(중국 음식), 어묵과 단무지(일본 음식) 전래

③ **주생활** : 공사관 · 호텔 · 성당 · 교회 · 학교 등 서양식 건물, 2층집과 일본식 주택 등장

예 명동 성당, 정동 교회, 덕수궁 석조전

탄탄 실력 다지기

실전 예상문제

01 기출 다음 정책을 추진한 사람은?

> • 당백전 발행　　• 경복궁 중건
> • 척화비 건립

① 연산군　② 광해군
③ 수양 대군　④ 흥선 대원군

02 다음 중 강화도 조약에 대한 설명으로 틀린 것은?

① 우리나라 최초의 근대적 조약이다.
② 부산, 인천, 원산의 3개 항구를 개항하였다.
③ 서양 열강과 조약을 체결하는 계기를 마련하였다.
④ 청의 조선에 대한 영향력을 강화시키는 계기가 되었다.

03 다음 중 갑신정변에 대한 설명으로 옳지 않은 것은?

① 급진적인 개화파에 의해 이루어진 정변이다.
② 청나라의 힘을 빌려 근대화를 추진하려 하였다.
③ 일본의 메이지 유신을 본떠 근대 국가를 이루고자 하였다.
④ 개화사상이 국민 속에 퍼지지 못해 민중의 지지를 받지 못하였다.

01

① 연산군 : 조선 제10대 왕으로 무오사화·갑자사화를 일으켜 많은 선비들을 죽였고 폭군으로 지탄받아 중종반정으로 폐위됨
② 광해군 : 조선 제15대 왕으로, 서적 편찬, 사고 정리 등 내치에 힘쓰고 명과 후금에 대한 중립외교로 난국에 대처함
③ 수양 대군 : 조선 제7대 왕 세조가 즉위하기 전의 군호

02

강화도 조약은 일본과 맺은 최초의 근대적 조약으로, 일본이 조선을 침략하는 시발점이 되었다.

03

갑신정변은 일본에 의존해 정변을 일으켰다는 한계를 가지고 있다.

ANSWER

01. ④　02. ④　03. ②

04 다음과 관련 있는 사건은?

- 고부 군수의 비리
- 전주 점령
- 집강소 설치
- 우금치 전투

① 진주 민란 ② 홍경래의 난
③ 동학 농민 운동 ④ 국채 보상 운동

05 다음에서 설명하는 역사적 사건은?

기출

> 일본 공사는 일본군과 일본 낭인들을 동원하여 궁궐에 침입하고 명성황후를 시해하는 만행을 저질렀다.

① 임오군란 ② 갑신정변
③ 을미사변 ④ 아관파천

06 다음 중 독립 협회의 활동과 관련이 <u>없는</u> 것은?

① 독립신문 간행 ② 의회 설립 추진
③ 만민 공동회 개최 ④ 국채 보상 운동 전개

07 ㉠, ㉡에 들어갈 말을 순서대로 배열한 것은?

기출

> 러·일 전쟁에서 승리한 일본은 고종의 반대에도 불구하고 (㉠)을 강제로 체결하여 대한 제국의 (㉡)을 빼앗고 서울에 통감부를 설치하였다.

	㉠	㉡
①	을사조약	외교권
②	톈진조약	군사권
③	전주화약	외교권
④	한성조약	재정권

04
동학 농민 운동은 1894년 전라도 고부 군수 조병갑의 횡포와 착취에 대한 항거에서 발단해 전봉준을 중심으로 고부에서 농민군을 조직해 한때는 관군을 무찌르고 삼남 지방을 휩쓸었으나 결국 청과 일본의 개입으로 실패로 끝났다.

05
을미사변의 결과로 친일 내각(김홍집 내각)이 형성되어 을미개혁이 추진되었다.

06
독립 협회는 독립신문을 간행하여 국민을 계몽하였고 최초의 민중 집회라 할 수 있는 만민 공동회를 개최하여 의회 설립 운동을 펼쳤다. 또한 아관파천 이후 심해진 제국주의 열강의 이권 침탈에 저항하여 이권 수호 운동을 전개했다.

07
을사조약을 통해 조선의 외교권은 통감부가 대행하였으며 초대 통감으로 이토 히로부미가 부임하였다.

ANSWER
04. ③ 05. ③ 06. ④ 07. ①

08 다음에서 설명하는 지역은?

기출

- 고구려와 발해의 땅으로서, 우리 민족의 활동 무대였음
- 조선 숙종 때 백두산 정계비를 세워 조선의 영토로 표시함
- 일본이 철도 부설권을 얻는 대가로 청의 영토로 인정하는 협약을 체결하였음

① 간도　　② 독도
③ 귀주　　④ 의주

08
일본과 청이 맺은 간도 협약으로 원래 조선의 영토였던 간도가 청의 영토가 되었다.

09 다음 내용에서 설명하고 있는 정치 · 사회 단체는?

- 통감부의 정치 활동 탄압이 강화되면서 조직된 비밀 결사 단체이다.
- 안창호, 양기탁, 이승훈 등이 중심이 되었다.
- 활동 목표는 민족의 자주 독립을 확립할 수 있는 국민의 역량(力量)을 기르는 데 두었다.
- 국권 피탈 후 105인 사건으로 해체되었다.

① 보안회　　② 신민회
③ 독립 협회　　④ 헌정 연구회

09
비밀 조직인 신민회를 탄압하기 위해 일본은 105인 사건을 조작하였다.

10 일제의 식민 사학에 맞서 우리의 민족 사학으로 국사 연구를 통하여 국민들에게 민족의 주체 의식과 자부심을 심어준 역사학자는?

① 박은식, 유길준　　② 신채호, 박은식
③ 최남선, 주시경　　④ 이해조, 오기호

10
신채호, 박은식은 민족주의 역사학자이다.

ANSWER
08. ① 09. ② 10. ②

Chapter 08 민족 운동의 전개

학습 point+

일본의 식민 통치 방식의 변화를 연도별로 구분하여 정리한 이후에 학습을 시작하는 것이 좋습니다. 1910년대의 무단 통치와 1920년대의 문화 통치를 비교하고, 특히 3·1운동과 대한민국 임시 정부 수립 이후 활발히 전개된 국내외의 민족 운동을 사건별로 숙지해야 합니다. 또한 1930년~40년대 민족 말살 정책, 민족 문화 수호 운동, 해외에서 벌어진 독립군을 중심으로 한 독립 전쟁의 흐름에 대해 잘 정리해 두어야 합니다.

01 일제의 무단 통치와 3·1 운동

1 무단 통치와 식민지 수탈 정책(1910년대)

(1) 무단 통치(헌병 경찰 통치)

① 조선 총독부 : 식민 통치의 최고 기구

② 총독 : 현역 육·해군 대장 출신, 입법·행정·사법·군사권 장악 등 절대 권력 부여

③ 일제의 통치 정책

㉠ 헌병 경찰 제도 : 즉결 처분권, 조선 태형령

㉡ 한국인의 모든 정치 활동 금지, 언론·출판·집회·결사의 자유 박탈

㉢ 민족 신문 발행 금지 : 황성신문, 대한매일신보 등

㉣ 애국 운동 단체 해산 : 신민회 해산(105인 사건), 애국 지사들의 체포·투옥·처형

㉤ 식민지 교육 실시 : 일본어 중심의 교육, 한국인에게는 초보적인 기술과 실무적인 내용만 교육, 교사들에게 제복을 입고 칼을 차게 함

(2) 식민지 수탈 정책

① 토지 조사 사업(1910~1918)

구분	내용
목 적	토지의 합법적 약탈 → 식민 통치에 필요한 재정 기반 마련
명 분	토지세의 공정한 부과와 토지 소유 관계를 근대적으로 정리한다고 내세움
조 사	기한부 신고제, 복잡한 신고 절차 → 반일 감정으로 신고하지 않음
결 과	• 우리나라 농민의 몰락 : 소작농 증가, 경작권 부정 • 조선 총독부의 토지 소유 확대(전 국토의 40% 소유) : 미신고 토지, 국공유지, 문중 토지 등 • 일본인 대지주 등장 : 총독부가 약탈한 토지를 동양척식 주식회사나 일본인에게 싼값으로 넘김

② 산업 침탈 : 회사령(허가제), 광업령, 어업령, 삼림령 → **한국 민족 자본 성장 억압**

③ 전매제 : 독점(인삼, 소금, 담배 등) → **조선 총독부의 수입 증대**

2 1910년대 국내외 민족 운동

(1) 국내 : 비밀 결사 조직

구분	내용
독립 의군부	• 조선 총독부에 국권 반환 요구 • 고종의 지령을 받아 각지의 유생들이 의병 전쟁 계획
대한 광복회	• 독립군을 길러 일제를 몰아내려 함 • 공화정 수립과 군자금을 모아 만주에 무관 학교 설립

(2) 해외 : 만주 · 연해주 등지에서 독립운동 기지 건설, 민족 교육과 군사 훈련 실시

지역	내용
남만주(삼원보)	신민회가 경학사와 신흥 무관 학교(신흥 강습소) 세워 독립군 양성
북만주(간도)	중광단, 서전서숙, 명동 학교를 건립하여 민족 교육 실시
신한촌(연해주)	• 권업회, 성명회 조직 • 대한 광복군 정부는 무장 투쟁 준비
미 국	대한인 국민회

3 3 · 1 운동 빈출+

(1) 배 경

① 국내 : 일제의 무단 통치, 독립 의지 강화, 고종의 서거(일제에 의한 독살설)

② 국 외

㉠ 윌슨의 '민족 자결주의', 레닌의 약소 민족 후원 선언

㉡ 파리 강화 회의에 김규식 파견(상하이 신한청년당)

㉢ 만주 무오 독립 선언(대한 독립 선언서) 발표

㉣ 2 · 8 독립 선언(일본 도쿄 유학생 – 조선 청년 독립단)

(2) 전 개

① 종교계 지도자(민족 대표 33인) 준비, 태화관에서 민족 대표의 '독립 선언서' 선언
→ 탑골 공원에서 학생과 시민이 독립 선언서 낭독 및 만세 시위 전개

② 확산 : 서울 시민이 합세하고, 전국과 해외(간도, 연해주, 하와이 등)로 시위 확대

③ 전 민족적인 운동으로 발전 : 학생과 일반 시민 중심 → 농민, 노동자 계층으로 확대

④ 일본의 탄압 : 평화적인 만세 시위를 경찰과 군대를 동원하여 총칼로 진압
→ 유관순 옥중 순국, 화성 제암리 학살 사건

(3) 의 의

① 민족의 독립 의지를 전 세계에 널리 알림

② 우리 민족을 하나로 묶는 정신적 바탕

③ 일제의 식민 통치 방식 변화 : 무단 통치 → 문화 통치

④ 대한민국 임시 정부 수립의 계기 : 조직적·체계적 독립운동의 필요성 제기

⑤ 영향 : 중국의 5·4 운동, 인도의 비폭력·불복종 운동(반영 운동)

바로바로 CHECK√

다음 내용에 해당하는 민족 운동은?

- 1919년 거족적으로 전개한 독립운동임
- 대한민국 임시 정부 수립의 계기가 됨
- 중국과 인도의 민족 운동에 영향을 줌

❶ 3·1 운동
② 애국 계몽 운동
③ 물산 장려 운동
④ 광주 학생 항일 운동

4 대한민국 임시 정부

(1) 대한민국 임시 정부의 수립(1919.9)

① 계기 : 3·1 운동 이후 보다 조직적인 독립운동 전개 필요, 통합된 지도부 필요

② 국내외에 임시 정부 수립 : 대한 국민 의회(연해주 블라디보스토크), 대한민국 임시 정부(중국 상하이), 한성 정부(서울)

③ 통합 : 상하이의 대한민국 임시 정부로 통합(1919.9)
→ 거리가 멀어 일제의 영향력이 미치지 않고, 외교 활동에 유리하기 때문

④ 대한민국 임시 정부

㉠ 대통령 중심제 채택 : 대통령(이승만), 국무총리(이동휘) → 이후 김구가 주석이 되어 광복이 될 때까지 임시 정부를 이끎

㉡ 삼권 분립을 명시한 헌법 제정·공포 : 임시 의정원(입법), 국무원(행정), 법원(사법)

㉢ 의의 : 우리나라 최초로 민주 공화제 정부 탄생(국민 주권, 자유 민주주의), 독립운동 세력을 하나로 통합, 체계적이고 조직적인 독립운동 전개

(2) 대한민국 임시 정부의 활동

① **외교 활동** : 구미위원부 설치(미국), 김규식(파리 강화 회의에 파견)

② **연통제, 교통국 조직** : 국내 각 지역의 독립운동 지도, 독립운동 자금 마련

③ **독립신문 간행** : 독립운동 소식 전달, 독립운동 방향 제시

④ **사료 편찬소** : 한·일 관계 사료집 간행

⑤ **독립 공채 발행** : 독립운동 자금 모금

⑥ **한 계**

㉠ 일제의 탄압으로 연통제·교통국이 붕괴되었고, 강대국의 외면으로 외교 활동이 큰 성과가 없었다.

㉡ 민족 지도자들 사이의 갈등, 이념 대립 → 국민 대표 회의(1923) 개최 → 결렬

02 민족 분열 통치와 국내의 민족 운동

1 문화 통치를 통한 민족 분열(1920년대)

(1) 문화 통치(민족 분열 통치)

① **배경** : 3·1 운동, 국제 여론의 악화

② **일제의 통치 정책 내용과 본질**

㉠ 문관 출신 총독 임명 : 실제로는 한 명도 없었음

㉡ 보통 경찰 제도 : 경찰 기관과 인원·예산 증가, 치안 유지법(1925) 제정

㉢ 민족 신문 간행 허용(조선·동아일보) : 언론 검열 강화 → 기사 삭제, 정간·폐간

㉣ 교육 기회 확대 : 고등 교육, 전문 교육 제한

㉤ 친일파 육성, 친일 단체 조직 지원 : 한민족 이간·분열

㉥ 회사령 폐지(신고제로 전환) : 일본 기업 진출 용이

> **치안 유지법(1925)** 검색
>
> 일제가 반정부·반체제 운동을 누르기 위해 제정한 법률로, 사회주의를 특히 탄압함

(2) 산미 증식 계획(1920~1934)

① 목적 : 한국의 미곡 생산량을 늘려 일본의 식량 부족 문제를 해결하고자 하였다.

② 내용 : 품종 개량, 수리 시설 확충, 개간 등을 통해 쌀을 증산하여 일본으로 수탈하였다.
→ 일제는 증산량보다 많은 쌀을 일본으로 수탈하였음

③ 결과 : 한국의 식량 사정은 악화되었고, 농민들이 쌀 증산에 필요한 비용 부담으로 생활이 곤궁해져 화전민이 되거나 만주, 연해주 등지로 이주하였다.

2 국내의 다양한 민족 운동

(1) 실력 양성 운동 빈출+

> **실력 양성 운동** 검색
> 경제 · 교육 · 문화 방면에서 민족의 실력을 키우려는 민족 운동

① 물산 장려 운동(1920)

㉠ 목적 : 한국인의 산업을 보호하고 민족 자본을 육성 → 경제적 구국 운동

㉡ 내용 : 국산품 애용, 자급자족, 소비 절약

㉢ 구호 : '내 살림 내 것으로', '조선 사람 조선 것으로', '우리가 만든 것 우리가 쓰자'

㉣ 단체 : 자작회, 물산 장려회, 토산 애용 부인회

㉤ 전개 : 조만식, 평양 물산 장려회 창립 → 전국 확산 → 일제의 방해로 실패

② 민립 대학 설립 운동(1922)

㉠ 목적 : 우리 민족의 힘으로 고등 교육 기관인 대학을 설립하려 하였다.

㉡ 전개 : 이상재, 이승훈 등이 민립 대학 설립 기성회 조직(1923)하여 전국적인 모금 운동을 전개하였다.

㉢ 결과 : 일제의 방해로 실패 → 일본에 의해 경성 제국 대학 설립(친일 관리 양성)

③ 농촌 계몽 운동(문맹 퇴치 운동)

㉠ 언론 운동 : 조선일보(문자 보급 운동), 동아일보(브나로드 운동)

㉡ 야학과 강습소 설치

(2) 사회주의 운동

> **사회주의 운동** 검색
> 노동자, 농민을 단결시켜 일본 제국주의를 타도하고 독립을 쟁취하고자 함

① **사회주의 사상 유입** : 1920년대 초 유입 → 사회 운동의 활성화

② **농민·노동 운동** : 생존권 투쟁 → 항일 운동적 성격

㉠ 소작 쟁의 : 토지 조사 사업과 산미 증식 계획으로 농민들이 소작인으로 전락 → 소작료 인하 주장 예 암태도 소작 쟁의

㉡ 노동 쟁의 : 장시간 노동과 저임금에 항거 예 원산 총파업

③ **사회 운동** : 소년 운동, 여성 운동, 형평 운동(백정의 신분 차별 철폐 운동) 전개

(3) 6·10 만세 운동(1926)

① **배경** : 3·1 운동 이후 학생 운동 활발

② **전개** : 사회주의 세력이 일부 민족주의 세력, 학생층과 연대해 대규모 만세 시위 계획 → 사전에 발각, 실패 → 순종 인산일(6월 10일)에 학생들이 만세 시위 전개 → 시민의 합세 → 무장 경찰에 의해 진압

③ **의의** : 3·1 운동 이후 침체된 국내 민족 운동에 활력을 불어넣었다.

(4) 신간회(1927~1931)

① **배경** : 6·10 만세 운동을 계기로 사회주의 세력과 민족주의 세력 간 연합 도모, 정우회 선언(1926) → **민족 유일당 운동**

② **강령** : 정치·경제적 각성, 민족 단결, 기회주의자 배격

③ **결성** : 비타협적 민족주의 세력과 사회주의 세력이 연합하여 신간회 조직(1927), 근우회(여성, 자매단체) 결성 → 민족의 독립운동 주도 → 활동 방향을 둘러싼 내분으로 해산(1931)

④ **활 동**

㉠ 주장 : 한국어 교육 실시, 학문 연구 자유, 일본 식민지 기관 철폐, 차별 교육 금지

㉡ 전국에서 강연을 통해 민족의식과 항일 의식 고취, 지방 조직 갖춤

㉢ 광주 학생 항일 운동 지원 : 진상 조사단 파견, 일본에 항의

⑤ **의의** : 일제 강점기 최대 규모의 항일 민족 운동·정치·사회단체

(5) 광주 학생 항일 운동(1929)

① 배경 : 광주 통학 열차 안에서 한・일 학생의 충돌

② 전개 : 일본 경찰의 편파적인 태도에 항거하여 시작 → 학생과 시민들의 시위 운동 → 신간회의 지원으로 전국적인 운동으로 발전

③ 주장 : 민족 차별 중지, 식민지 교육 제도 철폐 주장

④ 의의 : 3・1 운동 이후 최대 규모의 민족 운동 → 학생의 날 기원(11월 3일)

바로 바로 CHECK√

다음 사건에서 주도적인 역할을 한 계층은?

- 6・10 만세 운동
- 광주 학생 항일 운동
- 4・19 혁명

❶ 학생 ② 농민
③ 부녀자 ④ 정부 관리

3 무장 독립 전쟁

(1) 국내외의 의거 활동

① 의열단(1919) : 김원봉이 만주 지린성에서 조직 → 상하이를 중심으로 활동

㉠ 지침 : 신채호 '조선 혁명 선언'

㉡ 활동 : 일제의 주요 기관 폭파, 고위 관리와 친일파 처단
→ 김상옥(종로 경찰서), 김익상(조선 총독부), 나석주(동양 척식 주식회사) 폭탄 투척

② 대한 노인단

㉠ 조직 : 3・1 운동 이후 러시아의 블라디보스토크에서 조직

㉡ 활동 : 강우규가 사이토 총독에게 서울역에서 폭탄을 투척했으나 실패

(2) 독립군 부대

① 중심지 : 3・1 운동을 전후하여 간도, 연해주, 만주 일대에 독립군 부대 조직

㉠ 간도・만주 : 대한 독립군, 북로 군정서군(대종교), 서로 군정서군, 국민회군, 광복군 총영

㉡ 연해주 : 혈성단

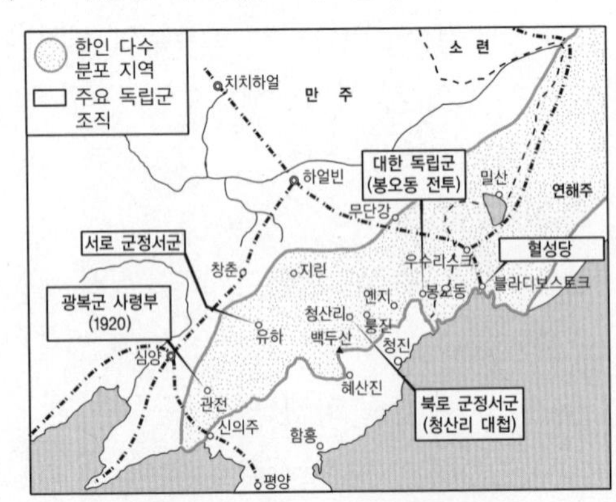

만주와 연해주의 독립군 부대

② 활동 : 국경 부근에서 일본군 공격, 국내에 진입하여 일본 군대·경찰·식민 통치 기관 공격

(3) 봉오동 전투와 청산리 대첩 빈출⁺

① 봉오동 전투(1920.6) : 홍범도의 대한 독립군이 봉오동을 습격해 온 일본군을 크게 격파

② 청산리 대첩(1920.10) : 김좌진의 북로 군정서군과 독립군 연합 부대가 청산리 일대에서 일본군을 크게 격파

→ 우리 민족의 독립 전쟁사에서 가장 큰 승리

바로바로 CHECK√

다음에서 설명하는 역사적 사건은?

- 김좌진의 북로 군정서군과 여러 독립군의 활약
- 일제 강점기에 우리 민족이 독립 전쟁 과정에서 거둔 가장 큰 승리

① 살수 대첩 ② 귀주 대첩
③ 진주 대첩 ❹ 청산리 대첩

③ 승리 요인 : 동포들의 협력, 지형을 이용한 작전, 목숨을 아끼지 않는 투지 등

(4) 독립군의 시련

간도 참변 (1920)	봉오동 전투, 청산리 대첩에서 패배한 일제가 간도 지역의 한인을 대학살
자유시 참변 (1921)	독립군은 약소 민족을 지원한다는 러시아 적군의 약속을 믿고 자유시로 이동 → 독립군 내 지휘권 분쟁과 러시아 적군에 의해 무장 해제를 당하는 과정에서 많은 사상자 발생

(5) 독립군의 재정비 및 통합

① 배경 : 간도 참변(1920, 일본군의 간도 동포 학살) 이후 독립군은 효율적인 독립 전쟁을 전개하기 위해 통합 운동 추진

② 독립군의 이동 : 일본의 공격을 피해 러시아로 이동 → 자유시 참변(1921)을 겪고 다시 만주로 이동

③ 3부의 성립(1920년대 중반) : 만주에 참의부, 정의부, 신민부의 3부 성립

④ 3부의 통합 운동(1920년대 후반) : 미쓰야 협정(1925)으로 독립군 탄압 → 국민부(남만주)와 혁신 의회(북만주)로 통합

03 민족 말살 통치와 무장 독립 투쟁

1 민족 말살 통치(1930~1940년대)

(1) 민족 말살 통치

① **배경** : 일제의 만주 점령(1931), 중・일 전쟁(1937), 태평양 전쟁(1941)

② **목적** : 한국인의 민족정신을 말살하여 침략 전쟁에 쉽게 동원하고자 하였다.

③ **내 용**

㉠ 내선일체(일본과 조선이 한 몸), 일선동조론(조선인과 일본인은 조상이 같다) 주장

㉡ 황국 신민 서사 암송, 신사 참배, 궁성 요배 강요, 일본식 성명 강요(창씨개명)

㉢ 일본어 사용 강요, 우리말・우리 역사 교육 금지, 한글 신문 폐간, 초등학교(1941)

> **황국 신민화 정책** 검색
> 일본 제국의 신민(신하된 백성)으로 만들려는 정책

(2) 병참 기지화 정책

① **목적** : 중・일 전쟁 이후 일본은 조선을 대륙 침략을 위한 병참 기지로 삼고, 군수 공업을 본격적으로 육성하였다.

② **내 용**

㉠ 조선의 공업화 : 군수 산업 위주의 중화학 공업만 기형적으로 발전, 북부 지방에 편중되어 지역의 불균형이 심화되었다.

㉡ 남면북양 정책 : 남부 지방에는 면화를 재배, 북부 지방에는 양을 사육하였다.

(3) 인적・물적 자원의 수탈

① **국가 총동원법(1938)** : 중・일 전쟁 후 인력과 물자를 수탈하기 위해 제정하였다.

② **인적 자원 수탈**

㉠ 전쟁터 동원 : 지원병, 학도지원병제, 징병제

㉡ 강제 노동 동원 : 국민 징용령 → **광산, 공장 등**

㉢ 여성 강제 동원 : 군 위안부, 근로 정신대

③ **물적 자원 수탈** : 식량과 자원(쇠붙이, 놋그릇, 숟가락 등) 공출, 지하자원 수탈

2 1930~40년대 무장 독립 투쟁 빈출+

(1) 한인 애국단(1931) : 김구가 상하이에서 결성

① 이봉창 : 도쿄에서 일본 국왕 마차에 폭탄 투척(1932) → 실패

② 윤봉길 : 상하이 홍커우 공원(상하이 사변 전승 기념식)에 폭탄 투척(1932) → 중국인에게 감동을 줌으로써 국민당(장제스) 지원

(2) 1930년대 독립군의 활동

① 만주에서의 독립군의 활동 : 한·중 연합 작전을 통해 일본군에 승리

배 경	일제의 만주 침략 이후 중국 내 반일 감정이 고조되면서 연합 작전 펼침
통 합	• 북만주의 혁신 의회 → 한국 독립당 조직, 지청천의 한국 독립군 편성 • 남만주의 국민부 → 조선 혁명당 조직, 양세봉의 조선 혁명군 편성
활 동	한·중 연합 작전(대전자령 전투 등 승리) : 일제의 공격으로 일부는 중국 본토로 이동, 만주에서는 남은 독립군과 사회주의자들이 항일 유격대(동북 항일 연군 조직, 1936)를 조직하거나 국내 진공 작전 펼침

② 중국 본토(관내)에서의 독립군의 활동

민족 혁명당(1935)	독립운동의 단일 정당을 목표로 김원봉이 결성
조선 의용대(1938)	• 김원봉을 중심으로 민족 혁명당의 산하 조직 • 중국 국민당과 함께 항일 투쟁 → 일부는 김원봉과 한국 광복군에 합류(1942)
조선 의용군(1942)	• 조선 의용대의 대부분과 중국 화북 지방 사회주의 계열의 독립운동가들과 함께 조직 • 조선 독립 동맹(김두봉)의 산하 조직을 결정

(3) 한국 광복군(1940)

① 대한민국 임시 정부의 체제 정비 : 정부가 충칭(중국 내륙)에 정착, 주석제(김구)로 재편, 건국 강령으로 삼균주의 채택(1941)

② 한국 광복군 창설(1940)

㉠ 총사령관(지청천), 참모장(이범석) → 김원봉 중심의 조선 의용대 일부 병력 편입(1942)

㉡ 활동 : 일본에 선전 포고, 태평양 전쟁 발발 후 연합군과 합동 작전 전개(영국군과 인도·미얀마 전선 참전), 중국군과 연합 작전 전개, 미국의 후원으로 국내 진입 작전 계획

04 민족 문화 수호 운동

1 민족 문화 수호 운동

(1) 국어 연구

① **조선어 연구회**(1921) : 가갸날 제정, '한글' 잡지 발행, 한글 보급 운동(주시경)

② **조선어 학회** : 한글 맞춤법 통일안, 표준어 제정, 「우리말 큰사전」 편찬 시도·실패 (이희승, 최현배) → 조선어 학회 사건(1942)으로 강제 해산

(2) 국사 연구

① **목적** : 식민사관(일본의 한국사 왜곡)에 대항, 민족의식 고취

② **민족주의 사학** : 우리 역사의 독자적·자주적 발전 주장, 민족정신 강조, 한민족 문화의 우수성과 한국 역사의 주체적 발전 강조

㉠ 박은식 : '역사는 혼', 「한국통사」, 「한국독립운동지혈사」

㉡ 신채호 : 낭가 사상, 고대사 연구, '역사는 아(我)와 비아(非我)의 투쟁', 「조선상고사」, 「조선사연구초」

③ **사회 경제 사학**(유물사관) : 백남운(조선사회경제사)

→ 한국사가 세계사적 보편적인 발전과정을 따라 발전했음을 주장(정체성론 비판)

④ **진단 학회** : 이병도·손진태 → 실증주의 사학(랑케사학), 객관적 사실 연구

(3) 종교 활동

① **천주교** : 민중 계몽 운동, 사회 사업 힘씀, 무장 항일 운동 전개(의민단)

② **개신교** : 사립 학교 설립, 신사 참배 거부 운동

③ **대종교** : 나철·오기호 창시, 단군 신앙, 무장 독립 전쟁 수행(북로 군정서군)

④ **천도교** : 손병희 중심, 3·1 운동 주도 세력, 청년과 농민층 계몽

⑤ **불교** : 한용운, '불교 유신론' 주장, 사찰령 폐지 운동

⑥ **원불교** : 박중빈 창시, 저축과 근로 중시, 새 생활 운동, 봉사 활동 전개

(4) 예술 활동

① 문학 : 윤동주, 심훈, 이육사, 이상화, 한용운 등 → 민족의식 표현

② 영화 : 나운규 '아리랑' → 한국 최초 영화, 한국적 정서 · 저항 의식 표현

③ 음악 : 홍난파 '봉선화', 현제명 '고향 생각', 윤극영 '반달' 등

④ 미술 · 연극 : 이중섭 '소', 토월회, 극예술연구회

2 사회 모습의 변화

(1) 도시의 성장

① 서울과 평양, 항만과 철도역이 있는 곳, 공업의 중심지가 근대적 도시로 성장하였다.

② 은행, 극장, 백화점, 가로등, 포장도로 등이 세워졌다.

(2) 교통 · 통신의 발달

① 철도(일본과 중국 왕래 증가), 전차(대중교통으로 자리 잡음), 자전거, 인력거 운행, 안창남의 고국방문비행 성공(1922), 우편 · 전신망 발달

② 문제점 : 일제의 자원 수탈, 대륙 침략 및 독립운동 탄압 등에 이용되기도 하였다.

(3) 의식주의 변화

① 의복 : 양복 · 양장 보급, 모자와 구두 착용, 검정옷 · 국민복, 몸뻬

② 음식 : 빵과 과자, 다양한 음식점들의 외식 문화 생김

③ 주거 : 콘크리트 빌딩, 서양식 고급 주택, 개량 한옥 등장, 토막집(빈민)

(4) 대중문화의 형성

① 특징 : 도시를 중심으로 형성, 잡지 · 영화 등을 통해 서양 문화 전래

② 내 용

㉠ '모던걸'과 '모던보이'의 신조어 등장

㉡ 새로운 소비 문화 등장 예 화신백화점, 광고벽보

㉢ 신문 · 잡지 · 영화 · 가요 유행, 야구 · 축구 · 스케이트 등 서양 스포츠 보급

㉣ 서양 영화 상영, 한국 영화 제작 증가 예 나운규의 '아리랑' 흥행

실력 탄탄 다지기

실전 예상문제

01 다음 내용들을 시대순으로 바르게 배열한 것은?

(가) 민족 말살 정책	(나) 문화 통치
(다) 무단 통치	(라) 3·1 운동

① (가) – (나) – (다) – (라)
② (나) – (라) – (다) – (가)
③ (다) – (라) – (나) – (가)
④ (다) – (라) – (가) – (나)

01
무단 통치에서 3·1 운동을 계기로 문화 통치로 변화하였고 마지막에는 민족 말살 정책으로 바뀌었다.

02 일본의 식민지 지배 정책이 바르게 연결된 것은?

① 무단 통치 – 식량 수탈
② 문화 통치 – 토지 수탈
③ 무단 통치 – 보통 경찰 통치
④ 민족 말살 정책 – 병참 기지화 정책

02
- 무단 통치 : 토지 조사 사업으로 토지를 수탈
- 문화 통치 : 산미 증식 계획을 통해 식량을 수탈
- 민족 말살 정책 : 병참 기지화 정책을 통해 인적·물적 자원을 약탈

03 기출 다음에서 설명하고 있는 인물은?

> 충청남도 천안에서 3·1 독립 만세 시위를 주도하였다가, 여성으로서 최고형인 7년 징역형을 받았으며 옥중에서 심한 고문으로 순국하였다.

① 유관순　　② 모윤숙
③ 윤희순　　④ 김활란

03
윤희순은 춘천에서 활동한 여성 의병이다.

ANSWER
01. ③　02. ④　03. ①

04 3·1 운동의 의의와 결과에 대한 설명이 바르지 못한 것은?

① 일제는 우리 민족의 자치를 인정하였다.
② 전 민족이 단결한 거족적 독립운동이었다.
③ 대한민국 임시 정부 수립의 계기가 되었다.
④ 우리 민족의 독립 의지와 역량을 보여 주었다.

04
3·1 운동은 전민족이 단결한 거족적인 독립운동으로 우리의 독립 의지를 세계에 천명하였고, 중국과 인도의 독립운동에도 영향을 미쳤다. 3·1 운동 이후 일본은 통치 방식을 문화 통치로 바꾸긴 하였으나 이것이 우리 민족의 자치를 인정해 준 것은 아니었다.

05 기출 다음 내용과 관련하여 국외에 수립된 정부는?

• 중국 상하이	• 구미 위원부 설치
• 연통제 실시	• 민주주의와 공화정 체제

① 한성 정부　② 대한 국민 의회
③ 대한 광복군 정부　④ 대한민국 임시 정부

05
외교 활동에 편리한 상하이의 대한민국 임시 정부로 여러 임시 정부가 통합되었다.

06 한국인에 대한 일제의 차별 교육에 대항한 민족 실력 양성 운동은 어떤 형태로 전개되었는가?

① 표준어 제정　② 국산품 애용
③ 비밀 결사 조직　④ 민립 대학 설립 운동

06
우리 힘으로 대학 설립을 추진하기 위해 민립 대학 설립 기성회를 조직하여 전국적인 모금 운동이 전개되기도 하였다.

07 기출 다음 그림과 관련된 일제 강점기 민족 운동은?

① 브나로드 운동
② 문맹 퇴치 운동
③ 물산 장려 운동
④ 민립 대학 설립 운동

07
국산품 애용, 자급자족, 근검절약을 내용으로 물산 장려 운동이 전개되었다.

ANSWER
04. ①　05. ④　06. ④　07. ③

08 다음의 활동과 관계 깊은 단체는?

- 민족주의 계열과 사회주의 계열의 통합 단체
- 광주 학생 항일 운동에 조사단 파견
- 기회주의자를 배격, 단결을 주장

① 신민회　② 신간회
③ 진단 학회　④ 조선어 학회

08
신간회는 민족주의 계열과 사회주의 계열의 통합 운동에 의해 조직된 단체로 광주 학생 항일 운동을 적극적으로 지원하였다.

09 다음 내용과 관계 깊은 인물은?

기출

- 김구가 조직한 한인 애국단에 가입
- 상하이 홍커우 공원에서 폭탄을 던져 일본군을 응징

① 김좌진　② 윤봉길
③ 최충헌　④ 홍범도

09
김구는 침체된 대한민국 임시 정부의 활성화를 위해 한인 애국단을 조직하여 식민 통치 기관을 파괴하거나 친일 인사를 처단하였다. 윤봉길은 상하이 홍커우 공원에서 열린 일본 천황의 생일을 기념하는 축하식장에 폭탄을 던져 일본 요인들을 죽이거나 부상을 입힌 뒤 일본 경찰에게 붙잡혀 순국하였다.

10 다음 중 일제 강점기의 사회 변화로 알맞은 것은?

① 독립문, 명동 성당이 건축되었다.
② 독도가 일제의 영토로 강제 편입되었다.
③ 신여성을 모던 걸이라 불리게 되었다.
④ 최초 근대 사립 학교인 원산학사가 지어졌다.

10
일제 강점기는 1910~1945년의 일이다. ①, ②, ④는 모두 일제 강점기 이전의 일이다.

ANSWER
08. ② 09. ② 10. ③

Chapter

09 대한민국의 발전

학습 point+

8·15 광복 이후 대한민국 정부가 수립되기까지의 과정을 꼼꼼하게 잘 정리해야 합니다. 모스크바 3국 외상 회의, 남북 협상, 5·10 총선거, 6·25 전쟁의 원인과 과정은 출제 빈도가 높은 부분이므로 잘 정리해 두어야 합니다. 그리고 각 정부별 업적 및 여러 민주화 항쟁을 시대순으로 정리하여 알아 두어야 합니다. 마지막으로 남한의 경제 발전 과정, 통일을 위한 노력, 중국과 일본의 역사 왜곡에 대해 정리해야 합니다.

01 대한민국 정부의 수립

1 우리 민족의 광복과 분단

(1) 8·15 광복(1945.8.15)

① 배경 : 연합국의 승리와 일본의 패망, 우리 민족의 끈질긴 투쟁

② 독립의 약속 : 카이로 회담(1943, 독립 최초 약속), 포츠담 회담(1945, 독립 재확인)

③ 광복을 위한 준비

㉠ 대한민국 임시 정부 : 건국 강령(1941)을 발표하여 정부 수립 준비

→ 조소앙의 삼균주의(정치·경제·교육)

㉡ 조선 독립 동맹(1942) : 중국 화베이 지방에서 민주 국가 건설을 위해 준비(조선 의용군)

㉢ 조선 건국 동맹(1944) : 여운형 조직, 민주 공화국 건설 준비, 광복 후 '조선 건국 준비 위원회'로 발전

④ 새로운 국가 건설을 위한 움직임

㉠ 조선 건국 준비 위원회 : 치안 유지, 독립 국가 건설 준비

㉡ 송진우(민족주의), 박헌영(사회주의), 이승만, 김구 등이 각종 정당 및 정치 단체 조직 → 정국의 혼란

⑤ 미·소군의 한반도 진주

㉠ 미군과 소련군이 각각 38도선을 경계로 남과 북에 진주(일본군의 무장 해체 명목) → 남북한 분할 점령

㉡ 38도선 : 군사적 분계선 → 냉전 심화 → 정치적 분계선으로 고착화

(2) 모스크바 3국 외상 회의(1945.12)

① **개최** : 미국, 영국, 소련의 외무 장관이 모스크바에 모여 한반도에 대해 회의

② **결정 내용** : 미・소 공동 위원회 설치, 미・영・중・소(4개국)의 최고 5년간의 신탁 통치 실시 결정

③ **결과** : 좌우의 대립 심화

㉠ 우익 : 신탁 통치 반대 운동 전개 → 전국으로 확산

㉡ 좌익 : 처음에는 반대 → 모스크바 3국 외상 회의의 결정을 총체적으로 지지

(3) 미・소 공동 위원회의 결렬

① **목적** : 신탁 통치 문제와 임시 정부 수립 문제 논의(1946년, 1947년 2차례 개최)

② **결과** : 회담에 참석할 정당, 사회 단체의 범위를 둘러싼 미・소의 의견 대립 → 냉전의 강화로 결렬

㉠ 미국 : 참가를 희망하는 모든 정치 단체의 참여 주장

㉡ 소련 : 모스크바 3국 외상 회의의 결정을 지지하는 정당, 사회 단체만 참여 주장

(4) 통일 정부 수립 노력

① **좌・우 합작 위원회(1946)** : 김규식・여운형과 좌・우익 인사들로 구성(중도 세력), 좌우 합작 7원칙 제시, 미 군정의 지원 → 실패

② 제2차 미・소 공동 위원회의 결렬 이후 미국이 한반도 문제를 국제 연합(UN)에 상정

③ **한국 문제의 유엔 상정(1947)**

㉠ 유엔 한국 임시 위원단 파견(9개국 구성) : 위원단 감시하 남북한 총선거・통일 정부 수립 결의

㉡ 소련의 위원단 북한 입국 거부

㉢ 남한 단독 정부 수립 결의 : UN 소총회에서 가능한 지역에서만의 총선거 실시 결정

④ **남북 협상(1948.4)** : 김구와 김규식이 남한만의 단독 선거 반대 → 북한 지도자와의 협상(평양 방문) → 별다른 성과를 거두지 못함

⑤ **남한만의 단독 정부 수립 반대** : 제주도 4・3 사건, 여수・순천 10・19 사건

2 대한민국 정부 수립

(1) 대한민국 정부의 수립 과정

① 5·10 총선거(1948) : 남한만의 최초의 민주 선거(보통 선거), 21세 이상의 모든 국민이 투표권을 갖고 국회의원 선출(198명) → 제헌 국회 구성(국호 : 대한민국)

② 헌법 제정

㉠ 제헌 국회에서 헌법 제정, 공포(1948.7.17)

㉡ 민주 공화정 체제, 대통령 간선제

㉢ 초대 대통령으로 이승만 선출(임기 4년)

③ 대한민국 정부의 수립(1948.8.15) : 유엔 총회에서 한반도의 유일한 합법 정부로 승인(1948.12)

④ 의의 : 대한민국 임시 정부의 독립 정신 계승, 민주 공화정 수립

(2) 북한 정권의 수립(공산화)

① 광복 직후 북한 : 김일성이 소련군의 지원 속에 실권을 장악하였다.

② 북조선 임시 인민 위원회 구성(1946.2) : 토지 개혁(무상 몰수·무상 분배), 중요 산업 국유화 등 사회주의 체제 기반 마련

③ 최고 인민회의 : 헌법 제정·공포

④ 조선 민주주의 인민 공화국 수립(1948.9.9) : 김일성을 수상으로 하는 공산 정권 수립, 소련과 비밀 군사 협정 체결, 남한 무력 침입 계획(무력 남침 준비)

(3) 이승만 정부의 정책

① 친일파 청산 : 반민족 행위 처벌법 제정(1948) → 반민족 행위 특별 조사 위원회(반민 특위)를 설치하여 최린, 이광수 등 친일 인사 소환 → 이승만 정부의 비협조, 친일 세력들의 방해 → 별 성과 없이 끝남

② 농지 개혁법(1949) : 1가구당 3정보로 토지 소유 제한(유상 매수, 유상 분배) → 대다수 농민이 농지를 소유, 지주·소작제가 사라지고 자영농 증가

3 6 · 25 전쟁(1950~1953)

(1) 전쟁 전의 정세

① **남한** : 사회 혼란 지속, 미군의 철수, 38도선 부근에서 남북 간 소규모 무력 충돌 계속

② **북한** : 김일성의 실권 장악, 소련의 지원을 받아 군사력 증강

③ **미국의 애치슨 선언** : 태평양 방위선에서 한국과 타이완 제외

(2) 전개 과정

① **북한군의 남침(1950.6.25)** : 38도선 이남으로 무력 침공 → 3일 만에 서울 점령 → 이승만 정부 부산 피란(부산을 임시 수도로 정함), 국군은 낙동강 부근까지 후퇴

② **유엔군 참전** : 유엔 안전 보장 이사회 긴급 소집 → 유엔군(16개국) 참전 결의

③ **인천 상륙 작전(1950.9.15)** : 국군의 서울 수복, 38도선 돌파, 평양을 거쳐 압록강까지 진격

④ **중국군 개입** : 국군 · UN군 후퇴, 1 · 4 후퇴(1951.1.4) → 국군과 유엔군의 반격 → 서울 재탈환 → 38도선 부근에서 공방전

⑤ **휴전의 성립(1953.7.27)** : 전쟁이 장기화되자 휴전 협정 시작 → 휴전 성립

(3) 결 과

① **막대한 인적 피해** : 이산가족과 전쟁고아 발생

② **물적 피해** : 도로와 공장 등 각종 산업 시설 파괴, 국토 황폐화

③ 남북한 간의 적대감 심화, 분단의 고착화로 인해 문화적 이질감 커짐

④ 독재의 강화

㉠ 남한 : 이승만 정부가 반공을 내세워 정권 연장

㉡ 북한 : 김일성이 반대파를 제거하고 독재 체제 강화

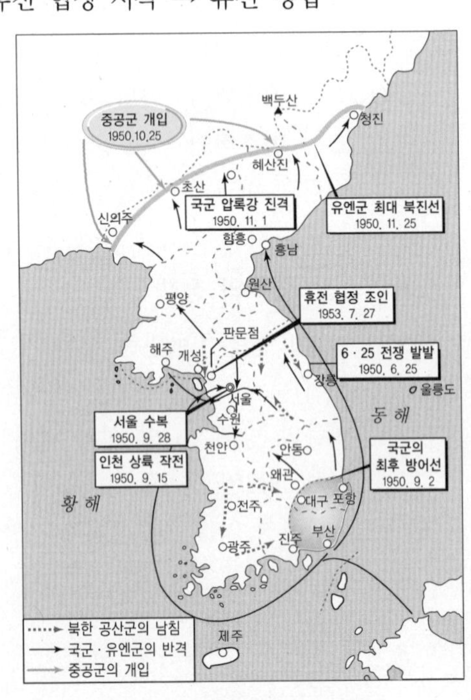

6 · 25 전쟁의 전황(경과)

02 자유 민주주의의 발전

1 4·19 혁명과 장면 내각 수립

(1) 이승만 정부의 장기 집권

① 이승만 정부의 부정부패 및 장기 집권 시도

② 장기 집권을 위한 헌법 개정

㉠ 발췌 개헌(1952) : 대통령 직선제 개헌안 통과 → 제2대 대통령에 이승만 당선

㉡ 사사오입 개헌(1954) : 초대 대통령에 한해 '3선 금지' 조항 철폐

(2) 4·19 혁명(1960) 빈출+

① 배경 : 자유당의 독재, 이승만 정권의 부패, 경제 사정의 악화

② 발단 : 3·15 부정 선거

> **3·15 부정 선거** 검색
>
> 1960년 4대 정·부통령 선거에서 이승만 정부와 자유당이 대대적인 부정 선거를 자행한 사건

③ 과정 : 부정 선거에 항의하는 시위 전개 → 마산 학생들의 시위(김주열 사망) → 전국으로 시위 확산(무력 진압, 계엄령 선포) → 경찰의 강경 진압 → 학생과 시민들의 저항, 대학 교수단의 시위 → 이승만 대통령직 사임(이승만 독재 정부 붕괴)

④ 결과 : 이승만 대통령의 하야, 자유당 정권의 붕괴

⑤ 의의 : 우리나라 최초의 민주화 운동, 자유 민주주의 수호(국민의 자유·권리)

> **바로바로 CHECK√**
>
> 다음 내용을 배경으로 발생한 역사적 사건은?
>
> • 3·15 부정 선거
> • 이승만 정권의 장기 집권
>
> ❶ 4·19 혁명 ② 6월 민주 항쟁
> ③ 5·16 군사 정변 ④ 5·18 민주화 운동

(3) 장면 내각의 수립

① 과도 정부(허정) : 헌법 개정(내각 책임제, 양원제 국회), 총선거 실시

② 장면 내각 성립(1960) : 국무총리 장면, 대통령 윤보선(총선거 실시, 민주당 집권)

㉠ 활동 : 반민주 세력을 처벌하기 위한 법 제정, 독재 정치 청산, 경제 개발 5개년 계획안 마련

㉡ 한계 : 민주당 분열, 정치 불안 → 사회적 혼란 수습 실패, 각계각층의 요구에 대응하지 못함

2 박정희 정부와 유신 체제

(1) 5 · 16 군사 정변과 군정 실시

① 5 · 16 군사 정변(1961) : 박정희를 중심으로 한 일부 군인들이 정변을 일으켜 권력 장악 → 장면 내각 붕괴

② 군정 실시(1961~63)

㉠ 반공과 경제 재건을 목표로 국가 재건 최고 회의를 구성해 군정을 실시하였다.

㉡ 헌법 개정 : 대통령 중심제, 단원제(국회) → 박정희 대통령 당선(1963)

(2) 박정희 정부 출범

① 한 · 일 협정 체결(1965) : 한 · 일 국교 정상화 추진 → 경제 발전 자금 마련

② 베트남 파병(1965) : 외화 획득 위해 파병

③ 장기 집권 도모 : 3선 개헌(대통령의 3회 연임 허용) → 개정 헌법에 따라 실시된 대통령 선거에서 박정희 당선(1971)

(3) 유신 체제의 성립(1972.10)

① 배경 : 냉전 체제 완화, 박정희 정부의 장기 집권에 대한 국민의 불만 고조 → 10월 유신 단행(유신 헌법) → 헌법 개정, 모든 권력을 대통령에게 집중

② 내 용

㉠ 대통령의 중임 제한 폐지 및 통일주체국민회의의 간선제로 대통령 선출(임기 6년)

㉡ 대통령이 국회의원의 1/3 추천, 국회 해산권

㉢ 긴급 조치권 행사 : 법의 효력 정지, 국민 기본권 탄압

③ 유신 체제 반대 투쟁 : 재야인사, 종교인 및 학생들이 반대 시위를 하자 유신 정권은 긴급 조치권을 발표하여 시위를 탄압하였다.

④ 유신 체제 붕괴 : 부 · 마 민주 항쟁 → 10 · 26 사태(박정희 대통령 피살, 1979)

3 민주주의의 발전

(1) 5 · 18 민주화 운동(1980)

① 발단 : 10 · 26 사태 이후 최규하가 통일 주체 국민 회의에서 대통령에 당선 → 전두환, 노태우 등을 중심으로 한 신군부가 군사 반란을 일으켜 실권 장악(12 · 12 사태, 1979)

바로바로 CHECK√

다음에서 설명하고 있는 역사적 사건은?

> 1979년 10 · 26 사태 이후 군사 정변을 일으킨 신군부세력에 저항하여 자유 민주주의 헌정 체제의 회복을 요구하는 항쟁이 전국으로 확산되었다(1980년).

① 3 · 1 운동 ② 4 · 19 혁명
③ 5 · 16 군사 정변 ❹ 5 · 18 민주화 운동

② 전개 : 유신 철폐, 신군부 퇴진 요구 운동 전개 → 5 · 18 광주 대학생의 시위를 계엄군이 무자비한 방법으로 진압 → 시민군 조직, 계엄군에 맞서 항쟁 → 계엄군, 시민군 무력 진압(5.27)

③ 의의 : 자유 민주주의 헌정 체제 회복 요구

(2) 전두환 정부 수립

① 대통령 당선 : 유신 헌법에 의해 전두환이 대통령에 당선 → 헌법 개정(대통령 간선제, 대통령 7년 단임제) → 전두환이 다시 대통령에 당선(1981), 국가보위비상대책위원회

② 전두환 정부의 정책

㉠ 사회 통제 강화 : 언론 통제, 민주화 운동 금지, 삼청 교육대 운영

㉡ 유화 정책 : 중 · 고등학생의 두발과 교복 자율화, 프로 야구단 창단, 야간 통행금지 해제, 해외여행 자유화 조치, 올림픽과 아시안 게임 유치 등

(3) 6월 민주 항쟁(1987)

① 발단 : 전두환 정부의 강압적 통치, 박종철 고문 치사 사건, 4 · 13 호헌 조치

② 전개 : 학생 및 시민들이 정권 퇴진과 대통령 직선제 개헌 요구 시위 → 6 · 29 민주화 선언 발표(노태우 발표)

③ 결과 : 대통령 직선제 개헌(5년 단임제) → 대통령 선거에서 노태우 당선

(4) 민주주의의 진전

노태우 정부	• 서울 올림픽 대회 개최(1988) • 남북한 동시 유엔 가입(1991), 북방 외교(사회주의 국가와 국교 체결)
김영삼 정부	• 5·16 군사 정변 이후 등장한 최초의 민간 정부 • 경제협력개발기구(OECD) 가입, 고위 공직자의 재산 등록 실시 • 금융 실명제 도입, 지방 자치제 실시(1995) • 역사 바로세우기 운동, 신경제 5개년 계획 수립 • 외환 위기 초래(1997) → 국제통화기금(IMF) 지원
김대중 정부	• 우리나라 역사상 최초의 평화적인 정권 교체 • 외환 위기 극복(구조 조정), 한·일 월드컵 개최(2002), 노벨 평화상 수상 • 대북 화해 정책 추진(햇볕 정책), 남북 정상 회담 개최(2000) → 6·15 남북 공동 선언
노무현 정부	• 제2차 남북 정상 회담(2007) • 권위주의 청산 목표, 과거사 진상 규명을 위한 법 제정
이명박 정부	선진 20개국 정상 회담(G20) 개최(2010)

03 경제 성장과 대중문화의 발전

1 지속적인 경제 성장

(1) 광복 이후의 경제 상황

① **광복 직후의 남한 경제** : 산업 시설 미비, 인구 증가, 생필품 부족, 물가 폭등

② **정부 수립 후** : 농지 개혁(유상 매수, 유상 분배) 실시 → 자영농 증가

③ **6·25 전쟁 이후의 상황**

㉠ 전쟁 후 : 국토의 황폐화, 산업 시설 파괴, 식량과 물자 부족, 실업

㉡ 미국의 경제 원조 : 삼백 산업(제분 : 밀가루, 제당 : 설탕, 섬유 : 면직물 공업) 발달 → 식량난 해소, 농산물 가격 하락, 소비재 산업 발달 촉진 → 농가에 타격

(2) 경제 개발 계획 추진

1960년대	• 경제 개발 5개년 계획(1962) 시작 • 노동집약적 경공업 육성(의류 · 신발 · 합판), 외국 자본 도입, 사회간접자본(경부고속국도) 확충, 수출 산업 육성
1970년대	• 자본집약적 중화학 공업(자동차 · 조선), 수출 주도형 지속, 고도 성장 • 1970년대 두 차례의 석유 파동으로 경제 위기
1980년대	• 3저 호황 : 저유가, 저금리, 저달러 • 수출 증가, 경제 성장 지속, 산업의 다양화
1990년대	• 지속적 경제 성장 → 경제 협력 개발 기구(OECD) 가입 • 1997년 말 외환 위기 → 국제 통화 기금(IMF)의 긴급 금융 지원
2000년대 이후	• 김대중 정부의 국제 통화 기금 관리 체제 극복 • 중화학 공업과 첨단 산업의 발달

2 경제 성장에 따른 사회 변화

(1) 산업화와 도시화

① 산업화 : 농업 인구 감소, 1차 산업 비중 감소, 제조업 · 서비스업 비중 증가

② 도시화 : 도시의 발달, 이촌향도, 도시 인구 증가 → 교통 · 주택 · 환경 등 사회 문제 발생, 빈민촌의 형성

(2) 농민 · 노동자 문제

① 농민 문제

㉠ 산업화가 진행됨에 따라 도시와 농촌의 소득 및 문화 격차가 증가하였다.

㉡ 새마을 운동(1970) : 박정희 정부가 도시와 농촌 간의 소득 및 문화 격차를 줄이고자 실시하였다. → 농어촌 근대화, 생활 환경 개선 목표(근면 · 자조 · 협동)

㉢ 1990년대 이후 농산물 시장 개방으로 농촌 경제에 타격 → 농민 운동 전개

㉣ 노동력 부족, 고령화 등

② 노동 문제

㉠ 열악한 노동 환경, 장시간 · 저임금 노동

㉡ 노동 운동 : 저임금 저곡가 정책 → 1970년대 근로 조건 개선을 요구하는 전태일 분신 사건 → 이후 노동 운동 활발

㉢ 청년 실업, 비정규직 노동자, 외국인 노동자 등의 문제

(3) 다양한 사회 변화

① 시민운동

㉠ 배경 : 정치적 민주화 진전, 중산층의 확대 → 국가의 부패 및 권력 남용과 환경 파괴 감시, 사회적 약자(여성, 빈민층, 외국인, 노동자) 보호

㉡ 6월 민주 항쟁 이후 활성화 → 시민 단체(NGO) 활동

② 교육 기회 확대

㉠ 중학교 의무 교육 제도, 대학 교육의 확대 → 학력 수준 상승, 입시 과열과 사교육비 지출 급증

㉡ 다문화 교육 : 다문화 가정 증가 → 다문화 교육 필요

③ **복지 제도의 확충** : 건강 보험 제도(1977), 장애인 복지법, 남녀 고용 평등법, 국민 연금제, 기초 생활 보장법 시행, 노인 장기 요양 보험 제도 도입

④ **대중문화의 확산** : 청소년이 대중가요의 주요 소비층으로 등장, 스포츠의 발전(1980년대), 드라마·영화의 해외 수출(1990년대 이후)

04 북한의 변화와 평화 통일을 위한 노력

1 북한의 유일 지배 체제 확립

(1) 독재 체제의 확립

① 김일성 유일 체제

㉠ 권력 장악 : 6·25 전쟁 이후 반대 세력 제거

㉡ 주체사상 확립 : 국가 주석제(1970년대) 신설, 주체사상을 통치 이념으로 공식화

② 김정일의 권력 세습

㉠ 3대 혁명 소조 운동(사상, 기술, 문화) → **권력 장악**

㉡ 김일성의 공식 후계자가 되었다(1980년대).

㉢ 국방 위원장(최고 통치자)의 자격으로 북한 통치(1993) → **군사력 강화에 집중**

③ 김정은 : 김정일 사후(2011), 권력 세습

(2) 북한 경제의 만성적인 침체

① 북한의 사회·경제의 변화

1950년대	경제 계획 실시, 천리마 운동 전개(공산주의적 인간형 개조)
1960년대	중공업 우선 정책 → 소비재 부족, 주민 생활 궁핍
1970년대	기술 개발과 농업 및 소비재 생산 확충 → 큰 성과 없음

② 1980년대 이후의 북한 경제

㉠ 동유럽 사회주의 국가 몰락으로 국제 무역 축소, 자연재해 → **식량과 생필품 부족**

㉡ 폐쇄적 체제, 과도한 중앙 집중화에 따른 비효율적 구조, 지나친 국방비 지출, 자본과 기술 부족으로 만성적 침체, 기본적 인권 무시와 주민 탄압 → 수만 명의 탈북자 발생

㉢ 경제 침체 → 합영법 제정(1984)

㉣ 나진·선봉 자유 무역 지대 설치(1991)

㉤ 남북 교류 확대 : 금강산 관광 사업, 개성공단 건설

2 통일을 위한 노력

(1) 남북 간 화해와 교류

① 남북 적십자 회담(1972) : 남북 이산가족 문제 협의, 남북 대화 계기 마련

② 7·4 남북 공동 성명(1972)

㉠ 배경 : 닉슨 독트린 이후 냉전의 긴장 완화

㉡ 내용(3대 원칙) : 자주 통일·평화 통일·민족 대단결

㉢ 의의 : 분단 이후 최초의 통일을 위한 합의

③ 6·23 평화 통일 선언(1973) : 남북한 UN 동시 가입 제의

④ 1980년대 : 남북 이산가족 상봉, 스포츠 교류·예술 공연단 방문

⑤ 남북 기본 합의서 채택(1991)

㉠ 배경 : 독일 통일, 소련 해체 → **냉전 종식**

㉡ 과정 : 남북 고위급 회담 개최(1990) → 남북 유엔 동시 가입, 남북 기본 합의서 채택(1991)

㉢ 내용 : 화해와 불가침 및 교류·협력에 관한 합의서

⑥ 남북 정상 회담(2000)

㉠ 배경 : 김대중 정부의 햇볕 정책

㉡ 6·15 남북 공동 선언 발표 : 통일 문제 자주적 해결, 경제·사회·문화 전반에 걸친 협력과 교류 확대 → 대북 화해 협력 정책 추진, 금강산 관광 사업, 경제 협력 확대

(2) 6·15 남북 공동 선언 이후의 남북 관계

① 경의선 복구 작업, 개성 공단 건설, 이산가족 상봉

② 제2차 남북 정상 회담 개최(2007), 6·15 남북 공동 선언 재확인

③ 금강산 관광객 피살 사건, 북한의 핵실험 강행 → 남북 관계 위기

05 동북아시아의 영토 문제와 역사 갈등

1 일본의 역사 왜곡

(1) 독도의 역사

신라 시대	512년 지증왕 때 우산국(울릉도) 편입과 함께 우리 영토가 되었다.
조선 시대	• 세종실록지리지 등 여러 지리지를 비롯한 여러 고문헌에 우리 영토로 명시되었다. • 1417년 일본인의 침입으로 본토로 주민들을 이주시켰다. • 1693년 조선 숙종 때 안용복이 울릉도에서 고기잡이를 하던 일본인을 꾸짖다가 일본으로 잡혀가서 울릉도와 독도가 조선의 땅임을 주장하고 이를 확인하는 문서를 받았다.
대한 제국	• 대한 제국의 '칙령 제41호'에서 울릉군 관할 구역에 석도(石島), 즉 독도를 포함시키는 행정 조치로 우리 영토임을 확고히 하고 있다. • 1905년 일본이 러·일 전쟁 중 '시마네 현 고시' 제40호에 독도를 불법적으로 일본 영토 시마네 현으로 강제 편입하였다. • 1946년 일본 패망 후 우리 영토로 반환되었다.
현 재	• 현재 우리나라가 독도를 실효적으로 지배하고 있다. • 일본은 독도의 영유권을 주장하며 독도를 분쟁 지역화하여 국제 사법 재판에 회부하려 하고 있다.

(2) 일본의 독도 영유권 주장

① 독도를 시마네 현에 편입시킨 날을 '다케시마의 날'로 제정하였다(2005).

② 일본 문부성이 독도를 일본 영토로 왜곡한 교과서 승인, 독도를 일본 영토로 교육하고 있다.

③ 독도 영유권 문제를 국제 사법 재판소에 넘겨 국제 분쟁 지역으로 만들려는 의도이다.

(3) 일본의 교과서 왜곡

① 한국에 대한 식민 지배 정당화, 징용・징병의 강제성 축소・은폐, 군대 위안부에 대한 서술 누락, 러・일 전쟁과 태평양 전쟁을 아시아를 지키려는 전쟁으로 미화

② 총리의 야스쿠니 신사 참배

(4) 우리의 대응

① 대한 제국 칙령 제41호를 통해 독도를 울릉도의 부속 섬으로 편입시킨 10월 25일을 '독도의 날'로 제정하였다.

② 정부와 민간 차원의 노력을 하고 있다.

2 중국의 역사 왜곡

(1) 동북공정

① 국가 통합을 유지하기 위해 '조선족을 포함한 자국 내 55개 민족의 역사 전체가 중국의 역사'라는 논리를 주장하였다.

② **동북공정** : '동북 변경 지역의 역사와 현상에 관한 체계적인 연구 과제'를 통해 고구려사와 발해사를 중국사의 일부로 편입하고자 하였다.

③ **중국이 주장하는 '동북공정'의 내용**

㉠ 고구려와 발해가 중국의 한 지방 정권이다.

㉡ 부여나 고구려는 중국의 상 왕조를 건국한 사람들과 같은 혈통을 가진 사람이 세웠다.

㉢ 발해는 중국 정부에 귀속되어 있던 말갈의 수령인 대조영이 세웠다.

(2) 간도 문제

청과 일본이 맺은 간도 협약(1909)으로 간도를 빼앗겼다.

실력 탄탄 다지기

실전 예상문제

01 다음과 같은 결정을 내린 국제 회의로 옳은 것은?

> • 한국에 임시 정부를 수립한다.
> • 미 · 소 공동 위원회를 설치한다.
> • 한국에 대해 최고 5년간 신탁 통치를 실시한다.

① 얄타 회담 ② 카이로 회담
③ 포츠담 회담 ④ 모스크바 3국 외상 회의

02 기출 다음 사실과 관련 있는 역사적 사건은?

> • 유엔군의 한국 파병 • 인천 상륙 작전

① 청산리 대첩 ② 제주도 4 · 3 사건
③ 6 · 25 전쟁 ④ 광주 학생 항일 운동

03 다음 중 6 · 25 전쟁이 우리나라에 미친 영향이 아닌 것은?

① 이승만 정권의 붕괴 ② 자유당 정권의 독재화
③ 이산가족의 비극 발생 ④ 막대한 군사 비용의 발생

04 다음 설명과 관련이 있는 사건은?

> 1960년 자유당 정권은 이승만의 대통령 당선이 확실시 되자, 부통령 후보인 이기붕마저 부통령에 당선시키기 위해 온갖 부정한 방법을 동원하여 대대적인 부정 선거를 자행하였다.

① 4 · 19 혁명 ② 6월 민주 항쟁
③ 새마을 운동 ④ 5 · 16 군사 정변

01
모스크바 3국 외상 회의에서 미국, 영국, 소련, 중국 4개국이 최고 5년간 한국을 신탁 통치한다고 결정하였다.

02
6 · 25 전쟁 때 유엔군과 국군의 인천 상륙 작전으로 서울을 수복하였다.

03
전쟁 이후 이승만 정부는 반공을 내세워 독재 정권을 강화하였다.

04
4 · 19 혁명은 3 · 15 부정 선거를 계기로 마산에서 시작되어 전국적으로 확산되었다.

ANSWER
01. ④ 02. ③ 03. ① 04. ①

05 다음에서 설명하는 사건을 주도한 인물은?

> 민주 정치 실현을 위해 노력하던 장면 내각은 1961년 5월 16일, 일부 군인들이 일으킨 군사 정변으로 인해 집권 9개월 만에 무너지고 말았다.

① 전두환 ② 윤보선
③ 이승만 ④ 박정희

05
박정희는 1961년 5·16 군사 정변을 주도하여 장면 내각을 붕괴하고, 군정을 실시하였다.

06 다음 사건들의 공통점으로 옳은 것은?

> • 4·19 혁명 • 6월 민주 항쟁
> • 5·18 민주화 운동

① 군사 독재에 대항한 민주화 운동이다.
② 대통령 직선제로의 개헌이 이루어졌다.
③ 경제가 급속도로 발전한 계기가 되었다.
④ 민주주의 발전에 있어서 중요한 계기가 되었다.

06
우리나라 민주주의 발전에 큰 영향을 미친 혁명들이다.

07 다음의 3대 원칙과 관련된 통일을 위한 노력은?

> • 자주 통일 • 평화 통일 • 민족 대단결

① 남북 정상 회담 ② 남북 적십자 회담
③ 7·4 남북 공동 성명 ④ 남북 유엔 동시 가입

07
1972년에 7·4 남북 공동 성명 선언을 통해 자주, 평화, 민족 대단결의 통일 3가지 원칙 합의가 이루어졌다.

08 다음은 무엇을 설명하는 것인가?

> 중국 국경 안에서 전개된 모든 역사를 중국 역사로 만들기 위해 2002년부터 중국이 추진하고 있는 대규모 연구 프로젝트로, 중국 동북 지방에 위치하였던 고구려와 발해의 역사를 중국 고대의 지방 정권으로 보고 있다.

① 동북공정 ② 독도 분쟁
③ 간도 문제 ④ 서북공정

ANSWER
05. ④ 06. ④ 07. ③ 08. ①

실력 쑥쑥 점검하기

단원 마무리문제

01 다음 내용에 해당하는 시대는?

뗀석기

- 이동 생활
- 동굴 생활
- 수렵과 채집

① 구석기 ② 신석기
③ 청동기 ④ 철기

02 신석기 시대의 생활 모습으로 보기 어려운 것은?

① 간석기의 사용 ② 움집 생활
③ 이동 생활 ④ 토기의 사용

03 다음 내용과 관련 있는 나라는?

> 옛날에 시조 추모왕(주몽)이 나라를 세웠는데, 그는 북부여에서 태어났으며, 천제(하느님)의 아들이었고, 어머니는 하백(물의 신)의 따님이었다. …… 그는 강을 건너가서 비류곡 홀본(졸본) 서쪽 산 위에 성을 쌓고 도읍을 세웠다.
>
> – 「광개토 대왕릉비」

① 가야 ② 백제
③ 신라 ④ 고구려

01
구석기 시대의 특징 : 뗀석기 사용, 채집·수렵·어로 생활, 무리 생활

02
신석기 시대에는 농경을 시작하여 정착 생활을 하기 시작했다.

03
고구려는 기원전 37년 동명왕(주몽)이 세운 나라이다. 광개토 대왕 때는 고구려의 전성기로, 요동 지방을 포함한 만주 대부분의 땅과 한강 이북을 차지할 정도로 영토를 넓혔다. 광개토 대왕릉비에 그의 업적이 잘 나와 있다.

ANSWER
01. ① 02. ③ 03. ④

04 다음 4세기 지도와 관련이 있는 백제의 왕은?

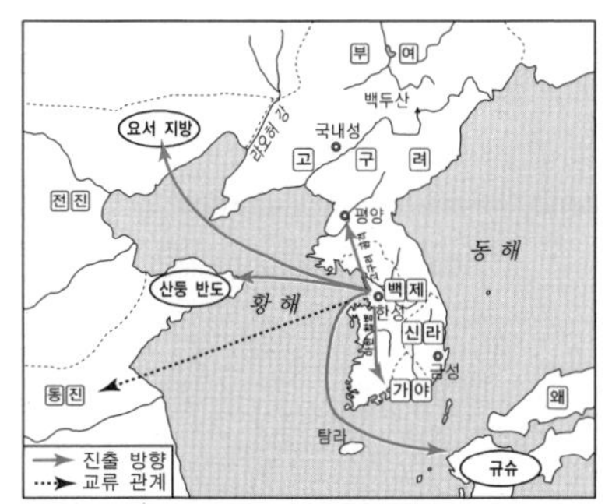

① 내물왕
② 태조왕
③ 근초고왕
④ 장수왕

04
백제의 전성기인 4세기 근초고왕 때 백제는 고구려를 공격하여 고국원왕을 전사시켰고 중국 남북조의 혼란을 틈타 산둥 반도와 요서 지방으로 진출하였으며 또한 왜와 긴밀한 외교 관계를 형성하였다.

05 다음과 관련 깊은 것은?

- 어진 재상과 충신이 여기서 배출되었고, 훌륭한 장군과 용감한 병사들이 이곳에서 생겨났다.
- 신라의 삼국 통일에 크게 이바지하였다.
- 진흥왕은 유능한 청소년을 양성하는 이 단체를 국가적 조직으로 개편하였다.

① 화랑도　② 진대법
③ 정사암　④ 태학

05
화랑도는 신라의 청소년 단체로 계층 간의 갈등을 조절·완화하는 역할을 담당하였다. 진흥왕 때 국가적인 조직으로 개편되어 신라가 삼국 통일을 이루는 데 밑거름이 되었다.

06 다음과 같은 찬란한 민족 문화유산을 남긴 나라는?

금동 대향로

서산 마애 삼존불

① 고구려　② 신라
③ 백제　④ 발해

06
금동 대향로, 서산 마애 삼존불은 백제의 문화유산이다.

ANSWER
04. ③　05. ①　06. ③

07 다음 중 신라에 의한 삼국 통일의 의의를 가장 잘 설명한 것은?

① 독특한 신라만의 문화를 확립하는 계기가 되었다.
② 고구려와 백제의 영토를 모두 포함한 완전한 통일이었다.
③ 신라의 삼국 통일로 오늘날 우리나라의 국경선이 확정되었다.
④ 최초의 민족 통일이며 새로운 민족 문화를 건설하는 계기가 되었다.

07
신라의 삼국 통일은 고구려와 백제의 문화를 수용하여 새로운 민족 문화를 이루는 중요한 계기가 되었다.

08 다음에서 설명하는 통일 신라 말의 정치 세력을 순서대로 바르게 나열한 것은?

> (가) 중앙 귀족이면서도 관직 승진에 제한을 받아 골품제의 모순을 비판하였다.
> (나) 지방에서 독자적인 세력을 키워 오며 진골 귀족 중심 사회를 타도하고자 나섰다.

① 6두품, 지방 호족 ② 해상 세력, 중앙 귀족
③ 성골 왕족, 6두품 ④ 지방 호족, 진골 귀족

08
중앙 귀족들의 부패와 사치, 왕위 다툼 등으로 사회가 혼란스러워 지자 6두품·지방 호족이 사회 개혁을 주도하였다.

09 다음과 관련 있는 사상은?

> • 정신 수양을 통한 해탈 강조
> • 각 개인의 마음속에 있는 불성을 깨닫는 것이 중요
> • 신라 말기 호족 세력 성장

① 선종 ② 유학
③ 도교 ④ 교종

09
선종은 정신 수양을 통한 깨달음을 강조하는 불교 종파이다.

ANSWER
07. ④ 08. ① 09. ①

10 발해의 최고 기관으로 귀족들이 국가의 중요한 일을 회의를 열어 결정하였던 곳은?

① 문하성　　② 정당성
③ 중대성　　④ 중서성

10
정당성은 발해의 최고 행정 기관으로, 선조성과 중대성을 거느리면서 왕의 명령에 따라 정치를 집행하였으며 대내상이 장관을 맡았다.

11 발해를 우리 민족사에 포함시켜야 하는 근거로 옳지 않은 것은?

① 고구려 유민들에 의해 건국되었다.
② 발해의 문화는 고구려 문화를 계승하였다.
③ 발해는 고구려 옛 땅의 대부분을 되찾았다.
④ 말단에 있는 촌락은 토착 세력가가 다스렸다.

11
촌락의 대부분의 주민은 말갈인이고, 말갈 추장인 수령이 촌락을 다스렸다.

12 다음 중 태조 왕건의 정책이 아닌 것은?

① 발해 유민 포섭　　② 세금 감면
③ 호족과의 혼인　　④ 후백제와의 우호 정책

12
고려의 외교 정책은 신라와는 우호 정책, 후백제와는 무력 대립하였다.

13 거란 침입에 관한 내용 중 거리가 먼 것은?

① 서희의 외교 담판　　② 윤관의 활약
③ 강감찬의 귀주 대첩　　④ 천리장성 축조

13
윤관은 별무반을 이끌고 여진을 정벌하였다.

ANSWER
10. ② 11. ④ 12. ④ 13. ②

14 다음 중 무신정변이 발생한 배경으로 볼 수 없는 것은?

① 하층 군인들이 각종 잡역에 시달렸다.
② 집권자가 자주 바뀌어 정치가 혼란하였다.
③ 국왕과 문신 사이에 정치적 갈등이 일어났다.
④ 군대의 최고 지휘권을 문신이 가지고 있었다.

14
집권자가 자주 바뀌어 사회가 혼란하였던 것은 무신정변 이후의 일이다.

15 공민왕의 개혁 정치의 내용으로 옳은 것은?

① 몽골풍 장려 ② 쌍성총관부 탈환
③ 정방 설치 ④ 신진 사대부 제거

15
① 몽골풍 금지
③ 정방 폐지
④ 신진 사대부의 등용

16 기출 다음에서 찾을 수 있는 공통점은?

- 묘청의 서경 천도 운동
- 삼별초의 항쟁
- 공민왕의 개혁 정치

① 금나라 정벌 ② 신분 해방 운동
③ 고려인의 자주 의식 ④ 무신들의 반란

16
고려인의 자주 의식을 보여 준 역사적 사실
- 묘청의 서경 천도 운동 : 금국 정벌 주장
- 삼별초 : 몽골에 항쟁
- 공민왕 : 반원 자주 정책

17 다음 사건과 관계 있는 국가는?

1592년 조선을 공격했으나 이순신이 이끄는 수군과 의병의 활약으로 침략에 실패하였다.

① 중국 ② 일본
③ 러시아 ④ 프랑스

17
임진왜란의 발발(1592) : 일본 내 불만 세력 무마, 대륙 침략 야욕 → 이순신이 이끄는 수군과 의병의 활약으로 침략에 실패

ANSWER
14. ② 15. ② 16. ③ 17. ②

18 다음 중 조선 후기의 신분 제도에 대한 설명으로 옳지 않은 것은?

① 상민 수의 증가로 국가 재정이 악화되었다.
② 신분제의 동요로 양반의 권위가 추락하였다.
③ 공명첩을 구입하면 신분이 올라갈 수 있었다.
④ 군공, 족보 매입 등을 통해서 신분을 이동할 수 있었다.

18
두 차례의 전란과 경제적 성장을 배경으로 양반의 수가 크게 늘고, 상민·노비의 수가 크게 감소하여 신분제의 동요를 초래하였다.

19 다음 내용과 관련이 있는 조약은?

- 운요호 사건을 계기로 체결
- 조선이 외국과 맺은 최초의 근대적·불평등 조약

① 한성조약　② 을사조약
③ 강화도 조약　④ 제물포 조약

19
①, ②, ③, ④ 모두 일본과 조선이 체결한 조약이다.
- 한성조약 : 갑신정변 때
- 제물포 조약 : 임오군란 때
- 을사조약 : 조선의 외교권 박탈, 통감부 설치

20 흥선 대원군의 개혁 정책 중 양반층의 반발을 가져온 두 가지 정책은?

① 양전 실시, 호포제 실시
② 호포제 실시, 사창제 실시
③ 서원 대폭 정리, 호포제 실시
④ 서원 대폭 정리, 안동 김씨 세력 축출

20
양반에게 군포의 부담을 지운 호포제와 양반의 지방 기반인 서원을 대폭 정리한 흥선 대원군의 정책은 양반의 반발을 샀다.

ANSWER
18. ① 19. ③ 20. ③

21 다음 중 동학 농민 운동에 대한 설명으로 잘못된 것은?

① 훗날 항일 의병 투쟁으로 계승되었다.
② 반봉건·반외세적 성격의 운동이었다.
③ 폭넓은 농민 중심으로 아래로부터의 개혁을 추구하였다.
④ 정부는 집강소를 설치하여 동학 농민군이 주장한 개혁을 실시하였다.

21
집강소는 농민군의 자체 개혁을 위해 전라도 각지에 세운 기구이다. 정부는 교정청을 설치하여 개혁을 추진하였다.

22 다음 중 독립 협회에 대한 설명으로 옳지 않은 것은?

① 공화정 추구 ② 서재필이 설립
③ 독립신문 발행 ④ 만민 공동회 개최

22
독립 협회는 의회 설립을 통해 입헌 군주제를 실현하고자 하였다. 하지만 보수파들이 황국 협회를 내세우며 독립 협회가 공화정을 실시하려 한다고 모함하여 결국 해산되었다.

23 다음 내용과 관계 깊은 역사적 사건은?

• 이준, 이상설, 이위종
• 을사조약 무효 주장, 일본 침략 행위 규탄

① 국채 보상 운동 ② 서울 진공 작전
③ 물산 장려 운동 ④ 헤이그 특사 파견

23
고종 황제는 을사조약의 부당함을 알리기 위해 네덜란드 헤이그에 3명의 특사를 파견하였다.

24 다음 중 일제의 헌병 경찰 통치와 관계가 먼 것은?

① 집회와 결사의 자유를 박탈하였다.
② 한글로 된 신문의 간행을 허가하였다.
③ 한국인의 모든 정치 활동은 금지되었다.
④ 교원들에게도 제복을 입고 칼을 차도록 하였다.

24
한글로 된 신문의 간행을 허가한 시기는 문화 통치 시기이다.

ANSWER
21. ④ 22. ① 23. ④ 24. ②

25 일제의 민족 말살 정책에 대한 설명으로 바르지 못한 것은?

① 내선일체 – 일본인과 조선인은 한 몸이라는 주장
② 창씨개명 – 일본식으로 성과 이름을 바꾸어 사용하도록 강요
③ 황국 신민화 – 조선인은 일본 천황의 신하와 백성이라는 주장
④ 신사 참배 – 매일 일본 국왕이 사는 궁성을 향해 절을 하도록 강요

25
일본 국왕이 사는 궁성을 향해 절을 하는 것을 '궁성 요배'라 한다.

26 다음 중 6·10 만세 운동에 대한 설명으로 옳은 것은?

① 3·1 운동 이후 가장 큰 규모의 민족 운동
② 광주에서 일어난 한·일 학생 사이의 충돌이 원인
③ 순종 황제의 장례일에 학생들의 독립 만세 시위
④ 신간회의 활약으로 전국적인 민족 운동으로 확산

26
학생들이 주도하여 순종의 장례일인 6월 10일에 만세 시위 운동을 전개하였지만 일제의 탄압으로 실패하였다.
①, ②, ④는 광주 학생 운동에 대한 설명이다.

27 다음 중 3·1 운동의 배경으로 볼 수 없는 것은?

① 고종의 서거
② 민족 자결주의
③ 2·8 독립 선언
④ 대한민국 임시 정부 수립

27
3·1 운동의 결과 대한민국 임시 정부가 수립되었다.

ANSWER
25. ④ 26. ③ 27. ④

28 다음 글에서 ㉠, ㉡에 들어갈 인물을 바르게 연결한 것은?

> 대한민국 임시 정부는 대통령제를 채택하여 (㉠)을(를) 초대 대통령으로 선출하였고, 그 후 (㉡)가(이) 주석이 되어 광복이 될 때까지 임시 정부를 이끌었다.

	㉠	㉡		㉠	㉡
①	이승만	김구	②	안중근	이승만
③	김규식	안중근	④	안창호	김구

29 다음의 사건들을 일어난 순서대로 바르게 나열한 것은?

> ㉠ 10월 유신　　㉡ 6월 민주 항쟁
> ㉢ 12·12 사태　　㉣ 5·18 민주화 운동

① ㉠ - ㉢ - ㉣ - ㉡　　② ㉡ - ㉢ - ㉠ - ㉣
③ ㉢ - ㉡ - ㉣ - ㉠　　④ ㉣ - ㉢ - ㉠ - ㉡

29
㉠ 1972, 10월 유신
㉢ 1979, 12·12 사태
㉣ 1980, 5·18 민주화 운동
㉡ 1987, 6월 민주 항쟁

30 다음에서 설명하는 것은?

> • 남과 북의 정상이 50년 만에 만나서 우리 민족의 통일 문제를 논의하였다.
> • 김대중 대통령이 평양을 방문하여 남북 정상 회담이 개최되었으며, 여기서 우리 민족의 통일 문제를 자주적으로 해결하기로 합의하였다.

① 남북 기본 합의서
② 7·4 남북 공동 성명
③ 6·15 남북 공동 선언
④ 한민족 공동체 통일 방안

30
2000년 김대중 정부는 평양에서 남북 정상 회담을 개최하고 6·15 남북 공동 선언을 채택하였다.

ANSWER
28. ①　29. ①　30. ③

중졸 검정고시
사회

2025년 1월 10일 개정판 발행
2012년 1월 19일 초판 발행

편 저 자 이 재 은
발 행 인 전 순 석
발 행 처 정 훈 사
주 소 서울특별시 중구 마른내로72 421호
등 록 2-3884
전 화 737-1212
팩 스 737-4326